音楽でつながる

日本とアジア・都市と周縁・近世と近現代

塚原康子先生
東京藝術大学退任記念論文集
編集委員会 編

音楽之友社

音楽でつながる

はじめに

ここに、二十一世紀初めの四半世紀に東京藝術大学大学院音楽研究科の日本音楽史研究室で学んだ人々による論文集を刊行する。本書誕生のきっかけは、日本中がコロナ禍から回復しつつあった二〇二三年五月に、かつて大学院生だった方々から退任記念論文集を作りませんかと提案していただいたことだった。退任記念とは面映ゆいけれど、小所帯ながらも多様な方向性をもつ研究者を輩出してきた本研究室の存在を世に知っていただく機会になるのではと、申し出を有難くお受けすることにした。以来、企画立案、原稿執筆に始まる幾多の山坂を越え、最終的に二十三篇の論考を得てめでたく本書の刊行に至ったことに深い感慨を覚える。

戦前の日本にはなかった音楽学の専攻が、楽理科という学科名で初めて設置されたのは、東京藝術大学が誕生した一九四九年のことである。その後、一九六三年に大学院修士課程、一九七七年には博士後期課程も設置された。当初は第一講座（音楽美学、音楽理論）と第二講座（西洋音楽史、日本東洋音楽史）で出発した音楽学専攻の大学院に、第三講座（日本東洋音楽史）が増設されたのは一九七四年であった。それ以来、日本音楽史研究室で学ぶ者は留学生も含めて徐々に増え、歴史的研究を軸にしつつも、日本の音楽文化に関係する諸現象をさまざまな方法で追究し、新領域を拓いてきた。本書では、その成果の一端を「つながる／つながり」をキーワードに五つの章に分かち示している。

それぞれに鋭い問題意識とこだわりをもって独自の研究課題に取り組む学生たちと過ごした二十三年間は非常に楽しいものだったが、この間の日本音楽史研究室での教育研究には、学内外の実に多くの方々のお力添えをいただいた。学部・大学院での専門的な講義・演習のみならず、とりわけ博士後期課程学生の研究指導において、専門のお立場からの惜しみないご支援なしには、多岐にわたる研究課題の成就は到底かなわなかった。長きにわたり学生たちを導き、次世代に日本音楽研究のバトンをつないでくださった先生方に、深甚の感謝を捧げたい。

多忙の中、編集委員として本書刊行までの煩雑な実務を担当してくれたのは、二〇〇二年の着任時に大学院生だった通称「平成の三人娘」こと土田牧子・前島美保・森田都紀の三氏である。記して厚く御礼申し上げる。

本書が現時における日本音楽研究の可能性を示すとともに、将来のなお一層の展開に結びつくことを祈念して筆をおく。

令和七（二〇二五）年一月

塚原康子

目次

第四章 音楽文化にみる都市と周縁のつながり

第五章

カバー・表紙の文字
『小学唱歌集』「四季の月」「寧楽の都」「蛍」より（東京藝術大学附属図書館所蔵）

第一章

近現代日本の音楽文化とつながる

昭憲皇太后と音楽

塚原 康子
Tsukahara Yasuko

はじめに

明治の日本には、多様な音楽が鳴り響いていた。新たにもたらされた西洋音楽、唱歌に代表される地域や階層を越えて人々がともに歌った近代の新しい歌、そして雅楽をはじめ今日では日本音楽ないし伝統音楽と呼称される音楽である。これらの音楽は現在でも概ね場を分けて存在するので、音の複製技術が普及する以前、リアルタイムで多様な音楽を聴くことのできた人々はごく限られていた。

本稿は、音楽史の立場から明治天皇の皇后であった昭憲皇太后（一条美子《はるこ》、一八四九―一九一四）と音楽との接点に着目することを通して、明治の日本を彩った音楽の全体像とそれぞれの音楽の役割を考えるものである。昭憲皇太后については、崩御直後から今日に至るまで多くの伝記が書かれ、[*1]公的史料として『明治天皇紀』『昭憲皇太后実録』が公刊されている。[*2]昭憲皇太后と音楽との関わりも指摘されてきたが、概ねその生涯を語るエピソードの一つという扱いにとどまる。また、若桑みどり『皇后の肖像』は、美術史の立場から昭憲皇太后の視覚的表象に鋭く切り込んだ作だが、聴覚に作用する音楽の場合、皇后自身の稽古体験や聴取体験がその後の展開にもたらした影響がより重要になる。本稿では、『昭憲皇太后実録』の音楽記事を基に、昭憲皇太后自身が新たな時代を生きる中で接した音楽を順に追い、他の音楽史料と突き合わせてその影響を考えていく。なお昭憲皇太后は追号であるので、本稿ではとくに必要な場合を除き皇后とのみ記載する。

第一節　昭憲皇太后の稽古した音楽

のちに明治天皇の皇后となる一条美子は、嘉永二年（一八四九）四月十七日、従一位左大臣一条忠香（一八一二—一八六三）の三女として生まれた。生母は一条家の典医であった新畑大膳種成の女民子、養母は伏見宮邦家親王の息女順子である。幼少時の通称ははじめ富貴君《ふきぎみ》であったが、安政五年（一八五八）皇女富貴宮の誕生により寿栄君《すえぎみ》と改められた。実名は慶応三年（一八六七）女御に内定した際に勝子《まさこ》と定められ、その後、入内二日前の明治元年（一八六八）十二月二十六日に美子と改名された。生年は、女御内定後に明治天皇との年齢差に対する俗信への配慮から一年繰り下げられ、公的記録では嘉永三年（一八五〇）とされた。

『昭憲皇太后実録』の中で、皇后自身の音楽稽古を記すのは、箏曲と雅楽の二種である。まず箏曲については、十二歳の万延元年（一八六〇）三月十一日から、同腹の姉多百君とともに女性盲人音楽家の福永らく（一八二一—一九〇五）に師事して稽古を始めた。五年半後の慶応元年（一八六五）十月十六日条には、「箏曲「六段」御習得に付、師福永らくに祝酒を供せしめたまふ」とある。福永は高知藩士福永十年の末女で、九歳で失明の後、京都の藤岡検校[*3]に入門して箏曲を学び師匠となった。[*4]当時、地歌箏曲は当道座に属する男性盲人音楽家が専管し、女性で箏曲の上手な者は非常に稀だったため、福永は堂上方のいくつもの屋敷に召されて姫君たちに箏曲を教授した。一条家もその一つで、嘉永四年（一八五一）に姉の千代君と多百君の稽古に上がったのが最初と記される。当道座の職屋敷が置かれ地歌や生田流箏曲が広く行われていた幕末の京都で、五摂家をはじめ堂上公家の姫君の多くが箏を稽古していた。幼い寿栄君が慈悲深く自ら福永の手を引き食事も給仕したという逸話も語られている。箏曲の稽古はその後も服喪期を除き慶応三年（一八六七）六月二十七日の入内のお目見えまで[*5]少なくとも六年程続けられ、のちに皇后がさまざまな音楽を聴く土台となった。しかし明治二年十月の東上後は京都では経験することのなかった新事態に次々と直面し、生活は大きく変わる。しかも当時の東京は山田流箏曲一色で生田流の師は求め難く、箏曲の稽古再開の記事もない。師の福永はその後も京都で箏曲教授を続け、京都盲唖院の音曲科にも関わり、明治二十三年（一八九〇）京都・奈良方面への行啓中、皇后が京都盲唖院に行啓した四月八日には、幾山栄福や古川滝斎、山口菊次郎らとともに箏曲《八段》や地歌《桜尽し》《石橋》を御前演奏した。[*6] 行啓時の箏曲演奏の例は多数あるが、専門家の盲人音楽家のほか、華族女学校など各学校の生徒や行啓先の子女など非専門家によるものも多い。[*7]

一方、雅楽は、入内内定から五ヶ月後の明治元年（一八六八）十月五日条に、「是より先、雅楽の箏を習ひたまはんとの思召ありしが、楽箏の御稽古には予め笙・篳篥・笛の三管の中、孰れか一の御習得を要するを以て、先づ笙の御稽古を行はせられんとし、女御御方祗候橋本実麗に其の教授を命じたまふ。仍りて実麗本日平調の五常楽・越天楽・慶徳・皇麞の四曲笙譜を進上す。爾後実麗の参殿毎に御稽古あらせらる」と記される。この時期に雅楽の稽古を所望したのは、入内後は雅楽に接する機会がふえると想定してのことかもしれない。実際に入内直後の明治二年正月には、孝明天皇崩御による諒闇と戊辰戦争勃発により二年続きで催行されなかった正月行事が三年ぶりかつ最後に行われ、皇后は七日の白馬節会《あおうまのせちえ》、十九日の舞御覧《まいごらん》、二十七日御代始の御《おん》楽始《がくはじめ》など雅楽が鳴り響く諸行事に天皇とともに出御した。皇后に笙を手ほどきした橋本実麗は正二位大納言、橋本家の家格は羽林家で一条家の門流三十七家の一でもあった。[*8] 皇后が雅楽を稽古した期間はそう長くないが、皇室祭祀に多用される雅楽への耳を開くとともに、近代の宮中行事から外れる御楽始などの音楽行事を継承する下地にもなったと思われる（後述）。

いま一つ『明治天皇紀』『昭憲皇太后実録』に記事はないものの、とかく取沙汰されるのが、皇后がピアノを稽古したという言説である。[*9] これは、明治二年九月に日本と国交を樹立したオーストリア＝ハンガリーから皇后に「墺地利琴」（ベーゼンドルファー社製のグランドピアノ）が贈られたことに端を発する。[*10] 九月十六日には皇居山里茶屋において随員のオイゲン・フォン・ランゾネ男爵が天皇の御前で演奏した。[*11] しかし、皇后はまだ京都にいて、この時のピアノ演奏は聴いていない。当時ピアノを教えられる日本人はおらず、皇后の外国人引見の嚆矢が明治五年十月二十一日の国賓ロシア皇子アレキシス・アレクサンドロヴィッチ親王であり、外国公使夫妻の引見も明治六年一月十日が初例であることを考えると、それ以前に皇后が外国人から継続的にピアノを習うことは考えにくい。しかも明治六年五月五日には皇居が火災に見舞われ、当該のピアノも焼失した可能性がある。一方で、明治二十一年以降は華族女学校や東京高等女学校への行啓時に生徒のピアノ演奏を聴く記事が現れる。[*12]また皇后は明治二十六年五月二十一日、宮内省顧問を務めたドイツ貴族オットマン・フォン・モールから買い上げたピアノ一台を姪の一条良子に下賜し、[*13]明治三十六年大阪で開催された第五回内国勧業博覧会行啓時にも山葉のグランドピアノを買い上げて皇太子妃節子《さだこ》に贈った。[*14]こうしたピアノの下賜は、宮中で女性の洋装が始まった明治十九年以降、皇族妃に高価な洋服調製のための資を下賜し、思召書を発して洋装を推進した皇后の行為に重なるようにも見える。女性皇族が実際にピアノを稽古し演奏するのは、のちの貞明皇后、[*15]皇太子妃節子の代からと考えてよいのではないだろうか。[*16]

第二節　昭憲皇太后の接した音楽

明治二年三月七日に京都を発った明治天皇が二十八日に東京に到着して五ヶ月後、皇后も十月五日に京都を発し二十四日に皇居に入った。その後は東京を中心に、皇居や行啓先でそれまで京都で経験したものとは異なるさまざまな音楽を聴くことになる。ここでは、その状況を西洋音楽、唱歌、日本音楽の三つに分けて観察していく。

一　西洋音楽

皇后は、明治四年（一八七一）から本格的に公的活動に乗り出す。三月からは当時の殖産興業の柱である養蚕を皇居内でも始め、十一月九日には開拓使が米国に派遣する津田梅子ら女子留学生五名を謁見し御沙汰書を賜った。十月二十九日には宮中祭祀の「四時祭典定則」が治定され、皇后は大祭中の元始祭（一月三日）・神嘗祭（九月十七日）・神武天皇例祭（三月十一日）・孝明天皇例祭（十二月十五日）・新嘗祭（十一月卯日）に御拝をし、さらに神嘗祭には神宮を遥拝、小祭中の春秋御祈祭（二月、八月）には使を遣して玉串を供することとなった。[*17] この年十一月十七日に行われた大嘗祭にも、当初は天皇・皇后がともに親臨した上古の例に復して、悠紀・主基各殿に対して天皇の廻立殿還御後の皇后御拝を定めたが、当日は支障があり御拝は行われなかった。明治五年には英照皇太后（九条夙子《あさこ》、一八三四―一八九七）も三月二十二日に京都を発ち四月十二日に赤坂離宮に入った。[*18] 以後は、明治天皇や皇后が皇太后に孝養を尽くし行動をともにする機会が増えていく。

新暦が採用され、皇后が黛・鉄漿を廃止し、天皇が断髪した明治六年は、皇后が初めて西洋音楽の響きに触れた年でもある。まず五月三十日には十時に天皇・皇后と皇太后が御学問所代（皇居炎上後は赤坂離宮を仮皇居とした）に出御、山階宮晃親王と大久保利通・中山忠能・松平慶永・伊達宗城を召して陸軍軍楽隊の奏楽を聴いた後、午餐をともにした。[*19] 曲目は不明だが、皇后が軍楽隊の奏楽を聴いた初めであろう。フランス式の陸軍軍楽隊は、明治五年に第三次フランス軍事顧問団の喇叭教官として来日したG・ダグロンの指導を受け、イギリス式の海軍軍楽隊に約一年遅れて軍楽隊教育を開始し、この年四月十四日に鎌倉で行われた陸軍野営演習親閲時に鎌倉行在所（鶴岡八幡宮）で初演奏したばかりであった。[*20]

そして、六月十九日―二十八日には皇后と皇太后が群馬県の富岡製糸場に馬車で行啓した。製糸場を視察した二十四日には、技師長のフランス人ポール・ブリュナ夫妻が拝謁し「同夫妻より西洋料理を供進し、妻はピアノを弾じて御旅情を慰め奉る」と記されている。上田泰史によれば、[*21] ブリュナ夫人エミリはパリ音楽院出身の作曲家・オルガニストのL・J・A・ルフェビュール＝ヴェリ（一八一七―一八六九）の女で、母親も声楽家という音楽一家に育ったエミリは相当のピアノの腕前をもち、明治八年離日時のブリュナ家の競売品リストにはグランドピアノとアップライトピアノ各一台が含まれていたという。曲目は不明ながら、皇后と皇太后はこの時初めて本格的なピアノ演奏を聴いたことになる。

教育機関への行啓もこの年から始まり、十一月二十九日には神田錦町の開成学校および東京女学校、十二月五日には芝増上寺脇の開拓使仮学校・同女学校に行啓した。この開拓使女学校では、オランダ人女性の雇教師デロイテルとツワーテルが[*22]「音楽を奏」した。内容不明だが、これも鍵盤楽器の演奏だった可能性があろう。

さらに十二月十七日は、天皇とともに新橋から汽車に乗車し、横浜港からは御召船蒼龍丸に搭乗し「楽隊の奏楽裡に」同港を発して横須賀造船所に行啓した。この奏楽は海軍軍楽隊による。横須賀造船所は幕末にフランスの借款により建設され、造船所長ヴェルニーもフランス人だった。こうして、明治六年には皇后も初めて陸海軍軍楽隊の奏楽に接し、富岡ではフランス人女性によるピアノ演奏も耳にしたのである。軍楽隊の奏楽では他に、明治九年（一八七六）五月九日の上野公園開園行啓時に寛永寺の中堂跡に設けられた「陸海軍軍楽隊奏楽所」に赴いて演奏を聴き、明治十年の京都行啓時にも六月二十六日御苑（京都御所か）で陸軍軍楽隊の音楽演奏を聴いた。明治十九年にも、三月三十日には天皇の代行として横須賀に行啓し軍艦武蔵の進水式に臨御、四月十三日には天皇とともに赤羽村での近衛諸隊の演習や分列式を見ている。これらは皇后が行啓時に初めて洋装した同年七月三十日の華族女学校行啓以前なので、すべて伝統的な袿袴姿であった。天皇ほど頻度は高くないにせよ、皇后もしばしば軍事に関わる場にも行啓していたのである。

なお、明治九年十一月三日の天長節宴会には、もともと雅楽奏者である式部寮伶人[*23]三十六名による西洋音楽（海軍軍楽隊雇教師J・W・フェントンから学んだ吹奏楽）の初演奏が行われ、午後に皇后と皇太后の所望により再び御学問所東庭に並び《君が代》や行進曲などを演奏した。[*24]以後、式部寮の欧州楽隊は、宮中の饗宴や陪食、[*25]明治十三年に始まる観菊会や翌十四年からの観桜会でも演奏するようになる。明治三十年代に宮中の西洋音楽が管絃楽に重心を移す中で、日露戦争前の明治三十三─三十六年には、東京慈恵会総会への行啓後に高木兼寛ら幹部を芝離宮に招き、立食と管絃楽の会を催してもいた。

外国人音楽家の御前演奏も、明治十九年八月十日のオーストリア＝ハンガリー皇室附属音楽師レメンジーのヴァイオリン演奏を嚆矢に、明治二十三年八月一日にはオーストリア＝ハンガリー音楽博士テルシャックのフルート、音楽師シューレルのピアノ、東京音楽学校教師ディットリヒのヴァイオリン演奏が行われ、その後も明治二十九年二月一日のベルギー音楽家ミュージンのヴァイオリン演奏、明治三十二年七月七日のロシア帝室音楽師ドムチェフのヴァイオリン演奏と続くが、皇后がどう受け止めたのかは残念ながらわからない。

この間、明治十二年文部省内に設置された音楽取調掛は、明治二十年に主に西洋音楽を教育する東京音楽学校となった。皇后の東京音楽学校への行啓は明治三十二年四月二十一日が最初だが、この時期の同校は、帝国議会における東京音楽学校存廃論争により六年に及んだ東京高等師範学校附属音楽学校への格下げからの再独立を目指しており、皇后の行啓を仰ぎ教授・生徒が御前演奏をすることでその後押しを得ようとしたと考えられる。東京音楽学校への皇后の行啓は、明治三十四年六月四日、三十五年五月六日と合せて計三回行われた。しかし、明治期における西洋音楽の御前演奏は、後に見る日本音楽に比べるとごく限られていた。

二　唱歌

女子教育に心を寄せた皇后の活動と深い関係をもつ音楽に、唱歌がある。明治八年十一月二十九日の東京女子師範学校開業式行啓に因んで翌年二月に下賜された御歌《みうた》「みがかずば」や明治二十年三月十八日に華族女学校に下賜された御歌「金剛石」「水は器」については、かねてより知られている。「みがかずば」には、明治十一年十月に式部寮伶人の東儀季凞《とうぎすえなが》（一八三二―一九一四）が壱越調律旋の旋律を付し、「金剛石」「水は器」には同じく式部寮伶人で華族女学校の音楽課業嘱託でもあった奥好義《おくよしいさ》（一八五七―一九三三）が曲付けした。唱歌は教育の場で生徒がともに歌う近代特有の歌謡であり、音楽化された御歌は女子教育に対する皇后の思召しを最も直截に伝える媒体として皇后と国民を結ぶものとなった。皇后の御歌に曲づけする慣習は、明治初期のみならず後年まで続く。[*26] 関連して、近代の歌会始の勅題およびそれに基づく御製《ぎょせい》と御歌が、箏曲等の新作において典雅で新時代にふさわしい歌詞や曲想の源泉となった点も指摘しておきたい。[*27]

各地への行幸啓の場で、人々が声を合わせて唱歌を歌う例は枚挙に暇がない。明治二十一年（一八八八）に新皇居が竣成し、翌年一月十一日に赤坂仮皇居から徙御した際も、沿道では送迎に集まった市民が万歳を唱え、諸学校の生徒たちは整列して《君が代》を歌った。行幸啓時の唱歌とは位相が異なるが、明治二十六年に文部省が公布した「祝日大祭日唱歌」八曲は祝日大祭日に学校で歌う儀式唱歌として皇室祭祀と学校儀式とをつなぐものとなり、国民の間に広く浸透した。

唱歌と行啓との一般的関係とは別に、近代日本の音楽史上きわめて重要な機会になったのが、明治十年十一月二十七日の東京女子師範学校附属幼稚園開業式への皇后と皇太后の行啓である。この日、皇后・皇太后の御前で園児たちが披露するために遊戯《風車《かざぐるま》》と謳歌《冬燕居《ふゆのまどい》》の二曲が誕生したのである。この二曲は、もともとフレーベル式保育書に掲載されていた《Windmill》と《Winter》の歌詞を保母の豊田芙雄と近藤浜が和歌の形に翻訳し、それに同校摂理の中村正直から依頼を受けた式部寮伶人の東儀季凞と東儀季芳《とうぎすえよし》（一八三八—一九〇四）が雅楽の音階（壱越調律旋法、盤渉調律旋法）で旋律を付け、和琴と笏拍子で伴奏した新しい歌だった。[*28] こうして日本初の幼稚園の開業式を機に世に出た唱歌は「保育唱歌」と称された。保育唱歌は始まりこそ幼児用の唱歌だったが、やがて伶人たちが東京女子師範学校生徒や学習院生徒への教授を頼まれると、十代の生徒たちに見合ったより複雑な旋律の唱歌も作曲されるようになり、その数は明治十六年頃までに約百曲に及び、一時期は楽譜の出版準備も進められた。

音楽取調掛が伊沢修二とその米国留学時代の師であるL・W・メーソンを軸に、西洋曲に日本語の歌詞を付け替えた唱歌が九割方を占める『小学唱歌集』を編纂し出版するのは明治十五—十七年だが、雅楽風の曲調をもつ保育唱歌は出版にこそ至らなかったものの、音楽取調掛の西洋風唱歌に先行して作られ、伶人たちによって各所で教えられていた。たとえば、明治十四年五月二十四日東京女子師範学校への皇后行啓時の唱歌や、十六年十一月二十八日神田錦町の学習院への皇后・皇太后の行啓時に唱歌教場で聴かれた「男女生徒の唱歌」は、保育唱歌だったはずである。しかし、音楽取調掛による西洋風の唱歌普及が軌道に乗る明治二十年代以降、保育唱歌は徐々に歌われなくなり、次第に忘れられていく。

ただし、保育唱歌と用途は異なるが同じく雅楽音階で作曲された歌が、御歌に曲付けした宮中の唱歌と儀礼曲・儀式唱歌という二つの脈絡の中に生き残ることになった。明治十三年には、海軍省からの依頼で古歌に雅楽音階で曲づけした《君が代》《海ゆかば》が作られ、エッケルトにより吹奏楽用に編曲されて軍の儀礼曲が誕生した。明治二十五年には陸軍省の依頼により《国の鎮め》《皇御国》《命を捨てて》《足曳》が作曲されたが、《国の鎮め》《足曳》の二曲は雅楽音階で作られ、《国の鎮め》は旋律を西洋風に改変して編曲された。また、先述した祝日大祭日唱歌八曲中にも、雅楽音階からなる《君が代》《元始祭》《紀元節》《神嘗祭》《新嘗祭》の五曲が含まれるのは偶然ではない。[*29]

三　さまざまな日本音楽

次に、皇后と日本音楽との接点を種目ごとに見ていきたい。

まず雅楽は、宮中三殿で執行される皇室祭祀での奏演のほか、明治十一年以降は一月五日新年宴会の舞楽、二月十一日紀元節宴会での久米舞が毎年の恒例となった。それ以外では、明治二十二年二月十一日の大日本憲法発布大宴会での久米舞と舞楽《太平楽》《打球楽》《春庭花》《胡蝶》、明治二十三年二月十一日の紀元二五五〇年祝での舞楽《万歳楽》《迦陵頻》《陵王》、明治二十七年三月九日の両陛下御結婚二十五年祝典[*30]での舞楽《万歳楽》《延喜楽》《太平楽》《陪臚》の上演がある。[*31]そして、英照皇太后が明治十六年から楽道奨励のため年二回御座所で開催していた有志華族と宮内省楽師による「青山御楽《おんがく》」は、皇太后崩御後の明治三十二年六月五日からは芝離宮で皇后が主催する年一回の管絃演奏会に継承され、さらに大正時代には貞明皇后に引き継がれる。雅楽（管絃）を自演して君臣をつないだ平安時代からの文化伝統は、近代には皇太后や皇后主催の音楽行事として存続したのである。

英照皇太后の役割がさらに重要だったのが、能楽である。維新後に危機に瀕していた能楽界が皇太后や華族の支援により復興を遂げていく経緯は、小林責・三浦裕子が夙に明らかにしている。[*32] そのきっかけは、明治九年四月の馬場先門内・岩倉具視邸への行幸（四日）と皇后・皇太后の行啓（五日）、皇太后の行啓（六日）であった。天皇・皇后・皇太后が臣下の屋敷に行幸啓した初例であり、三日とも岩倉邸において前田利鬯・前田斉泰・坊城俊政ら華族の演ずる能と、宝生九郎・梅若実ら玄人の能役者の能とが行われた。初の行幸啓能を取り仕切ったのは、岩倉の従弟で梅若実に師事していた式部頭坊城俊政である。その翌月五月五日の麻布市兵衛町・親子《ちかこ》内親王邸[*33]への天皇・皇后の行幸啓でも、能楽御覧所において梅若実・観世銕之丞・宝生金五郎・金剛氏らの演ずる能《蘆刈》《望月》《満仲》《夜討曽我》《船弁慶》と仕舞数番が上演された。いずれも天皇・皇后を迎えた親密な空間での演能であり、以後の宮家や華族の屋敷への行幸啓でも演能がもてなしの定番となる。朝儀に雅楽を有する禁裏の能楽[*34]は、武家の式楽である幕府の能楽とは相当性格が異なり「慰」、すなわち娯楽だった。[*35] 能楽に造詣の深い皇太后のみならず、天皇も能楽見物を気楽に楽しんだ。[*36] 明治日本の最前線で近代化・西欧化と対峙する天皇・皇后にとって、最も近しい間柄の英照皇太后や親子内親王と同席しての能楽見物は、京都の記憶を共有し心安らぐ場でもあったのではないだろうか。その点、後年の大正・昭和期に皇族方の寛いだ集まりに行われた映画上映にも通ずるものがあるように思われる。

明治天皇は皇太后のために青山御所に能舞台を建設し、明治十一年七月五日の舞台開きには皇太后の主催で翁付き五番立の上演が行われ、天皇・皇后が行幸啓する。明治十一―二十六年に青山御所で催された演能は計十九回だが、[37]青山御所と天皇・皇后の住まう赤坂仮皇居とは敷地が隣接し庭地から気軽に行来できたため、三者揃って能楽を見物する機会は明治十六年頃までは年二回程あった。その後、華族の九条道孝・前田斉泰・池田茂政・坊城俊政・藤堂高潔・前田利鬯を発起人として能楽社が結成され、明治十四年芝公園内に能楽堂が竣工し四月十六日に舞台開きが行われると、皇太后が催主となる芝能楽堂での演能は明治十年代には年三―五回、二十年代（最終は明治二十七年四月）には年一―三回となり、[38]皇后はその約半数に同席した。皇太后に導かれ練達の能役者が演じる能楽を見物することは、皇后にも大きな愉しみだったのではないだろうか。明治三十年一月十一日の皇太后崩御後、皇后が能を見る機会は減り、芝能楽堂への行啓は明治三十二年の一回のみ、明治三十六年十月に芝能楽堂を移築した靖国神社能楽堂への行啓も明治四十年代には年一回となり、皇太子・皇太子妃をはじめ若い皇族方が同席するようになる。

御前演奏が行われた種目に、吉備楽と薩摩琵琶・筑前琵琶があった。吉備楽は、岡山藩の楽人であった岸本芳秀（一八二一―一八九〇）が雅楽を基に創始した新しい歌舞で、箏を主奏楽器に雅楽三管を助奏に用いる。明治十一年九月十六日と十三年五月二十七日の二度、青山御所で皇太后主催の吉備楽を皇后も聴いた。その後、明治三十四年六月二十五日には上野公園内の日本美術協会で、三十六年六月二十七日には芝離宮で、岸本芳秀の男・吉武の吉備楽を聴き、同年の京都・大阪行啓中も五月七日に日本美術協会大阪支会で吉備楽進栄会の演奏を聴いている。吉備楽は後に金光教・大本教の祭祀音楽となる。

幕末まで薩摩の郷土音楽であった薩摩琵琶は、維新後の薩摩出身者の東京進出に伴い東京でも聴かれるようになった。薩摩琵琶が世に知られた契機は、明治十二年八月二十八日森有礼邸で国賓の元米国大統領グラント将軍に、上京後間もない西幸吉（一八五五―一九三一）が琵琶と芝笛を聴かせたことである。西はその翌年、伊達宗城や三条実美の邸でも弾奏して貴顕の知遇を得た。そして明治十四年五月九日の島津忠義邸への天皇の行幸、十三日の皇后行啓時に、吉水敬和とともに薩摩琵琶の御前演奏を行った。[39]明治天皇はこの新しい語り物音楽を好み、皇后も明治二十一年に一回（一月十六日芝公園内弥生社行啓）、二十三年に三回（二月三日房子内親王命名内宴、六月二十七日山田顕義別邸行啓、十月三十一日皇太后とともに大山巖邸行啓）、三十七年に一回（一月十七日西幸吉を召して《王政復古》《重盛》を聴く）、三十八年に一回（七月二日葉山御用邸に西を召す）聴いている。[*40] ことに明治四十四―四十五年に、毎春恒例となった沼津御用邸での静養中に岡崎光男（桜洲）をたびたび召して薩摩琵琶を聴いたのはそれが余程心に適ったのだろうか。一人で弾き語る薩摩琵琶奏者を召し易かったこと以外に、戦記物や同時代の戊辰戦争、日清・日露戦争を多く題材とする薩摩琵琶が、来し方を振り返るような晩年の皇后の心象風景と共振した可能性もあると思う。沼津御用邸には、幼い皇孫らが歌う唱歌も響いていた。これに対し明治三十年代に成立した筑前琵琶は、三十二年五月八日上野の日本美術協会行啓時に創始者の橘智定《ちじょう》（旭翁、一八四八―一九一九）の演奏を一度聴いたのみである。

　このほか皇后は、明治六年五月七日皇太后とともに行啓した芝公園内の開拓使官園で、北海道から連れて来られていた「アイヌ人男女数名」が「土俗の歌舞を奏する」のを見聞した。[*41] おそらくアイヌ民族の歌舞が東京で披露された最初であろう。また、同年六月の富岡製糸場行啓の帰途、二十八日早朝に立ち寄った大宮氷川神社では、拝礼後に八十二歳になる堀江寿世ら三人の神子神楽を見た。[*42] 氷川神社では、江戸時代から続く里神楽に代わって明治三―六年は式部寮伶人による宮中の御神楽《みかぐら》が行われたが、七年からは神社側の要望で負担の少ない東遊《あずまあそび》に変更され現在に至っている。[*43] 皇后と皇太后は氷川神社が伝えていた神子神楽のいわば最後の輝きを見たことになる。このほか明治二十三年の京都・奈良方面行啓中には、四月十九日に金春流の薪能と大和万歳・伊勢神楽を、四月二十四日には大阪博物館にて当時全国で流行していた明清楽の演奏も聴いている。[*44] 皇后は古典音楽から民俗音楽、外来音楽に及ぶ明治の多様な響きを耳にしていたのである。

むすびに

昭憲皇太后と音楽との関わりを振り返ると、あらためて興味深いことに気付く。確かに西洋音楽も唱歌も日本音楽も耳にされたのだが、日本音楽の中でも長唄や義太夫・常磐津・清元といった劇場系の三味線音楽はほとんど登場しないのだ。これは、明治期の行幸啓で能楽が繰り返し上演されたのに対して、天覧歌舞伎は明治二十年四月二十六日の麻布鳥居坂・井上馨邸行幸（皇后は二十七日、皇太后は二十九日に行啓）時のただ一度のみ、という落差とも符合する。皇后の行啓先でも、主に披露されたのは唱歌、箏曲（三曲合奏を含む）や薩摩琵琶、ピアノであった。[*45] 雅楽を頂点にした当時の日本音楽内部における種目間秩序が浮き彫りになる。そして、天皇・皇后の御前での演奏は外国人を含めて音楽家にとって大きな栄誉となり、時に地位向上に資する機会にもなった。

大正三年（一九一四）四月九日沼津御用邸で崩御した皇后は、五月九日に追号を昭憲皇太后と定められ、五月二十四―二十六日に大喪が行われた。東京の代々木喪場殿まで宮内省楽師が道楽を奏し、御饌・幣物の奉奠には明治天皇大喪時に創作された誄歌が歌われた。軍楽隊は英照皇太后大喪時に作曲された葬送行進曲《哀の極》を奏し、諸学校には千家尊福作歌・東京音楽学校作曲の《昭憲皇太后奉悼歌》が文部省から配付された。[*46] 別途、日本赤十字社でも明治天皇大喪時と同じく、日本社及び各支部養成中の看護婦生徒に遥拝式を行わせ、松平乗承作歌・東京音楽学校作曲の《昭憲皇太后奉悼歌》を斉唱させた。

昭憲皇太后はこうして、生涯を通して明治期に誕生した音楽で彩られたのであった。

◎付記
本稿は、二〇二三年十月八日に富岡製糸場行啓百五十周年を記念して行われた講演「昭憲皇太后と音楽とのかかわり」の内容を基に加筆修正したものである。貴重な機会を与えてくださった富岡製糸場とそのご関係の方々に感謝申し上げる。

注

1 山口鼎太郎『明治皇后』南北社、一九一四年五月、坂本辰之助・箕輪四郎『昭憲皇太后』画報社、一九一四年五月。近年のものに、若桑みどり『皇后の肖像―昭憲皇太后の表象と女性の国民化』筑摩書房、二〇〇一年、片野真佐子『皇后の近代』講談社、二〇〇三年、小田部雄次『昭憲皇太后・貞明皇后』ミネルヴァ書房、二〇一〇年、小平美香『昭憲皇太后からたどる近代』ぺりかん社、二〇一四年、真辺美佐「近代化のなかでの皇后」森暢平・河西秀哉編『皇后四代の歴史』吉川弘文館、二〇一八年、等がある。

2 宮内省臨時帝室編輯局編『明治天皇紀』十二巻、吉川弘文館、一九六八―七七年、明治神宮監修『昭憲皇太后実録』全三巻、吉川弘文館、二〇一四年。

3 富士岡検校とも。生没年不明。京都の盲人音楽家。文化七年座頭となり、勾当を経て天保二年検校登官。京都盲唖院で音楽科発足の中心となった古川滝斎（一八三八―一九〇八）の三弦の師。当時の京都を代表する三弦の名手（平野健次・蒲生郷昭・上参郷祐康監修『日本音楽大事典』平凡社、一九八七年）。

4 以下の福永に関する記述は、山口『明治皇后』前掲、二一―二五頁による。ただし寿栄君の稽古始めを「六歳の春」とするなど『昭憲皇太后実録』とは食い違いもある。

5 ただし、皇学書院編『昭憲皇太后御聖徳録』（皇学書院、一九一四年五月）では「御入内後も殆ど毎日良久を召されて、箏曲の御稽古を遊ばされて居た。」とする。

6 福田恭子『山口巌の生涯―箏曲界に与えた影響とその業績』東京藝術大学大学院音楽研究科博士論文、二〇一五年度、一〇六頁。幾山栄福（幾山検校、一八一八―一八九〇）、古川滝斎（一八三八―一九〇八）、山口菊次郎（巌、一八六八―一九三七）は明治期の京都で活躍した代表的地歌箏曲家。この時、皇后はかつての師を認識したが拝謁はなかった（山口『明治皇后』前掲、一八―三〇頁）。

7 東京女子師範学校・華族女学校等で生徒が箏曲（後には箏とピアノ）を演奏し、華族の屋敷でも子女がしばしば箏曲を披露した。上流階級の女子の稽古事として普及していたからだろう。

8 李元雨『幕末の公家社会』吉川弘文館、二〇〇五年。一三五―一三八頁。

9　玉川裕子『「ピアノを弾く少女」の誕生―ジェンダーと近代日本の音楽文化史』青土社、二〇二三年、一二二頁でもそう説くが、典拠とする『現代音楽大観』（東京日日通信社、昭和二年）下巻の幸田延子の項は明らかに貞明皇后（九条節子）について語ったもので、昭和天皇の即位により「皇太后」となった貞明皇后を編者が「昭憲」皇太后と誤記した可能性が高いと思われる。幸田延がウィーンから帰国した明治二十八年に昭憲皇太后は四十代後半であり、それ以後ピアノを始めたとも考えにくい。

10　この件は明治初年の外国人社会でも話題に上っていたらしく、ブラックも「これまでに、一度ならず、皇后がピアノのレッスンを受けているということを、私は聞いたことがある。しかし私は、この話を信用しなかった。」と記している（J・R・ブラック、ねずまさし・小池晴子訳『ヤング・ジャパン』三、平凡社、一九七〇年、一〇五頁。原著は一八八〇年刊）。

11　曲目は、ヨハン・シュトラウス《アンネン・ポルカ》、メンデルスゾーン《ヴェネツィアの舟唄》等の四曲（オットー・ビーバ、イングリット・フックス著、武石みどり編著『音楽交流のはじまり―19世紀末ウィーンと明治日本』左右社、二〇二二年）。ビーバは「皇后陛下はこの贈り物を受けたのち、イギリス公使夫人からピアノを習っている」（七六頁）と記すが、典拠は示していない。外交官夫人の関与が事実ならば日本側の記録を全く欠くのは不自然で、風聞情報なのではないか。

12　『昭憲皇太后実録』明治二十一年六月四日および十一月二十六日条（華族女学校）、明治二十二年四月十二日（東京高等女学校）。

13　モールが来日時に持参したピアノはスタインウェイ製（オットマール・フォン・モール、金森誠也訳『ドイツ貴族の明治宮廷記』講談社、二〇一一年、八〇頁）。なお、明治二十三年十二月十九日、華族女学校への行啓後に一条実輝邸に行啓した皇后は、養母の一条順子に琴一面と金二〇〇円を下賜し、盲人の三曲演奏を聴いた。一条順子は、一条家が東京に邸を移した後も一人京都に留まり、ほぼ毎日福永らくを召して箏曲の稽古をしていたという（山口『明治皇后』前掲、二八頁）。

14　宮内公文書館蔵『行啓録』明治三十五・六年による。井上さつき氏のご教示による。

15　貞明皇后は皇太子妃となった明治三十三年から東京音楽学校教授幸田延（一八七〇―一九四六）を東宮御用掛に任じ、ピアノのレッスンを受けていた（明治学院大学図書館付属日本近代音楽館蔵『幸田延履歴』）。皇太子妃が一家団欒の場でピアノを弾き（明治四十二年十月一日）、皇太子と親王たちの唱歌をピアノ伴奏したこと（明治四十三年四月二十六日）は『昭和天皇実録』第一、東京書籍、二〇一五年に見える。幸田は香淳皇后にもピアノを教えた。

16　ただし、明治十一年からクララ・ホイットニーは東伏見宮妃にピアノを教えていた（クララ・ホイットニー著、一又民子ほか訳『勝海舟の嫁クララの明治日記』下巻、中央公論社、一九九六年、五一頁）。

17　明治六年の新暦採用後は元始祭・神嘗祭以外の祭日と春秋御祈祭の日程は変更される。

18　皇太后は当初赤坂離宮を御在所としたが、明治六年の皇居炎上後は赤坂仮皇居となり天皇・皇后も離宮内同居となった。同年十二月十九日に隣接する旧紀州藩主徳川茂承邸を修築して皇太后が移転し、以後は青山御所と称した。

19 『明治天皇紀』第三、明治六年五月三十日条。『昭憲皇太后実録』同日条では「御会食の間、陸軍軍楽隊西洋音楽を奏す」と陪食中の奏楽とし、若干ニュアンスが異なる。

20 『明治天皇紀』第三、五二頁。明治天皇は、五月八日にも吹上御苑の御庭に帰京後の陸軍の兵隊と楽隊を召した。

21 上田泰史「「世界遺産」とピアノ（後編）―世界遺産・富岡製糸場の「幻のピアノ」を求めて」ＰＴＮＡ会員・会友レポート二〇一七年六月 https://www.piano.or.jp/report/04ess/itntl/2017/06/01_23081.html。

22 『昭憲皇太后実録』はイ・ロノール、イ・ツーワーテルと記すが、『北大百年史』通史、第一章「開拓使の設置と仮学校」（https://eprints.lib.hokudai.ac.jp/dspace/100-tsusetsu.jsp）一五頁のデロイトル（I. de Ruyter）、ツワーテル（I. Towater）の表記に従った。両名は明治五年六月一日から明治七年まで雇入れられた。

23 のちの宮内省式部職楽師。

24 塚原康子『十九世紀の日本における西洋音楽の受容』多賀出版、一九九三年、二三七―二四〇頁（当日の演奏者の一人である豊喜秋の日記『豊原喜秋記』による）。曲目は、《君が代》《グランドマルチ》《グランドネーショナルマルチ》《ビウチーフルフラワル》《クイキマルチ》《御民われ》の六曲。『昭憲皇太后実録』に記事はないが、『明治天皇紀』の「午後御内宴の際亦洋楽を奏せしめらる」はこの再演奏を指すか。

25 陪食は、西南戦争終結後の明治十年十一月二十七日に大臣・参議・侍講等に対して毎週金曜日に定例で行うことが決まり、翌年一月からは陪食時に式部寮伶人に雅楽（管絃）と欧州楽を毎週交互に演奏させた。

26 中村真由子「明治期の宮中における作曲活動―保育唱歌の系譜」『東洋音楽研究』第七四号、二〇〇八年によれば、御歌の保育唱歌様式での作曲と演奏は、雅楽稽古所での音楽演習では明治二十七年まで続き、芝離宮での皇后主催管絃では大正期まで演奏例があるという。その後も歴代皇后の御歌が音楽化された事例は少なくない。

27 箏曲《明治松竹梅》（菊塚与市作曲）は、明治三十三―三十五年の歌会始勅題「松上鶴」「雪中竹」「新年梅」に基づく御製・御歌七首を歌詞に用いている。山田流箏曲《松上の鶴》は明治三十三年の勅題「松上鶴」に因み、宮城道雄作曲の箏・尺八二重奏《春の海》（一九二九）も昭和五年の御題「海辺巌」に基づき作曲されたものである。

28 保育唱歌の位置づけについては塚原康子『明治国家と雅楽―伝統の近代化／国楽の創成』有志舎、二〇〇九年の第五章参照。

29 塚原『明治国家と雅楽』前掲、第七章参照。

30 西洋の銀婚式を模した新行事。この時、宮内省楽部で雅楽音階による奉祝二十五年盛典唱歌《松竹》が作られ、雅楽譜と五線譜の両様の楽譜が献上された。

31 舞楽の曲目は、明治二十二年は『豊原喜秋記』（豊氏本家蔵）、その他は『明治天皇紀』による。

32 小林責「青山大宮御所御能御用掛顛末―『梅若実日記』をたどって」『武蔵野大学能楽資料センター紀要』第一六号、二〇〇五年、同「明治維新と能・狂言」『武蔵野大学 能楽資料センター紀要』第二三号、二〇一二年および三浦裕子「明治期の能楽復興と坊城俊政」『楽劇学』一四号、二〇〇七年、同「岩倉具視の能楽政策と坊城俊政―明治10年代を中心に」『武蔵野大学能楽資料センター紀要』二三号、二〇一一年、同「芝能楽堂と能楽社・能楽堂―規約と演能会の検討を中心に」宮本圭造編『近代日本と能楽』（能楽研究叢書6）法政大学能楽研究所、二〇一七年。

33 幕末に徳川家茂に降嫁した和宮（一八四六―一八七七）のこと。家茂没後は出家し静寛院と改めた。維新後は京都に戻るが、七年七月再び東上した。親子内親王邸には明治九年五月十八日英照皇太后も行啓し演能が行われた。

34 禁裏の能楽は御代始、大嘗会祝賀、改元祝賀のほか、徳川綱吉の時代からは年二回春秋にも定例で催され、四座に属する能役者は出勤しないのを建前とした。文久元年（一八六一）九月七日の改元御祝能が最後の禁裏能となった（小林責・西哲夫・羽田昶『能楽大事典』筑摩書房、二〇一二年）。

35 芝能楽堂の建設時、久米邦武らが能楽堂での飲食を心配し「岩倉公などへ伺って見た所が、何ぞ計らん我々の考へとは全然反対に、中で見ながら食べれば好いではないかとのお答へである。（中略）先の英照皇太后陛下までが、一同構はず其席に於て飲食せよとの御沙汰を賜はつた程」と回想されている（久米邦武「朝廷の乱舞と武家の式楽」『能楽』大正二年八月、小林「明治維新と能・狂言」前掲、三三頁より引用）。

36 明治六年七月―七年七月出仕した男爵西五辻文仲の談話速記（大正十五年十一月八日）によると、明治天皇は「矢張お能でもお上は武張ったものがお好きで、熊坂とか勝ち戦のものとかゞお好きでありました、それを一番の全部を御覧になりませぬ、面白さうな所だけやれと仰せになりまして、我々ならばモウ三番か精々狂言が這入って四番といふところですが、四番も五番もイキナリ駈けて出て来るやうな所からやらせて御覧になります（笑声）」という（堀口修監修・編集・解説『臨時帝室編輯局史料「明治天皇紀」談話記録集成』第三巻、ゆまに書房、二〇〇三年、一五五頁）。

37 小林「青山大宮御所御能御用掛顛末―『梅若実日記』をたどって」前掲、六二頁。

38 三浦「芝能楽堂と能楽社・能楽堂―規約と演能会の検討を中心に」前掲、九二頁。催主となった演能には皇太后から能楽社に金二〇〇円が下賜され、御座所借用料三〇円も毎月支払われた。

39 この日は能・狂言と、箏・三味線・胡弓・尺八の三曲合奏も行われた。

40 山田顕義邸や大山巌邸への行啓では、薩摩琵琶とともに桃川如燕（一八三二―一八九八）の講談も（明治二十五年四月五日の後藤象二郎邸行啓時にも）披露された。西五辻文仲の談話速記によると、明治天皇は「軍談物はお好きで、これは高らかとお聲を出してお読みになります、お傍に誰も居りませぬでも、次に居る人に読んでお聞かせになるやうに大きなお声でお読みになります、これは余程お好きでした」

という（前掲、一九二―一九三頁）。また天皇は、明治二十年十月十四日松方正義邸行幸時に聴いた薩摩琵琶《王政復古》の歌詞中「薩長諸隊」を「そは官軍なり」と指摘した（『明治天皇紀』）。

41 当時、三十五名のアイヌが芝増上寺内の開拓使仮学校附属北海道土人教育所と、これと別に設けられた開拓使官園（第一―第三）に分かれて学んでいた。この日の官園への行啓は開拓使が要請したもので、北海道土人教育所からもアイヌが呼ばれて来ており、アイヌの女生徒四名が、開拓使仮学校女学校生徒四十一名、裁縫工女十三名とともに皇后・皇太后に拝謁した（狩野雄一・廣瀬健一郎「開拓使による東京でのアイヌ教育」東京アイヌ史研究会編『《東京・イチャルパ》への道―明治初期における開拓使のアイヌ教育をめぐって』現代企画室、二〇〇八年、九二―九七頁）。

42 武蔵国一宮の氷川神社では、宝暦年間に執行されていた里神楽が途絶えたのを寛政元年に復活し、杉山家と堀江家の社家が伝承してきたが、明治維新後に廃絶した（三田村佳子『里神楽ハンドブック―福島・関東・甲信越』おうふう、二〇〇五年、二三九頁）。『昭憲皇太后実録』によると、寿世は氷川神社主典堀江英風の祖母で「歳八十二なるも神子舞の妙手にして行歩飛ぶが如し」とし、舞の終了後、皇后は手ずから紅絹一匹を賜った。

43 塚原『明治国家と雅楽』前掲、八〇頁。明治八年からは農繁期を避けて期日が六月十四日から八月一日に変更された。

44 化政期から天保期に長崎に伝来した中国音楽。月琴を主奏楽器とする合奏音楽で、明治期には大阪・東京はじめ各地で流行するが、日清戦争勃発により衰退した。

45 ただし、杵屋六左衛門（十三世）の談によると、明治四十二年六月三日の侯爵前田利為の鎌倉別邸への行啓時、宝生九郎の素謡の後に、杵屋六左衛門・杵屋勘五郎・岡安南甫・芳村伊十郎・望月太左衛門らと「龍紋の麻裃の正装で、お好みに依り十八番の勧進帳を演奏致しました」といい、「此事は啻に杵屋宗家のみの光栄許りではなく、芸界一統の栄誉と、今に至るまで肝に銘じ、心の励みと致して居る次第であります。」とするが（坂本・箕輪『昭憲皇太后』前掲、一五五頁）、『昭憲皇太后実録』には、仕舞の後「三曲合奏その他の余興を聞かせられた」とのみ記される。

46 坂本・箕輪『昭憲皇太后』前掲、三〇頁。

音楽取調掛・東京音楽学校における外国人教師たちの活動
——近代日本における音楽教育史の再考に向けて

仲辻 真帆
Nakatsuji Maho

はじめに

明治期に日本政府が多くの欧米人を招聘したことはよく知られている。「お雇い外国人」と呼ばれた人々は、政治、軍事、経済、法制、医療などとともに、音楽分野でも重要な役割を担った。

「お雇い外国人」に関する先行研究は多くあるが、音楽取調掛・東京音楽学校における外国人教師たちの教育活動を網羅的に総覧し、その傾向や歴史的変遷を明らかにした出版物は未見である。本論文は、明治から昭和前期の音楽教育や国際情勢の変遷に照らして、音楽取調掛・東京音楽学校の外国人教師について再考するものである。考察にあたり、美術分野における「お雇い外国人」との比較検討や、時代により変容する外国人教師を巡る雇用状況なども視野に入れる。主な調査資料は、東京藝術大学附属図書館所蔵の『音楽取調掛時代文書綴』と同大学の大学史史料室が所蔵する『外國人教師關係書類』[*1]で、他に国立公文書館および国立国会図書館等の所蔵資料も参照した。

明治期以降の国家の近代化について顧みる際、あるいは近現代日本の音楽文化を鳥瞰する際、「お雇い外国人」の活動を再考することは非常に重要だが、その重要性は個々の活動のみに内在するものではない。外国人教師たちが音楽学校で指導した技術だけでなく、学生に与えた精神的な影響力なども多大なものであった。そのため本論文では、近現代史および欧米文化受容の文脈の中で外国人教師たちの活動を再検討するだけでなく、彼らに対する日本人の反応や当時の音楽教育状況も含めた考察を試みる。

第一節　近代日本における「お雇い外国人」の記録と先行研究

「お雇い外国人」という用語自体は、明治五（一八七二）年刊行の『御雇外國人一覧』（中外堂）[*2]に見られるように、明治初期から使用されてきた。日本が近代文化を導入するにあたり、幕末・明治期に招聘・雇用した外国（主に欧米）の人々を指す総称である。『日本帝国統計年鑑』に基づく算出[*3]によれば、明治五（一八七二）年から同三十一（一八九八）年までに官傭外国人が六一九三人、私傭外国人は一万二五四〇人がいた。明治十二十年代に「お雇い外国人」は各分野で活躍したが、明治三十二（一八九九）年、日本政府の「閣令第五号」をもって外国人雇い入れに関する手続きは廃止される。

「お雇い外国人」に関する研究の蓄積は特に二十世紀後半から充実してきた。日米文化交流史の観点からこの問題を扱った海外研究者の著作（Burks 一九八五など）、シリーズとして各分野の研究成果がまとめられた『お雇い外国人』（鹿島研究所出版会、一九六八—七六年、全十七巻）や『資料御雇外国人』（ユネスコ東アジア文化研究センター編、小学館、一九七五年）等[*4]がある。

幕末の「お雇い外国人」は、外国船の来港や尊王攘夷論およびその後の兵制改革の潮流の中に位置付けられる。すなわち国防、軍事面が起点となっている。陸軍がフランス式、海軍がイギリス式の兵式を採り、それぞれの国から軍事教官を招聘したことは、明治期以降の帝国陸海軍の歴史的変遷に決定的な影響を及ぼした。

音楽や美術分野で活動した「お雇い外国人」も、最初は陸海軍との関係から始まっている。美術分野で最初に挙げられるのは、アベル・ゲリノー Abel Jean-Louis Guérineau（一八四一—一九二九）である。ゲリノーは明治七（一八七四）年に招聘され、陸軍士官学校で画学・図学を教えた。同校で教師を務めたフランス人にはジョルジュ・フェルディナン・ビゴー Georges Ferdinand Bigot（一八六〇―一九二七）もいるが、美術分野の初期の「お雇い外国人」たちはイタリアから招かれた。『お雇い外国人』第十六巻「美術」の第一章から第五章では、それぞれ五人のイタリア人について記述されている。[*5]

では音楽分野の「お雇い外国人」にはどのような人々がいたのか。近代日本音楽史における西洋音楽受容の問題を扱った先行研究（塚原 一九九三）では、日本の軍楽隊による西洋音楽の伝習過程について詳述する中で、ジョン・ウィリアム・フェントン John William Fenton（一八三一―一八九〇）の経歴、薩摩藩との雇用契約、軍楽隊における教授内容、およびフランツ・エッケルト Franz Eckert（一八五二―一九一六）の軍楽隊での活動や注文楽譜などについて記述されている。軍楽隊のために招聘されたフェントンやエッケルトは音楽分野における最初期の「お雇い外国人」であった。

続いて、音楽教育において西洋音楽伝習に寄与した「お雇い外国人」たちが登場する。『お雇い外国人』第十巻「音楽」（野村 一九七一）で最も多くページが割かれているのはルーサー・ホワイティング・メーソン Luther Whiting Mason（一八一八―一八九六）である。他に前述のエッケルトや、ルドルフ・ディットリヒ Rudolf Dittrich（一八六一―一九一九）、ラファエル・フォン・ケーベル Raphael von Koeber（一八四八―一九二三）の章もある。彼らはいずれも音楽取調掛・東京音楽学校の教員であった。

日本における西洋音楽の導入に着眼した研究（中村 一九九三）では、先に挙げたフェントン、エッケルト、メーソンの他に、アンナ・レール Anna Laehr（一八四八―？）、松野クララ Clara Louise Zitelmann（一八五三―一九三一）、シャルル・エドゥアール・ガブリエル・ルルー Charles Edouard Gabriel Leroux（一八五一―一九二六）、ギョーム・ソーヴレー Guillaume Sauvlet（一八四三―一九〇二）など合計十二名がとりあげられており、彼らは「現代に継承する日本の洋楽の最初の第一歩を築き上げた先達者」[*6]と評価されている。

当該領域における研究は近年も継続しておこなわれており、新たな研究成果も見受けられる。とりわけフェントンやエッケルトに関する研究は、前記の先行研究発表後に掘り起こされた史料も参照しながら研究が進められてきた。[*7]

一方で、近代日本音楽史において重要な足跡をのこした人物でも、未だ充分な研究がなされていない例は多い。次節に挙げる人々の音楽活動についても、さらなる詳細な研究が必要である。

第二節　歴史資料にみる音楽取調掛・東京音楽学校の外国人教師たち

本節では、音楽取調掛・東京音楽学校に在職した外国人教師について記述する。明治三十二（一八九九）年に制度上は外国人の雇い入れが終了していること、本研究の主な調査資料が『外國人教師關係書類』というタイトルの書類綴であることから、本節からは「お雇い外国人」ではなく「外国人教師」という表記を用いる。[*8]

表1は音楽取調掛・東京音楽学校における外国人教師の一覧表である。[*9] 表1では、外国人教師たちを着任順に掲載した。今回参照した資料は「典拠資料」欄に記載したが、原則的には文部省との往復書類や個々の履歴書・契約書等が綴じられている『外國人教師關係書類』の調査結果を反映させ、雇い入れ時の契約書が確認できた場合は、その内容を記載した。契約書が保管されていない場合や、俸給に関する記載がない場合は、『辞令簿』の情報を記載している。「在職時期」および「担当」欄は、前記の資料の他、『東京芸術大学百年史　東京音楽学校篇』第一・二巻を参照した。

表1に記載した外国人教師は、合計四十五人である。ただし、雇用に関する文部省との往復文書は確認できるものの、実際の在職記録がない教師二人も含まれている。二人の記録は、いずれも『外國人教師關係書類自明治十八年 至明治三十二年』で確認できる。一人はローサ・エル・エストルデーで、オルガンと英語を担当予定であったが、病気により実際には教育活動ができなくなった。もう一人はヴィルヘルム・ツィンマーマンで、明治二十三（一八九〇）年に記された文部大臣秘書官・永井久一郎から東京音楽学校長・伊澤修二宛の

表1: 音楽取調掛・東京音楽学校外国人教師一覧

着任順序	氏名	国籍	生没年	在職時期	担当	雇入時の俸給	典拠資料
1	ルーサー・ホワイティング・メーソン Luther Whiting Mason	米	1818-1896	明治 12-15 (1879-1882)	唱歌、洋琴、風琴、和声、管絃楽	250 円(銀貨)/月	音楽取調掛時代文書綴 巻2 音楽取調所書類 明治 12年
2	フランツ・エッケルト Franz Eckert	独	1852-1916	明治 16-19 (1883-1886)	管弦楽、和声、楽曲制作	100 円(紙幣)/月	音楽取調掛時代文書綴 巻 32 音監開申書類 明治 16 年
3	ギヨーム・ソーヴレー Guillaume Sauvlet	蘭	1843-1902	明治 20-22 (1887-1889)	唱歌、洋琴、風琴、管弦楽、和声、楽曲制作	275 円(紙幣)/月	外国人教師関係書類 自明治十八年 至明治三十二年
4	ローサ・エル・エストルデー	不詳	不詳	明治 21 (1888) ※病気により出勤不可	風琴、英語 (予定)	50 円(紙幣)/月	外国人教師関係書類 自明治十八年 至明治三十二年
5	ディクソン夫人 Dixon	英	不詳	明治 21-22 (1888-1889)	英語	30 円(紙幣)/月	外国人教師関係書類 自明治十八年 至明治三十二年
6	ルドルフ・ディットリヒ Rudolf Dittrich	墺	1861-1919	明治 21-27 (1888-1894)	ヴァイオリン、和声学、作曲法、唱歌	350 円(銀貨)/月	外国人教師関係書類 自明治十八年 至明治三十二年
7	アンナ・ベルタ・マリア・ティーツェ Johanna Bertha Maria Tietzé	独	不詳	明治 22-24 (1889-1891)	唱歌	70 円?/月	外国人教師関係書類 自明治十八年 至明治三十二年
8	ウィルヘルム・ツィンマーマン Wilhelm Zimmermann	独	不詳	明治 23-26 (1890-1893)?	不詳(独逸語、英語、ピアノ、唱歌、教育学?)	250 円?/月	外国人教師関係書類 自明治十八年 至明治三十二年
9	エミリー・ソフィア・パットン Emily Sophia Patton	英	1831-1912	明治 27-28 (1894-1895)	唱歌、洋琴	50 円/月	辞令簿(音楽) 自明治一九、一 至昭五、六
10	アダ・ベアトリス・ブロクサム Ada Beatrice Bloxham	豪	1865-1956	明治 27-28 (1894-1895)	唱歌、和声	50 円/月	辞令簿(音楽) 自明治一九、一 至昭五、六
11	ラファエル・フォン・ケーベル Raphael von Koeber	露	1848-1923	明治 31-42 (1898-1909)	ピアノ、音楽史	300 円/年	辞令簿(音楽) 自明治一九、一 至昭五、六
12	ノエル・ペリー Noël Péri	仏	1865-1922	明治 32-37 (1899-1904)	オルガン、和声学、作曲、楽式一班	金 20 円/月	辞令簿(音楽) 自明治一九、一 至昭五、六
13	アウグスト・ユンケル August Junker	米	1868-1944	明治 32-大正 1 (1899-1912)	管弦楽、唱歌、オルガン、弦楽、指揮法、作曲	金 400 円/月	外国人教師関係書類 自明治三十二年 至大正十一年
14	アンナ・レール Anna Laehr	独	1848-?	明治 33-38 (1900-1905)	ピアノ	360 円/年	辞令簿(音楽) 自明治一九、一 至昭五、六
15	ヘルマン・ハイドリヒ Hermann Heydrich	独	1855-?	明治 35-42 (1902-1909)	ピアノ、管弦楽合奏	300 円/月	外国人教師関係書類 自明治三十二年 至大正十一年

着任順序	氏名	国籍	生没年	在職時期	担当	雇入時の俸給	典拠資料
16	マリー・カイゼル Marie Kayser	独？	1867-?	明治 37-38 (1904-1905)	独唱歌	1200 円/年	辞令簿(音楽) 自明治一九、一 至昭五、六
17	シャルロッテ・フレック Charlotte Fleck	独	1878-?	明治 40-41 (1907-1908)	独唱歌、声楽訓練	金 200 円/月	外国人教師関係書類 自明治三十二年 至大正十一年
18	ハインリヒ・ヴェルクマイスター Heinrich Werkmeister	独	1883-1936	明治 40-大正 10 (1907-1921) 昭和 6-11 (1931-1936)	チェロ、ピアノ、唱歌、コントラバス	300 円/月	外国人教師関係書類 自明治三十二年 至大正十一年
19	ルドルフ・ロイテル Rudolph Ernest Reuter	米	1888-?	明治 42-大正 1 (1909-1912)	ピアノ、作曲	金 400 円/月	外国人教師関係書類 自明治三十二年 至大正十一年
20	ハンカ・ペツォルト Hanka Schjelderup Petzold	独	1862-1937	明治 42-大正 13 (1909-1924)	ピアノ、唱歌	金 300 円/月	外国人教師関係書類 自明治三十二年 至大正十一年
21	パウル・ショルツ Paul Scholz	独	1889-1944	大正 2-11 (1913-1922)	ピアノ	金 350 円/月	外国人教師関係書類 自明治三十二年 至大正十一年
22	グスタフ・クローン Gustav Kron	独	1874-?	大正 2-14 (1913-1925)	ヴァイオリン、唱歌、管絃楽	金 450 円/月	外国人教師関係書類 自明治三十二年 至大正十一年
23	ウィリー・バルダス Willy Bardas	墺	1887-1924	大正 12-13 (1923-1924)	ピアノ	金 600 円/月	外国人教師関係書類 自明治三十二年 至大正十一年
24	ヨゼフ・ホルマン Joseph Hollmann	蘭	1852-1927	大正 12(1923)	チェロ	不明	外国人教師関係書類 自明治三十二年 至大正十一年
25	マルガレーテ・ネトケ＝レーヴェ Margarete Netke-Löwe	独	1884-1971	大正 13-昭和 6 (1924-1931) 昭和 21-25 (1946-1950)	唱歌、独唱歌	金 500 円/月	外国人教師関係書類 自大正十三年 至昭和十一年
26	ヨセフ・カガノフ (レオニード・コハンスキー) Joseph Kaganoff (Leonid Kochanski)	露	1893-1980	大正 14-昭和 6 (1925-1931)	ピアノ	金 500 円/月	辞令簿(音楽) 自明治一九、一 至昭五、六
27	フェリックス・ディック Felix Dyck	独	1893-?	大正 14 (1925)年度	管弦楽、合唱、ピアノ	金 600 円/月	外国人教師関係書類 自大正十三年 至昭和十一年
28	シャーレス・ラウトルップ Charles Lautrup	丁	1894-?	大正 15-昭和 6 (1926-1931)	管弦楽、合唱、ピアノ	金 500 円/月(宿料 40 円)	外国人教師関係書類 自大正十三年 至昭和十一年
29	ロベルト・ポラック Robert Pollak	墺	1880-1962	昭和 5-12 (1930-1937)	ヴァイオリン	金 550 円/月(宿料 40 円)	外国人教師関係書類 自大正十三年 至昭和十一年
30	レオ・シロタ Leo Sirota	墺→独	1885-1965	昭和 6-19 (1931-1944)	ピアノ	金 550 円/月(宿料 40 円)	外国人教師関係書類 自大正十三年 至昭和十一年

着任順序	氏名	国籍	生没年	在職時期	担当	雇入時の俸給	典拠資料
31	クラウス・プリングスハイム Klaus Pringsheim	独	1883- 1972	昭和 6-12 (1931-1937)	管弦楽、 作曲法、合唱	金 550 円 /月(宿料 40 円)	外国人教師関係書類 自大正十三年 至昭和十一年
32	ヘルマン・ヴーハーペニヒ Hermann Wucherpfennig	独	1884- 1969	昭和 7-19,21-28 (1932-1944, 1946-1953)	唱歌	金 500 円、 宿料 40 円	外国人教師関係書類 自大正十三年 至昭和十一年
33	マリア・トル Maria Toll	独	1899-?	昭和 7-13 (1932-1938)	唱歌	金 450 円、 宿料 40 円	外国人教師関係書類 自大正十三年 至昭和十一年
34	ウィリー・フライ Willy Frey	波	1907-?	昭和 11-18 (1936-1943)	ヴァイオリン	年 600 円	辞令簿(音楽) 自昭和八、一 至昭和一四、一二
35	パウル・ヴァインガルテン Paul Weingarten	墺	1886- 1948	昭和 11-13 (1936-1938)	ピアノ	金 750 円、 宿料 40 円	外国人教師関係書類 自大正十三年 至昭和十一年
36	セロン・エルワース・ジョンソン Theron Ellsworth Johnson	米	1885- 1960	昭和 11-12 (1936-1937)	トロンボーン、 サクソフォーン、 クラリネット	100 円/ 月	辞令簿(音楽) 自昭和八、一 至昭和一四、一二
37	アレキサンダー・モギレフスキー Alexander Mogilevsky	露	1885- 1953	昭和 12-19, 23-24 (1937-1944, 1948-1949)	ヴァイオリン、 室内楽	3000 円/ 年	辞令簿(音楽) 自昭和八、一 至昭和一四、一二
38	ハンス・シュヴィーガー Hans Schwieger	独	1906- 2000	昭和 12-13, 49-51 (1937-1938, 1974-1976)	作曲法、 合唱、管弦楽	500 円/ 月	外国人教師関係書類 自昭和十二年 至昭和十三年
39	ローマン・ドゥクストゥルスキー Roman Dukstulsky	瑞	1901-?	昭和 12-18 (1937-1943)	チェロ	480 円/ 年	辞令簿(音楽) 自昭和八、一 至昭和一四、一二
40	ワルター・シュレーター Walter Schroeter	独	1895-?	昭和 12(1937)	ホルン、 管弦楽	150 円/ 月	辞令簿(音楽) 自昭和八、一 至昭和一四、一二
41	レオニード・クロイツァー Leonid Kreutzer	独	1884- 1953	昭和 13-19, 21-25 (1938-1944, 1946-1950)	ピアノ	500 円/ 月	辞令簿(音楽) 自昭和八、一 至昭和一四、一二
42	ヘルムート・フェルマー Helmut Fellmer	独	1908- 1977	昭和 13-20 (1938-1945)	管弦楽、 合唱、作曲法	金 500 円 /月	外国人教師関係書類 自昭和十三年 至昭和二十四年
43	リア・フォン・ヘッセルト Ria von Hessert	独	1893- 1989	昭和 13-20, 28-32 (1938-1945, 1953-1957)	唱歌	金 450 円 /月(宿料 40 円)	外国人教師関係書類 自昭和十三年 至昭和二十四年
44	マンフレート・グルリット Manfred Gurlitt	独	1890- 1972	昭和 14-18 (1939-1943)	ピアノ、合奏、 作曲法、指揮	金 500 円 /月(宿料 40 円)	外国人教師関係書類 自昭和十三年 至昭和二十四年
45	ディーナ・ノタルジャコモ Dina Notargiacomo	伊	1890- 1957	昭和 15-19 (1940-1944)	唱歌	400 円/ 月	外国人教師関係書類 自昭和十三年 至昭和二十四年

書類では、ドイツ語、英語、ピアノ、唱歌、教育学の教師となっている。しかし、同年の『学事年報』や『東京音楽学校一覧』にツィンマーマンの記録は見当たらず、教育実績も確認できない。

一　音楽取調掛・東京音楽学校に在籍した外国人教師の特徴

表1をみると、明治十年代から昭和二十年代まで、音楽取調掛・東京音楽学校の外国人教師たちは継続的に雇用されていたことがわかる。『日本帝国統計年鑑』等に基づく分析から[*10]、官傭外国人が最も多かったのは明治八（一八七五）年で、その後は減少していくが、国籍別にみると明治十―三十年代にかけてアメリカ人やフランス人が減りイギリス人やドイツ人の割合が大きくなっていった。しかし、音楽取調掛・東京音楽学校の状況を見ると、必ずしもそうした傾向にはない。

表2は、表1に記した四十五人の外国人教師について、国籍別に提示したグラフである。表2から、ドイツ国籍の外国人教師が全体の約半数を占めていたことがわかる。ただし、音楽取調掛の最初の外国人教師はアメリカ人であったこと、東京音楽学校開校後二十年ほどは様々な国籍の教師がいたことも併せて確認しておきたい。明治二十年代にはオランダ、イギリス、ロシア、フランス等の人々が東京音楽学校に在職しており、明治三十年代、すなわち二十世紀からドイツ国籍の教師が増加していった。また、書類上の国籍欄を参照することで当該人物の

表2: 外国人教師の国籍（割合）

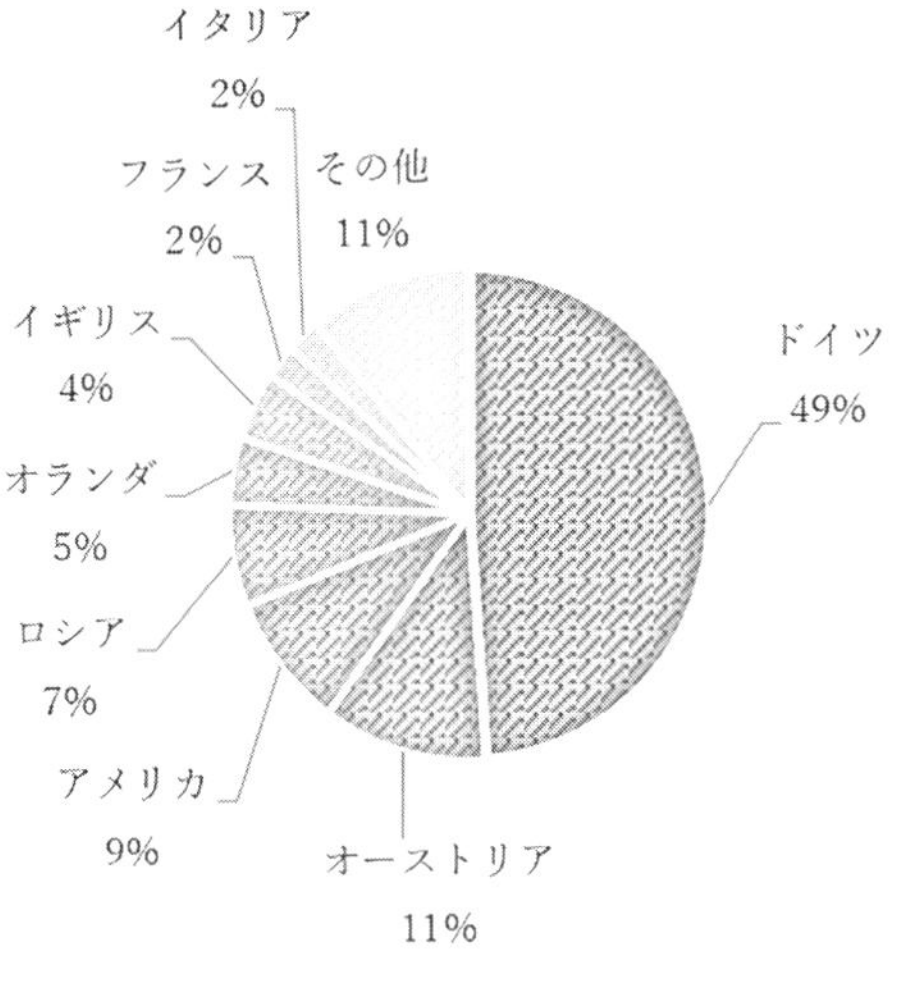

文化的背景等につき大まかな傾向を把握することはできるかもしれないが、さらに深く考察するためには各々の音楽経験やアイデンティティを個別に追跡しなくてはならないことも追記しておきたい。
音楽取調掛・東京音楽学校における外国人教師の人数については、どのように理解できるであろうか。この問いを検討する際に有効となるのが美術分野の動向である。音楽取調掛・東京音楽学校の外国人教師が合計四十五人に及んだ一方で、図画取調掛・東京美術学校で在職記録が確認できるのはただ一人、アーネスト・フランシスコ・フェノロサ Ernest Francisco Fenollosa（一八五三―一九〇八）のみである。[*11] この違いは何に起因しているのか。各校の設立趣意や草創期の状況を概観すると、各々の教育の理念や方向性をうかがい知ることができる。
音楽取調掛長の伊澤修二が明治十二（一八七九）年に寺島宗則文部卿に提出した「音楽取調ニ付見込書」には、次の三項が掲げられている。
第一項　東西二洋ノ音楽ヲ折衷シテ新曲ヲ作ル事
第二項　将来国楽ヲ興スベキ人物ヲ養成スル事
第三項　諸学校ニ音楽ヲ実施スル事
これらはよく知られた文言であるが、あらためて美術分野と比較してみると、音楽教育開始時の特徴が浮き彫りになる。ここでは特に、第一項で西洋音楽と東洋（日本）の音楽を同等にみなしていることに注意を向けたい。なぜならこの点は、美術教育の黎明期とは異なる方向性だからである。
図画取調掛・東京美術学校は、欧化主義への反発と連動した古美術保護運動や日本美術復興運動の中で設立された。『フェノロサ資料一』[*12]に記された教育方針として、西洋近代の科学的方法を教科課程の中で従属的位置に置くことや、画題を表現する東洋的方法を重視することが挙げられている。以後の同校を注視してみると、東京美術学校開校時の新聞記事[*13]には「同校設置の目的ハ本邦固有の美術を振興するに在り」と記されており、図画取調掛の教育方針が継承されていたことがわかる。

二　外国人教師の雇用・待遇

ここからは音楽取調掛・東京音楽学校における外国人教師の雇用・待遇について確認する。明治三（一八七〇）年に「外國人雇入方心得」が定められ[*14]、日本政府は外国人雇用体制を整備していったが、音楽取調掛が最初の外国人教師のメーソンと契約したのは明治十二（一八七九）年である。その後、エッケルトを雇用したが、『外國人教師關係書類　自明治十八年至明治三十二年』を見ると、明治十八（一八八五）年頃にはイタリアの田中不二麿公使宛の文書で、イタリア人教師の人選依頼をしようとしていたことがわかる。その後の展開は不明で、実際に雇用手続きの詳細を追跡することは難しいが、明治二十（一八八七）年に東京音楽学校が開校し、その後発行された『官報』[*15]第八條には、文部大臣の許可を得て外国人教師を雇い入れる旨が明記されている。『外國人教師關係書類』所収の書類群からも、東京音楽学校から文部省へ書類を届け出て、同校や文部省から外務省または各国公使へ諮問がなされ、最終的に文部省が雇い入れの許可書を発行するという段階的道筋が確認できる。

外国人教師の待遇はどのようなものだったのか。表1記載の外国人教師について歴史的変遷を辿ると、俸給は徐々に増額した事例が多い。例えばケーベルは明治三十一（一八九八）年五月に一年あたり金三百円だったが、同年九月には五百円、翌年四月には九百円、明治三十三（一九〇〇）年には千円に至った。同時期に採用されたレールやペリーも、やはり一年の間に二度の増額があった。契約更新を何度もする中で俸給が増額された例もある。ユンケルは明治三十二（一八九九）年に雇い入れられ、三年ごとに契約更新し、大正一（一九一二）年まで教員を務めた。最初の契約では四百円だった月給が、九年後の雇継時の契約では四百五十円になっている。もちろん全員が増額となったわけではなく、ヴェルクマイスターなどは何度も契約更新しているが、同額での契約であった。
また、外国人教師に対する評価は俸給だけでなく叙勲や身分にも反映された。明治三十八（一九〇五）年にはユンケルに勲五等旭日章が下賜され、その後、シロタ、プリングスハイム、ポラック、ヴーハーペニヒ、トルなども奏任に準ずる者として待遇されている。

三　外国人教師の辞職と東京音楽学校への批判

外国人教師たちの中には学校に不満を持つ者もいた。『外國人教師關係書類　自昭和十二年至昭和十三年』には、シュヴィーガーの辞職を巡る一連の書類が含まれている。シュヴィーガーは、昭和十二（一九三七）年八月から東京音楽学校で教員をしていたが、十一月には自ら辞意を表明した。シュヴィーガーが校長の乗杉嘉壽宛に記した書類には、管弦楽の演奏水準が低いこと、「作曲授業」が初歩的な内容に留まっていることが綴られている。シュヴィーガーが東京音楽学校に失望して辞表を出したという報道は、やがて同校への批判をも呼び起こすことになった。

『東京朝日新聞』（一九三七年十一月十六日）には「我楽壇に戦慄の爆撃」という見出しでシュヴィーガーの写真入り記事を大々的に掲載した。翌日の“The Japan Advertiser”でも“Shwieger leaving Academy of Music”という大見出しに“Germann Director Resigning After 3 Months Because School Thought Inferior”という小見出しの記事が出る。これらを受けて鹽入亀輔は『朝日新聞』への投稿記事で「此所数年間に著しくアカデミーたる本質からはづれて、一種の興行団体化して来た」という指摘をするに至っている。[*16] また、十一月二十一日の『演藝日報』には「最高学府も型なし／音楽学校は真ッ平」という見出しの記事が掲載され、小見出しには「外人尊重を排せ」という文言まで見受けられる。シュヴィーガーの辞意とそれに応じない東京音楽学校という構図はメディアにより助長され、終には「アカデミー」としての教育方針が問われ、学校の体制や外国人教師に対する批判に至ったのである。

四　太平洋戦争前後の雇用状況

ここで少し時代背景との連関も確認しておきたい。外国人教師の招聘が国際関係と直結していたことは言うまでもない。日本と各国との関係性が悪化すると、文部省から外国人教師を基本的に解雇するよう指示が出た。『外國人教師關係書類　自昭和十三年至昭和二十四年』に綴じられた書類には、昭和二十（一九四五）年七月十五日付で、文部大臣官房秘書課長から直轄学校長宛に通達された「秘四四號」が含まれている。「傭外國人教師等ノ身分取扱ニ關スル措置要領」という見出しの書類で、文部省は、外国人教師を原則として解傭・解嘱することや「真ニ在職ヲ必要トスル者」は厳選して理由を上申すべきである旨が記載されている。ただし、解約金を支給することや「我ガ国ニ対シ悪感情ヲ抱カシメザル様」配慮するようにという指示も出ている。

なお、同書類綴には、敗戦後一年半ほどの間に作成された書類はない。[*17] 当該時期は、東京音楽学校の人事が大きく変動した時期でもある。昭和二十（一九四五）年十月には校長・乗杉嘉壽が依願免本官となり、一時的に田中耕太郎が校長事務取扱となったが、翌年三月に小宮豐隆が校長に就いた。戦争が終わり、校長も替わった昭和二十一（一九四六）年九月より、レーヴェ、ヴーハーペニヒ、クロイツァーが再雇用されている。

第三節　外国人教師たちの音楽教育

音楽取調掛・東京音楽学校の外国人教師たちは近代日本音楽史上で重要な業績を残した。それはエッケルトの《君が代》への和声づけ、ペリーの能楽研究など学校教育以外の側面もあるが、本稿では特に学校教育との関わりという点に焦点を絞る。

一　音楽教育の基盤形成

音楽取調掛の最初の外国人教師はメーソンであった。先行研究でも業績が認識されてきたメーソンは、楽譜・楽器・楽書等の導入にも寄与したが、とりわけ段階的な唱歌教育を実施した点が重要視され、「我が国に於ける唱歌教授の濫觴」[*18]と位置付けられる。「日本の学校音楽は『メーソンの歌』であると言われてきた」[*19]という記述は、誤解を招くおそれのある一文ではあるが、彼の影響の大きさを示唆している。

メーソンは、伊澤修二とともに日本最初の音楽教科書『小学唱歌集』の編纂に携わった。[*20] メーソンの講義については、明治十四（一八八一）年に「助教」向け、つまり音楽取調掛伝習生の指導者たちに対して「和声講義」を受け持っていたことが注目に値する。毎週火・木・土曜に一時間ずつ講義が実施されていた。[*21] 生徒の実力が向上して練習問題をこなせるようになってくると、メーソンはニューイングランド音楽院で教授をしていたステファン・アルバート・エメリー Stephen Albert Emery（一八四一—一八九一）に生徒の解答を送り添削を依頼していたようである。[*22] 和声教育の指導者の系譜を鳥瞰すると、メーソンから音楽取調掛卒業生の上真行、奥好義、辻則承らに受け継がれ、ディットリヒ、幸田延、島崎赤太郎、信時潔らに継承されていくことになる。[*23]

二　明治後期から大正期にかけての演奏指導

大きな影響力を有したという点ではケーベルも著名であろう。哲学者としての活動、東京帝国大学での教育活動はよく知られている。東京音楽学校でケーベルはピアノと音楽史の指導にあたっており、音楽史の講義内容については稿を改めて記述する。[*24] ここでは自らもピアノを演奏したケーベルが学生たちに与えた影響を確認しておく。

「金曜日はわろき日なりと、西の国にはいひ伝ふるよし聞けど、此頃の此日は、我等が為にいと楽しき日なり。そは一週に一度、ケーベル博士の来給ひて、教へ給ふ日なればなり」[*25]という橘糸重の文章からは、ケーベルが出校する日を心待ちにしていた様子がうかがわれる。

瀧廉太郎も東京音楽学校研究科でケーベルに師事した。明治三十二（一八九九）年十一月二十五・二十六日の「秋季音楽演奏会」で瀧がベートーヴェンのソナタをピアノ独奏した際の批評文には、「瀧氏の『ピヤノ』独奏ハ同氏の技術の多少進歩せしと同時に氏がケーベル氏を真似る技量も大に上進せる事を証せり」[*26]とあり、瀧の演奏がケーベルの受け売りだという指摘が見受けられる。

ケーベルとほぼ同時期に在職していた外国人教師の中にユンケルがいた。「ユンケル先生には何といっても熱があった。音楽の技術だけでなく、芸術そのものを吹き込まうとする真剣さがあった」[*27]と山田耕筰は述べている。山田によると、ユンケルの「聴音」ではソナタの主題などの旋律・和声を書き取る課題が出され、多くの生徒たちは難儀していたようである。ユンケルは、ドイツやアメリカの楽壇について話したり、《ローエングリン》を弾き語りしたりすることもあった。「ユンケルさんは、生徒の誰を摑《ママ》へてもオーケストラへ入れとすゝめられたものです。私などにも、お前セロをおやりと云はれ、上級生の山田耕筰さんもやはりユンケルさんからセロをやらされました」[*28]と信時潔も記している。

その山田や信時に作曲の手ほどきをしたのは、ヴェルクマイスターであった。ヴェルクマイスターはチェロ教育にも携わっており、牛山充は「ウェルクマイステル氏の功績」という文章で[*29]、「氏の来朝する迄はチェロの正しい奏法を知るものは無く、皆自己流でやつてゐたので、我邦に正統的なチェロ奏法を伝へたのは氏を以つて嚆矢とする」と述べている。

三　大曲の初演が続いた大正期から昭和初期の東京音楽学校

東京音楽学校史や近代日本音楽史において、クローンが大正十三（一九二四）年にベートーヴェンの《交響曲第九番》初演[*30]を指揮したことは一つのメルクマールであろう。新聞[*31]でも「上野音楽学校でもこの春から、クローン教授の指揮の下に同校の教授講師及び生徒等二百餘名が猛練習を重ねて来た」と報じられたように、こうした大曲の演奏は当時の教員や学生にとって一大事であった。クローンの後に着任したラウトルップも指揮者として活躍したが、学生への影響という点ではプリングスハイムを挙げる必要がある。プリングスハイムは一九三〇年代、昭和初期の東京音楽学校を顧みるうえで重要な人物の一人である。例えば彼が指揮者を務めたグスタフ・マーラーの《交響曲第五番》の初演について、当時学生だった山田一雄は、「ふるえがくるほどに深い感銘を受けた」「身動きもできないほどに、打ちのめされた」と述べており、指揮者や音楽理論の指導者としてのプリングスハイムから「人生すべてを支配する」ほどの「絶大な影響」を受けたと述べている。[*32]

おわりに

近代日本における音楽文化の形成過程を歴史的に顧みたとき、外国人教師たちが重要な役割を果たしたことは明らかである。本論文では音楽取調掛・東京音楽学校に在職していた外国人教師について、学校史料、公文書、新聞記事、当時の学生たちの言説などを基に考察してきた。

明治後期から昭和前期にかけて、東京音楽学校の外国人教師の中には他校や海軍軍楽隊の教師を兼任した者もおり[*33]、今後は音楽学校以外での活動も視野に入れた検討が必要となる。また、外国人教師たちの業績を検証する意義はあらためて確認するまでもないものの、その「功績」を無条件に称賛するのではなく、彼らを巡る状況やそこにあった問題点も認識することが重要であろう。

そもそも「お雇い外国人」あるいは外国人教師の存在は近代日本の政治的背景に起因し、常に財政・外交問題と連動していた。文部省内に設置された音楽取調掛とその後身の東京音楽学校は、「国家の近代化」の外郭をもってその性質もおのずから規定される部分があった。とりわけ本論文で確認した外国人教師たちの活動が浮き彫りにしているのは、近代日本の音楽教育の端緒とその後の歴史的変遷の一端である。急速な西洋化に基づく学校音楽教育は、充分な議論や多くの可能性を顧みずに展開されてきた部分もあり、「学校の音楽教育は、明治以来日本人の音楽感覚をまったく無視して行なわれてきたという意味で、根本的な問題をもっている」[*34]という指摘もある。

外国人教師を巡る考察は、近現代日本における音楽教育の批判的考察にも繋がっている。さらに、彼らの活動は、欧米からの音楽文化の移入という一面のみならず、その影響を受けて自国の文化形成の再検討を促進し、日本人の感性あるいは精神性に刺激や変容をもたらした一面からも問い返されるべきものであろう。

◎付記

本論文における主要な一次資料の一つとして『外國人教師關係書類』が挙げられます。当資料は現在、東京藝術大学未来創造継承センター大学史史料室が所蔵しています。大学史史料室は令和五（二〇二三）年度に「未来創造継承センター」へ移管されましたが、それまでは音楽学部の一組織である「音楽総合研究センター」に所属していました。令和二（二〇二〇）年度から音楽総合研究センター長でいらっしゃいました塚原康子先生には、大学史史料室の運営等におきましても一方ならぬお世話になりました。末筆ながら、これまで様々なかたちでご指導・ご高配を賜りましたことに、心より御礼申し上げます。

◎参考文献

Burks, Ardath W. 1985. *The Modernizers : Overseas Students, Foreign Employees, and Meiji Japan*. Boulder: Westview Press.
Keene, James A.1982. *A History of Music Education in the United States*. Hanover and London: University press of New England.
梅溪昇　一九六八『お雇い外国人　一　概説』東京：鹿島研究所出版会
遠藤宏　一九四八『明治音楽史考』東京：有朋堂
隈元謙次郎　一九七六『お雇い外国人　十六　美術』東京：鹿島研究所出版会
芸術研究振興財団・東京芸術大学百年史刊行委員会 編　一九八七・一九九二・一九九七『東京芸術大学百年史　東京美術学校篇』第一―第三巻　東京：ぎょうせい

小島美子　一九七六『日本の音楽を考える』東京：音楽之友社
後藤暢子、團伊玖磨、遠山一行編　二〇〇一『山田耕筰著作全集』第三巻　東京：岩波書店
塚原康子　一九九三『十九世紀の日本における西洋音楽の受容』東京：多賀出版
東京芸術大学百年史編集委員会編　一九八七・二〇〇三『東京芸術大学百年史　東京音楽学校篇』第一―第二巻　東京：音楽之友社
中村理平　一九九三『洋楽導入者の軌跡―日本近代洋楽史序説』東京：刀水書房
日本教育音楽協会編　一九三四『本邦音楽教育史』東京：音楽教育書出版協会
信時潔　一九五七「問はれるまゝに」『心』第十巻九号　東京：生成会
野村光一　一九七一『お雇い外国人　十　音楽』東京：鹿島研究所出版会
堀正三　一九七四『滝廉太郎の生涯』東京：いずみ出版ＫＫ
山田一雄　一九九二『一音百態』東京：音楽之友社
ユネスコ東アジア文化研究センター（編）一九七五『資料御雇外国人』東京：小学館

注

1　いずれも画像が公開されている。『音楽取調掛時代文書綴』は東京藝術大学附属図書館「デジタルコレクション」で、『外國人教師關係書類』は同大学未来創造継承センター大学史史料室（旧制東京音楽学校部門）のホームページ「コンテンツ」で閲覧できる。
2　国立国会図書館所蔵。二百十四人の姓名・給料・期限・職務が記載されている。兵部省の欄に「海軍楽師」としてフェントンの名前がある。
3　梅溪　一九六八、五二―五三頁。
4　他に、一九六七年と一九八五年に開催された国際シンポジウムの研究成果として『ザ・ヤトイ―お雇い外国人の総合的研究』（思文閣出版、一九八七年）等もある。
5　五人とは、エドアルド・キヨッソーネ Edoardo Chiossone（一八三二―一八九八）、アントニオ・フォンタネージ Antonio Fontanesi（一八一八年―一八八二）、アッキレ・サン・ジョヴァンニ Acchile San Giovanni（生没年不詳）、ジョヴァンニ・ヴィンチェンツォ・カッペレッティ Giovanni Vincenzo Cappelletti（一八四三―一八八七）、ヴィンチェンツォ・ラグーザ Vincenzo Ragusa（一八四一―一九二七）である。
6　中村　一九九三、二頁。

7 『近代日韓の洋楽受容史に関する基礎研究—お雇い教師フランツ・エッケルトを中心に』（平成二六—三〇年度日本学術振興会科学研究費補助金研究成果報告書、編集・発行：研究代表者　ヘルマン・ゴチェフスキ、二〇一九年）参照。同書九八—一一四頁所収の塚原康子「日本におけるエッケルトの足跡—明治期の外国人軍楽教師との比較から」には、エッケルトやフェントンに関する近年の研究状況が記載されている。

8 『外國人教師關係書類』所収の文部省と東京音楽学校の往復書類には「傭外國人教師」「外國人講師」などの表記も見受けられる。

9 本稿執筆時（二〇二四年九月）、東京藝術大学音楽学部内の大学史史料室前に外国人教師の顔写真とプロフィールを記載したパネル展示がある。また、同室ウェブサイト内にも外国人教師情報が掲載されている。これらは、二〇一八—二〇二〇年度に大学史史料室が作成したもので、橋本久美子先生の指導のもとで筆者が作業した内容も反映されている。本稿は、その際に整理された基本情報を出発点としている。今回あらためて典拠資料を精査し、外国人教師の国籍や俸給等を追加調査して表1にまとめるとともに、各項目について考察を加えた。

10 注3前掲書、五二・五九頁参照。

11 『東京芸術大学百年史　東京美術学校篇』第一—三巻「附表」の「在職者一覧」参照。

12 注11同書第一巻、六七頁。

13 『東京日日新聞』一八八八年九月六日、朝刊第四面。

14 国立公文書館所蔵。『太政類典』第一編。

15 『官報』一八九〇年十月十五日。

16 鹽入亀輔「指摘された欠陥—東京音楽学校の改造問題　一」『東京朝日新聞』一九三七年十一月十九日、朝刊第七面。

17 戦後最初の書類は昭和二十二（一九四七）年二月十八日付の「安否調査方依頼ノ件」である。

18 日本教育音楽協会　一九三四、八九頁。

19 Keene 1982, 192.

20 伊澤が東京音楽学校を設立する前にメーソンの通訳をしていたのは岡倉天心（一八六三—一九一三）であった。岡倉は、東京美術学校の校長として、あるいはフェノロサと日本美術を振興した人物として知られるが、明治十三（一八八〇）年十月から同十五（一八八二）年四月までは音楽取調掛で勤務していた。音楽取調掛時代文書綴の『回議書類』（明治十三—十五年）や『本省各局往復書類』（明治十三—十五年）には岡倉が記した唱歌掛図やメーソンに関する書類があり、それらは『岡倉天心全集』第八巻（平凡社、一九八一年）にも掲載されている。

21 『東京芸術大学百年史　東京音楽学校篇』第一巻、六五—八八頁。

22 注6前掲書、五二〇―五二一頁。
23 明治十年代から昭和十年代の和声試験問題の調査による。詳細は、西田紘子・仲辻真帆編著『近代日本と西洋音楽理論――グローバルな理論史に向けて』（音楽之友社、二〇二五年）第二章参照。
24 考察の一部は、二〇二五年三月発行の『東京藝術大学音楽学部紀要』第五十集に掲載予定。
25 橘糸重「金曜日」。引用文は堀 一九七四、一〇二頁による。
26 樂石生「近時の二演奏（承前）」『読売新聞』一八九九年十二月九日、朝刊第三面。瀧が演奏したソナタの作品番号等は不明。なお同演奏会にはケーベルも出演しており、ユンケルのヴァイオリンとケーベルのピアノでベートーヴェンのソナタが演奏されている。十二月四日の『読売新聞』別刷第一面には、「コイベル氏が『ピアノ』を弾ずる様ハ猛虎の巖頭に嘯くが如くユンケル氏が『ヴァイオリン』ハ龍の雲間に駈るが如し」と記されている。
27 後藤・團・遠山 二〇〇一、六二頁。
28 信時 一九五七、六五頁。
29 『月刊楽譜』第二十五巻九号、一九三六年九月、一一〇―一一二頁。
30 日本人の演奏者による全曲演奏としては日本初演とされる。
31 『東京日日新聞』一九二四年十一月二十五日、朝刊第四面。
32 山田 一九九二、九〇―九二頁。
33 明治四十一（一九〇八）年から海軍軍楽隊の委託生が東京音楽学校で弦楽、唱歌、理論の教授を受けており、ユンケル、クローン、ラウトルップ、プリングスハイム、シュヴィーガー、フェルマーは同校と海軍軍楽隊の教師を兼任していた（遠藤 一九四八、二六頁）。
34 小島 一九七六、一六四頁。なお小島は、明治初期の音楽教育では「国楽創成」の理念のもとで日本の伝統音楽と西洋音楽の折衷が試みられたことに言及し、「洋楽中心主義」への転換が最初に示されたのは東京音楽学校の教育課程であったと述べている（同書六二頁）。

高峰琵琶三楽奏と新絃楽
——高峰筑風による新たな琵琶楽の試み

曽村 みずき
Somura Mizuki

はじめに

高峰琵琶は、明治中期に成立した筑前琵琶の流れを汲む流儀として、大正初期に高峰筑風（一八七九―一九三六）によって創始され、昭和初期にかけて人気を博した。薩摩琵琶や筑前琵琶を含む近代琵琶楽は、明治後期から昭和初期が最盛期とされ、その牽引者としては、薩摩琵琶の一流派である錦心流の創始者・永田錦心（一八八五―一九二七）や、筑前琵琶創始者・初代橘旭翁（一八四八―一九一九）の名前がしばしば挙がる。同時代に活躍した高峰筑風は、劇場出演のほか、レコード収録やラジオ放送、新楽器の考案など、多様な活動を通して琵琶楽の普及を目指した。しかし後継者がいなかったためか、高峰琵琶の音楽研究はこれまでほとんど行われていない。そこで本稿では、高峰筑風により新たに創始された、子供を対象とした合奏音楽である高峰琵琶三楽奏と新絃楽に注目し、音源資料や新聞記事に掲載された楽曲情報から具体的な音楽内容を捉えながら、昭和初期における高峰琵琶の合奏音楽の実態を明らかにする。また、筑風の音楽活動は、同時代に展開した童謡運動と新日本音楽、[*1] およびその周辺の邦楽界の動きにも関連性を見出すことができ、本論文では高峰琵琶の音楽を、広く当時の邦楽界の中に位置づけることを試みる。

第一節　高峰筑風の活動

一　明治末期から大正初期まで

高峰筑風（本名、鈴木徹郎）は、明治十一（一八七八）年に博多に生まれ、家は代々黒田藩主に仕える士族の出身であった。県立の工業学校に入学したが在学中に徴兵適齢となり、明治三十二（一八九九）年には福岡第二十四連隊に入営した。筑風は、当初橘智定（後の初代旭翁）に入門し琵琶を習ったが、その後旭翁の門弟であった吉田竹子（一八七一―一九二三）に師事して、吉田流琵琶を習得した。明治三十七（一九〇四）年に日露戦争が開戦すると、筑風は歩兵第二十四連隊の一兵卒として満州へ出征し、翌年十一月に凱旋した。戦地では琵琶を自作して《露営の夢》を作曲し、毎日弾き語りをして兵士たちを慰めた。

除隊後、筑風は外地で働くために博多を発ったが、父の訃報をうけて帰郷することとなり、琵琶師として博多で門を開いた。そして明治三十九（一九〇六）年に上京し、同年十月には天声会を組織した。明治四十（一九〇七）年四月には芸人鑑札を受けたが、これは琵琶奏者の嚆矢であった。このとき芝の恵智十という寄席から依頼を受けて、東京での初舞台をふんだ。筑風は、一年半ほどは寄席を拠点に活動を続けたが、その後は寄席への出演をやめて、芸術のために腕を磨くことに専念した。明治四十三（一九一〇）年には、麻布の御殿で御前演奏を行い、さらに翌年、筑風は日本蓄音器商会にてレコード吹込みをし、十一月新譜で《那須与市》、十二月新譜で《赤垣源蔵》が発売された。

当初は「新派筑前琵琶」として演奏活動を行っていた筑風だが、大正元（一九一二）年に独立して「高峰琵琶」に改称し、その宗家を名乗るようになった。

二　大正中期から昭和初期まで

劇場出演にも注力した筑風は、大正期を中心に琵琶劇[*2]に度々出演し、これを高峰琵琶劇と称した。筑風の出演作には『高山彦九郎』『児島高徳』『石童丸』などがあり、俳優・七世澤村訥子（一八六〇―一九二六）らと共演した。また大正十三（一九二四）年には、日本でのラジオ放送開始に先立って報知新聞社が無線電話の公開実験を行い、そこで筑風の琵琶演奏が放送された。筑風は、東京中央放送局の名誉技芸員を晩年の昭和十（一九三五）年まで務め、筑風およびその門弟たちは放送の機会を多く得ていた。

女優で歌手であった高峰三枝子（一九一八―九〇）の父としても知られる筑風は、彼の子供ら（三枝子、龍平、真利子、宗平）にも琵琶を指導した。昭和二（一九二七）年には、筑風が新たな琵琶を考案し、音域の異なる三種の琵琶を用いた高峰琵琶三楽奏を創始した。そして、その演奏のために高峰バンド（高峰琵琶交楽団などとも）が結成され、幼少期の三枝子と龍平もメンバーに加わった。さらに昭和六（一九三一）年には、筑風は新しく富士という楽器を考案し、新たな琵琶楽として新絃楽を発表した（これらの新楽器の考案および新たな琵琶楽の創始については第三、四節で詳述）。

龍平は父親譲りの高音の美声の持ち主で、筑風は才能のあった龍平を後継者として考えて熱心に指導していたという。しかし、昭和七（一九三二）年二月に龍平は事故に遭い、小学五年生（十三歳）という若さで亡くなった。龍平を失った筑風は、「高峰流は一代限りでよい」と家族に宣言し、その後体調を崩しがちになった。[*3]そして昭和十一（一九三六）年四月、筑風は脳溢血により没し、現在高峰琵琶の流れを汲む流儀の伝承は途絶えた。

第二節　独奏琵琶歌における高峰琵琶の音楽と楽器

近代琵琶楽の演奏形式は、独奏での弾き語りが基本である。本節では、高峰琵琶の古典的な独奏琵琶歌における音楽と楽器の特徴を概観する。なお「高峰琵琶」という名称は、流派名と楽器名の両方の意味で用いられてきた。

一　高峰琵琶の音楽

高峰筑風の演奏は、高音域の語りの節回しが特徴であった。高峰琵琶初期の琵琶会評では、その語りは、従来の調子に能狂言のような「詞《ことば》」を入れたもので、さらに「琵琶といふよりもむしろ浪花節を聞いてゐる」ような印象を受けたという。[*4]これは筑風への批判記事ではあるが、高峰琵琶創始当初は、このようにさまざまな音楽・芸能ジャンルの要素を取り入れながら、新たな音楽性を模索していた。

高峰琵琶のレパートリーは、その一部が高峰琵琶の歌集『初伝』『中伝』『奥伝』に収められている。高峰琵琶の作曲者は宗家・高峰筑風であるが、筑風自身が作詞した楽曲には《露営の夢》《宇治川》などがあり、筑風は同時代の戦争物から歴史物まで幅広い題材の琵琶歌を新作した。また、歌集には筑風だけでなく、筑前琵琶歌の作詞家であった今村外園（一八五八―一九三一）による《赤垣源蔵》や、逵邑玉蘭（一八五八―一九三〇）による《白虎隊》なども確認でき、筑前琵琶の既作曲もレパートリーに含まれていたようだ。

二　楽器の特徴と弾法

図1の高峰琵琶の楽器図によれば、高峰琵琶では弦が四本、柱（フレット）が五つの四弦五柱の琵琶を用いた。第一弦を「天」、第二弦を「地」、第三・四弦を複弦で「人」とし、調弦は「天・地・人」が三味線の本調子（B―e―b、相対音高）と同じであり、この調弦法は筑前四弦琵琶と共通する。『高峰琵琶略譜』に記された琵琶の弾法（旋律パターン）は六十七種（うち四種は弾法の名称のみ記載）があり、それらは「大車輪」「春風」「悲」などのほか、筑前琵琶に準じて「雲雀」「梅」といった鳥や植物の名称がつけられていた。

高峰琵琶の楽器には大きさの違いによって三つの定形があり、最も大きい一号形は幅が八寸五分、長さが二

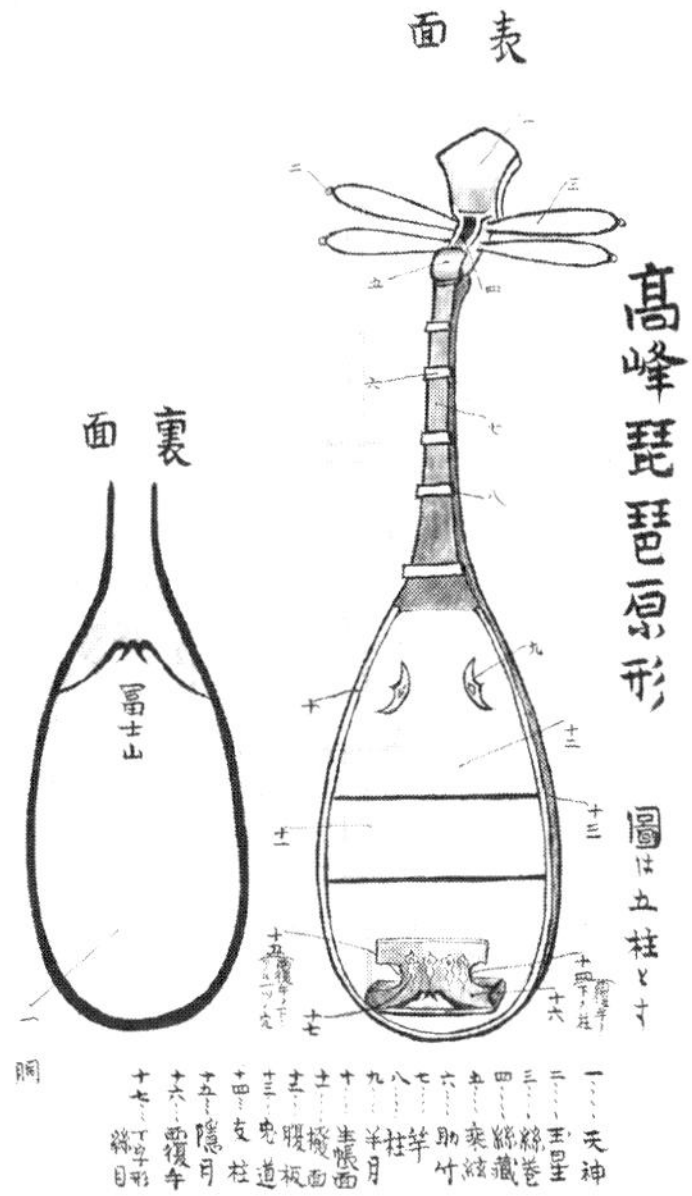

図1: 高峰琵琶楽器図
（『高峰琵琶大要集　全』東京文化財研究所蔵）

尺八寸（幅約三二・二、長さ約一〇六・一センチメートル）であった。楽器本体の材質は、桑あるいは花梨が最上で、腹板は桐を用いた。また、筑風は富士山を好んでいたようで、図1の楽器表面下方に接着されている覆手（表面図の十六）の下部や楽器裏面には、富士山の図柄を描く装飾が施されていた。また昭和九（一九三四）年七月には、筑風と彼の子女らおよび門弟らが富士登山に赴き、富士山頂の浅間神社に琵琶一面を奉納した。[*5]

第三節　子供への琵琶楽の普及と高峰琵琶三楽奏の展開

本節ではまず、大正期の琵琶界に興った子供向け琵琶歌である、お伽琵琶や童謡琵琶の創作状況を概観する。[*6]そして、昭和期に入り高峰筑風が創始した合奏音楽の高峰琵琶三楽奏について、音楽分析をふまえてその音楽的特徴を述べる。

一　大正期における子供向け琵琶歌の創作

大正期半ばになると、琵琶の享受層の拡大のために家庭音楽として親しまれることを目指し、子供も楽しめる琵琶歌の創作が試みられるようになった。大正八（一九一九）年には、琵琶歌作詞家の飯田胡春（一八八三—一九三五）が、「忠勇義烈な物語」や「勧善懲悪の教訓」を主とする「お伽もの」を題材にしたお伽琵琶歌の必要性を説いた。[*7] さらに胡春は、《桃太郎》《猿蟹合戦》などの新作を発表し、[*8] 薩摩琵琶・筑前琵琶それぞれで節付けされた。

これに対し、筑前琵琶奏者・豊田旭穣（一八九一―一九五四）は、胡春が提唱したお伽琵琶歌は従来の琵琶歌に近似し、子供が歌うにはあまり適切ではないと指摘した。そして大正十二（一九二三）年に旭穣は、事件を語るよりも歌そのものを子供に歌わせ、振りをつけて踊らせる「琵琶の童謡踊り」を発表した。その翌年には、童謡作詞家の葛原しげる（一八八六―一九六一）による詞に旭穣が作曲し、《春の風》《おさる》《山の芽野の芽》が発表された。[*9] なお、国立国会図書館デジタルコレクション歴史的音源（以下、歴史的音源）では、豊田旭穣により「童謡琵琶」として発売されたレコード《コンコン狐》《カッコ鳥》（ともにニッポノホンより昭和三（一九二八）年八月新譜）を聴取できる。これらはいずれも童謡作詞家・野口雨情（一八八二―一九四五）により既に童謡として発表された詞であり、旭穣は童謡琵琶創作において、既存の童謡の歌詞を用いることが多かったといえよう。また実際に聴取すると、曲全体を通して拍節的であり、歌の旋律は琵琶歌よりも童謡に近づけて、子供が歌いやすくすることが念頭に置かれていたことがわかる。

これらのお伽琵琶・童謡琵琶創作の背景には、大正七（一九一八）年以降の童謡運動の影響がうかがえる。同時期の箏曲や長唄などと同様に、琵琶界においても子供のための邦楽作品の需要が高まり、琵琶楽のさらなる普及を目的に展開したのではないか。

二　子供向けレパートリーを中心とした高峰琵琶三楽奏

高峰筑風は、ラジオの普及により琵琶も家庭音楽の一つとして迎えられつつあると感じ、大正末期には「お噺琵琶」あるいは「児童琵琶」として、子供のために主に小学校で歌われていた唱歌に曲をつけ、児童に高峰琵琶を教授した。[*10]

その後まもなく筑風は、従来用いていた琵琶を基準の本絃として、高音域の甲絃と低音域の大絃という二種の琵琶を新たに考案した。甲絃は、二オクターヴの音域をもつマンドリンのような小型琵琶で、弦は本絃と同様に四本で柱の数を大幅に増加した。大絃は、高さが五尺ほど（約一五〇センチメートル）で、弦は四本で柱は六つの「セロ式」の楽器と紹介された。[*11] そして筑風は、甲絃・本絃・大絃による三部合奏の琵琶楽を高峰琵琶三楽奏と称し、昭和二（一九二七）年五月二十一日の高峰琵琶大会で初披露した。従来の琵琶合奏は、同型の琵琶を用いた大勢での斉奏が中心であったのに対し、三楽奏では「洋楽の三重奏にやゝ近づいた」音楽を目指した。[*12] しかしこの三楽奏について、田邊尚雄は音楽にかんする自身の備忘録『音楽見聞録』の中で、「実際単ニ大中小ノ三器ヲ八度音程ニ斉奏スルノミナリ、調和ノ考ヘ全クナシ、」と朱書きで記しており、西洋音楽理論に基づく和声的な表現には至らなかったことを指摘している。[*13] また、これら三種の琵琶と歌による合奏団として結成された高峰バンドは、指揮者を務めた筑風を含め大人・子供合わせて九人で編成された。

こうした楽器の考案は、大正末期に邦楽界で展開した、低音楽器を中心とした新楽器の創案に影響を受けたのではないかと推察される。宮城道雄が考案した低音域の十七弦箏（一九二一）や大胡弓（一九二五）、長唄三味線の四世杵屋佐吉（一八八四―一九四五）による低音三味線の豪弦（一九二四）などが挙げられ、いずれの楽器も広い音域での合奏を想定して考案されたものだといえよう。

筑風は、高峰琵琶三楽奏を家庭的な音楽にするために、まずは子供が歌いやすい童謡のレパートリーを中心に作曲した。発売されたレコードやラジオ放送記録より、三楽奏形式での演奏が確認できた楽曲には、《兎と亀》《双六歌》《舌切雀》《蛍の出盛り》《飛行機》《露営の夢》《雪こんこん》があり、子供が詞章内容を理解しやすいような題材が用いられた。これらのうち《双六歌》《蛍の出盛り》は、童謡作詞家・北原白秋（一八八五―一九四二）の作詞である一方、前述の豊田旭穣とは異なり、この二曲以外は筑風自身による作詞であった。

次に、これらの高峰琵琶三楽奏のレパートリーから《舌切雀》と《露営の夢》を取り上げ、残された音源から具体的な音楽内容を把握し、筑風が目指した童謡琵琶の実態を捉える。

三　高峰琵琶三楽奏の音楽内容

①《舌切雀》

高峰筑風作の本楽曲は、甲絃・大絃を初披露した昭和二（一九二七）年五月二十一日の演奏会で初演された。その八日後には東京放送局よりラジオ放送され、『読売新聞』や『都新聞』のラジオ版には歌詞が掲載されている。[*14] 歴史的音源では、コロムビアより発売されたレコード《舌切雀》全二面（上・下）が聴取可能で、発売時期は明らかでないが、ニッポノホンより昭和三（一九二八）年三月新譜で発売された同曲のレコードを再発売したものだと推測される。

楽曲の内容は、童話『舌切雀』のうち、舌を切られた雀が薮の中へ逃げてしまい、その雀を探しに来たお爺さんを迎え入れてもてなす場面が描かれている。冒頭の歌詞は「高峰琵琶の童謡を　さあさあ皆さん歌いましょう」と始まり、高峰琵琶三楽奏のお披露目として、新たな高峰琵琶の音楽を紹介する役割を果たしている。ラジオ版の歌詞と比較すると、音源は一部内容を省略して収録されていた。音楽構成は、歌唱的な童謡のセクションと古典的な琵琶歌のセクションが交互に現れるもので、前者は子供、後者は大人を中心とした演奏者により、いずれも複数人のユニゾンで歌われた。とくに琵琶歌セクションでは、細かい節回しを多用する筑前琵琶特有の「流し」と呼ばれる旋律句も挿入されていた。

またレコード第二面（下面）の最後は、童謡《雀の学校》（清水かつら作詞、弘田龍太郎作曲）の替え歌であった。以下に該当箇所の歌詞を掲載する。

《舌切雀》（『読売新聞』一九二七年五月二十九日朝刊、九頁　現代仮名遣いに改め、レコード収録内容に即して修正し引用）

チチパッパ　チパッパ　雀のお家の　親達は　お手手をふりふり　チパッパ　小供の雀は　輪になって　お口を揃えて　チパッパ　チュウチュクチュウチュク　チュウチュウチュウ　朝から晩迄　チュウチュウチュウ　チチパッパ　チパッパ

《雀の学校》（『日本童謡事典』二〇〇五年、二〇七頁　引用）

ちいちいぱっぱ　ちいぱっぱ　雀の学校の　先生は　むちを振り振り　ちいぱっぱ　生徒の雀は　輪になって　お口をそろえて　ちいぱっぱ　まだまだいけない　ちいぱっぱ　も一度一緒に　ちいぱっぱ　ちいちいぱっぱ　ちいぱっぱ

《雀の学校》の歌詞は、雑誌『少女号』大正十（一九二一）年十二月号に掲載されたのが初出である。《雀の学校》は『舌切雀』の物語の内容とは関連はないが、「雀」という共通するテーマで既によく知られた童謡を挿入することで、子供が受け入れやすい琵琶歌を目指したことがうかがえる。なおこの替え歌部分は、両者の旋律が酷似しているが、原曲の《雀の学校》は長調であるのに対し、《舌切雀》の引用部分は短調で歌われており、都節音階が主に用いられる琵琶歌の音組織にならって作曲されていた。

琵琶パートに注目すると、童謡セクションは歌の旋律を琵琶でなぞる演奏が基本であり、琵琶歌セクションは、声楽パート・琵琶パートが交互に現れる古典的な琵琶歌の形式に準じていた。また、甲絃・本絃は一オクターヴ離れたユニゾンの、比較的単純な旋律が中心であった。一方大絃は、同じくユニゾンもあったものの、拍頭で単音あるいは重音を弾くベースラインの演奏が確認でき、低音琵琶の考案により多声的な広がりを試みたといえよう。

②《露営の夢》

本楽曲は、日露戦争で進軍する兵士たちの勇姿が描かれたものである。もとは筑風が日露戦争に出征した際に陣営で作曲した独奏弾き語りの琵琶歌であるが、三楽奏では構成を新たにしている。昭和四（一九二九）年五月五日に三楽奏の編成でラジオ放送され、『読売新聞』や『都新聞』ラジオ版に歌詞が掲載された。[*15]

そして放送後まもない同年十一月新譜で、童謡琵琶として《露営の夢》のレコード（全二面）がコロムビアから発売された。演奏は「高峰交楽会員」で、詳細な演奏者名は不明であるが、高峰筑風が指揮を務めた三部合奏編成だと推測される。また本レコードは、「軍歌あり、詩吟あり、号令あり、血を湧き立たせる勇ましい童謡で、キツト御子様が喜ばれる」と宣伝されており、[*16]童謡琵琶では子供たちが楽しめるような工夫をしながら、童話以外を題材とした楽曲も作られたことがわかる。なお本楽曲は、昭和五（一九三〇）年八月新譜でポリドールからもレコード発売されており、こちらは歴史的音源（上・下の全二面）で聴取可能である。コロムビア版と全く同じ収録内容であるかは定かではないが、本論文ではポリドールの音源を参照する。

ラジオ版の歌詞をみると、本曲もレコード収録では一部省略されていた。音楽構成は《舌切雀》と同様に、童謡セクションと琵琶歌セクションが交互に現れるものであった。そのうち第一面（上面）では、軍歌《戦友》（真下飛泉作詞、三善和気作曲）の一番の歌詞が子供たちにより歌われていた。この軍歌は、日露戦争に従軍した義兄の体験をもとに真下が作詞したもので、明治三十八（一九〇五）年に発表された。旋律は原曲と基本的に同じであるが、原曲は都節音階に第七音を加えた音階であるのに対し、《露営の夢》では律音階に第七音を加えた半音を含まない音階を用い、とりわけ前半部分では長調の雰囲気が感じられ、子供たちが童謡を歌っているような印象を与える。

また第二面（下面）冒頭では、戦国武将・上杉謙信（一五三〇―七八）作による漢詩「九月十三日夜陣中作」の前半二句が挿入され、琵琶歌で通常歌われる詩吟部分と同様の旋律で歌われていた。この詩は、天正五

（一五七七）年の七尾城の戦いの折に謙信が陣中で詠んだといわれ、筑風が日露戦争の陣営で《露営の夢》を作ったときと状況を重ねて取り入れたことが推察される。さらに、子供の声により「集まれ」「右向け右」などの号令がかけられており、以上の構成は前述のコロムビア版の宣伝文句と合致する内容であった。

琵琶パートは《舌切雀》と同様、甲絃・本絃は一オクターヴ違いでのユニゾンが中心で、大絃は主にベースの役割を担っていた。また、途中で次第にテンポが速くなる箇所があり、高峰筑風による指揮によって、テンポの変化を含む演出を可能にした。また全体を通して、虫の音や鳥の鳴き声を打楽器の音、進軍の様子を琵琶のトレモロ奏法などで表現し、臨場感のある情景描写がなされていた。

以上《舌切雀》と《露営の夢》を例に、高峰琵琶三楽奏の音楽内容を分析した。両者に共通して、子供による歌唱的なセクションは童謡に近く、大人の奏者によるセクションは琵琶歌風に歌われ、歌い分けがなされていた。琵琶による三楽奏は、とりわけ子供の歌唱の伴奏の役割が大きく、童謡部分と親和性が高かったといえよう。豊田旭穣による童謡琵琶は、童謡に寄った音楽性であったのに対し、筑風は琵琶歌の要素を保ちながら子供も歌いやすい童謡琵琶を実現しようとした。またその題材も、子供に馴染みのある童話から勇ましい戦記物まで扱い、さらには当時普及していた童謡や軍歌を、調性・音階を変えながら引用することで、さまざまなジャンルで子供が楽しめるように工夫を凝らしていた。

第四節　新楽器・富士を用いた新絃楽

高峰琵琶三楽奏で合奏形式の琵琶楽を発展させた筑風は、さらなる楽器の改良に取り組んだ。そこで新たに考案された楽器が富士である。本節では、富士を編成に含む新たな琵琶楽の新絃楽について、まずその普及のための筑風の取り組みをまとめる。そして、新絃楽のレコードは発売が確認できなかったため、新聞のラジオ版に掲載された歌詞の内容や楽曲解説を調査し、その音楽の一端を探る。

一　富士の考案と新絃楽の普及

昭和六（一九三一）年十月二十五日にラジオで初放送された富士は、小型の琵琶と古代ギリシャの弦楽器であるリラを折衷した形で、従来の琵琶にマンドラの糸を四本増やし、低音部も容易に演奏できるようにしたものであった。それまでの三楽奏は、和声的な表現には至っていなかった一方で、富士のみで和音伴奏が可能となり、「和楽洋楽ともに助奏に適」したものとして[*17]、積極的に西洋音楽との融合が試みられた。なお、「高峰筑風氏発明の新楽器　富士に就いて」という「印刷物」（資料詳細不明）を田邊尚雄が書写したとされる記述の内容には、富士について、マンドリンと同様の八本の基本弦と四本の低音部の弦が張られること、マンドリン用の義甲を用いて演奏すること、楽器上部に富士山が模されていることなどが記されていた[*18]。

そして筑風は、和洋楽器混合の琵琶オーケストラによる新たな音楽として、新絃楽を創始した。富士を発表する前の昭和五（一九三〇）年四月二十九日の放送では、三楽奏にヴァイオリンやフルートといった洋楽器や三味線を加えた編成を新絃楽と称したが[*19]、富士発表後は、富士が編成に含まれるものを新絃楽と呼んだようである。富士は歌の伴奏にも用いられ、とくに独唱形式の場合はこれを独謡と称した。

また、これら新絃楽および富士の発表と同時期の昭和六（一九三一）年十一月に、筑風は音楽教育機関「新絃音楽学校」を創立し、その校長を務めた。本校は、一般大衆に向けた音楽の普及および音楽家の養成を目的に設立され、和洋の音楽を平易に教授することを目指した。このことは新聞各紙で告知されたほか、琵琶愛好家向けの月刊誌『琵琶新聞』には、詳細な生徒募集記事が掲載された[*20]。この『琵琶新聞』の記事に基づき、次に具体的なカリキュラムを紹介する。

設置された専攻は本科、大衆科、児童科の三学科で、まず本科の教授科目には、邦楽として三味線（長唄を中心に民謡、小唄、童謡ほか新作も含む）や高峰琵琶（独奏、大絃・甲絃を含む重奏）があり、これらは五線譜（高峰琵琶は新たな琵琶譜も含む）を用いるとした。そのほかに声楽、ヴァイオリンの西洋音楽や音楽理論、新楽器の富士を用いた和洋楽や新絃楽、童謡・独謡などの伴奏や新曲も科目の一つとなっている。大衆科は、音楽愛好者であれば素養の有無を問わずに受け入れ、一ヶ月を一期として本科の科目のうち歌曲を修得する学科であった。そして児童科は、とりわけ童謡や新絃楽を中心に、本科の科目を平易に教授するものとした。

また、本科の修業年限は二年であった一方で、児童科は年限が無期限であった。そして本科の授業料は三円、入学金は二円であったのに対し、大衆科および児童科は授業料が一円で、入学金は不要であった。これらのことからも、筑風は幅広い層に向けて音楽教育の場を提供しようとした意図がうかがえる。本校の入学者や経営状況などの詳細は不明であるが、高峰筑風は新絃楽を含む高峰琵琶を中心に、音楽全般の普及のために尽力した状況が把握できる。

二　放送内容にみる新絃楽の音楽的特徴

ラジオでは新絃楽が度々放送されており、その曲目を一覧にしたものが表1である（以下、表を参照する場合には括弧内に表1の通し番号を示す）。富士を発表した翌年の昭和七（一九三二）年以降は、子供向け番組「子供の時間」での放送も多かった（10―14、20―26、28―31番）。

楽曲のジャンルは声楽が中心で、複数の子供たちによる合唱から独謡まで多様であった。作詞は、三楽奏と同様に筑風によるものが多いが、昭和七（一九三二）年六月七日の放送では、北原白秋作詞の《たんぽぽ》《千匹猿》が富士の伴奏による独謡で演奏された（12、13番）。楽曲の題材は、子供向けの童謡を中心に、戦記物が含まれる点は三楽奏と共通する。

さらに、新絃楽では器楽曲も演奏されるようになり、筑風が琵琶と富士の合奏曲として編曲した、長唄《鶴

表1: 新絃楽で放送された楽曲一覧

通し番号	曲名	編成	放送日	作詞·作曲·編曲	備考
1	爺さん婆さん	歌、本絃、甲絃、ヴァイオリン、フルート、三味線	1930年4月29日	高峰筑風作曲	独謡
2	波止場の夜	歌、本絃、甲絃、ヴァイオリン、フルート、三味線	1930年4月29日	高峰筑風作曲	独謡
3	月夜の兎	歌、本絃、甲絃、ヴァイオリン、フルート、三味線	1930年4月29日	高峰筑風作曲	独謡
4	維新マーチ	歌、本絃、甲絃、ヴァイオリン、フルート、三味線	1930年4月29日	平山紫峰作曲	
5	吹くや松風	琵琶、富士、ヴァイオリン	1931年10月25日	山越忍也作曲	
6	富士の白雪	歌、琵琶、富士	1931年10月25日	高峰筑風作詞作曲	
7	裾野の春	富士（二部合奏）	1931年10月25日	山越忍也·高峰筑風合作	四楽章構成
8	海戦	歌、琵琶、軍歌、甲絃、富士、大絃、号令、ヴァイオリン	1931年10月25日	高峰筑風作詞作曲	
9	暁鶏声	歌、本絃、富士	1932年1月3日	高峰筑風作詞作曲	「琵琶の午後」、勅題
10	雲雀	歌、富士、琵琶？	1932年6月7日	高峰筑風作詞作曲	「子供の時間」、独謡
11	鶯	歌、富士、琵琶？	1932年6月7日	高峰筑風作詞作曲	「子供の時間」、独謡
12	たんぽぽ	歌、富士、琵琶？	1932年6月7日	北原白秋作詞、高峰筑風作曲	「子供の時間」、独謡
13	千匹猿	歌、富士、琵琶？	1932年6月7日	北原白秋作詞、高峰筑風作曲	「子供の時間」、独謡
14	月夜の兎	歌、富士、琵琶?	1932年6月7日	高峰筑風作詞作曲	「子供の時間」、独謡
15	瑞宝殿	歌、琵琶、富士	1932年11月18日	高峰筑風作詞作曲	
16	旅から都へ	ヴァイオリン、富士、琵琶	1932年11月18日	山越忍也作曲	三楽章構成
17	唐人お吉	富士、富士低音	1933年5月3日	山越忍也作曲	
18	峠越ゆれば	歌、富士、琵琶	1933年5月3日	高峰筑風作詞作曲	
19	朝海	歌、琵琶、富士	1933年5月3日	高峰筑風作詞作曲	勅題
20	六段	富士（本手、替手）	1934年4月3日	高峰筑風編曲	「子供の時間」、原曲は箏曲
21	鶯	歌、富士、琵琶	1935年5月12日	高峰筑風作詞作曲	「子供の時間」、独謡
22	鳩ぽっぽ	歌、富士、琵琶	1935年5月12日	高峰筑風作詞作曲	「子供の時間」、独謡
23	二見が浦	歌、富士、琵琶	1935年5月12日	高峰筑風作詞作曲	「子供の時間」、独謡
24	富士	詩吟、富士	1935年5月12日	石川丈山作詞、高峰筑風作曲	「子供の時間」、詩吟
25	オリエンタルダンス	富士、ヴァイオリン	1935年5月12日		「子供の時間」、舞踊曲
26	露営の夢	唱歌、琵琶、富士、号令、大絃	1935年5月12日	高峰筑風作詞作曲	「子供の時間」
27	二見が浦	歌、富士、琵琶?	1936年1月23日	高峰筑風作詞作曲	「国境警備慰問の夕」
28	雲雀	歌、富士、琵琶	1936年4月2日	高峰筑風作詞作曲	「子供の時間」
29	残月	歌、富士	1936年4月2日	高峰筑風作詞作曲	「子供の時間」
30	富士の白雪	歌、富士、琵琶	1936年4月2日	高峰筑風作詞作曲	「子供の時間」
31	鶴亀	富士、琵琶	1936年4月2日	高峰筑風編曲	「子供の時間」、原曲は長唄

〈凡例〉
· 曽村（2022）附録収載の琵琶放送番組目録および『読売新聞』『朝日新聞』『毎日新聞』ラジオ版を参照して筆者作表。
· 備考欄には、ラジオ版から確認できた番組名（「」内）、楽曲構成、楽曲ジャンル、原曲ジャンルを記載した。

亀》の器楽部分や箏曲《六段》も放送された（20、31番）。加えて《オリエンタルダンス》という舞踊曲も作られ（25番）、これらは高峰琵琶三楽奏にはみられなかった、琵琶の器楽性に着目したレパートリーの拡充だといえる。また前述の通り、洋楽器との合奏として、とりわけヴァイオリンが含まれる編成が度々確認できた（1―5、8、16、25番）。さらに、複数の楽章で構成される楽曲もあり（7、16番）、楽器編成だけでなく楽曲構成の点においても、西洋音楽的な要素を取り入れた。

富士を発表して一年弱が過ぎた頃には、新絃楽は「琵琶の新日本音楽」と紹介されることもあった。[*21] また、昭和七（一九三二）年八月六日に東京・大阪で放送された、高峰琵琶門弟・唐澤筑瑞らによる《湖水渡》は、「弾奏には新日本音楽的意図を以て新絃楽を加」えたもので、「琵琶の将来に何物かを持ち来らさんとする試み」であると評価されている。[*22] 箏曲界を中心に展開した新日本音楽運動への直接的な言及はないものの、筑風による新たな音楽の創始は、琵琶界において新日本音楽的な位置づけであると捉えられていたことが推察される。

以上の新絃楽の内容をふまえると、その音楽の特徴には器楽への意識と編成・理論面での西洋音楽的要素の摂取が挙げられよう。こうした点からも、新絃楽は当時展開していた新日本音楽に類するものとして一般に認識されていったのではないか。また、「子供の時間」での放送の機会も多かったことから、筑風は新絃楽という新たな音楽性でもって、より多様なレパートリーを通して子供たちへの琵琶楽の普及を図ったと考えられる。

おわりに

高峰筑風は、高峰琵琶三楽奏と新絃楽という新様式の琵琶楽において、子供向けの琵琶歌の創作と西洋音楽の摂取という、大きく二つを軸として活動を展開した。そしてこれらは、大正期以降の日本の音楽界に起こった、童謡運動および新日本音楽への意識が背景にあったと考えられる。琵琶界で試行錯誤が重ねられてきた子供向け琵琶歌では、筑風は琵琶歌と童謡を折衷した様式の作品を創作した。筑風が考案した新楽器も、当初は比較的単純な旋律の演奏が中心であったものが、新絃楽では、低音も和音も演奏できる富士を用いてより和声的な響きを求め、西洋音楽に近づけようとした。また、放送局にも頻繁に出入りする機会があった筑風は、新日本音楽の担い手であった演奏家たちとも交流をもったことが想像できる。高峰三枝子は父である筑風について、「伝統芸能の世界にありながら、いつも新しいものに挑戦し、創意工夫を怠らなかった」と述べ[*23]、筑風は当時普及していた音楽文化に敏感に反応し、高峰琵琶に取り入れようとしたことがわかる。高峰琵琶三楽奏や新絃楽はその後伝わらなかったが、昭和初期に高峰筑風が展開したこれらの新たな琵琶楽は、幅広い活動に取り組んでいた筑風であったからこそ実現できた、革新的な試みであったといえよう。

◎付記

本稿は、日本学術振興会科学研究費（課題番号23KJ1819）の助成を受けたものである。なお執筆にあたり、東京文化財研究所には資料写真の掲載をお許しいただき、また国立劇場図書閲覧室には、貴重資料の閲覧に際し大変お世話になりました。また毛利眞人氏には、レコード発売についてご教示賜りました。ここに記して深く感謝申し上げます。

◎参考文献

及川尊雄『阿弗利加から旅して来た日本の楽器たち　音の図書館をめざして』及川鳴り物博物館、二〇一八年。

大谷荒太郎編『現代琵琶名人録　附最近琵琶発達史』登文閣出版部、一九二二年。

小村公次『徹底検証・日本の軍歌　戦争の時代と音楽』学習の友社、二〇一一年。

上笙一郎編『日本童謡事典』東京堂出版、二〇〇五年。

吉川英史・上参郷祐康『宮城道雄作品解説全書』邦楽社、一九七九年。

金田一春彦「高峰筑風」、平野健次・上参郷祐康・蒲生郷昭監修『日本音楽大事典』平凡社、一九八九年、六七二頁。

倉田喜弘『日本レコード文化史』岩波書店、二〇〇六年。（初出は東京書籍、一九七九年）

胡春「家庭音楽としての琵琶」『琵琶新聞』第九二号、一九一七年、一―三頁。

胡春「お伽琵琶歌に就て」『琵琶新聞』第一二三号、一九一九年、二頁。

胡春「再びお伽琵琶に就て」『琵琶新聞』第一二四号、一九一九年、一—二頁。

『コロムビア邦楽洋楽レコード　十一月新譜』日本コロムビア蓄音器、一九二九年。

「新絃音楽学校創立　生徒募集中」『琵琶新聞』第八一号、一九三一年、一〇頁。

澤井万七美「大正から昭和初期のお伽琵琶」『近現代演劇研究』第五号、二〇一五年、四九—六七頁。

鈴木清■「征露従軍の一兵卒から琵琶界の第一人者　高峰琵琶宗家　高峰筑風」『実業之日本』第三五巻第一号、一九三二年、一四八—一五一頁。

曽村みずき「第二次世界大戦前後における薩摩琵琶の変動—演奏会・ラジオ・レコード調査と音楽分析を通して」東京藝術大学博士論文、二〇二二年。

「高峰筑風師の富士登山　琵琶一面を奉納す」『琵琶新聞』第二七七号、一九三四年、四頁。

高峰三枝子『人生は花いろ女いろ　わたしの銀幕女優50年』主婦と生活社、一九八六年。

竹山昭子『ラジオの時代　ラジオは茶の間の主役だった』世界思想社、二〇〇二年。

田邊尚雄『音楽見聞録』第四集、一九二七年。（国立劇場蔵）

田邊尚雄『音楽見聞録』第十一集、成立年不明。（国立劇場蔵）

豊田旭穣「子供の琵琶」『琵琶新聞』第一八七号、一九二四年、一八—一九頁。

松波法師「有楽座の一夜」『琵琶新聞』第四二号、一九一二年、三頁。

「和楽放送の三百六十五日　琵琶」『昭和八年　ラヂオ年鑑』日本放送出版協会、一九三三年、三六六—三七〇頁。

◎参考資料

■新聞記事（刊行順）

「小学唱歌に琵琶の節付して　子供に教える筑風さん」『読売新聞』一九二六年三月二十日朝刊、九頁。

「大きなビワでオーケストラ成功　弾手は九人、合唱六人」『東京朝日新聞』一九二七年五月二十日朝刊、一一頁。

「家庭的の音楽に聴かせる琵琶の三重奏　美しい娘さん達でお昼を賑はす」『読売新聞』一九二七年五月二十九日朝刊、九頁。

「高峰琵琶　二曲　三重奏の大人数」『都新聞』一九二七年五月二十九日朝刊、八頁。

「珍らしいお昼の琵琶三楽奏」『読売新聞』一九二九年五月五日朝刊、九頁。

「風変りな琵琶　歌詞も新作で三楽奏　「飛行機」と「露営の夢」」『都新聞』一九二九年五月五日朝刊、九頁。

「時代向の琵琶音楽　新絃楽」『読売新聞』一九三〇年四月二十九日朝刊、六頁。

「高峰筑風が学校創立　十一月に開校」『読売新聞』一九三一年九月二十六日朝刊、一一頁。

「新弦音楽学校」『東京朝日新聞』一九三一年十月一日朝刊、一〇頁。

「琵琶に生命―新楽器『富士』　筑風氏が苦心の作」『東京日日新聞』一九三一年十月二十日夕刊、二頁。

「今日初めて登場　新楽器の「富士」」『読売新聞』一九三一年十月二十五日朝刊、九頁。

「筑風師の長男　バスに轢かる」『東京朝日新聞』一九三二年二月二十四日朝刊、一一頁。

「新絃楽とは琵琶の新日本音楽　けふは童曲の独謡」『読売新聞』一九三二年六月七日朝刊、一〇頁。

■高峰琵琶資料（すべて東京文化財研究所蔵、及川コレクション、刊行年不明）
『初伝』『中伝』『奥伝』『高峰琵琶　初伝　中伝　奥伝　弾法略譜』『高峰琵琶略譜』『高峰琵琶大要集　全』

■音源資料（すべて国立国会図書館デジタルコレクション歴史的音源）
《カッコ鳥》米川敏子（箏）、豊田童謡琵琶会員、ニッポノホン：一六九六九、一九二八年発売。

《コンコン狐》米川敏子（箏）、豊田童謡琵琶会員、ニッポノホン：一六九六九、一九二八年発売。

《舌切雀》高峰龍平、唐澤筑瑞ほか、コロムビア：二五二一五（上下）、発売年不明。

《露営の夢》高峰ビワ・バンド、高峰筑風（指揮）、ポリドール：四〇八（上下）、一九三〇年発売。

注

1　童謡運動とは、大正七（一九一八）年に鈴木三重吉（一八八二―一九三六）によって児童雑誌『赤い鳥』が創刊されたことをきっかけに、学校唱歌とは異なる高尚な子供向け歌謡として、詩人や作曲家らにより童謡が創作された一連の動きを指す。新日本音楽とは、大正期以降に箏曲家・宮城道雄（一八九四―一九五六）らにより展開された、新しい楽器編成や形式による邦楽系の創作活動および作品を指す。これらの普及には、レコードやラジオ放送が大きな役割を担った。
2　琵琶劇とは、琵琶の弾奏に合わせて演技を行う演劇の一種である。
3　高峰三枝子『人生は花いろ女いろ　わたしの銀幕女優50年』主婦と生活社、一九八六年、四三頁。
4　松波法師「有楽座の一夜」『琵琶新聞』第四二号、一九一二年、三頁。

5 高峰一九八六、四七頁。『琵琶新聞』第二七七号の記事には、浅間神社の神前で自作琵琶歌《富士山》を演奏したとあるが、実際には筑風は八合目までで登頂を断念したようである。
6 お伽琵琶の草創期における新作・演奏状況については、澤井万七美（二〇一五）の先行研究が詳しい。
7 胡春「お伽琵琶歌に就て」『琵琶新聞』第一二三号、一九一九年、一二頁。
8 胡春「再びお伽琵琶に就て」『琵琶新聞』第一二四号、一九一九年、一一―一二頁。
9 豊田旭穣「子供の琵琶」『琵琶新聞』第一八七号、一九二四年、一八―一九頁。これらのうち《おさる》《春の風》は、宮城道雄による子供向け箏曲「童曲」のレパートリーにも含まれ、細かい異同はあるが歌詞は共通していた。
10 『読売新聞』一九二六年三月二十日朝刊、九頁。
11 『東京朝日新聞』一九二七年五月二十日朝刊、一一頁。なお「セロ式」とは大きさ・音域を示すもので、同記事掲載の写真から他の琵琶と同様に撥で演奏していたと推定できる。
12 『読売新聞』一九二七年五月二十九日朝刊、九頁。
13 田邊尚雄『音楽見聞録』第四集、一九二七年、八四丁ウ。
14 『読売新聞』一九二七年五月二十九日朝刊、九頁。『都新聞』一九二七年五月二十九日朝刊、八頁。
15 『読売新聞』一九二九年五月五日朝刊、九頁。『都新聞』一九二九年五月五日朝刊、九頁。
16 『コロムビア邦楽洋楽レコード　十一月新譜』日本コロムビア蓄音器、一九二九年、八頁。
17 『読売新聞』一九三一年十月二十五日朝刊、九頁。
18 田邊尚雄『音楽見聞録』第十一集、八七丁オ―八九丁オ。
19 『読売新聞』一九三〇年四月二十九日朝刊、六頁。
20 『読売新聞』一九三一年九月二十六日朝刊、一一頁。『東京朝日新聞』一九三一年十月一日朝刊、一〇頁。「新絃音楽学校創立　生徒募集中」『琵琶新聞』第八一号、一九三一年、一〇頁。
21 『読売新聞』一九三二年六月七日朝刊、一〇頁。
22 「和楽放送の三百六十五日　琵琶」『昭和八年　ラヂオ年鑑』日本放送出版協会、一九三三年、三六六―三六七頁。
23 高峰一九八六、三六頁。

近衛秀麿の演奏論
——未刊行の「演奏法稿」に基づく

三枝まり
Saegusa Mari

はじめに

近衛秀麿は大正十五（一九二六）年に新交響楽団（現在のＮＨＫ交響楽団の前身）を結成した中心的な人物で、また、いわゆる「近衛版」と呼ばれる独自の編曲を行い、わが国の西洋音楽の黎明期に指揮者、作曲家、編曲家として活躍し、日本の交響楽の普及・発展の基礎を確立した音楽家と位置づけられている。また、戦前にベルリン・フィルハーモニー管弦楽団やフィラデルフィア管弦楽団を指揮し、ベルリン・フォルクスオーパーやケルン歌劇場でオペラを上演したりするなど、国際的な音楽活動を行った最初期の音楽家である。これまでの研究では、近衛秀麿の編曲した《越天楽》や近衛秀麿の演奏録音について考察が行われている。[*1] しかし、近衛秀麿の音楽理念や演奏法について検討したものはない。

平成三十（二〇一八）年に近衛音楽研究所で近衛秀麿の自筆による「（メモ整理帖）演奏法稿」（以下、「演奏法稿」）の存在が新たに確認された。約三〇〇ページにおよぶ未完の自筆メモで、そこでは近衛の演奏指導法や音楽観に基づいて記された独自の演奏論、さらに指揮者としての演奏解釈が述べられている。

この資料には執筆時期は記載されていないが、近衛秀麿が参議院議員選挙に立候補した年を示唆する「選参残入」と題したメモが含まれることから、昭和四十三（一九六八）年頃に書かれたと推測される。近衛秀麿が晩年、演奏法についてまとめていた事実は興味深い。「演奏法稿」で取り上げられている作品の中には、実際に近衛秀麿自身が行った編曲によるスコアや録音も存在する。そこで、本稿では「演奏法稿」の内容を検討し、この執筆時期に行われた早稲田大学交響楽団の複数の学生との会話の記録や、リハーサルの記録、録音なども確認しながら、近衛秀麿の演奏論を考察する。

第一節　資料の概要

本稿で取り上げる「演奏法稿」は、全体は黄色いフォルダにはさまれており、未完の状態で近衛音楽研究所に保管されていた（図版1参照）。全体は、Ⅰ総論・音程、Ⅱリズム・テンポ、Ⅲダイナミック・バランス、Ⅳ余禄 Allgemeines の四部分で構想されている。[*2] また、項目は分けられているものの、近衛は、総論で「Dynamik（空間的）、Balance、Rythmus（時間的）、Tempo との間にも何か有機的なつながりがある」と、各項目間に関連があることを述べている。[*3] これらはいずれも指揮のリハーサルや演奏の際に必要な要素で、この原稿は自身の演奏経験に基づいて書かれたものであることがうかがえる。

その内容は、声楽家が出演前におしゃべりすることは「大禁物、（音声）の浪費と集中力の散漫の両方の意味から」、といった演奏家としての心構えまで、非常に多岐にわたり、具体的で細かい。

執筆は、昭和八（一九三三）年にロンドンでピアニストのトバイアス・マテイに会って、演奏家としてのあり方に強い示唆を受けたことに始まる。[*4] 近衛はこの時期から、ピアノの教育法を確立し教則本を出版して国際的な評価を得たマテイのように、後進の育成について考えていたことが分かる。

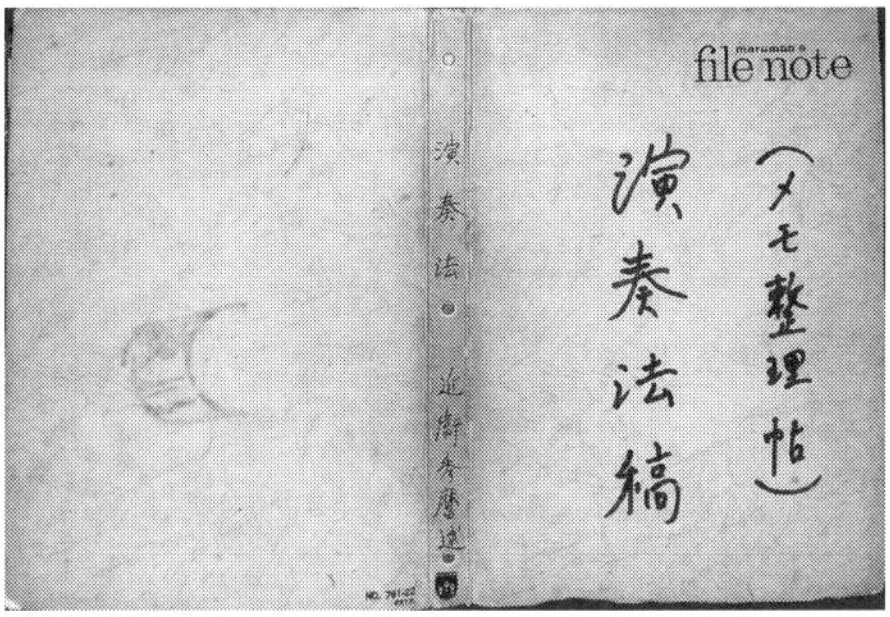

図版1：近衛秀麿「演奏法稿」（近衛音楽研究所所蔵、以下出典の明記がない図版はすべて同資料に基づく）

第二節　近衛秀麿「(メモ整理帖) 演奏法稿」について

以下に、近衛秀麿が「演奏法稿」に挙げたそれぞれの項目について見ていく。

一　総論・音程

(一)「音楽の語るもの」

総論ではまず、技術上のことではなく音楽に共通な本質的な問題に重点をおいていることが説明される。その中で、近衛秀麿の四男の長井雅楽氏が「親方が生前力説していた」という演奏の心構えについて次のように述べられている。[*5]

カラスが鳴くのも、犬のほえるのもAutoの警笛にも理由がある。欲求あってのこと。暴しの吹きすさぶのにも自然の原動力―摂理がある。理由なしにmentalな用意なしにmusizierenする人間が多い。

近衛は、すべてには自然の原動力＝摂理があり、それに従わないと音楽が不自然になってしまう、音楽にとって自然であり必然なのは、後述のような最後の拍やアウフタクトのとり方なのだ、と考えていた。近衛にとって音楽は、何を語りたいかという欲求から生まれ、その欲求を表現したものが音楽の内容である。

(二)「フレージングについて」

近衛秀麿はまた、フレージングを「Musikそのもの」と言って重視した。彼は、ドビュッシー作曲《牧神の午後への前奏曲》の第十三、十四小節のホルンパートを例に挙げ、図版2のようにドビュッシーの書き方とは異なるリズムのイメージを示した。つまり、十六分音符を次の長い音の前打音として理解し、タンギングは下のスラーで演奏するように指示している。フレーズを大切にすることは、多くの音楽家が指摘しているところであるが、近衛においてフレーズはダイナミクスや拍節の捉え方とも関連していた。

（三）「指揮とは」

続けて、近衛秀麿は「指揮は—技術ではない　表現—内容をもたなくては×」と述べている。当時の日本では、齋藤秀雄による叩きといわれる打法、しゃくい、撥ね上げ、引っ掛けなど、齋藤秀雄が独特の言葉で解説するテクニックが「世界に通用する分かりやすい指揮法」として注目されていた。それに対して近衛は、指揮者は単に技術を駆使するだけでなく、音楽の深い理解と感情を伝えることが求められることを伝えたかったと考えられる。

　こうして理想の音楽をつくるために、近衛が考えていた指揮者の役割は「最低、正しいTempo、Rythms の構成を伝達しながら—を与えることがその仕事である。Balance の面から見れば mixer の仕事」であった。「—」の部分に近衛が何を書こうと思っていたかは分からないが、一般的な考えと同様に、近衛は指揮者の仕事は第一に音出しのきっかけを与え、テンポを整え、拍子を判断させることと考えていたと言えよう。昭和四十四（一九六九）年一月二十四日の大阪フィルハーモニー交響楽団第七十三回定期演奏会のために前日行われたゲネプロの録音では、「遅くならない」という近衛の指示を聞き取ることができる。*6

　一方、上記の引用で特徴的なのは、近衛が合奏のバランスを整えることを重視している点である。指揮者としての仕事はフレーズを教えたり、楽曲の表情を示唆するなども含まれるが、近衛は、「mixer の仕事」と言い、理想とする音のバランスに仕上げることが指揮者の重要な

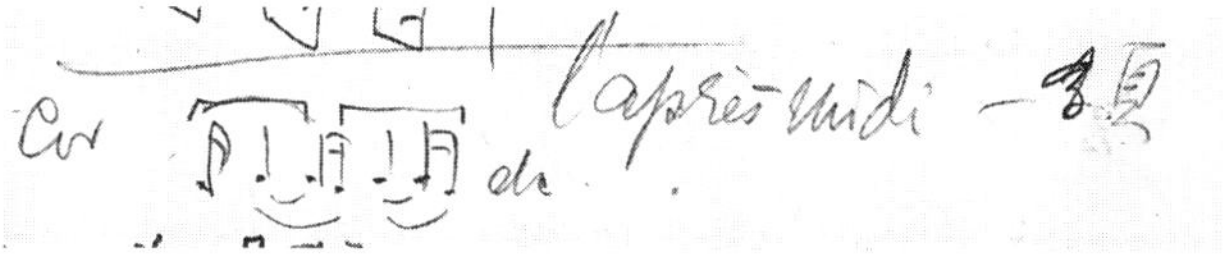

図版2：ドビュッシー《牧神の午後への前奏曲》のホルンパート演奏例

仕事と考えた。

また、「指導者は、―抽象的に定義するばかりでなく、具体的に例を挙げて説得出来なくてはならない。」と言い、次に「88才のモントーの立派さ。Camera を意識しない　音楽する一老楽聖の姿」と述べる。ピエール・モントゥー（一八七五―一九六四）は昭和三十七（一九六二）年にアムステルダム・コンセルトヘボウ管弦楽団とベートーヴェンの《交響曲第三番「英雄」》を録音する際のリハーサルで、名門オーケストラを前に観念的あるいは哲学的な言葉を一切差し挟むことなく、具体的な指示を出して表現を整えていたという。[*7] 近衛は、モントゥーのように具体的に述べて楽団員を説得することが重要と考え、またカメラを意識せずに音楽に対峙する姿勢に感銘を受けたと考えられる。長井雅楽氏は「父は表情豊かに『演技する』指揮者を心底嫌っていました」と回想している。[*8] 音楽に専念せず、テレビ映りを意識して演技する指揮者を近衛秀麿は好まなかったのだろう。

音程については、「既に多数の良書が世に広まっている」とされ、「半音の巾が問題（日本人　せまい）」とだけ書かれ、ほとんど白紙である。

二　リズム・テンポ

（一）「アクセントの場所と強度」

近衛は「Rythms=Tempo」と述べ、リズムとテンポは不可分であり、『『速く』『遅く』だけで片付けて了うことは不十分」と考えていた。彼は「健全な音楽（演奏）は正しい Tempo を以て奏せられる」「正しい Tempo（特に allo）は、正しい――Rythmus（accent）の位置より来る」と述べ、アクセントの場所が適切でないと正しいテンポにならないと主張した。そして、モーツァルトの《交響曲第四十番》の終楽章の譜例を出し、重さがあるところに注意するようにということを述べている。[*9]

近衛にとって「重さ」の概念は演奏解釈のキーワードで、彼は「重力」「重心」という言葉を用いて「重さ」をどこに置くのかを重視していた。彼は「─力学的重力の法則─音楽の性格による重量観の差異」という小見出しをつけ、たとえばアクセント一つとってもモーツァルトとベートーヴェンの表現は異なると述べている。

近衛はテンポに特別の意味を見出していた。ラインスドルフの指揮するモーツァルトの《交響曲第四十一番「ジュピター」》を「滅茶苦茶（Styl）」と批判する一方で、「20─30年代にBruno WalterやFurtwänglerのやった悠々として然も活気に満ちたTempo、以外に考えられない。」とブルーノ・ワルターやヴィルヘルム・フルトヴェングラーを評価している。

ここで名前が挙がるフルトヴェングラーに加え、近衛が終生「先生」と呼ぶエーリヒ・クライバーは、近衛にとって特別な存在であった。[*10] 彼はエーリヒ・クライバーからは指揮棒の持ち方から、楽団員へのリズムの伝え方まで学んだ（図版3参照）。[*11] 特に、シューベルトの《交響曲第八番「未完成」》は「常に座右の手本にして居た」という。[*12]

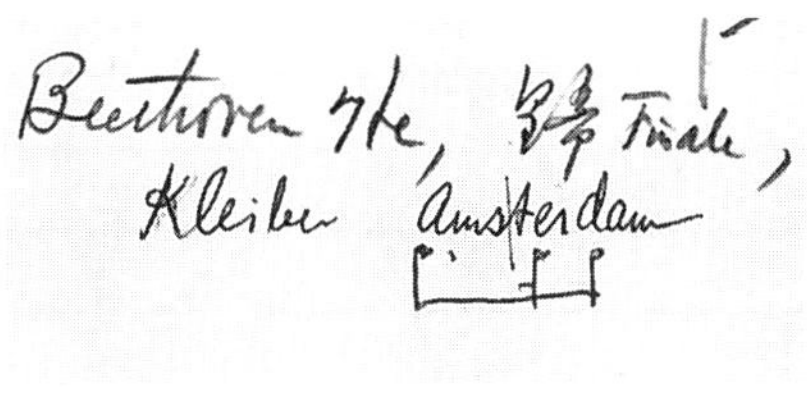

図版3：クライバーから学んだ付点のリズムの取り方。「アムステルダム」の語をアムス／タダムと取る。

（二）「踊りと歌」

近衛はリズムには踊りと歌の二種類があると考えていた。彼は「ヨーロッパに7回か8回行きましたけど、それで一つだけ覚えたのは、音楽には「踊り」と「歌」とがあるということだ。［……］ぼくの先生がそういいました。いいことを聞いたなと思いました」と最晩年に早稲田大学交響楽団の学生に語っている。[*13]

この「踊り」と「歌」の区別は近衛のリズムを考える上で重要である。近衛はここで、「歌が失われている。歌う稽古をしましたよ。そうすると、みんなそういう音楽もあるんだなと思い始める」と述べている。

近衛秀麿はどのような歌を目指していたのか。シベリウスの《交響曲第二番》の終楽章の第二主題を取り上げて、彼は「多くはTanzとする。こんな悲しい踊りがあるか。歌。涙の歌」と述べている。歌として演奏するために、図版4のようにスタッカートではなく、テヌートのニュアンスをもって、次の小節へのエネルギーをためて演奏することを近衛は主張している。

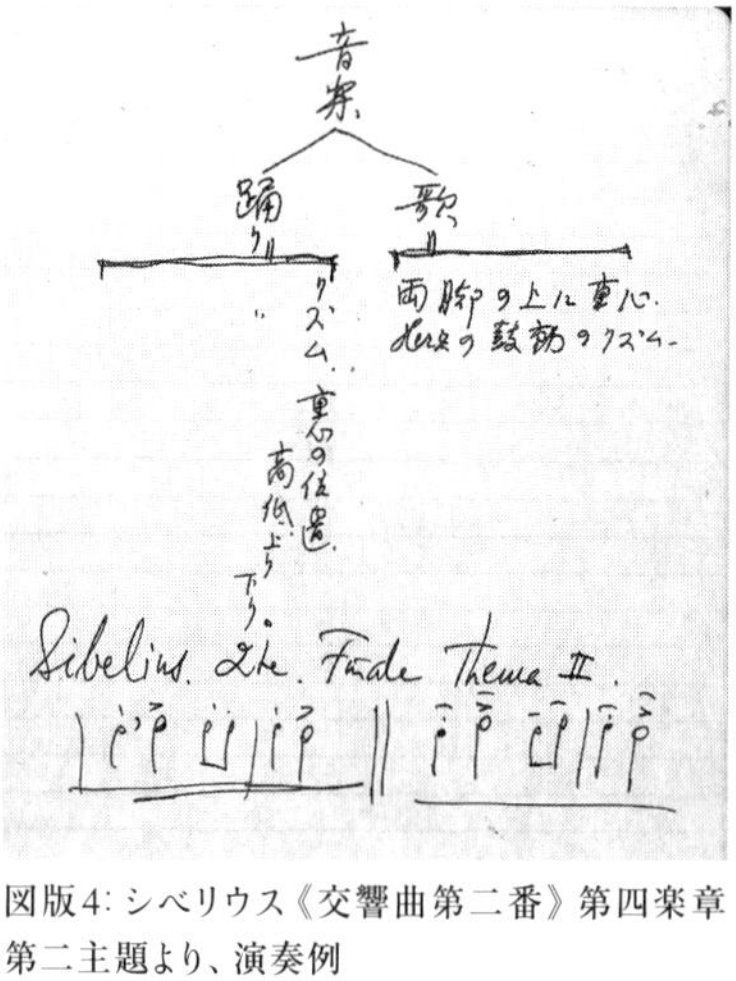

図版4: シベリウス《交響曲第二番》第四楽章第二主題より、演奏例

（三）「第四拍の意味」

近衛の演奏を考える上で重要なのが、四拍目（小節の最後の拍）を長めにとるスタイルである。彼は「正しい生理的に健康なRythmusは、3／4 3拍目、4／4 4拍目が十分の延びがある。」と言い、ベートーヴェンの《月光ソナタ》を例に次のように示している（図版5参照）。ここでは特に最初の音符に重点（tenuto）が置かれた上で、スタートが「重い」、二拍目が「動き出し」、三拍目が「流れる」、四拍目が「制動」、次の小節の一拍目が「足を踏み落す」、以降は同様に演奏することが説明されている。ほかにも、歌には「四の中にクレッシェンドが内蔵されている」[*14]、すなわち第四拍の中にクレッシェンドが含まれていると説明している。こうした指示はスコアではしばしば並線が引かれた（図版6参照）。

フルート奏者で京都大学から東京交響楽団に入団した佐々木真氏は「四と一の間が少し長い」と言い、長井雅楽氏も「父が重視したのは小節最後の音に重きを置く演奏法でした。例えば四分の四拍子の場合、最後の四拍目の音を少し伸ばし気味に重みを乗せて弾いてから一拍目に飛び込むように弾きます。これはアウフタクトにも適用出来る演奏法ですが、父が亡くなるまで、繰り返し繰り返し叩き込まれました」と回想している（図版7参照）。[*15] 四拍目から一拍目に少し間合いがあるというような等拍でなく不均等で取るという発想は、雅楽や日本の労働のリズム、たとえば農村の仕事歌と共通し、誰かに学んだということではないが、近衛の美意識の中にあったのではないかと考えられる。

四拍目の音を少しのばし気味にする演奏やアウフタクトを長めに取る演奏は、読売交響楽団とのドヴォルザーク作曲《交響曲第九番「新世界より」》第四楽章（一九六八年録音）や、日本フィルハーモニー交響楽団とのチャイコフスキー作曲《交響曲第六番「悲愴」》第一楽章（一九七一年録音）に聴くことができる。また、図版8のように、「演奏法稿」でも、第二主題のはじめの嬰ヘ音（Fis）の音を長めにとる方が、音楽が「生きて居る」と例示されている。近衛は自著『風雪夜話』でも、「静止した人体が、運動に移ろうとする瞬間の直前には必ず、アウフタクトと称する予備運動がもたれる。」と解説し、予備運動が、スムーズに動き出すため

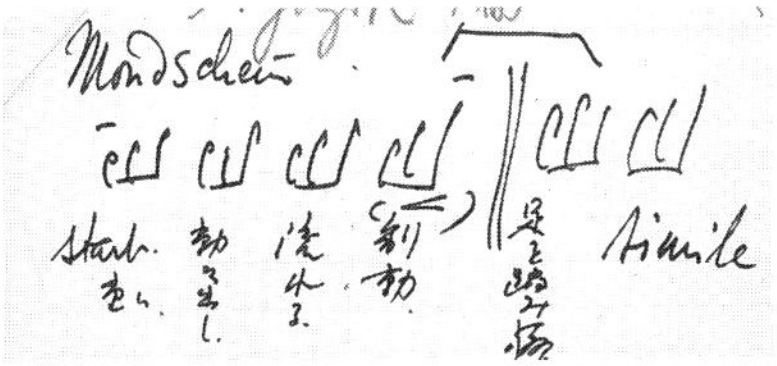

図版5：《月光ソナタ》の演奏例

図版6：近衛秀麿によるブラームス《交響曲第一番》のスコアへの書き込み（近衛音楽研究所所蔵）

図版7：四拍目図解

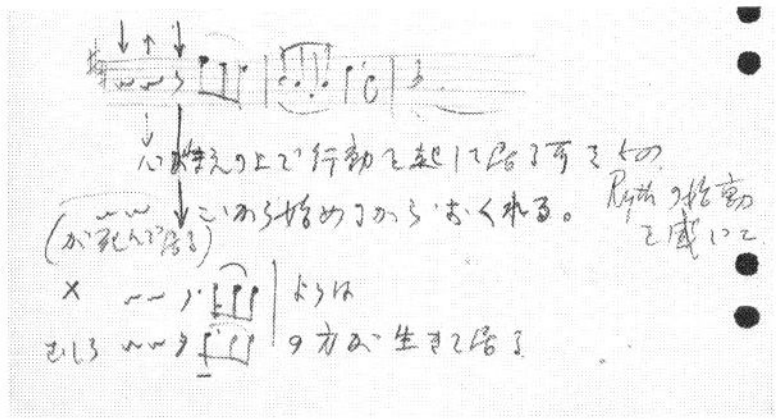
図版8：チャイコフスキー《交響曲第六番「悲愴」》第二主題の演奏例

に必要な自然な動きであると述べている。[*16]

ヴァイオリニストでＮＨＫ交響楽団のコンサート・マスターを務めた岩淵龍太郎は、近衛が『音楽とは時間の取り扱い方如何だなあ』と言って居られた事が極めて印象的である。」と回想している。[*17] 戦後の近衛の演奏は、彼のリズム論、いわば韻律論ともいうべきものが特徴の一つを形作っていることは間違いなく、それが情緒的な演奏スタイルとして戦後聴かれてきたと考えられる。

三 「ダイナミック」・「バランス」

（一）「ダイナミクスの重要性」

「ダイナミック」と「バランス」がこの遺稿において章を立てて構想されている点には、近衛秀麿の独自の音楽観がこめられている。項を改めて論じるが、このダイナミクスとバランスの問題は、彼の楽譜の「修正」とも結びついていた。

まず彼は、ダイナミクスはリズムやテンポと有機的な関係があり、ソロを際立たせるために重要な要素であることを説明する。また、強弱は感情や表現の結果として現れるものであると述べている。さらに、オーケストラを指揮する際のダイナミクスの表現のテクニックについても言及し、「どんな fff でも♪ secco の場合は mf に聞え　どんな ppp でも—tenuto なれば p と響く」と述べ、音の長さ次第で音量が異なって聞こえることを説明している。

（二）「ブルーノ・ワルターの再発見」

さらに、近衛は「Bruno Walter が Mahler の死後から、Beethoven の f / Schubert、Mozart 的 f などという表現を用いた。人の性格から Dynamik の質を区分しようとしたのは賢明である」と言い、同じ演奏記号でもそのニュアンスは作曲家ごとに変える必要があると主張した。ここで例に挙げられるワルターの名前は実は「演奏法稿」にたびたび登場する。大きな力をもって前に進んでいく近衛の音楽のイメージは、リズム感、テンポ感の点でワルターの歌うような演奏と親近性があり、ワルターに触発されながら形成されていった可能性がある。近衛はブルーノ・ワルターがコロンビア交響楽団と録音したベートヴェンの《交響曲第六番「田園」》（昭和三十三年録音）を聴いてリズムの取り方やボーイングを参考にしているほか、昭和二十六（一九五一）年にブルーノ・ワルターが著した『主題と変奏―ブルーノ・ワルター回想録』を原語で購入している。彼は、昭和十（一九三五）年にワルターから書簡を受け取っているが、戦後に彼の音楽を再発見したと考えられる。

（三）「音量とそのバランス」

バランスの項目においては、楽器や弦、演奏者、座席の位置などで音量や音質、性能が異なるので、バランスに留意する必要があると述べられている。たとえば、日本人が二重唱で三度の音程を歌う場合、アルトは大きすぎるのでソプラノとアルトの音量比は七：三の割合が適切と考えられること、六度の音程を歌う場合は音量比はほぼ同等でよいことが述べられている。

（四）「音色の多様化」

近衛秀麿は図版9のベートーヴェンの《交響曲第七番》第四楽章冒頭のように、パートやプルトごとに音を変える手法を用いることがあった。ブライトコプフ版の第一ヴァイオリン・パートは近衛版では第一ヴァイオリンと第二ヴァイオリンが演奏し、ブライトコプフ版の第二ヴァイオリン・パートは近衛版ではヴィオラの一部が演奏し、近衛版のチェロ・パートの一部（四人）はソロで新しい旋律を演奏すると書かれていることが確認できる。近衛はプルトごとに異なる音色やダイナミクスを持たせることで、音楽に立体感と深みを与えようとしていたことが分かる。

一方、こうした楽譜の修正は演奏会の都度行われ、調整されていた。したがって、いわゆる「近衛版」の確定版というものは存在しないとも言える。京都大学交響楽団で演奏経験がある土屋恵彦氏は近衛がこの曲を「ヴィオラの音楽だ。チェロが十人くらいであったが、1プルトはヴィオラを弾けと［近衛は］言った」と回想している。[*18]

近衛は、「演奏法稿」で「Score は航海者に渡される海図と思えば間違いない。［……］然かも楽譜は昔時の大作曲家（演奏家でもあった）の上演の為の心覚えのメモに過ぎない場合が多い」と述べている。彼は、たとえばフォルテやピアノ、クレッシェンドは相対的なもので絶対値はなく、楽譜に忠実ということはとても曖昧で、実際の音に移し替えるときに演奏者が個性や考えを反映させることは当然だと考えた。

四　余録 Allgemeines―楽譜の修正―

余録では、楽譜の修正の必要性について述べられている。近衛秀麿の三男の水谷川忠俊氏は以下のように解説する。

> ヨーロッパのほかの指揮者を見てきた結果、楽譜通りに演奏する必要はないという認識をもって、自分の理想とするサウンドを作るために、そのために楽器を増やしたり、楽器を休みのときに吹かせたりした［……］シューマン、ショパン、シベリウスはオーケストレーションが下手だから、それをよい響き

自筆譜に見るバランスについての指示

図版9：ブライトコプフ版と近衛版の比較（「近衛版」は近衛音楽研究所所蔵）

を得られるように手を入れた[19]［……］フレージングやダイナミクスなんかは、作曲家が書いていない場合があるから、書かなければ演奏できない。現場判断もある［……］理想とする響きがあって、それに合わせて編成も調整していく[20]

近衛秀麿は「演奏法稿」で「特に指揮者は自家用のStimmenをもっている可きだ」と述べ、指揮者は自身の解釈が書かれたパート譜を持つべきだと強調している。近衛秀麿は大正十二（一九二三）年にドイツ語で書かれたワインガルトナー著『ある指揮者の提言　ベートーヴェン交響曲の解釈』を読み[21]、昭和七（一九三〇年にフルトヴェングラーに会った際に「我々は各自我々自身の改編を有つて居るべきだ」と助言を得て、楽譜の修正を行うことの重要性を強く認識していた[22]。

近衛にとって楽譜の修正とは、必要な個所を適切に修正することであった[23]。主な修正の方法は、一・音を変える、二・休ませている部分を演奏させる、三・音域を変えるという三パターンである。

図版10はベートーヴェン作曲《交響曲第三番「英雄」》第三楽章の第一〇五小節を例に、音の修正について書かれているメモである。実際の近衛版の自筆譜スコア

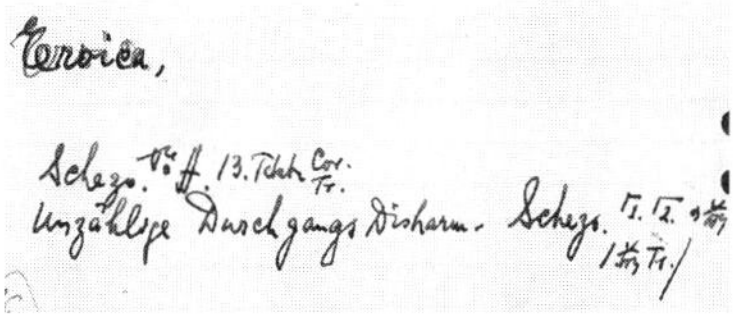

図版10:「演奏法稿」上のメモ書き

図版11: ベートーヴェン（近衛秀麿編曲）《交響曲第三番「英雄」》の修正箇所（近衛音楽研究所所蔵）

の当該箇所でも、丸印の箇所について音が変更されている（図版11参照）。ベートーヴェンの時代の楽器はバルブがついていないナチュラル・トランペットとナチュラル・ホルンであり、楽器の機能上、変ホ音（Es）しか出ない箇所を、図版10のように近衛はヘ音（F）や変ニ音（Des）に変更した。

近衛は「演奏法稿」で「原典からB［eethoven］の意と精神を掘り起こさなくてはならない。原典は無から有を捕らえ際のメモ。楽譜に過ぎない。作曲者の精神は楽譜の裏にかくれている。原典即音楽修行が必要だ」と言い、楽譜に書かれていることを、ただそのまま演奏することには批判的であった。彼は、各作曲家の独自の様式と感性を尊重し、その音楽の本質を引き出すことが、演奏者の重要な責務であると考えた。

こうした楽譜の修正について近衛は昭和二十三（一九四八）年に尾高尚忠と対立している。[*24] 尾高が、楽譜の修正はためらって行わなければならないと主張しているのに対し、近衛は昭和二十一（一九四六）年に日本を去ったヨーゼフ・ローゼンシュトック以降、進歩が見られないことを次のように批判している。

スタンプでおした様な無反省な演奏を反復して、ローゼンストック先生よりも、芸術的に一歩も前進しないというのは何たる事であらう。［……］それは指揮者の責任ではなくて、誰の責任であらう。[*25]

昭和三十六（一九六一）年にニューヨーク・ヘラルド・トリビューン紙が「よい音楽とは？」という企画をすると、近衛秀麿はユージン・オーマンディやベニー・グッドマン、ミッシャ・エルマンらに続いて指揮者の仕事を論じた一文を寄稿し、良い音楽には良い演奏が必要であり、「演奏家や指揮者によって現実に即した整備がなされなくてはならないと思う」と述べて、楽譜の修正が必要だと主張している。[*26]

このように近衛秀麿にとって、楽譜の修正は戦前戦後を通して彼の音楽活動の根底を支えた音楽理念であった。彼は、オーケストラの能力を最大限に生かして、作曲家の意図を演奏に反映させるために楽譜の改編、修正は不可欠と考えていた。

おわりに

近衛は、欧米での経験を土台に、楽譜には書かれていない作曲家の音楽の本質を表現することを追求した。彼は出版譜の通りに演奏するのではなく、指揮者が作品を解釈、理解し演奏することが重要であると考えていた。そのために、楽器編成を拡大することもあれば、演奏人員や演奏家の能力に応じて、オーケストラが最大限にその能力を発揮できるような改編を行うことも、彼の考える指揮者の仕事に含まれた。

近衛の演奏法は、戦前にヨーロッパで学んだ歌と踊りの理論が土台になっている。特に、彼が考える歌の部分の演奏法に近衛秀麿の独自性が現れる。そこでは、特に四拍目から一拍目に少し間がある演奏法が特徴となる。近衛秀麿はこれを、演奏に必要な自然な動きととらえた。

このように近衛秀麿の「演奏法稿」には、近衛秀麿が正しいと考えた音楽のあり方が記されている。この態度は、ピアニストのグレン・グールドのアプローチとも共通している。すなわち、演奏とは、理想の音楽の実現を目指す創作行為であり、演奏家は作曲者以上に当該楽曲を知りうるという姿勢である。[*27] 近衛はグールドと同じように録音編集にも関わり、直接編集の指導もしていた。[*28] 近衛は一時代のスタイルにとらわれず、自身が考える正しい音楽のあり方を徹底的に追求する音楽家であったと言える。

近衛秀麿の音楽に対する探究は後進の指導と育成においても重要な役割を果たしている。團伊玖磨は管弦楽法を近衛に学び、古関裕而は「作曲を近衛氏に見て頂き」と言い、[*29] 山本直純は「日本のオーケストラの昭和ひと

図版12:猪苗代でのリハーサルにおける山本直純(左)と近衛秀麿(右)(近衛音楽研究所所蔵)

けた以上のプレーヤーで、近衛先生の世話になり、影響を受けなかった者はほとんどいない。もしいれば、それはモグリだ」と述べている（図版12参照）。[*30]また、ヴァイオリン奏者の外山滋も「どれほど影響を受けたか、はかり知れません」と回想している。[*31]さらに、エオリアン・クラブ、近衛管弦楽団、ABC交響楽団のチューバ奏者で、東京藝術大学で教鞭をとった大石清も、「先生はtubaという楽器が大変お好きなようでオリジナルのみでは淋しいということでどんどん書き足して編曲され、私は大変に吹かしてもらいました。［……］『チューバは昼間の蛍光灯』といつもいわれていたことがいまだに頭から離れず、私のチューバ教育の基本となっています」と述べている。[*32]

こうした近衛の態度について、諸井三郎は「日本の若いジェネレーションによい音楽を、という運動は近衛さんの大きな夢のひきつぎではなかったかと思う」と評価している。[*33]近衛の熱意と尽力が、専門的に音楽に取り組む若い世代の音楽教育の向上に大きな影響を与えたことは確かである。一方、中学校・高等学校の教科書の監修や鑑賞用レコードの録音、音楽鑑賞教室と地方での演奏会の指揮者としての活動、教育思想など、専門家向けではない音楽教育における功績についても考察を進める必要があると思うが、それは今後の課題としたい。

◎参考文献
Hidemaro Konoye, "What is music? It takes more than a composer to make good music." *New York Herald Tribune*, 1961. 4. 23.
尾高尚忠　一九四八「近衛秀麿氏に答ふ」『音楽』第三巻第十一号
近衛秀麿　一九三一「欧州楽界を巡りて」『音楽世界』第三巻第四号
近衛秀麿　一九四八「再び　尾高尚忠君へ」『音楽』第三巻第十一号
近衛秀麿　一九五〇『わが音楽三十年：指揮者の横顔』改造社

近衛秀麿　一九六七『風雪夜話』講談社
長井雅楽　二〇一八「父 秀麿とその音楽」『生誕120周年記念 近衛秀麿 再発見プログラム』(二〇一八年七月二十八日)
満津岡信育　二〇一二「ピエール・モントゥー─音楽を愛し、人生を楽しんだ達人」『黄金時代のカリスマ指揮者たち』音楽之友社
山本直純　二〇〇二『オーケストラがやって来た』実業之日本社
『近衛秀麿追悼演奏会プログラム』(一九七三年十一月十八日)
『早稲田大学交響楽団第106回定期演奏会プログラム』(一九七三年六月十七日)

注

1　熊沢彩子　二〇一二「近衛直麿・秀麿による《越天楽》の管弦楽編曲と1930〜40年代における演奏」『音楽学』第五十八巻第一号、森康彦　二〇〇一「1920─1950ニッポン空白の洋楽史(5)近衛秀麿と新即物主義─録音と演奏様式が語るもの」『レコード芸術』第五十巻第五号などがある。
2　資料は完全には綴じられていないため、資料保管の過程で順番が入れ替わっている可能性がある。
3　近衛秀麿『演奏法稿』(近衛音楽研究所所蔵)。以下、注がない引用は「演奏法稿」に基づく。
4　イギリスのピアニスト、作曲家、教育者。英国王立音楽院において長年ピアノを指導した。門下にはマイラ・ヘスやムーラ・リンパニー、ハリエット・コーエンなどがいる。
5　筆者による長井雅楽氏へのインタビュー(二〇二三年四月十三日)
6　近衛音楽研究所所蔵
7　満津岡信育「ピエール・モントゥー─音楽を愛し、人生を楽しんだ達人」『黄金時代のカリスマ指揮者たち』、一〇九頁
8　筆者による長井雅楽氏へのインタビュー(二〇二四年九月三日)
9　「allo」はアレグロの略と考えられる。
10　「東京交響楽団 百万人の音楽(TBSラジオ 公開演奏会)」(一九七〇年五月三十一日)録音および、筆者による長井雅楽氏へのインタビュー(二〇二四年九月八日)
11　近衛秀麿は「欧州楽界を巡りて」『音楽世界』第三巻第四号、一二頁において、クライバーから、「君は一体、指揮するときに棒をどういう風に持つ?　といふ話になつて、僕がそこにあつた棒を持つて見せると、それはフルトヴェングラーの持ち方だ。それでもいゝが自分

はかういう風に持つ、といふわけで、鏡の前に立ってだいぶ秘訣を教はった」と回想している。

12 近衛秀麿『わが音楽三十年』、一八九頁

13 『早稲田大学交響楽団第１０６回定期演奏会プログラム』（一九七三年六月十七日）

14 早稲田大学交響楽団員による近衛秀麿へのインタビュー（一九七三年五月二十六日）

15 長井雅楽「父 秀麿とその音楽」『「生誕１２０周年記念 近衛秀麿「再発見」プログラム』（二〇一八年七月二十八日）

16 近衛秀麿『風雪夜話』講談社、二五六頁

17 「別冊 回想の中の近衛秀麿」『近衛秀麿追悼演奏会プログラム』（一九七三年十一月十八日）

18 筆者による京都大学交響楽団ＯＢの土屋恵彦氏へのインタビュー（二〇一八年六月二十七日）

19 ただし、近衛秀麿はシベリウスの《交響曲第二番》の木管パートの一部を自身が補強したことについて、「初演時の六十幾人の楽員しか居なかったヘルシンキ交響楽団が僅か二管しか備へて居らなかつた為であることは察するに難くない」と『わが音楽三十年：指揮者の横顔』、五二頁で述べている。

20 筆者による水谷川忠俊氏へのインタビュー（二〇一八年六月十五日）

21 ほかにも、Weingartner, Felix. 1923. *Ratschläge für Aufführungen klassischer Symphonien. Band III: Mozart*. Breitkopf & Härtel を読んだ形跡がある。

22 近衛秀麿『わが音楽三十年』、二四〇頁

23 近衛秀麿は、「如何なる音楽上の傑作にもScore の上に何箇所かの盲点がある」と演奏法稿で述べている。

24 尾高尚忠「近衛秀麿氏に答ふ」および近衛秀麿「再び　尾高尚忠君へ」『音楽』第三巻第十一号

25 近衛秀麿「再び　尾高尚忠君へ」『音楽』第三巻第十一号

26 Hidemaro Konoye, 〝What is music? It takes more than a composer to make good music.〟 *New York Herald Tribune*, 1961. 4. 23.

27 グールドについては、宮澤淳一「グレン・グールドのベートーヴェン解釈」『国立音楽大学音楽研究所年報』第十五集を参照した。

28 「別冊 回想の中の近衛秀麿」『近衛秀麿追悼演奏会プログラム』（一九七三年十一月十八日）

29 同上

30 山本直純『オーでストラがやって来た』実業之日本社、二五〇頁

31 「別冊 回想の中の近衛秀麿」『近衛秀麿追悼演奏会プログラム』（一九七三年十一月十八日）

32 同前

33 同前

守田正義と盲学校
——大正・昭和初期の作曲と視覚障害教育の交差

熊沢 彩子
Kumazawa Sayako

はじめに——守田正義とは——

守田正義の存在は作曲家・理論家として戦前のわが楽壇のなかで創造活動の先駆を務めた守田正義と、戦前のプロレタリア音楽運動の指導的な立場にあった守田正義というふたつの注目すべき存在として忘れることができない。[*1]

本論は、二〇世紀の日本の作曲家・理論家、守田正義(一九〇四—一九九二)の学齢期に注目し、特に守田が過ごした東京盲学校での学びが後の彼の活動に及ぼした影響について考察するものである。

守田正義は、一九三〇(昭和五)年に発足した新興作曲家連盟の初期からの会員でもあり、特に、昭和初期に出現したプロレタリア運動を音楽面で主導した「プロレタリア音楽同盟」において中心的な役割を果たしたことがよく知られている。この運動のなかで創作され歌われた《里子にやられたおけい》は彼の代表作であり、戦後のうたごえ運動のレパートリーとしても歌い続けられた。彼の作品は、そのほとんどがピアノ独奏曲あるいは合唱を含む声楽曲で占めるが、少ないながら弦楽四重奏曲やオルガンの曲も存在する。また雑誌における批評や音楽概論などの著作が多数存在する。

一　先行研究と本論の目的

作品は歌いつがれ、著作も多く残っているにもかかわらず、守田に関する論考や研究はあまり多くない。平凡社の『音楽大事典』、音楽之友社の『標準音楽辞典』ともに「守田正義」の項目はなく、彼に関するまとまった資料としては、一九八一年にみすず書房より出版された矢沢寛編の『守田正義の世界—音楽科の自伝』と、一九九三年に発行された『回想の守田正義』の二冊のみである。前者は守田七十七歳の年に編まれた編者の聞き書きによるものであり、後者は戦後から晩年を共に過ごした黒澤照代によって発行された、守田の友人や音楽仲間、近所の元教え子まで含めた身近な人々による追悼文集である。これらは、いずれも彼に近い人々によって編まれており、彼に関する客観的な評価としてはともかく、彼の活動や人物像、老年期や晩年期の様子について多くの理解を助けるものとなっている。その他、秋山邦晴が一九七四（昭和四十九）年七月から九月にかけて雑誌『音楽芸術』の「日本の作曲界の半世紀」シリーズの一端として、「プロレタリア音楽運動」の脈絡で「守田正義氏の発言」を三回にわたって連載している。こちらはプロレタリア音楽運動における彼の活動について、インタビューと客観的な評価を交え、詳細に論じられている。この「日本の作曲界の半世紀」シリーズは二〇〇三年に『昭和の作曲家たち』として単行本化されている。

しかし、彼が作曲や著作物を世に出す前の彼の学びに関しては、前述の矢沢編による自伝においてみられる彼の回想以外に言及されているものはない。そして守田自身の回想も、彼独特の皮肉を交えた表現も相俟って、充実した学齢期を過ごした様子を示した記述があまり見て取れない。このようなことから、彼の学齢期の学びが彼の後の生涯に及ぼした影響については、考察の対象とされてこなかった。

しかし、プロレタリア音楽運動などの彼の音楽活動は、彼自身の思想に裏付けられており、彼の思想の形成とその活動は学生時代から始まっている。すなわち彼の幼少期、青年期の学びの状況や環境について明らかにすることは、彼の活動や作品の理解につながるであろう。

そこで本論では、彼の幼少期から学生であった時期までを対象とし、彼の学齢期の学びについて考察する。特に、彼が在籍した東京盲学校の在籍期間を中心に、彼の言説と、東京盲学校関連資料を重ね合わせて考察することによって、彼の学びの基盤を明らかにしていくのが目的である。

二　幼少期から学齢期までの学びについて、守田自身の言説と当時の就学をめぐる状況

守田正義は東京市芝区桜川町十一番地にて、父整義、母マルの長男として生まれた。守田の父は「熊本の人だが、十三歳のとき熊本から一人で歩いて上京し、簿記を覚えて、簿記の小さな塾を開いていた……簿記の塾を経営しながら、計理士のはしりをやっていた。そんな親父だから、ヴァイオリンというものは縁日でひくものので、ピアノなんていうのは活動写真館でひくものぐらいにしか思っていなかった」[*2]という。

とはいえ、江戸時代から栄え、明治の近代化の波が早くから押し寄せていた芝の地で生まれ育った守田は、西洋音楽を耳にする多くの機会に恵まれていた。彼の幼少期の耳の記憶は、次のような風景にあふれている。

「隣が松方五郎の大きな屋敷で、そこからピアノの音がかすかに聞こえてきて『いいなぁ』と思った」[*3]
「近くの愛宕山に愛宕ホテルというのがあって、そこでときどきだれかがピアノをひいていた。それを窓の下でうっとりして聞いていたものだった」[*4]
「うちの近くに第二福宝館という活動写真館があって、……そこの楽隊が来るわけだ――クラリネットとバリトンと、太鼓とコルネットとなんかでドンガドンガと。それにくっついて歩いて迷子になって帰れなくなって……」[*5]
「愛宕下にあった芝教会というところだったが、ここではじめて讃美歌を聞いたのである。しかし讃

美歌の歌よりも、オルガンに興味をもった。……パートをひとつずつ覚えて、あとでオルガンでみんなひいてしまった。もちろんオルガンを正式に貸してくださいと言ったわけではなくて、あいているときにもぐり込んでひいてしまったわけだ。正式に勉強するきっかけはまだなかったのである。[*6]」

このように西洋音楽に触れる環境に恵まれていた守田には視覚障害があり、七歳で地域の芝区立西桜小学校に入学するものの、暗い日など黒板の字が見えず、間もなく退学し未就学状態となる。

当時の学齢児童の就学率は、『日本帝国文部省年報　第四〇年報（明治四十五年四月―大正二年三月）』中の「学齢児童百人中就学者累年比較」によれば、明治六年に約二九％（男子約四〇％、女子約一五％）であったが、時代が下るにつれて上昇してゆき、明治四十一年には、ほぼ九八％（男子約九九％、女子約九七％）となっている。[*7]守田が小学校に入学した明治四十四年には、ほぼすべての児童が小学校に通っていた一方、視覚障害者の就学率は圧倒的に低く、大正八年の調査では「学齢盲者の実数三千百八十七人の中在学者は僅かに二百九十七人にして九分三厘に過ぎず[*8]」と、一割にも満たない状況であった。すなわち、視覚障害児である守田が学校教育を受けていない状況は、当時の大半の視覚障害児童の状況と重なっている。

とはいえ、守田も学びの環境に身を置いていないわけではなかった。自伝には、次のような記述もある。

……近所に琴のお師匠さんがいて、初め琵琶を習えっていわれたが、琵琶はきらいで、琴の方が音色がいいっていうわけで、琴を習った。ところが、昔は口授法だったから、これがちっとも覚えられない。それで自分で勝手に調子を変えて、単純な西洋音楽ふうの唱歌を両手を使ってひいてみたりしていた。[*9]

学齢期の守田は、視覚障害により小学校での学びはかなわず、箏の稽古、そして町のあらゆる場所での学びによって成長した。視覚障害のある子どもに琵琶や箏を習得させようとするのは、中世以来、琵琶や箏、鍼灸按摩などを専業とする盲人男性の職能団体であった当道の名残であろう。江戸時代に隆盛を極めた当道の制度も、明治四年には廃止となったが、それから四〇年余りを経た大正時代においても、やはり視覚障害のある子どもの学びとして、琵琶や箏の習得は、彼らを職業につなげる大きな選択肢であった。しかし、守田には近所で聞いたピアノの音や、教会のオルガンなど、西洋音楽の方が馴染んでいたのであろう。あまり邦楽に興味をひかれていない様子が見て取れる。

三　東京盲学校と、守田の在籍状況―「盲学校一覧」を中心に―

守田が再び公教育につながるのは、一九一六（大正五）年、守田十二歳の時である。

そうこうしているうちに、ふとしたきっかけで、点字というのは覚えた方がいいというので、いま筑波大の付属になっているが、そのころ文部省直轄の東京盲学校というのがあって、そこへ入った。[*10]

この「東京盲学校」というのは、現在の「筑波大学附属視覚特別支援学校」につながっている。この学校は、時代ごとに頻繁な名称変更を伴っているが、本論では、特に事情がない限り、守田在籍時の「東京盲学校」の名称を使用する。以下東京盲学校の沿革について概説する。

東京盲学校は、視覚および聴覚障害者に対する近代教育を施す場として、一八七五（明治八）年五月二十二日古川正雄、津田仙、中村正直、岸田吟香、ボルシャルト、ヘンリー・フォールズの六名が、フォールズ宅で訓盲のことについて話し合い、「楽善会」として発足したのが始まりである。翌年前島密、小松彰、杉浦譲、山尾庸三が加わる。その後、「楽善会訓盲院」として設置され、一八八〇（明治十三）年二月に盲生二名が入学し授業を開始した。一八八四（明治十七）年五月に訓盲唖院、一八八七（明治二十）年十月に東京盲唖学校と改称、一九〇九（明治四十二）年四月に東京盲唖学校を分離して、東京盲学校が設置された。[*11]

それでは、以下において、東京盲学校が毎年発行している『東京盲学校一覧』（以下『盲学校一覧』）の記録より、守田の学びの様子について考察する。

大正五年の『盲学校一覧』には、普通科第一学年の欄に、守田正義の名前が見られる。[*12]守田は男十三名、女五人の計十八名のクラスに入っていた。同級生には、明治三十三年生まれから四十三年生まれまでの生徒がおり、三十七年八月生まれの守田は八番目に高い年齢であった。そして注目すべきは、同時に技芸科音楽科十二名の中にも守田の名前が表記されていることである。[*13]

一九一〇（明治四十三）年の盲学校規定では、普通科と技芸科、そして師範科の三つの学科が制定された。この技芸科は音楽科と鍼按科に分かれ、普通科と技芸科音楽科の入学者は十歳以上十六歳以下と定められた。そして師範科は普通科、音楽科、鍼按科に分けられた。[*14]

守田の入学時には、一九一三（大正二）年七月四日に改訂された盲学校の規定が適用されており、上記の教育課程に変化はないものの、第三条には次のように制定されている。

技芸科ハ普通科ヲ修ムル者ヲシテ其ノ一分科ヲ兼修セシム但シ生徒ノ志望ニ依リ之ヲ課セサルコトヲ得

技芸科ハ之ヲ専修セシムルコトヲ得[*15]

すなわち、普通科の生徒は技芸科音楽科あるいは鍼按科を兼修することを認められており、また普通科のみ、技芸科のみを履修することも可能であった。実際守田は盲学校について「ここで少し勉強して上級になると随意科としてピアノを習わせてくれるということだった[*16]」と述べているが、既に一年のときには、音楽科を兼修していたということになる。

また普通科一年の守田の同級生十八名についていえば、同じ名前の人物が技芸科音楽科一年に守田を含めて八名、技芸科音楽科二年に四名、同音楽科三年に一名、技芸科鍼按科に三名存在し、普通科のみに名前が掲載されているのは二名である。多くの生徒が技芸科を兼修し、その中でも音楽科を兼修する生徒が非常に多かったことが見て取れる。ちなみに男五名、女七名の技芸科音楽科一年は、一名を除く生徒全てが普通科に所属しており、第三年級に一名、第二年級に二名の他が、守田と同じ第一年級である。

大正六年の『盲学校一覧』には、守田は普通科二年、技芸科音楽科二年に名前が掲載されている。普通科二年は十八名だが、前年度の二年と同じ名前の生徒が当該年度も二年生であったり、前年度の一年と同じ名前の生徒が、当該年度も一年であったりと、その顔触れは変化している[*17]。

大正七年の『盲学校一覧』では、守田は普通科三年および技芸科音楽科三年となっている。普通科三年は十二名、技芸科音楽科三年は十名と、人数が減少している[*18]。

さらに、大正八年『盲学校一覧』では、守田は普通科四年に在籍しているが、音楽科には在籍しておらず、新たに技芸科鍼按科一年に名前が記載されている[*19]。守田の自伝の略年譜によれば、一九一九（大正八）年には、「声楽家船橋栄吉に師事してピアノを習い始める。……エロシェンコと親しくつきあう[*20]」とある。また、守田自身が自伝で「ピアノが習えるようになるまでは模範生で、ピアノにさわれるようになったら、その反動ですごいことになった[*21]」と述懐しているのは、このあたりの事情と関係するのかもしれない。

大正九年の『盲学校一覧』では、守田は普通科五年、技芸科鍼按科二年に在籍している[*22]。守田の自伝の略年譜によれば、翌年の一九二一年「三月、東京盲学校普通科卒業。桜川町の自宅に帰る[*23]」とあるが、大正十年のはできない。

『盲学校一覧』には、守田は技芸科鍼按科二年に名前が記載されているので[*24]、普通科は卒業したものの、盲学校にはまだ在籍していたことがわかる。大正十一年の『盲学校一覧』には、もう守田正義の名を見つけること

四　守田の盲学校での学びその一　点字について

前述のように、守田が盲学校に入学した主目的は、点字を覚えることであった。文字を獲得したことは、彼の後の音楽活動や執筆活動の基盤として極めて重要な意味を持っていたことは明らかである。特に、日本点字は東京盲学校で、石川倉次によって一八九〇（明治二十三）年に開発されたこともあり、東京盲学校では点字の読み書きの学習は非常に重視されていた。実際、点字の読み書きについては、黒澤照代によって、「地下道の手すりなどに点字の案内があり『なんて書いてあるの』と聞くと、左手の中三本の指でさわって『右の階段を上がるとバスターミナル、左に行くと伊勢丹入口』などと読んでくれた[*25]」などというエピソードが披露されている。また、自伝では「……バイエルの初歩を習った。楽譜は、学校の建物とは別棟に活版部というのがあって、点字機を使ってその場でバターン、バターンとすごい音をさせながら点訳している人がいて、それをそこで売っていたのでそれを使った。[*26]」と、点字楽譜の使用の様子が記載されている。

一方で日常では、黒澤によれば、「ふだん点字はまったく使わず、読書はもっぱら私が読んであげた[*27]」という状態であった。また「あるとき、宮城道雄に点字で手紙を出したところ、宮城道雄には読めなくて、『守田は点字ができないのではないか』と言われたそうだ[*28]」というエピソードも披露されている。さらに点字楽譜に関しても、卒業後「大阪時代は放送でピアノ伴奏なんかやっていたけれども、なにしろ楽譜を点字譜になおさなきゃならないもんで、楽譜をつくるのがしんどいし、どうせやるなら編曲のほうをやろうという具合になった[*29]」などと、あまり積極的に点字を活用していない側面もうかがえる。

五　守田の盲学校での学びその二　音楽について

前述のように、守田は普通科と音楽科を兼修していたが、彼が盲学校でどのように音楽を学んでいたか、まず自伝の守田の回想を見てみよう。

「ここにはすごいピアノが数台あった。つまり方形ピアノというやつである。これは日本に最初に輸入された三台のうちの一つだという……その他に西川のピアノやスタインウェイなど設備は十分だった。[*30]」

「当時の式典歌は、上野の先生が来て教えるのでみなきちんとした四部合唱だった。僕はアルトをうたわせられた。……そういうことも大きな刺激になったと思う。」

「このころの唱歌の先生は、東洋音楽学校校長で、上野の東京音楽学校名誉教授だった鈴木米次郎だった。上級になると船橋栄吉が教えに来るようになり、船橋は当時の声楽家としてはピアノがひけるほうだったので、船橋についてバイエルの初歩を習った。」

「そのころは、まだ家にピアノがないので、夏休みに、神田の錦町にあった日本音楽学校の前身、女子音楽学校を借りて、帝国音楽教育会が主催した講習会があり、そこに桜川町の自宅から電車に乗って通って、ピアノを習ったのだった。そこには楽典の時間があった。そこで弘田龍太郎が教えていて、ときどき講演をしていた。……感心して教えてもらいたいと思ったが、紹介がないと教えないというので、盲学校の音楽の先生——これはすなわち上野の先生だからしごく都合が良かった——に紹介してもらって弘田のところに行った。[*31]」

守田が「上野」、「上野の先生」とことさら強調しているが、確かに東京盲学校には、明治時代より山勢松韻を筆頭として東京音楽学校と兼務する教員が複数在職していた。守田在籍時の音楽科教員を表一に示したが、このうち、嘱託であった鈴木米次郎、船橋栄吉、田辺尚雄が、東京音楽学校と東京盲学校を兼務していた。守田は彼らのうち、特に鈴木と船橋の薫陶を受けたことがわかる。

東京盲学校では、前述したように訓盲唖院時代の一八八六（明治十九）年、五年課程の技芸科音楽科の教科課程が整備された。本科では、箏、三絃の二曲を課し、さらにオルガン、ピアノ、ヴァイオリンの一端を習得させるカリキュラムであった。[*32] しかし、「理由は明らかでないが」[*33]、ピアノの教授は一八九二（明治二十五）年以降、ヴァイオリン教授は一九〇六（明治二十九）年以降廃止された。

一九一〇（明治四十三）年の盲学校規程の制定により、技芸科音楽科は六年課程となった。そこで表二の明治十九年の教育課程と大正期の教育課程を比較すると、大正期の教育課程では、音楽分野の教科のうち、「道徳」や「作法」、「遊戯」や「普通体操」が加わっている一方で「風琴」や、「洋琴またはヴァイオリン」の項目が無くなり、随意科目となっている。守田の自伝の年表中、大正八年に「声楽家船橋栄吉に師事してピアノを習い始める」一方で、音楽科から鍼按科に専攻を移していることから勘案すると、ここからは推測の域を出ないが、もしかしたら、当初の音楽科への在籍が西洋音楽の習得を期待してのことであったが、邦楽中心のカリキュ

表1: 守田正義在籍時（大正5年〜10年）の、音楽科教員

名前（別名）	在職年月	職名
石井松清（重治郎）	明治31年5月〜昭和5年3月	教諭
萩岡松韻（萩原源意）	明治33年5月〜昭和11年	教諭
鈴木米次郎	明治37年9月〜大正10年11月	嘱託
池田綾子（てふ）	明治43年6月〜昭和19年8月	助教諭
船橋栄吉	明治44年3月〜大正9年1月	嘱託
天野宗吉	明治44年3月〜大正5年12月	教員
田辺尚雄	大正2年3月〜昭和40年3月	講師
千布豊勢（豊子）	大正3年12月〜昭和19年4月	嘱託
石原ひろ	大正7年4月〜大正7年10月	教員
平野ヒサヨ	大正8年4月〜大正12年9月	嘱託
樋口信平	大正9年1月〜大正9年7月	訓導
斉藤ハナ	大正9年4月〜大正10年8月	嘱託
巻淵久栄（くら）	大正10年9月〜昭和20年3月	嘱託
福家辰己	大正10年11月〜昭和20年3月	教諭

（高野喜長編著『音楽教育百年史』p70より）

表2-1: 明治19年の教育課程

明治十九年教科課程

学期＼学科	音楽			
	琴	三絃	風琴	唱歌
第一年	表組 裏組	三絃	右手練習 左手練習 双手練習 長音階練習	単音
第二年	裏組 中組	三絃	双手練習 長音階練習	単音 複音
第三年	中組	三絃、胡弓	双手練習 短音階練習 歌曲練習 洋琴又はヴァイオリン	複音
第四年	中組 奥組	三絃、胡弓	双手練習 短音階練習 歌曲練習 洋琴又はヴァイオリン	複音 諸重音
第五年	奥組	三絃、胡弓	双手練習 音階練習 歌曲練習 洋琴又はヴァイオリン	諸重音

高野喜長編『音楽教育百年史』p11

表2-2: 大正5年の教育課程

技藝科音樂科

學年＼教科目	修身	音樂	體操	計
第一學年	道德ノ要旨、作法	琴及三絃（表組）六 唱歌（[illegible]）二	遊戲 普通體操	
毎週時数	二	八	二	一二
第二學年	仝上	仝上（裏組）八 仝上 複音唱歌 二	仝上	
仝上	二	一〇	二	一四
第三學年	仝上	仝上（中組）八 仝上 二	仝上	
仝上	一	一〇	二	一三
第四學年	仝上	仝上 八 仝上 二	仝上	
仝上	一	一〇	二	一三
第五學年	仝上	仝上（奥組）九 仝上 二	仝上	
仝上	一	一一	二	一四
第六學年	仝上	仝上 九 仝上 二	仝上	
仝上	一	一一	二	一四

音樂ノ課程中ニ隨意科目トシテバイオリン、オルガン、ピアノヲ加フルコトヲ得

『東京盲学校一覧　自大正五年四月至大正六年三月』p33

ラムに満足できずに音楽科を辞めて個人的に船橋にピアノのレッスンを依頼し、より長く在籍してレッスンを続けることを見込んで鍼按科に移籍したのではないだろうか。音楽科に三年間在籍したのであれば、箏や三味線の練習は重ねたのであろうが、守田の回想からは邦楽の学びに関する内容は全く見当たらない。

これらの資料や守田自身の回想からは、守田は盲学校では、当初の期待通りではないものの、豊かな環境と一流の教師陣から西洋音楽をある程度体系的に学ぶことができ、また発展的な学びのために、盲学校の人脈を駆使した、ということがわかる。そしてこれらの学びが、後の音楽活動の基盤となったのであった。

六　守田の盲学校での学びその三　エロシェンコを中心とした出会い

守田の盲学校在籍時、ロシアの詩人ヴァスィリー・エロシェンコ（一八九〇―一九五二）も日本におり、東京盲学校に特別研究生として在籍していた。このエロシェンコとの出会いについて、守田は以下のように回想している。

> 初めは、エロシェンコとは年がひじょうにはなれていたから――なにしろそのときぼくは十二歳ぐらいだった――そんなに親しくつき合わなかったけれども、二度目に日本に来たとき、ひじょうに親しくなった。一九一九年だったと思う。このあと二年ほどで、思想的影響がよくないと一九二一年、日本を追放されることになるのだが、この二度目の来日のとき、エロシェンコにくっついて歩いて、秋田さんとかいろんな人を知ったのだった。[*34]

エロシェンコは、現在のロシア・ウクライナ国境の町クルスク州に生まれた詩人である。四歳の時に失明し、モスクワ盲学校、イギリスの盲学校を経て、大正期の日本を訪れた。エスペランティストとしても知られている。

エロシェンコは、一九一四（大正三）年に日本を訪れ、東京盲学校の特別研究生となる。大正三年の『盲学校一覧』には、「マッサージ按摩研究生」として、「ワセリー、エロシェンコ」の名が記載され、大正三年五月に入学したことが記されている。[*35] さらに、翌年の大正四年の『盲学校一覧』には「ヴアセリー、エロシェンコ」、大正五年には「ワシリー」と、名の表記に揺れはあるが、在籍の様子が確認できる。ちなみに「マッサージ按摩研究生」は、エロシェンコの他にはおらず、ある意味特別待遇だったことが見て取れる。

その後エロシェンコは一九一六（大正五）年十月にシャム（タイ）に向けて出発し、翌年にはビルマ（現ミャンマー）、一九一八年にはインドを経て、一九一九（大正八）年に再び日本を訪れる。そして一九二三（大正一二）年まで日本に滞在しているが、この時には盲学校には在籍していない。すなわち守田とともに盲学校に在籍したのは、わずか数か月であったが、この期間に知己を得て、次の来日に際しては守田と親しく過ごしたということになる。

この二回の来日においてエロシェンコが特に力を入れたのは、エスペラントに関する活動であった。元々エロシェンコが来日した経緯は、モスクワのエスペラント協会から日本エスペラント協会への紹介に始まっている。そして日本エスペラント協会副会長の日本気象台長、中村精男が窓口となり、この「中村精男博士が奔走してくれた結果[*36]」東京盲学校への在籍がかなったという。

エロシェンコの精力的なエスペラント関係の活動、そしてその拠点が盲学校であったことで、エスペラントが盲学校関係者の間でも広まることとなった。まず、一九一六（大正五）年が明けるとすぐに、エロシェンコは盲学校で「学校の友だちに千布利雄の点字版『エスペラント全程』をテクストにして[*37]」エスペラント講習会を開く。「六、七十人の盲学生が熱心にエスペラントを勉強した[*38]」という。後に社会福祉法人名古屋ライトハウスの創設者の一人となった、一九二三（大正十二）年四月盲学校中等部鍼按科入学の片岡好亀は、雑誌『盲教育の友』昭和六年一一月号に、「盲人間におけるエスペラント運動の概観」と題して次のように述べており、エスペラントがその後の盲学校でも受け継がれていることがわかる。

顧みれば、日本の盲人と、エスペラント運動とは、極めて古き歴史を、有して居るので有ります。即ち、露国の盲人「ワツシリー」「エロシエンコ」氏に、よりて種まかれ、米国婦人「アレキサンダー」女史によりて育まれた、エスペラント運動は、時に盛衰の差にあれ、先輩同志の、献身奉仕の、努力により脈々として、盲人間に、流れつつあるのであります。[*39]

上記のように、当時の盲学校の生徒や卒業生におけるエロシェンコの影響は、とても大きなものであった。そして守田は、エスペラントに傾倒することはなかったが、エロシェンコがエスペラントを通じて広げた交友関係の恩恵に浴することとなる。特にエスペラントを学んでいた秋田雨雀との、エロシェンコを介した知己は、守田にとってエポックメイキングな出来事となる。自伝には以下のように記されている。

ぼくがマルキシズムの影響を受けて、とくにその中でもプロレタリア芸術運動の道へ入ることになったのには、ある人の決定的な影響があった。それは秋田雨雀だ。秋田さんは、ぼくの歩む道を方向づけることにひじょうに大きな影響を及ぼしたと思うし、この雨雀との出会いを、ぼくの思想形成の上で忘れることはできない。[*40]

このように、守田が盲学校を通して得た友人たちは、その後の彼の活動に大きな影響を及ぼしたのである。

七　大正期の視覚障害者をめぐる運動

守田が盲学校に在籍していた大正時代中期は、視覚障害当事者たちが自らの教育を受ける権利を得ようと盛んに運動した時代でもあった。これらの運動の結実として一九二三（大正十二）年八月二十八日に制定された「盲学校及聾唖学校令」は、盲学校と聾唖学校の道府県による設置義務を明文化するなど、画期的な規定であった。これは、障害者教育が「慈善事業の組織的過程の一環として形成されたが、大正中期以降、デモクラシーの風潮に乗じて盲唖学校教員層、盲人・聾唖者団体を中心とする盲聾教育義務化運動が高揚し[*41]」た結果とされる。

この『盲学校及聾唖学校令』に至る運動についてであるが、本論では平田勝政「大正デモクラシーと盲聾教育―『盲学校及び聾唖学校令』の成立過程の分析を通じて」（『長崎大学教育学部教育科学研究報告』第二七号）の記述を基に概説する。

視覚障害および聴覚障害のある子どもの就学率の低さを背景に、盲学校関係者が盲唖教育の必要性を訴える運動は、明治後期より単発的に行われてきたが、具体的な成果は得られなかった。それでも一九一一（明治四十五）年十月に、文部省に特殊教育調査会が設置され、盲唖教育令の起案に着手し、「欧亜教育に関する取調事項一七条」、「盲唖教育令十五か条」、そして「盲唖教育令施行規則六章二十三条」からなる草案が作成され、一九一三（大正二）年には盲唖教育令案が脱稿され四月に発表と報じられるに至ったが、結局立ち消えになる。

その後ロシア革命が成し遂げられ、第一次世界大戦が終結。それによって日本では対戦景気による急速な富裕層の広がりと、その対極としての窮乏化が起こる。この中で、それまで私学として小規模に運営されていた地方の盲学校が、経営危機に陥った。

それで一九一八（大正七）年ごろから、地方を中心に盲唖教育令発布を求める動きが再び強まり始め。公立盲唖学校設置の要求が全国的に広がった。特に、初期の請願が地方の盲学校長を筆頭とするのに対し、一九二〇（大正九）年の第四十四通常議会に出された請願は「東京・鍼按業千葉勝太郎」他、一一一四名もの署名を集め、第四十五回通常議会への請願も、「千葉勝太郎」筆頭の四三一名、「東京・按摩行大森達生他一〇一〇名」の署名を集めて出されている。[*42]

さらに一九二二（大正十一）年には、これらの運動がピークを迎える。特に、一九二二年二月十八日―二十日に行われた「第七回全国盲人大会」では、足利で示威運動を展開していた「足利盲人革新団」十二名（うち四名が付添）が大会の前日に上京し、浅草駅で「『点字投票を認めよ』『盲人にも義務教育を授けよ』『足利盲人革新団』と大書した長旒を押し立ててプラットホームから降り立ち、自動車に分乗して市内を練り廻し、窓から……宣伝ビラを配布した」[*43]という。さらに三月二十七日―二十八日に大阪の中之島中央公会堂で行われた「全国盲人文化大会」は、「教育家、鍼灸・マッサージ等の営業者、音楽家など『凡ゆる盲人特殊の職業を網羅した全国の盲人総動員の形』で開かれ[*44]」、「千五百の来会者[*45]」があったという。

この盲人文化大会に関して、平田は「大正デモクラシー状況がピークに達する中で解き放たれようとする盲人たちの姿があった[*46]」と評価している。守田がこの運動に直接的に関わった様子はみられないが、守田の盲学校在籍時や卒業間もなくの頃、すなわち守田が社会主義運動に身を投じ始めた時期に、彼の周囲にいたであろう視覚障害者たちも盲学校教育令をめぐってこのように大きな運動を組織し、自らの権利を主張していたことを記しておきたい。

おわりに

守田正義は、自身の回想のなかでは、盲学校時の学びについて、肯定的な記述、あるいは充実した様子を記した表現は少ない。むしろ、寄宿舎を追われたとか、学校を抜け出した、などの、規則を逸脱した武勇伝的なエピソードにあふれており、それ自体は興味深いものの、盲学校という場所で有意義な学びを得た記述はあまり見当たらない。

しかし、守田が在籍した大正期の盲学校は、盲人の学ぶ権利を獲得するための運動の機運に満ち溢れていた。さらに、思考の基盤となる文字（点字）を獲得したこと、彼の音楽家としての最初の体系的な学びを得ることができ、また音楽を学ぶ環境にも恵まれていたこと、そして、エロシェンコや彼の周囲の人々など、盲学校に在籍していたからこそ獲得できた人脈が、後の彼の運動につながっていることなどから、彼の盲学校における学びや数々の経験が、彼の音楽を中心とした諸活動の独自性を育んだといえるのである。

◎参考文献

「学齢児童百人中就学者累年比較」『日本帝国文部省年報　第四〇年報（明治四五年四月―大正二年三月）』
秋山邦晴「作曲家・守田正義氏」『文化評論』三八〇号（一九九二年九月）
芦田千恵美「大正期における『障害児』処遇の動向―内務行政を中心として」『教育學雜誌』第一八巻、日本大学教育学会、一九八四年
大原社会問題研究所編『日本社会事業年鑑（大正八年）』、大原社会問題研究所出版部、一九二〇年
片岡好亀「盲人間におけるエスペラント運動の概観」『盲教育の友』昭和六年一一月号
黒澤照代「守田正義と歩んで」『回想の守田正義』、発行人　黒澤照代
高杉一郎「盲目の詩人エロシェンコ」新潮社、一九五六年
髙野喜長編『東京教育大学教育学部雑司ヶ谷分校　音楽教育百年史』東京教育大学教育学部雑司ヶ谷分校内音楽教育百年史刊行委員会、一九七六年
東京盲学校『東京盲学校一覧　自大正三年四月至大正四年三月』東京盲学校、一九一四年
東京盲学校『東京盲学校一覧　自大正四年四月至大正五年三月』東京盲学校、一九一五年
東京盲学校『東京盲学校一覧　自大正五年四月至大正六年三月』東京盲学校、一九一五年
東京盲学校『東京盲学校一覧　自大正六年四月至七年三月』、東京盲学校、一九一七年

東京盲学校『東京盲学校一覧　自大正七年四月至八年三月』、東京盲学校、一九一八年
東京盲学校『東京盲学校一覧　自大正八年四月至九年三月』、東京盲学校、一九一九年
東京盲学校『東京盲学校一覧　自大正九年四月至十年三月』、東京盲学校、一九二〇年
東京盲学校『東京盲学校一覧　自大正十年四月至十一年三月』東京盲学校、一九二一年
平田勝政「大正デモクラシーと盲聾教育―『盲学校及び聾唖学校令』の成立過程の分析を通じて」『長崎大学教育学部教育科学研究報告』第三七号
矢沢寛編『守田正義の世界』みすず書房、一九八一年

注

1 秋山邦晴「作曲家・守田正義氏」『文化評論』三八〇号（一九九二年九月）二五頁
2 矢沢寛編『守田正義の世界』みすず書房、一九八一年、三頁
3 同右、三頁
4 同右、三―四頁
5 同右、四頁
6 同右、四頁
7 「学齢児童百人中就学者累年比較」『日本帝国文部省年報　第四〇年報（明治四五年四月―大正二年三月）』、付録統計図。ただ、この「文部省年報」の統計については、該当年齢の人数と齟齬があるなど、疑義が残るという意見もある。（土方苑子「『文部省年報』就学率の再検討―学齢児童はどのくらいいたか」『教育学研究』第五四巻第四号（一九八七年一二月））
8 大原社会問題研究所編『日本社会事業年鑑（大正八年）』、大原社会問題研究所出版部、一九二〇年、七七頁
9 矢沢寛編『守田正義の世界』みすず書房、一九八一年、四―五頁
10 同右五頁
11 筑波大学附属視覚特別支援学校ホームページ「沿革」より（https://www.nsfb.tsukuba.ac.jp/enkaku/enkaku.html）（二〇二四年八月十七日閲覧）
12 東京盲学校『東京盲学校一覧　自大正五年四月至六年三月』、東京盲学校、一九一六年、八一頁

13 同右、八四頁
14 東京盲学校『盲学校六十年史』、東京盲学校、一九三五年、二六九―二七〇頁
15 東京盲学校『東京盲学校一覧 自大正五年四月至六年三月』、東京盲学校、一九一六年、一八頁
16 矢沢寛編『守田正義の世界』みすず書房、一九八一年、五頁
17 東京盲学校『東京盲学校一覧 自大正六年四月至七年三月』、東京盲学校、一九一七年、八五―八八頁
18 東京盲学校『東京盲学校一覧 自大正七年四月至八年三月』、東京盲学校、一九一八年、八五―八八頁
19 東京盲学校『東京盲学校一覧 自大正八年四月至九年三月』、東京盲学校、一九一九年、八四―九二頁
20 矢沢寛編『守田正義の世界』みすず書房、一九八一年、二一七頁
21 同右、五頁
22 東京盲学校『東京盲学校一覧 自大正九年四月至十年三月』、東京盲学校、一九二〇年、八三―九一頁
23 矢沢寛編『守田正義の世界』みすず書房、一九八一年、二一七頁
24 東京盲学校『東京盲学校一覧 自大正十年四月至十一年三月』東京盲学校、一九二一年、九四―九五頁
25 黒澤照代「守田正義と歩んで」『回想の守田正義』、発行人 黒澤照代、一二五頁
26 矢沢寛編『守田正義の世界』みすず書房、一九八一年、六頁
27 黒澤照代「守田正義と歩んで」『回想の守田正義』、発行人 黒澤照代、一二五―一二六頁
28 同右、一二五頁
29 矢沢寛編『守田正義の世界』みすず書房、一九八一年、三一頁
30 同右、五頁
31 以上、矢沢寛編『守田正義の世界』みすず書房、一九八一年、六頁
32 高野喜長編『東京教育大学教育学部雑司ヶ谷分校 音楽教育百年史』東京教育大学教育学部雑司ヶ谷分校内音楽教育百年史刊行委員会、一九七六年、一一頁
33 同右、一二頁
34 矢沢寛編『守田正義の世界』みすず書房、一九八一年、一九―二〇頁
35 東京盲学校『東京盲学校一覧 自大正三年四月至大正四年三月』東京盲学校、八六頁
36 高杉一郎「盲目の詩人エロシェンコ」新潮社、一九五六年、六七頁
37 同右、七〇頁

38 同右、七〇頁
39 片岡好亀「盲人間におけるエスペラント運動の概観」『盲教育の友』昭和六年一一月号一一頁
40 矢沢寛編『守田正義の世界』みすず書房、一九八一年、一八頁
41 芦田千恵美「大正期における『障害児』処遇の動向—内務行政を中心として」『教育學雑誌』第一八巻、日本大学教育学会、一九八四年、二九頁
42 平田勝政「大正デモクラシーと盲聾教育—『盲学校及び聾唖学校令』の成立過程の分析を通じて」『長崎大学教育学部教育科学研究報告』第三七号、二五頁
43 同右、二七頁
44 同右、二八頁
45 同右、二八頁
46 同右、二八頁

第二章

江戸時代の音楽文化とつながる

蟹養斎の俗楽論——『日本楽説』『猿瞽問答』をもとに

中川 優子
Nakagawa Yuko

はじめに

近世日本の儒学者たちは礼楽思想のもとにしばしば音楽に高い関心を寄せ、とくに古代中国の先王が定めた「楽」である古楽を理想とした。楽律や琴（七弦琴・古琴）の古楽譜の研究を通して古楽の復興を企図した荻生徂徠（一六六六—一七二八）の営為はよく知られているほか、[*1] 近年では京都の朱子学者中村惕斎（一六二九—一七〇二）を先駆とする楽律学の展開についても研究が蓄積されつつある。[*2]

一方で、彼らは日本において実際に伝承されている雅楽にも着目し、しばしば自身も雅楽の楽器の実践を行いながら、古楽との遺存関係やその意義を探っていった。そして雅楽に比して後世に成立した音楽文化、たとえば平家や猿楽（能）、箏曲や三味線音楽などは、「正楽」たる雅楽とは相対する「俗楽」の類として基本的には批判の対象となり、とくに新興の浄瑠璃などは風俗を乱す「淫楽」に準えられた。[*3] このような儒者たちの音楽論は、ともすれば「雅俗」という枠組みにもとづいて雅楽を奨励し三味線を退けたという単純な構造のみで理解されがちであるが、実際には雅俗の線引きやその根拠にはさまざまな解釈があり、当時の俗楽論の在り方は一様ではなかった。

近年、近世の知識人による雅楽研究や音楽論が徐々に日の目を見つつあるなかで、個別の俗楽論についてもその内容や意義が検討されはじめている。たとえば熊沢蕃山（一六一九—九一）は『雅楽解』（『集義外書』所収）

において、雅楽との比較にもとづき、とくに五声に即して平家や（能の）謡、舞（曲舞）、「小哥」などの旋律の特徴を捉えようとしたことが知られる。[4] また古楽の復興を企図した荻生徂徠も、『蘐園十筆』等において古楽との比較から猿楽の囃子や俗箏・三絃の音楽構造の特徴を述べている。[5] さらに浄瑠璃等の淫楽の禁止と雅楽の普及を希求した太宰春台（一六八〇―一七四七）は、『経済録』等において雅楽や今様、白拍子、猿楽、田楽、幸若舞、平家、箏、三味線等を史的展開に即して通覧しており、その論は他種目を総合した日本音楽史の叙述の先駆としても評価されている。[6] 古楽や雅楽への理解の様相をふまえて俗楽に対する評価の一つ一つを繙いていくことは、彼らが当時の思潮において自身の眼前に展開していた音楽文化を如何に捉えようとしたのか、その具体相を窺い知ることにもつながるだろう。

本稿では、近世中期において古楽や雅楽との関係から俗楽の特徴を論じた例として、蟹養斎（一七〇五―七八）の音楽論を取り上げたい。尾張藩の朱子学者である養斎は楽律や雅楽に高い関心を寄せ、その一連の著作は尾張藩の中村得斎（一七七八―一八六八）が崎門（山崎闇斎の学派）の諸著を蒐集して編じた叢書『道学資講』に収められている。『道学資講』における楽律や「楽」に関わる著作を検討した榧木は、蟹養斎が中村惕斎の『律呂新書』（南宋の蔡元定による楽律書）研究を継承しつつ、より一般的・道徳的な「楽」の研究へと展開させたことなどを指摘している。[7]

この『道学資講』には『日本楽説』や『猿瞽問答』といった、当時の俗楽としての猿楽や三絃に関する著作も含まれる。前者については榧木がその内容を検討し、養斎が「楽」の学問の振興のために俗楽の弊害を論じたものと位置づける。[8] また遠藤も近世日本の楽律学の意義の一端として養斎に着目し、『日本楽説』にみえる俗楽批判の内容が理念的なレベルにとどまるものではなく、音楽構造の分析等に根ざしたものであることを指摘する。[9] 他方、後者の『猿瞽問答』の内容はこれまで殆ど取り上げられてこなかったが、[10] この『猿瞽問答』は、古楽や雅楽への理解を深めていた養斎が、より現実的な「楽」に関する論として猿楽と瞽者の音楽（平家や三絃）

との関係を思索したものとして、『日本楽説』等と地続きの議論と見ることができるように思われる。よって本稿では、『日本楽説』と『猿瞽問答』に見える蟹養斎の俗楽論を繙くことで、近世中期の礼楽の「楽」をめぐる議論が実際の音楽文化との関わりにおいてどのように展開したのか、その思想内容を当時の文脈に即して理解するための一助としたい。

第一節　蟹養斎の「楽」に関する著作

蟹養斎（名は維安、字は子定、通称は佐左衛門、号は養斎・東溟、一七〇五―七八）は安芸（または阿波とも）に生まれ、幼少期に尾張藩布施氏の養子となり（のち本姓に復す）、二十一才で京都に上り三宅尚斎（一六六二―一七四一）に学んだ。尾張に戻ると私塾勧善堂を開き、延享五年（一七四八）には藩より学問所の創設を許可されるが、藩の方針転換などによって宝暦二年（一七五二）に学問所を退いた後、ほどなくして尾張を去り、桑名ほか四方を転々としたのち、伊勢浦田にて歿した。[*11]

夙に知られるように、十八世紀の尾張では国学者を含め多くの学者が雅楽や楽律に関心を寄せた。蟹養斎のほかにも、たとえば河村益根（一七五六―一八一九）や松永国華（一七三八―一八〇四）、平岩元珍（？―一八一八）、小川守中（一七六三―一八二三）などが著名な例として挙げられる。蟹養斎の雅楽の実践経験については、『名古屋市史』風俗篇に、加藤納寛が文化五年（一八〇八）に編輯したとされる『張藩習楽人物志』が引かれており、それに拠ると東儀兼陳（一六七三―一七五四）から篳篥を学んだことが知られる。[*12]

さて、養斎の「楽」に関する著作の内容については榧木によって詳細な検討がなされているが、[*13]ここで改めてその概略を述べておきたい。養斎の著作『楽学指要』によると、彼は師三宅尚斎によって「楽」を志すよう命じられ、『律呂提要』なる著作（不伝）を成したのち、中村惕斎の楽律研究を継承した斎藤元成（信斎）との交流によって自著を修正したという。この『楽学指要』は、その名の通り学問としての「楽」の要点をまとめたものであり、「楽」の淵源やその「正邪」などが論じられ、養斎の「楽」に対する基本的態度を知ることができる。一方、楽律に特化した養斎の著作としては、蔡元定『律呂新書』を読み解いた『読律呂新書記』に加え、律管の簡易的・実践的な製法を記した『制律捷法』があり、養斎が『律呂新書』に依拠して理想とする楽律を興し、礼楽の復興を実践的に目指したことが指摘されている。[*14]

そして『日本楽説』は、その末尾に「俗楽モト論ズルニ足ルモノニハ非ザレドモ。世人ハコレノミヨクキヽナレテヲル故ニ。コレニツキテイヽキカサ子バ。合点ユキガタク。マタコレヲクヅサ子バ。古楽ハモドサレヌコト。孔子ノ楽則韶舞トアリテ。ソノアトニ放鄭声トアルヲ以考ベシ。」とあるように、[*15]俗楽が世間に浸透していることに鑑み、これを放たねば古楽が戻らないことを憂えて論じられたもので、古楽や日本の雅楽との関係にもとづく俗楽（猿楽や三絃）の位置が示されている。一方『猿瞽問答』は、「楽」に通じた瞽者が平家や三絃について論じながら「猿楽」を説き伏せる内容となっており、瞽者に仮託した養斎の俗楽観を窺い知ることができる。[*16]

これらのうち、おおよその成立年を知れるのは享保十六年（一七三一）の自序がある『制律捷法』のみである。永井以保の「蟹先生著述書目解題」は『猿瞽問答』について、中村習斎の言として「申楽家の不正なるを論ぜり、是初年の作なり」とするが、[*17]同解題においては『猿瞽問答』以外の「楽」に関わる著作は取り上げられておらず、二十代の折に成ったと思しき『制律捷法』との先後関係もはっきりしない。『日本楽説』に「予嘗テ律呂ノ学ヲコノミ。二礼三史ノ楽学ニ及ブモノハ。反覆玩味。コヽニ数年。又唐楽ヲコノミ。コレヲ考フルニ。ソノ声調節奏。古ニチカキコト昭昭矣。」とあること等に鑑みても、[*18]養斎は楽律や雅楽の考究を深めた後に俗楽を考察したものと思われるが、いずれにしても『日本楽説』と『猿瞽問答』との先後関係は明らかでない。[*19]本稿では、『日本楽説』を雅楽と俗楽を対置させたものとして、そして『猿瞽問答』はその枠組みにもとづきながらさらに俗楽論を掘り下げたものとして解するため、まずは『日本楽説』の内容から検討していきたい。

第二節 『日本楽説』における雅楽と俗楽

一 古楽と雅楽

『日本楽説』の冒頭では、三代の「楽」である古楽との関係にもとづく日本の雅楽の位置づけが述べられる。古楽と謡や三味線は変わらないのではないか、という問いに対し、まず養斎は「楽」には「雅楽」と「燕楽」があり、三代における雅楽は『詩経』の雅頌、燕楽はその風に相当するが、後世において「雅楽」と呼ばれるものは君子が作り、古楽と全く同じではなくとも古にならってそれを彷彿させるもの、一方燕楽は伶人が作り、今を悦ばせるためのもので、古楽とは遠いとする。[20] そのうえで養斎は、楽器や曲名、律を考証すると、日本に伝わったものの多くは隋唐の燕楽であるとして、「夫隋唐ノ雅楽猶古ノ楽ニ非ズ。況ヤ燕楽ヲヤ。ソノ古楽ノナリヲ失エルコト。猶今ノ楽ト謡ト相去ルコト甚シキガ如シ。シカラバ今ノ楽ヲ。三代ノ楽同前ニ心得ルハ。誤ナルコト可知也。」と述べる。[21] 日本の雅楽（唐楽）の源流をめぐっては当時さまざまな議論があり、儒者では中村惕斎や新井白石（一六五七―一七二五）らが隋唐の燕楽とみなす一方、熊沢蕃山や荻生徂徠は三代の古楽が遺存するものとみなした。養斎は惕斎と同様、日本の雅楽の源流は燕楽であり、古楽の流れを汲む本来の意味の「雅楽」とは異なるものと捉えたのであった。

しかし養斎は、古楽と日本の雅楽を全くの別物としたのではない。養斎は、中国において漢代以降に再興された雅楽は古楽にもとづいたものであり、それは隋唐に至っても継承されたとみなす。[22] そして隋唐代に隆盛した燕楽は、「新色交ヲコリテ。声モ器モ。亦古ニ同カラズトイエドモ。ソノ音調節奏ハ。古楽ヨリシテ変ジタルモノナレバ。コレヲ根ニシテヲシカエセバ。古楽ノ彷彿ハシル丶ナリ。」として、根本を辿れば古楽の彷彿を知れるとする。[23] そして「今ノ俗楽ノ根着スル所ナキモノハ。百年コレヲ弄ブトイエドモ。唐楽ノ彷彿ヲサエ得ベカラザレバ。古ヲ慕フノ君子。イヅレヲステ。イヅレヲトルベキヤ。」と、拠り所のない俗楽との根本的相違を述べたのち、中国においても五代の乱によって唐楽は伝わらなくなり、宋代の楽はみな新曲であるなどとして、「幸ニ吾邦ニ唐楽ヲ伝フ。古楽ノオモカゲノコレルモノハ。宇宙ノ間ニコノ物ヨリ外ナシ。」とする。[*24]古楽や本来の「雅楽」が失われ俗楽が盛んな当世にあって、日本の唐楽は、たとえ燕楽であっても古楽の面影を残す唯一のものなのである。

さらに養斎は、聖人が「楽」を制するのにも拠り所は必要であり、今の「楽」にもとづいて作るよりほかは無いなどとして、唐楽は慰みのためではなく学問の一端として重要であるとする。[*25]そして唐楽の音調や節奏が古に近いという主張は、自身が律呂の学や唐楽を学んだ実感に拠るものであることを吐露し、「然ルニ唐楽俗楽一様ニ心得。或ハカレコレヨリヨキマデノヤウト心得ルハ甚誤也。」と諌める。[*26]養斎は燕楽としての日本の雅楽の位置づけを論じるにあたり、それが俗楽とは根本的に異なるものであることを自身の経験にもとづいて示そうとしているのだろう。

二　俗楽の特徴

『日本楽説』は、具体的な俗楽の特徴へと踏み込んでいく。『楽学指要』において「楽」の「正邪」を述べる際、「凡楽ハ詩歌舞器声韵律調節奏譜用ノ十二アリ、八トモニ正シキヲ正楽トス、一モ正シカラザレバ正トスルニ足ラズ」と言う養斎は、[*27]『日本楽説』においても正しい「楽」が持つ音楽的な特徴に根ざした議論を展開する。たとえば「楽」は人の心身を養うものであるという前提のもと、その方法は偏りがあってはならないとして五行思想に及び、「今世俗ノ謡ハ角音ナリ。木克土ナレバ。木気盛ニテ碑胃ヲ害ス。ソノ音辛シテ和スルコトナク。人ヲバ木人ノゴトクニスル也。夫故ニ能大夫ニ長命ナルモノ少シ。三絃ハ商音也。金克木ニテ生気ヲ害ス。其音酸クシテ。コレヲ聞ケバ人トロケ。柔弱無断ノ人トナル。」と述べる。[*28]謡を角、三絃を商とする見解が実態をふまえたものかどうかは不明だが、五声（五音）と五臓などとの対応から両者の弊害を指摘している。あるいは「楽」は雨垂れ拍子である一方で、謡の拍子は（一部雨垂れ拍子のものもあるが）概して不自然であり、一方三絃は雨垂れ拍子ではあるが、早さの変化が極端に過ぎるため雅楽の序破急とは異なると言う。[*29]または楽器について、雅楽の笛や篳篥は能笛（能管）や尺八のように無理に息を吹き込むことはしないとも述べる。[*30]

中でも彼が重視したのは歌と楽器の関係であった。そもそも養斎は心情のやむにやまれぬ発現としての詩や歌を「楽」の本源に据えており、『楽学指要』では歌や楽器について、「楽ノ本ハ詩ニヲコル、情アリ、云ハズンバ有ベカラズ、言ヘバ必永シ、永ケレバ必節奏アリ、節奏アレバ器ヲ以テコレヲウツセバ情弥ノビテホドケルナリ」などと述べている。[*31]そして『日本楽説』では、まず「謡ハ糸ヲ以引ベカラザレバ。楽ニハ非ズ。論ズルニ足ラズ。」として、絃楽器を用いない謡はそもそも「楽」ではないと言う。[*32]一方「瞽者ノ歌」は、絃楽器と歌が同じ旋律を奏するため何を言っているか判然とせず、楽器の作りもそれに合わせてうなりがないように木を厚く糸も太くしており、これは「正楽」である雅楽の箏琵琶が調子を重んじるために糸を吟味し、楽器の厚みも薄いことと対照的だと言う。[*33]そして楽器の役割について以下のように続ける。[*34]

凡楽器ソレ〳〵ノ役目アリ。歌ニアワスルハ。笛篳篥ノ役ナリ。糸ハ其ヒヾキヲアワスル役目ナリ。ヒヾキヲヽモニスルガ歌ナリ。ヒヾキナク。只口ニテトナエルハ誦ナリ。歌ニハ非ズ。アノヒヾキノコルテ。人ノ心ヲ感ジヒヾカスコヾカ楽ナリ。古人ノ匀《イン》ト云ガコヽナリ。（中略）歌ハ笛ニフカセ。絃ハアトノヒヾキヲアワスル。ソノアトノヒヾキノコル所ガ。人声ト器音ト。水ニ水ヲイレ。火ニ火ヲソヘタルゴトク。リン〳〵トヒヾキワタル所デ。湯ニイツテ身内ガアタヽマリ。薬ヲ飲テ復中エシミワタル如ク。コヽデ満坐ノ人ノ気ガメグリ。心モナグサミ。知モヒロマリ。寿ヲモノベルコト明矣。今ノ俗楽ハ匀ヲ用ルコトナシ。タヾトナエルト云モノニテ人ヲ感ジサスルコトハナキナリ。コレデハ気モ塞リ。知モクラミ。寿モチヾ

マルコト也

「誦」ないし「トナエル」とは異なる「歌」の要は響き（「匀」）にあり、その響きを合わせるのが絃楽器の役割だと言う。そしてこの響きこそが人の心に感じ入り、気を巡らせひいては長寿につながるが、俗楽にはこれがないために気も塞がって寿命も縮まる。よって俗楽は心身を養うという「楽」の本来の目的に叶わないのである。

一方で養斎は『日本楽説』の終盤にかけて、「楽」を理解することの難しさにも触れている。彼は「楽」の「妙」は実際に楽器を学んだうえで書と照らし合わせてはじめて理解できるとし、そうでなければいくら言葉を尽くしたところで「疑イヨ〳〵フカヽルベシ」と吐露する。[*35] さらに謡や囃子の方が面白いのではないかという問いに対し、「楽」の議論は好き嫌いの問題ではないとしつつ、俗楽を面白く感じるのは単に幼少から親しんで眼や耳が慣れているだけであって、「面白さ」というのは実際にその事に携わらなければ理解できないとも述べる。[*36] 畢竟、「面白キハ、ナレルトマナブトニアリ。シカラバ謡ニヲボレズ。邪ニナガレヌモノヲ面白ク思フホド。結構ナコトハナヒゾ。」[*37]、つまり正しい「楽」の面白さを知るには、実際に雅楽を学びそれに習熟するしかない。恐らく彼自身の経験から、両者の本質的な相違を理解するためには前者の実践が必須だと感じていたのだろう。

第三節　『猿瞽問答』の俗楽論

一　猿楽への評価

『猿瞽問答』は、「一人の猿楽」と「瞽者城鱗」との問答によって論が進められる。結論としては「楽」に通じた後者が前者を説き伏せるものとなっており、概して猿楽への批判的な態度が見受けられる。[*38]

まず「猿楽」は城鱗に対して、平家や三絃に比べて猿楽が貴ぶべきものであることを主張する。要約すると、猿楽は神代よりはじまり、御遊や将軍国主の儀式等でも用いられ、武将自らこれを行うこともある。一方で平家は修理大夫（平経盛カ）の頃から始まり宮中でも奏されず、三絃は文禄年間に琉球から渡ってきたもので、儀式の場などでは用いられず、能と違って三絃を宗とするものは卑しく思われている。また謡は神祇・釈教・恋慕・礼儀の種類によって吟も分かれており、それぞれ適した時に用いられるが、三絃の歌は恋慕憂哀のみを主としている。さらに謡は節が細かくなく素直で聞きやすく、長くうたっても疲れることはないが、三絃は節の長短が極端で、長く聴くと気を荒げ、また長くうたうと声を労し、演奏の仕方も三者三様で書によって伝えることができないという。[*39]

これに対し瞽者の城鱗は、猿楽のみが貴ばれることに根拠はないこと、また猿楽も三絃も正しい「楽」ではないこと等を付言しつつ、[*40]さきの「猿楽」の主張に一つずつ反論を加えていく。まずは猿楽の来歴について、能の成立は『太平記』に見え平家より百年あまり下ること、また「楽のよしあしは、道を以論ずる時は、正しきを善とし、世間よりいへば、おもしろきをよしといふ、古きとてたつときにあらず、新しきとてすつべきにあらず」と、道における「楽」の議論は正しさが求められるが、単に古いものを貴ぶわけではないことを指摘する。[*41]そして猿楽が武家の式楽であることについては次のように言う。[*42]

扨世に用ひらるゝを以、慢じたまへども、猿楽のはじまり、まつたく河原芸にて、禁裏仙洞へめすものにあらず、大将武士の弄にあらず、鎌倉の将軍までは、祝儀饗応に、まつたく伶人の楽を用ひられし事、東鏡に明なり、足利将軍天子をないがしろにし、古法をやぶり、自己の我慢をたて、権柄をふるはるゝあまりに伶人の楽をやめ、猿楽を用ひられたり、此時猿楽をよろこぶこと、今の人の歌舞伎をよろこぶごとし、ことに又将軍家に用られたるより、河原芸のきづかくれて、たつとき物になれり、殊更戦国になりて、武士の男女、伶人の楽をきゝなれぬ故、世はなれたるごとくおもふ事、真の床かざりを仏具とおもふがごとし、こゝを以天下猿楽をもてあそんで、心を慰たり、（中略）此後武将、能の俗に遠く、三絃の猿楽とおなじき所を弁まへたまひ、猿楽をやめたまふ事、足利の伶人をやめたまふごとく、又三絃を儀式の席に用ひ玉はゞ、又猿楽のごとくに、天下の人おもふべし、しからば猿楽と瞽者の、世に用ひらるゝと、用られぬは、幸不幸にて、芸のよしあしにかまふ事はなし

猿楽の起源は河原芸であり、これが式楽となったのは足利が古制を破ったからである。足利が雅楽をやめたように、今後武将が猿楽をやめて三絃を儀式に用いればそれを猿楽のように思うのだろうから、猿楽が式楽であることは歴史の生んだ「不幸」に過ぎないのである。

ここから城鱗は畳みかけるように猿楽を批判していく。たとえば謡の種類については三絃にもこれが全くないわけではないこと、また謡においても道理を知らない人は祝儀の席で釈教をうたうことも多く、能において喜びの場に幽霊や剣難を出すのは忌々しいなどとする。[*43] 注目されるのは、「殊更音楽は、たのしみをむねとす、かなしみをむねとせず、気を壮にするを宗とす、気をあはれになすは宗とせず」という城鱗の言である。[*44]『楽学指要』で養斎も引いているように、『礼記』楽記などには「楽者楽也」とあり、人の感情の中でもとりわけ「楽しみ」との結びつきが重視される。楽しみを重んじた養斎にあって、謡の内容は「音楽」の本旨にはそぐわないということであろう。このほか、妖怪を旨とすること、仏法に導き無常を観ずること、文句の内容が虚誕であることなども謡の害としている。[*45]

そして謡や囃子の音楽的特徴については、『日本楽説』と共通する点も見えつつより詳細な批判がなされ、序破急や拍子、あるいは絃楽器を欠くことや「歌う」とは表現しないこと、鼓の音や舞などにも言及される。とくに律については次のように言う。[*46]

凡そ音楽は律あり、調あり、吟あり、拍あり、序破急ありて、正あり、邪あり、たとへ律調吟拍をわきまへても、正邪をわきまへざれば称するにたらず、今の謡をうたふ人、律をしるといへども、何は何の律といふ差別なし、声のうつり、色あたりをわきまへても、何が宮何は商なる事をしらず、たま〳〵家伝の書にて、其名目をわきまへても、皆推量の説にして、たしかなる拠はなし、まして其如何なる所以はわきまへず、まして其正邪などは夢にだにしらず、或は家伝を守るのみか、又は人をよろこばするを旨とするか、必竟巧言令色の心にて、まことに下賤の事なり

城麟が言うには、謡の音程には五声などの理論的根拠がなく、ましてその所以や正邪などはわかっていない。さらに謡は「人の気をあらげ、人の心を木人のごとくになす、患ありて、和順の益なし」であるため、酒宴の席においては三絃を奏したほうが優美であるとも述べる。[*47] いわば猿楽は「楽」の議論の外に位置付けられ、この意味で三絃よりも雅楽との距離を持つものとみなされていくのである。

二　三絃の位置づけ

次いで城麟は、瞽者の音楽としての平家や三絃について述べる。まず「平家のよろしき」について、「その時代は能よりふるし、その言みな実録也、その作本祝言酒宴の為になすものに非ず、花晨月夕、耳をよろこばするの具、古をしり今をいましむるの具也、故に今の世までも、古をこのむ人、高きいやしき皆これを弄び玉ふ」と、能より古くその言葉は事実にもとづくこと、もと古に徴して今を戒めるためのものであるから、古を好む人は上下にかかわらずこれを奏することなどを指摘する。[*48]

さて三絃については、謡とは異なり拍子や声に無理がなく学ぶ者も調子を弁えていることなどを指摘するが、興味深いのは三絃と雅楽を以下のように関係づけていることである。[*49]

三絃は、近世琉球より渡るといへども、其本は晋の阮咸が銅琵琶より始まる、且其ひく所器は如此しかるにその小歌長歌は、実に神代以来の和歌也、但古語俗語の相違のみなり、其和歌をうたふ所のふし、古よりありて、朝廷に伝えたり、これ雅楽の声也、瞽家伝ふる所の声、必しも琉球より出たるに非ず、民俗流行のふしを本として、新にこれを製したるもの也、これ燕楽の声にて、今様といふものなり、章雅とふしとは、日々月々に生じて、その人情をあらはし、民風をしめして、人の耳目をよろこばするはおなじ、これを朝廷にいみたまふは、猿楽は散楽なり、楽の名あれども雅楽に遠し、三絃は、雅楽に近ふして、雅楽を乱る故に禁じ玉ふと見えたり、是もとより三絃の非なる事明かなれども、猿楽の楽の部にいらざる事、これを以見るべし、武将の御儀式に用られぬは、不幸なり、邪にておとれりとて捨おきたまふにはあらず、其他は既に上にいふ通り也、三絃は謡にまされる所はありて、おとれる所はなし

三絃による「小歌長歌」の歌詞は神代以来の和歌に通じ、和歌を歌う節は古より朝廷から伝えられているから「雅楽の声」であるという。そして瞽家は民間に流行する節をもとに新たに作ったものも伝えているから、「燕楽」ないし「今様」と言うことができ、人情をあらわし人の耳目を悦ばせることは雅楽に通じるとする。そして猿楽はその名に「楽」とはあっても散楽であるから雅楽とは遠く、三絃は雅楽に近いからこそ雅楽を乱すために禁じられたという。孔子が「鄭声の雅楽を乱るを悪む」と言ったのは鄭声が雅楽と近しいからということになるだろうか。ここに於いて三絃は雅楽と地続きのものと捉えられている。

こうして「猿楽」を屈伏させた城鱗は、「楽」は風俗を正すことの要であり、浄瑠璃や歌舞伎は禁ずるべきなどとしながら、次のように提案する。*50

しかれども民人たのしみなくては叶がたし、はやりうたを禁ずることはあるまじ、楽奉行をたて、其声を

吟味し、よろしからざるは禁ずべし、その儀式饗応の楽は、上天子に奏し、下学者に命じて、先其章雅を正しくして、其道具其声調までを吟味して、新に定め玉ふべし、又上下通用の楽を作り、民人の慰み弄となしたまふべし、そのはじめは面白くおもはずとも、久しく是になれて、又淫邪の楽を禁じて、世に行はざる時は、おのづから正楽をたつとび、はやり歌までも、おのづから正声となるべし、如此にして後、誠に人心正直、天下太平なるべし

民にとって楽しみは必要であるから、流行り歌を禁じてはならない。そして楽奉行を設け、式楽は歌詞のみならず「道具」や「声調」を吟味して新たに定めるほか、「上下通用の楽」を作って民の癒しとするべきだという。そして『日本楽説』において雅楽への習熟によってその面白さを知る必要性を説いていた養斎は、淫楽を禁じたうえで「上下通用の楽」に慣れれば、はやり歌の声も自然と正しくなり、ゆくゆくは天下太平につながると言うのである。

ただしこれはあくまで理想論であり、実現は容易ではない。したがって城鱗は妥協案として、朝廷の儀式では猿楽を用いるが「幽霊妖怪の賀祝に用られたること」等を禁じ、燕饗では瞽者の音楽を用いても、「詞」と「声」を正し、「筑紫箏」を用いて三絃は禁ずるべきなどという。そして志のある者は「隋唐の古楽」たる雅楽を学び、あるいは古声にのっとり箏を用いて和歌を詠じれば「楽」の目指す「たのしみ」が得られるだろうとする。[*51] 現状に改良を加えるうえでは、やはり三絃は「淫」として禁ずべきものとされる。しかしそれは単に成立の下る俗楽だからという理由ではない。雅楽との近しさ故なのである。養斎の俗楽論は、単に雅楽と対極のものとして後世の音楽文化を位置付けるのではなく、そもそも何が「楽」に当たるのかを弁別したうえで、俗楽の特徴から雅楽と地続きの面をも見出そうとするものであったといえるだろう。

おわりに

最後に『楽学指要』から、「楽」の「タノシミ」に関する養斎の解説を引いておきたい。[*52]

或問、楽ノヨツテヲコル所ハ何如。曰、凡楽記ニコレヲ云フ、二筋アリ。マヅ人タノシミノ心ナキコト不能、タノシメバ口ニ不云コト不能、口ニ云テタラズ、ウタウテ詩トナル。ウタフテタラズ、八音生ズ。八音タラズシテ舞生ズ。詩舞八音ソロフテ楽トイフトイヘドモ、ソノ本ハタノシミノ心ヨリ生ズ。又楽ニタノシミヨリ生ゼザルモノアリトイヘドモ、其本ハ楽ヲ以主トスルナリ。コレ一ツノ義ナリ。タノシムノ心ニ本ヅクモノヲ以主トスルハモトヨリナリトイヘドモ、コレヲ楽ト名ヅクルハ必タノシミノ心ニ本ヅクヲ以イフニアラズ。凡楽ハ七情ヨリヲコル。喜怒モモトヨリ歌舞ナリ、愛苦モマタ歌舞ス。ソノ楽トナヅクルハ、自カラ作レバ吾心ノビテ自タノシク、人ノ作ルヲキケバ我情感シテ人トトモニタノシヽ。其生ズルノ本ハ喜怒愛楽コトナリトイヘドモ、ソノタノシミトナル所ハ一ナリ。コヽヲ以楽ト云。故ニ必シモタノシミノ心ヨリ生ズルニハ非ズ。タヾ人タノシムノミナラズ、神明トイヘドモタノシムニ至ル。コレ又一義ナリ。シカレドモタノシミヨリ生ジタル方ガトフテ聞テタノシヽ。タノシムトキガ詩楽生ジヤスシ。コレ亦自然ノ天則ニシテ人為ノ私ニハ非ズ

「タノシミ」の一つの意味は、詩や八音（八種の素材にもとづく楽器）や舞が生じる根本としてのそれであるが、もう一つの意味は、「タノシミ」以外の感情から生まれた音楽であっても、それを自ら、ないしは人とつくりあげる際に「タノシム」ことである。しかし、やはり「タノシミ」の方が「詩楽」は生じやすく、それは「天則」にも従うものだという。筆者には、このような「楽しみ」に対する姿勢もまた、養斎自身が雅楽を学んだ

実感によって得られたものに見えてならない。歌や楽器といった俗楽の音楽的特徴と「楽」の本旨を照らし合わせようとする養斎の思想は、自身が雅楽を実際に学んだことで真の「楽しみ」を知り得たからこそ生まれたもののように思えるのである。

なお熊沢蕃山の『雅楽解』では、俗楽の中で成立が比較的古い平家や（能の）謡が情を述べるための手段としては許容されているほか、太宰春台の『独語』では、「楽」の本源としての「歌」の議論から「我国」における謡物の歴史が述べられている。心に沸き立つ感情をのべるための「歌」の重視は、声楽（歌や語り）を主体とする日本の音楽文化の在り方に一定の理解をもたらしたものと見える。

さて養斎の俗楽論からは猿楽に対する批判的な態度が見受けられた。武家の式楽であった猿楽に対しては沈黙的態度をとるものもあったが、とくに近世中期（十八世紀）には猿楽の位置づけをめぐる議論がいくぶん活発化した。たとえば雨森芳洲（一六六八－一七五五）は『たはれ草』において、当世にあって日本の「楽」と言えるものは能であるとしたが、新井白石は徳川家宣の猿楽好きを諫め、『俳優考』等において古の「雑劇」から能に至る史的変遷を述べている。そして荻生徂徠の『蘐園十筆』等では、猿楽や室町の俗謡は箏や三味線よりも音楽構造上の欠陥を持ち、人情に遠いものとされた。養斎は朱子学者としては徂徠学に批判的な立場をとり、また古楽と日本の雅楽の遺存関係についても徂徠とは異なる見解であったが、音楽的特徴に即して猿楽と三絃（三味線）を比較し、成立の下る後者よりも前者の方に正しい「楽」との距離をみていた点は相通ずるところがあるように思われる。このような近世中期の俗楽観については稿を改めて論じたい。

◎付記
本稿は、サントリー文化財団「若手研究者のためのチャレンジ研究助成」（二〇二二年度）の成果の一端である。

◎史料・参考文献
蟹養斎『楽学指要』『道学資講』巻二四二所収、名古屋市蓬左文庫所蔵本。

蟹養斎『日本楽説』『道学資講』巻二五一所収、名古屋市蓬左文庫所蔵本。

蟹養斎『猿瞽問答』『道学資講』巻二五一所収、名古屋市蓬左文庫所蔵本。

蟹養斎『治邦要旨』滝本誠一（編）一九六八『日本経済大典』第十六巻所収、明治文献。

細野要斎『尾張名家誌初編』巻之上、関儀一郎（編）一九四三『近世儒家史料 中冊』所収、井田書店。

愛知県教育委員会（編）一九七三『愛知県教育史』第一巻、愛知県教育委員会。

遠藤徹二〇一四「中村愓斎と近世日本の楽律学をめぐる試論」『国立歴史民俗博物館研究報告』一八三号、二四五―二六一頁。

遠藤徹二〇一九「鈴木蘭園と毛利壺邱の楽律問答 附［黄鐘説］翻刻」『東京学芸大学紀要 芸術・スポーツ科学系』七一号、一八四―二〇二頁。

遠藤徹二〇二三a「太宰春台『経済録』の楽論についての一考察―移風易俗から日本音楽史へ」『東京学芸大学紀要．芸術・スポーツ科学系』七五号、九七―一一四頁。

遠藤徹二〇二三b「近世日本で展開した楽律学の成果とその意義」科学研究費成果報告書、課題番号一七K〇二一七六。

榧木亨二〇一三「中村愓斎『筆記律呂新書説』とその日本雅楽研究について」『関西大学中国文学会紀要』三四号、九五―一一八頁。

榧木亨二〇一四『『道学資講』における『律呂新書』研究」『関西大学中国文学会紀要』三五号、六三―八三頁。

榧木亨二〇一七『日本近世期における楽律研究―『律呂新書』を中心として』東方書店。

榧木亨二〇一九「鈴木蘭園の楽律論―『律呂辨説』を中心として」武内恵美子編『近世日本と楽の諸相』所収、京都市立芸術大学日本伝統音楽研究センター、一〇九―一二一頁。

吉川良和一九八二「物部茂卿琴学初探」『東洋文化研究所紀要』九二号、一一―四七頁。

清水禎子二〇〇四「尾張における奏楽人の活動について」岸野俊彦編『尾張藩社会の総合研究』第二篇所収、清文堂出版。

白井順二〇一一「蟹養斎の講学―九州大学碩水文庫を主たる資料に仰いで」『哲學年報』七十号、一六七―二〇三頁。

陳貞竹二〇〇九「荻生徂徠における古楽の復元論についての一試論―楽律論・楽制論・琴学および江戸音楽文化批判の検討を通して」『藝術研究』二一・二二号、四一―五六頁。

田尻祐一郎一九八二「音楽・神主と徂徠学―藪慎菴・安積澹泊との往復書簡をめぐって」『日本思想研究』十四号、一六―三〇頁。

永井以保一九二七「蟹先生著述書目解題（二）」『紙魚』第十三冊、五七二―五七六頁（『紙魚―愛知郷土文化史談』所収、愛知県郷土資料刊行会、一九七七年復刻版）。

中川優子二〇二一「熊沢蕃山の音楽思想―日本近世期の音楽文化における雅楽の位置づけから」『日本思想史学』五三号、六五―八二頁。

名古屋市（編）一九一五『名古屋市史』風俗編、名古屋市。

羽塚啓明一九二七ａ「尾張の雅楽並に著者」『紙魚』第七冊、一九―二〇頁（『紙魚―愛知郷土文化史談』所収、愛知県郷土資料刊行会、一九七七年復刻版）。

羽塚啓明一九二七ｂ「養斎の日本楽説」『紙魚』第十一冊、四七〇―四七一頁（『紙魚―愛知郷土文化史談』所収、愛知県郷土資料刊行会、一九七七年復刻版）。

山寺美紀子二〇〇五「荻生徂徠の『碣石調幽蘭第五』解読研究―『幽蘭譜抄』にみえる調弦　法の解釈をめぐって」（『東洋音楽研究』七十号、三五―五三頁。

山寺美紀子二〇一二『国宝『碣石調幽蘭第五』の研究』北海道大学出版会。

山寺美紀子二〇一四「荻生徂徠の楽律研究―主に『楽律考』『楽制篇』『琴学大意抄』をめぐって」（『東洋音楽研究』八十号、一―一九頁。

注

1　徂徠の音楽研究については多くの研究があるが、たとえば吉川一九八二、山寺美紀子による一連の研究（山寺二〇〇五・二〇一二・二〇一四ほか）を参照。
2　榧木二〇一三・二〇一七・二〇一九、遠藤二〇一四・二〇一九などを参照。
3　なお俗楽は論じるに値しないとしてそもそも俎上に載せないものや、俗楽の特徴を（敢えて）網羅的には述べない例なども見受けられる。
4　中川二〇二一を参照。
5　田尻一九八二、陳二〇〇九等を参照。
6　遠藤二〇二三ａ、九八頁。
7　榧木二〇一七、一三五頁。
8　榧木二〇一七、二〇八―一一一頁。
9　遠藤二〇二三ｂ、四頁。
10　ただし松村静雄の校訂による特別翻刻が『紙魚』十一冊（愛知県郷土資料刊行会、一九七七年）に掲載されている。
11　蟹養斎の生涯については、主として細野要斎『尾張名家誌初編』巻之上、『愛知県教育史』第一巻、ならびに白井二〇一一を参照した。
12　『名古屋市史』第九巻、九一頁。なお尾張藩の知識人と雅楽については羽塚一九二七ａや清水二〇〇四に詳しい。

13 榧木二〇一四・二〇一七を参照。
14 榧木二〇一七、二一三頁。
15 『日本楽説』四六丁表—同裏。以下引用に際しては、原則として漢字の旧字や異体字等は通行の字体に、合略仮名は「コト」「シテ」等に改め、適宜句読点を補った。なお紙幅の都合上原文の引用は最小限にとどめ、出典を示す際は書名と丁数のみを記した。
16 『猿瞽問答』の伝本は、『道学資講』所収のもののほかに、国立国会図書館所蔵本、名古屋市鶴舞中央図書館所蔵本（名古屋市史編纂資料、明治四十三年写）が確認されている（すべて写本）。うち国会図書館本は本文が異なる部分も多く、たとえば本文最末尾に一字下げで謡の「四海波」に関する記述等が見受けられ、別系統の伝本と思われる。本稿では『道学資講』所収の写本に拠った。
17 永井一九二七、五七八頁。
18 『日本楽説』三八丁表—同裏。
19 なお羽塚は『日本楽説』の伝本を所蔵していたようでそのごく簡単な紹介をしている。氏によると当該本の奥書には「安永七年戊戌十二月九日成〈墨付一〇丁〉養斎先生著。小川守中謹写」（〈 〉内は二行割注）とあるようだが、これを小川守中（一七六三—一八二三）による書写年代とみなすには疑問が残るとしている（羽塚一九二七b、四七〇頁）。また榧木は『日本楽説』の著者名に「布施惟安」とあることから、養斎が蟹に復姓する宝暦九年（一七五九）以前の成立と考えられるが判然としないとする（榧木二〇一七、二三七頁）。
20 『日本楽説』三五丁裏—三六丁表。
21 『日本楽説』三六丁表—三七丁表。
22 『日本楽説』三七丁表。
23 『日本楽説』三七丁表—同裏。
24 『日本楽説』三七丁裏。
25 『日本楽説』三七丁裏—三八丁表。
26 『日本楽説』三八丁裏—三九丁表。
27 『楽学指要』二二丁表—同裏。『楽学指要』は名古屋市蓬左文庫所蔵の『道学資講』所収の写本に拠り、一部の誤字や脱字については龍谷大学付属図書館写字台文庫所蔵本をもとに改めた。
28 『日本楽説』三九丁表—四〇丁表。
29 『日本楽説』四一丁裏—四二丁表。
30 『日本楽説』四二丁裏。
31 『楽学指要』一五丁表。

32『日本楽説』四〇丁表。

33『日本楽説』四〇丁表―同裏。

34『日本楽説』四〇丁裏―四一丁裏。

35『日本楽説』四三丁表―同裏。

36『日本楽説』四三丁裏―四四丁裏。

37『日本楽説』四六丁表。

38 なお蟠養斎は治国の要点を説いた『治邦要旨』（元文元年［一七三六］自序）においても猿楽を批判しており、これに代わる正楽を作るべきとしつつ、現実的にはこれを好んだり自ら行ったりすることを諌めるとともに、「幽霊化物其外道に背きたることゝ役に立たぬことゝをより捨て、人倫の正く道に背ぬ謡許を選出し、是を上に用て下にて用ひさせられば、彼是よりよき方なるべし」としている（『治邦要旨』一五四―一五五頁）。

39『猿瞽問答』四七丁表―四八丁裏。

40『猿瞽問答』四八丁裏―四九丁表。

41『猿瞽問答』四九丁表―同裏。

42『猿瞽問答』四九丁裏―五〇丁裏。

43『猿瞽問答』五〇丁裏―五一丁表。

44『猿瞽問答』五一丁表―同裏。

45『猿瞽問答』五二丁表―同裏。

46『猿瞽問答』五二丁裏―五三丁表。

47『猿瞽問答』五三丁裏。

48『猿瞽問答』五四丁裏―五五丁表。

49『猿瞽問答』五五丁裏―五六丁表。

50『猿瞽問答』五七丁裏―五八丁表。

51『猿瞽問答』五八丁表―五九丁表。

52『楽学指要』二〇丁裏―二一丁裏。

近世中後期の歌舞伎にみる在郷唄点描

前島 美保
Maeshima Miho

はじめに

歌舞伎の黒御簾音楽で用いられる芝居唄の一つに在郷唄[*1]がある。しばしば世話物の農村を背景とする場面の幕明や人物の出入り等に用いられ、三味線の手は合方（相方）としても使われる。如何にも鄙びた田舎を思わせる旋律は二上りの調子で演奏されることが多いが[*2]、中でも「隣り柿の木」が在郷唄の代表と知られる[*3]。この曲は『仮名手本忠臣蔵』六段目、『鎌倉三代記』絹川村閑居、『新版歌祭文』野崎村、『義経千本桜』下市村椎の木（木の実）の幕明等で使用されており、物語の発端をさりげなく彩り、重厚な義太夫狂言（浄瑠璃狂言）の世界へと導く。現行の「隣り柿の木」の歌詞および旋律は江戸と上方で異なるが、「上方の方が静かでゆっくりと唄われ、より在郷らしい雰囲気が漂う」と郡司正勝は述べる[*4]。それぞれの歌詞を『歌舞伎音楽集成』より記せば以下の通りである。

（江戸）二上り〽隣り柿の木は十六七かと思うてのぞきや、色づいたえ、かけて織る賎があさはた

（上方）二上り〽隣り柿の木は十七八かと思うてのぞけば、しほらしや、しほらしや

この「隣り柿の木」がいつ頃から在郷唄として使用されていたのかはよくわからない。景山正隆は、享保

十九年（一七三四）大坂竹本座初演の人形浄瑠璃『芦屋道満大内鑑』四段目冒頭の詞章と芝居唄の「隣り柿の木」が密接な関係があるとして注目したが、[*5] 江戸時代の黒御簾音楽については史的検討が十分でなく、曲や技法の初出や変遷、定着の過程が未解明な部分が多い。この「隣り柿の木」も現行での使用頻度に比べ、来歴が明らかにされているとは言い難い。本稿では、まず近世中後期の劇書・伝書、台帳を手掛かりに、江戸時代の在郷唄の概要と在郷唄の初期演出等を検討する。後半では「隣り柿の木」に焦点を絞り、その生成過程を当期の台帳から読み解き、研究の隘路打開の可能性を探ってみたい。[*6]

第一節　劇書・伝書にみる在郷唄

　はじめに、江戸時代の劇書・伝書において在郷唄がどのように認識されていたかを確認しておく。管見に入った中では寛政十二年（一八〇〇）『増補劇場一覧』の立項が早く、ここでは安永四年（一七七五）四月五日より大坂中の芝居で上演された『競伊勢物語』（作者吉井勢平、奈河直蔵、奈河亀助、奈河丈助、辰岡万作）三ノ口の事例をもって在郷唄の典型とする（表参照）。当該箇所を『歌舞伎台帳集成』[*7]で確かめると、大内「御殿」から道具を引き、「一面《いちめん》の松原に茶店」の場になったところで「在郷歌《さいかう》」が指定されている（第四巻）。まず仕出し、詰役者の三名（三枡松之丞、嵐森蔵、坂東久五郎）が出て、しのぶ役の尾上久米助、豆四郎役の三枡徳次郎が後から追いつくが、この徳次郎の出にも「在郷歌《ざいご》」が充てられている。『増補戯場一覧』には「在所の段」とあるが、確かにここは大和の街道筋の田舎の場である。

　在郷唄でなく田舎唄の名称で立項されている伝書もある。安永五年（一七七六）の『鶉の真似』や『外座囃子方大意』（天明二年―寛政年間頃成立カ）がそれで、『増補戯場一覧』に先立つ。『外座囃子方大意』には「是ハたいかい田舎のまく明キ也」とあり、『増補戯場一覧』とほぼ同様の説明であることから、江戸中期の黒御簾の田舎唄は在郷唄という認識だったと捉えて間違いないだろう。以後、寛政十三年（一八〇一）の『戯場楽屋

表　近世の劇書・伝書にみる在郷唄（「囃子名目」「詳細」の（）内はルビ）

劇書・伝書	刊行年	囃子名目	詳細
鸚の真似	安永五年（一七七六）六月	田舎哥	—
外座囃子方大意	天明二年─寛政年間（一七八二─一八〇一）	田舎哥	是ハたいかい田舎のまく明キ也　殊ニ歌□ニも遣也
増補戯場一覧	寛政十二年（一八〇〇）八月	在郷歌（ざいごうた）	競伊勢物語 三の口　きぬうりの段　きぬうり女の出端にあり。 豆四郎　三升徳次郎 志のふ　古尾上粂助 両人きぬうりにて出端所ニも有リ　すべて在所の段　幕明におほく仕出し 詰役者なり　出る所にあり。 △鳴物　三味せん　田うへうたをうたふなり
戯場楽屋図会	寛政十三年（一八〇一）	在郷歌（ざいがううた）	—
戯場楽屋図会拾遺	享和三年（一八〇三）冬または同四年春	在郷歌（ざいがううた）	○在郷歌（ざいがううた）四ツ目などにて 在所場（ざいしよば）にあり
三座例遺誌	享和三年（一八〇三）正月	田舎（いなか）うた	—
絵本戯場年中鑑	享和三年（一八〇三）	在郷唄（ざいごうた）	てんつゝは是より出たるものにて世話場（わば）につかふ　在郷唄も三種（いろ）あり　唄なきはてんつゝといふ
戯場訓蒙図彙	享和三年（一八〇三）春	田舎唄（いなかうた）	二上り
		テンツヽ	ぢゝばゞの出端
賀久屋寿々免	弘化二年（一八四五）秋	在江歌	—
伝奇作書拾遺上	嘉永二年（一八四九）初冬	ざいご歌	—
御狂言楽屋本説初編	安政六年（一八五九）初春	在郷唄（ざいがううた）	田舎（ゐなか）めいたる場（ば）にて用（もち）ゆ　二上リ〽しよざい〳〵は浮世（うきよ）にかわる　しなこそよけれ　うひもつらひも　ひよくり〳〵しよんがへ　ツヽテン〳〵
		隣柿（となりかき）の木（き）	在郷唄（ざいごううた）にて出はいりに用（もち）ゆ 〽隣柿（となりかき）の木（き）を十六七かと　思（おも）ふてのぞきや色（いろ）づいたへ　かけておる　しづか浅（あさ）はた
老の戯言	慶応元年（一八六五）九月	在郷唄（ざいがううた）	—
演劇拍子記	慶応四年（一八五八）三月	在郷唄	都て田舎家の幕に遣ふ　〽しよざい〳〵ハ浮世に替ル　云々　テンツヽハ是より出たるもの　世話物に遣ふ　在郷唄ハ元来三種あり　唄のなきをテンツヽといふ

図会』、享和三年（一八〇三）の『絵本戯場年中鑑』等にも在郷唄が立項され、後者では在郷唄には三種あって、唄のない在郷唄を「てんつゝ」と称し、世話場に用いることが説明されている。ただし、この頃までは在郷唄に「隣り柿の木」は掲出されていない。

「隣り柿の木」が在郷唄の典型として劇書・伝書に載るのは、幕末頃まで下る。そのことがわかる史料が安政六年（一八五九）刊の『御狂言楽屋本説』で、詞章入りで紹介されている。「隣り柿の木」は在郷唄であり、人物の出入りに用いられる旨が記される。詞章は冒頭の江戸のものと同じである。これとは別に『御狂言楽屋本説』には「在郷唄」も立項されており、「田舎《ゐなか》めいたる場《ば》にて用《もち》ゆ」として二上りの「しょざい〳〵は」という曲が挙がっている。「しょざい〳〵は」を在郷唄の例として挙げるのは、慶応四年（一八五八）の『演劇拍子記』も同様である。

以上、駆け足で近世の劇書・伝書にみえる在郷唄を概観してきたが、基本的に田舎唄と同義で、事例としては「てんつゝ」「隣り柿の木」「しょざい〳〵は」が典型であった。「隣り柿の木」は幕末の劇書・伝書に初見するが、今のところそれ以前の劇書類には見当たらない[*8]。

第二節　初期台帳にみる在郷唄

次に初期台帳における在郷唄を眺めておきたい。当然ながら、劇書・伝書より早い事例が散見される。主に『歌舞伎台帳集成』から享保期の事例を引くが、狂言作者が歌舞伎のために書き下ろした純歌舞伎と人形浄瑠璃で初演された義太夫狂言とに分けて見てゆく。

一　純歌舞伎の場合

享保十年代の台帳より在郷唄が認められる。『女土佐日記』『信徳丸髢柏』『山椒太夫五人踦』ではいずれも幕明に在郷唄が指定されている。

・享保十一年（一七二六）冬京大和大路芝居『女土佐日記』上の巻（作者不詳（吾妻三八カ））
道具立 有馬の湯所の体《てい》…幕《まく》引と在郷歌にて むかふより菰《こも》にて巻《ま》きたる湯の樽《たる》を差《さ》し荷ひしにて…湯を運《はこ》ぶ体《てい》　（第一巻）

・享保十二年（一七二七）七月京北側西之芝居『信徳丸髦柏』中の巻（作者不詳（松田和吉カ））
造物 有馬栢の坊の座敷…本舞台三間の内 勝手口 暖簾《のれん》掛《か》け有 幕開 ト在郷歌にて 湯治の仕出しいろ〳〵出入有　（第一巻）

・享保二十年（一七三五）十二月大坂大西の芝居『山椒太夫五人踦』三ノ口（作者松屋来助、中田嘉右衛門）
造物 三間の間惣山　臆病口坂の体…在郷歌にて幕開く ト柴苅三助 藤作 介《助》三郎出て来て　（第二巻）

各場面を見てみると、『女土佐日記』では上の巻有馬湯屋の場の幕明で、湯樽を荷う人足らの出入りに在郷唄が用いられている。『信徳丸髦柏』中の巻でもやはり幕明で、有馬栢の坊の座敷で湯治の仕出し他の出入りに在郷唄を充てる。このあとに続くト書には「ト歌に成」「座敷へ直る　歌止む」とあるのだが、これらの「歌」も在郷唄であった可能性が高いと思われる。『山椒太夫五人踦』三ノ口も幕明の使用で、『山椒太夫五人踦』では掲出した以外の場（三ノ詰、四ノ口結）でも幕明に在郷唄の指定がある。現存する初期台帳ト書に見て取れるこうした傾向から、純歌舞伎における世話場幕明（幕引）の人物の出入りの際、在郷唄が使用されている様子が窺われるが、この頃は使用場面が田舎とは限らず、湯所や座敷の場面でも用いられていた。

少し享保期以降の用例も確認しておこう。次の『敵討巌流島』三ツ目では幕の内より在郷唄が聴こえる中、機織る女らの世間話で幕が明く。台詞になると、おそらく在郷唄をそのまま合方で弾き流したものと考えられる。[*9]

・元文二年（一七三七）夏大坂大西の芝居『敵討巌流島』三ツ目（作者不詳）

作リ物 橋掛《はしかゝ》り藁屋根《わらやね》長家建《た》て 本舞台 場《揚》上に畳敷内一畳仕掛《しか》け…幕《まく》の内より在郷《さいこ》歌にて 常八 歌松〔おたね お辰〕機《はた》の布をこしらへ居ル…幕開《まく》クト

常八〔おたね〕是〳〵お辰さん せいめきめに此様にせずと マア休んでさしやんせいなふ　（第三巻）

・宝暦二年（一七五二）七月江戸中村座『諸鞚奥州黒《もろたづな》』第弐番目中入（作者堀越二三治、堀越文蔵、中村清三郎）

幸四郎〔太郎〕また仕《し》事にかゝりいる 在郷歌《ざいごうた》になる　（第八巻）

『諸鞚奥州黒』は江戸の例になるが、太郎こと二代目松本幸四郎（四代目市川団十郎）が紙漉きの仕事にかかると在郷唄をかぶせる。このように、次第に人物の出入りに関わらない場面での在郷唄の使用も見られるようになる。この『諸鞚奥州黒』第弐番目幕明には次のようなト書があり、幕明の在郷唄が「てんつゝ」であったことも知られる。

吉次〔おきよ〕娘《むすめ》の形《なり》にて手習して居ル 在郷唄にて幕明ク ト半十郎〔坊主〕坊主の形《なり》にて 魂棚に向《む》かい回《ゑ》向《かふ》している 始終てんつゝ〳〵　（第八巻）

第一節でみた劇書の事例から五十年前の台帳に、すでに在郷唄「てんつゝ」の用例が認められる。坊主の形で回向している背景で「てんつゝ」が演奏される演出は現行ではまず見かけられないが、以後、主に江戸歌舞伎では様々な場面で「てんつゝ」が頻用されてゆく。

二　義太夫狂言の場合

もう一つの系統、すなわち義太夫狂言の初期台帳を確認してみると、こちらも享保期より在郷唄の用例が見られる。年代的には先に見た純歌舞伎より幾分先行するが、史料の現存状況等から類推すると同時期と解して良い。いくつか列挙する。

・享保九年（一七二四）二の替り京布袋屋梅之丞座『日本五山傾城建仁寺供養』曽根松之段
曽根松宮の作り物 茶見世《せ》二ヶ所に有…在郷《こう》歌にて 道者仕出しにて出ル お茶まいれ〳〵と　口々にいふ
（第一巻）

・享保年間（享保八年（一七二三）七月カ）京四条南側東の芝居『大塔宮曦鎧』小幕
造り物二重舞台《ぶたい》 向ふさい壁《かべ》 納戸暖簾《のうれん》…門ド口に瓢箪《ひやうたん》の灸法の看板…在郷歌にて幕開《まくひら》く
（第三巻）

・延享元年（一七四四）四月大坂角の芝居『粂仙人吉野桜』初の詰
作り物《もの》 三間ンの間 煮売《にうり》茶屋《や》両方に伊予簾《いよすだれ》立 東の方天王寺西門《さいもん》の石の鳥居 向《むか》ふ一面ンのくろご 前《まへ》に井戸あり在郷唄《うた》にて幕《まく》引ク 煮売屋《にうりや》の亭《てい》主〔藤重郎〕与六〔庄五郎〕女房　両人田楽《でんがく》を焼《や》き居る 仕出し大勢出ル
（第六巻）

『日本五山傾城建仁寺供養』は、前年の享保八年十一月三日より大坂豊竹座にて上演された人形浄瑠璃『日本五山建仁寺供養』（作者西沢一風、田中千柳）を歌舞伎化した作品で、翌年京で二の替りに上演された。当該箇所「曽根松之段」は浄瑠璃の二段目切に相当する場面であるが、浄瑠璃が景事で曽根の松近辺を描写するのに対し、[*10]歌舞伎では駕舁や旅人が大勢出て水茶屋の風景に改め、その幕明に在郷唄を充てている。説明過多を避ける歌舞伎ならではの対応と見える。『大塔宮曦鎧』の方は、享保八年二月竹本座にて初演された同題の浄瑠璃（作者近松門左衛門添削、竹田出雲掾、松田和吉）を歌舞伎化したもので、掲出した『歌舞伎台帳集成』のものは享保頃の上演台帳と目されている。この小幕は二段目と三段目の間に置かれており、舞台は瓢箪の灸法を据える店。如何にも世話な気分漂う場面の幕明に在郷唄を指定しているのだが、そもそもこの場面は浄瑠璃にはない。[*11]延享元年の『粂仙人吉野桜』は寛保三年（一七四三）八月十五日豊竹座で上演された同題の浄瑠璃（作者為永太郎兵衛）を基にした義太夫狂言で、初の詰の幕明、四天王寺西門付近の煮売屋の場面に在郷唄を充てる。浄瑠璃ではむろん全て義太夫節で語られた箇所であったが、[*12]歌舞伎化に際して芝居唄の演出に変えられている。

　宝暦以前、とりわけ人形浄瑠璃の盛んであった享保期には、浄瑠璃を歌舞伎化する際、「浄瑠璃の通り」が表看板であり、浄瑠璃を忠実になぞろうとする姿勢が見受けられるという。[*13]確かに『粂仙人吉野桜』弐ノ口や二段目詰では義太夫節の浄瑠璃で幕が明いており、この時期の義太夫狂言ではわざわざ在郷唄に変える方がやや特殊なケースとも言えるが、基本的に浄瑠璃通りを旨としながらも、両者の演劇の質の違いから、実際には人物や場面設定を変えたり、演出の工夫が施されたりしていたこともわかる。その際、在郷唄が義太夫狂言の世話場の幕明を彩る用法として、ある種、常套手段のように用いられていた様子もこれらの事例からは窺われるのである。

　ところで初期台帳をみてゆくと、呼称としても用法としても、ある程度類型化した囃子名目として在郷唄が認識されていたことはつかめるのだが、具体的な詞章内容まではわからない。また、例えば幕末の劇書に在郷唄の典型として載る「隣り柿の木」が一体どのような過程を経て生成展開したのかも道筋が見えてこない。そこで次節では少し視点をずらして、「隣り柿の木」をめぐって近世中後期の義太夫狂言の台帳を探索し、「隣り柿の木」定着について試論を述べてみたいと思う。

第三節　台帳にみる「隣り柿の木」瞥見

在郷唄「隣り柿の木」の生成過程を検討する時、冒頭に記したように『芦屋道満大内鑑』四段目口（葛の葉子（狐）別れの段、阿倍野機屋の場）との関連が窺われる。改めて『芦屋道満大内鑑』の歌舞伎初演時の台帳より説き起こしてみる。

『芦屋道満大内鑑』は享保十九年（一七三四）十月五日から大坂竹本座で人形浄瑠璃で初演された（作者初代竹田出雲）。翌享保二十年二月十二日より京南側西門大芝居にて、三代目嵐三右衛門の葛の葉で歌舞伎化された際の台帳の写しが『歌舞伎台帳集成』に載る（底本池田文庫）。四段目口の冒頭ト書は以下の通りである。

作リ物　窓《まと》のある機屋《はたや》　その脇障子《わきしやうし》屋体《たい》　物置《ものおき》などの体《てい》取合あるべし…幕の内より狐《きつね》の葛《くず》の葉機織《はたお》り居ル　幕《まく》
開《ひら》くと上るり

隣《となり》柿木を十六七かと思《おも》ふてのぞきや　しをらしや　色づいた　十六七かと思《おも》ふてのぞきや　しをらしや　色ずいたかけて織《おり》る　賤《しづ》が麻機《あさはた》あさはかに　何《なん》の織《お》ろぞいの　老先祝《おいさきいわ》ふいとし子に　千筋万筋よみ入《い》れて　大名縞《島》織《お》りて着《き》せうの処も　安倍野《あべの》ゝ芦垣《あしかき》の間近《まじか》き住吉天王寺　霊仏霊社にあゆみをはこび　父は我子の出世の祈《いの》り　母《はゝ》は心を染機《ばた》の　辛気辛苦《しんきしんく》を縦横《立》に　梭《さ》を投《な》ぐる間《ま》の手《て》づさみも　子に世話おるとも見へにける　（第二巻）

このように歌舞伎『芦屋道満大内鑑』初演時の四段目口の幕明は、義太夫節の長い浄瑠璃で演出する形だった。詞章は本行のそれにほぼ同じで、[*14] この箇所を見る限り「浄瑠璃の通り」だったことが窺える。詞章の最初の部分は、本稿冒頭に触れた在郷唄「隣り柿の木」とも重なる。

『芦屋道満大内鑑』現存台帳のうち、次に古いもののうちの一つと思われるのは皇學館大学神道博物館蔵「七五三」署名の台帳である。[*15] 役人替名の連名から、文化十二年（一八一五）八月大坂中の芝居で二代目沢村田之助が葛の葉を演じた時のものであろう。[*16] この四ノ口幕明を見ると、

造物窓の有はたや 其脇障子屋体 物置抔の体 取合宜敷有べし…まくの内より葛の葉はたをおりゐる まくひらく

〽隣柿の木を十六七かとおもて覗きやしをらしや 色付た 十六七かと思ふてのぞきやしをらしや 色づいたかけて織 賤があさはたあさはかに なんの織ぞいの…子にせはおるとぞ見へにける

とあり、享保二十年と同様の長い浄瑠璃で語られたものと考えられる。[*17] 実は今回調査したところ、皇學館大学神道博物館にはこれとは別の役人替名を記す台帳が一冊確認された。[*18]『芦屋道満大内鑑』狐子別の段とする一本で、配役からおそらく寛政十一年（一七九九）十一月の大坂角の芝居で二代目中村野塩によって上演された時のものと推察される。この冒頭の部分を記す。

造り物一面の二重ぶたい 藁ふき見附納戸口…幕の内よりどうじやんまを竹に付ふつている この見へ はた織音 在郷うたにて幕明る

うた〽となり柿の木を 十六七かとおもてのぞきやしおらしや いろづいた 十六七かとおもてのぞきやしほらしや

〽いろづいた かけておる 賤が浅はた浅はかに…

注目されるのは、うた〽となり柿の木」の部分で、このように寛政頃には演出によっては浄瑠璃ではなく在郷唄「隣り柿の木」で幕が明く演出もあったことがわかる。なお、〽いろづいた」以下はこの場合、浄瑠璃で語ったのだろう。[*19]

続く現存台帳は、文政五年(一八二二)九月江戸市村座上演時のものである(『日本戯曲全集』第二十六巻[*20])。歌舞伎での『芦屋道満大内鑑』の初演から八十余年、すでに六十回以上の再演を重ねていた。[*21] 安倍野機屋の場(三幕目)には以下の様にあり、在郷唄「隣り柿の木」で幕が明いた。

本舞台、三間の間藁家、庇つきの屋体。上の方、一間の折り廻しの賤が家…爰に童子、付け紐の形にて、竹笠を持ち、あちこちと蝶を追ひ廻し居る見得。よろしく在郷唄、機の音にて幕明く。
〽隣り柿の木を十六七かと思うて、覗きやしほらしや、色ついて十六七かと思うて、覗きやしほらしや

なお近世後期になると葛の葉と葛の葉姫を早替りで演ずることも多くなっており、この上演でも三代目市川門之助が二役早替りで勤めている。

松竹大谷図書館には天保八年(一八三七)三月と奥書に記された『芦屋道満大内鑑』の台帳がある。[*22] これは二代目中村富十郎のために上方の狂言作者松鱸亭が書写したものと推定されており、[*23] 調査した範囲では五番目に古い当該台帳ということになる。中の巻冒頭箇所は以下の通りである。

造り物一面の弐重舞台 藁ふき見付納戸口…幕の内より童子やんまを竹ニ付 ふつて居る 此見へ はたおる
音 在郷歌ニて幕明る
歌〽隣柿の木を十六七と思ふてのぞきやしほらしや 色付た 十六七と思ふてのぞきやしほらしや
〽色付た かけて織 賤があさはた浅はかに…

文政天保期、すなわち江戸後期には、江戸でも上方でも機屋の場は在郷唄「隣り柿の木」で幕が明くことが定着してきている様子が確認される。

以上限られた『芦屋道満大内鑑』の江戸時代の台帳五本を確認して見えてくるのは、歌舞伎初演時には浄瑠璃同様の長い義太夫節による語りで幕が明いていた演出が、近世後期になると黒御簾の在郷唄「隣り柿の木」の芝居唄に変化していることである。[*24] 再演を繰り返す中でこうした音楽の使い方の細やかな変化や工夫がもたらされ、本行とはまた異なる歌舞伎らしい音楽表現（過度な説明を廃し、情緒や気分、雰囲気づくりを重視する象徴表現）につながっていったものと推測される。

ところで第一節で触れたように、幕末には「隣り柿の木」は在郷唄の典型の一つになってゆくが、そうなるには『芦屋道満大内鑑』以外の類似の場面においても、ある程度定石化していった様子を見ておく必要がある。しかし通常、台帳には在郷唄としか記載されない。[*25] とくに江戸時代の台帳では前述の通り、曲名や詞章まで明記されることが少ない。当期台帳史料の限界だが、次に挙げるのはその中にあって年代考証と曲の特定ができた、同じ義太夫狂言の事例になる。

天保二年（一八三一）七月に大坂中の芝居にて三代目中村歌右衛門が熊谷を演じた時の『一谷嫩軍記』の台帳が池田文庫に残っている。[*26] 二段目切「兎原の里流の枝あばらやの段」の冒頭ト書に以下のようにある（乳母林は三代目中山文七）。

造り物 三間の二重藁家根附 上手反古張折廻り障子家体…都て在所家の体 此見へ宜敷まくの内より文七着流シ婆々の形にて 糸車を置キ 糸をつむいで居る 此見へ宜敷 隣柿の木の歌にて幕ひらく

林住家の冒頭幕明に「隣り柿の木」の唄の指定が見られる。[*27] 一方、これに遡ること約三十年、七代目片岡仁左衛門が熊谷を演じた寛政十年（一七九八）七月大坂角の芝居の同じ場面の台帳を確認すると、「まくの内より仙二郎打盤をおき 洗濯ものを乗セ 碪にて打ゐるくれのかねぢやん〳〵にてまくひらく」とあって（乳母林は嵐仙二郎）、在郷唄ではなく暮れの鐘による演出だったことがわかる。[*28] 乳母林が洗濯物を碪にて打つ幕明から糸車で糸を紡ぐ演出になったことに伴い、機織りの連想から「隣り柿の木」の唄が充てられたのかもしれない。このように林住家と「隣り柿の木」の歌詞には、本来直接の関係性はなかったにもかかわらず、場面の演出変化に伴い、在郷唄「隣り柿の木」が指定されていること自体に、徐々に歌舞伎におけるこの在郷唄の定着が窺えるのではないだろうか。

むすびに代えて

江戸時代の歌舞伎における在郷唄の生成と展開を、劇書・伝書や台帳を主な手掛かりに検討してきた。特に初期台帳にみる在郷唄の用法や在郷唄「隣り柿の木」の定着化に紙幅を費やしたが、再演を繰り返す中で変化や固定化を探る演出研究において、江戸時代の再演時の台帳特定が十分行き届かなかったことは大きな課題であると認識しており、引き続き調査を重ねたい。

本稿の最後に、近代以降の『芦屋道満大内鑑』機屋の場幕明の演出にも少し触れておく。実は現行では幕明に「隣り柿の木」ではなく、「仕事片寄せ」という別の在郷唄を用いている。[*29] また近代以降の史料（杵屋栄二旧蔵附帳、六合新三郎旧蔵附帳、杵屋富造旧蔵附帳等）を見てみると、「隣り柿の木」や「仕事方寄せ」に加え、「庭の教」が充てられていることもある。いずれも二上り唄に変わりはないが、『芦屋道満大内鑑』の浄瑠璃初演時の詞章からはもはや懸隔している。しかしそこにこそ、歌舞伎らしい音楽演出の様相の一つがあるようにも思われる。本稿で果たせなかった近代以降の検証も今後の課題として、一旦筆を擱く。

◎付記
本稿執筆に際し、公益財団法人松竹大谷図書館、公益財団法人阪急文化財団池田文庫、皇學館大学佐川記念神道博物館、国立劇場図書閲覧室、東京大学文学部国語研究室、早稲田大学坪内博士記念演劇博物館にて貴重な資料の閲覧をさせていただいた。深謝申し上げたい。なお本稿はＪＳＰＳ科学研究費 20K20677 の助成を受けたものである。

注

1　一般呼称としての「在郷」とは、郷里にいること、田舎に住みつくこと、または都会から離れた地方や田舎を指す言葉として近世以前より使用されていたが、上方では「在郷」が一般的でなく、類義語の「在所」の方が使用される傾向が強いことで知られる（『日本国語大辞典 第二版』第五巻、小学館、二〇〇一年、一二七六頁）。また「在郷唄」は歌舞伎の芝居唄とは別に、俚謡と同義の在郷で歌われる歌を指すこともある（同書、一二七七頁）。

2　例えば『歌舞伎音楽集成』に拠れば、江戸編では在郷唄三十四曲中三十一曲、上方編では三十曲中二十八曲が二上りである（杵屋栄左衛門『歌舞伎音楽集成（江戸編）・（上方編）』、「歌舞伎音楽集成」刊行会、一九七六年・一九八〇年、一二八－一六三頁・三一五－三四四頁）。

3　景山正隆「在郷唄」「隣り柿の木」（平野健次他編『日本音楽大事典』、平凡社、一九八九年、八七一頁、九四九頁）、杵屋栄左衛門『歌舞伎音楽集成（江戸編・上方編）』、一二八頁・三一五頁）、郡司正勝稿、浅原恒男編著『芝居唄－歌舞伎黒御簾音楽歌詞集成』、文化資源社、二〇二四年、三四三－三四五頁）等。

4　郡司正勝『芝居唄』、三四四頁。

5　景山正隆解説「（36）隣柿の木」（平野健次・三田純市監修・解説、景山正隆構成・解説『上方下座音楽集成』、ビクター音楽産業株式会社、一九七五年、解説書六五頁）。

6　これらの史料に先立ち、当期の歌舞伎の音楽演出を知る史料としては絵入狂言本があるが、在郷唄の呼称は今のところ確認されない。なお人形浄瑠璃の歌舞伎化や歌舞伎の演出研究に関しては演劇研究者らによる数多の蓄積があり、本稿も先学のご示教に拠る。

7　歌舞伎台帳研究会編『歌舞伎台帳集成』全四十五巻、勉誠社・勉誠出版、一九八三―二〇〇三年。

8　ちなみに劇書には上方系のものと江戸系のものとが存在するが、「在郷唄」の説明に大きな違いは見られず、注1に記したような呼称の傾向も特にない。

9　なお『歌舞伎台帳集成』にみる「合方」の早い例は、享保八年（一七二三）七月『大塔宮曦鎧』小幕「ト雲気《うんき》の合方に成」（第三巻）、享保十七年（一七三二）二の替り『傾城妻恋桜』上の中入（作者不詳（市山助五郎、沢村文治カ））「ト此内歌合方《あいかた》也」（第二巻）等。

10　西沢一風全集刊行会編『西沢一風全集』第四巻、汲古書院、二〇〇四年、六八頁。

11　近松全集刊行会編『近松全集』第十四巻、岩波書店、一九九一年。

12　山田和人校訂（代表）『豊竹座浄瑠璃集［三］』、図書刊行会、一九九五年、一〇七頁（叢書江戸文庫37）。

13　河合真澄『近世文学の交流―演劇と小説』、清文堂、二〇〇〇年、一〇〇―一〇一頁。

14　浄瑠璃の詞章は以下参照（角田一郎・内山美樹子校注『竹田出雲並木宗輔浄瑠璃集』、岩波書店、一九九一年、八六頁（新日本古典文学大系93））。「となり柿の木を。十六七かと。思ふて。のぞきやしほらしや。色づいた。十六七かと。思ふて。のぞきやしほらしや色づいたかけておる」までは歌である。

15　『芦屋道満大内鑑』（皇學館大学神道博物館蔵千東屋旧蔵台帳4）。年代考証は、「七五三」の墨書がある台帳が、狂言作者奈河七五三助（一七五四―一八一四）旧蔵台帳とする説に拠ったもの。

16　ただしこの興行が七五三助歿後である点で、なお考証の余地を残す。

17　役割番付によると、この時の浄瑠璃は竹本富太夫、竹本桐太夫、竹本照太夫、三味線は鶴沢源吉、鶴沢善三郎（『許多脚色帖』、大阪府立大学大学院上方文化研究センター椿亭文庫蔵 tub17-29）。

18　請求番号は注15に同じ。「七五三」の署名はなく、筆跡も異なる。

19　役割番付によると、この時の浄瑠璃は竹本富太夫、竹本千賀太夫、竹本琴太夫、三味線はつる沢源次郎、つる沢太蔵（『許多脚色帖』、早稲田大学演劇博物館蔵 イ13-290-39）。

20　渥美清太郎編『日本戯曲全集』第二十六巻（歌舞伎篇、続義太夫狂言時代物集）、春陽堂、一九三二年。

21　『国立劇場上演資料集「芦屋道満大内鑑」〈688〉』、第三三四回歌舞伎公演、二〇二四年一月、上演年表参照（file:///C:/Users/miho21/

22 Downloads/688_k_ashiyadomanouchikagami_nenpyo.pdf、二〇二五年一月二十五日閲覧）。

23 『芦屋道満大内鑑』（松竹大谷図書館蔵 K42-A92-イ2イ）。

配川美加「「芦屋道満大内鑑」子別れの場の独吟曲」（『演劇研究センター紀要V早稲田大学21世紀COEプログラム〈演劇の総合的研究と演劇学の確立〉』、二〇〇五年、九五―一〇五頁。富十郎は天保九年九月大坂中の芝居で『芦屋道満大内鑑』を出しており（二役早替り）、役割番付によると、この時の連名は長唄中村富五郎（三代目）、三味線中村新三郎、長唄中村兵治、浄瑠璃は竹本富太夫、三味線矢沢又右衛門、竹本菱寿太夫、三味線鶴沢金蔵（早稲田大学演劇博物館蔵イ13-290-597）。

24 なお『外座囃子方大意』（早稲田大学演劇博物館蔵ロ13-11）には「あ津《つ》らへものは多《おゝ》クハ本形《ほんきやう》より考《かんかへ》べし」とあるように、誂え時に典拠とすべきは本行だったことも知られる。

25 例えば、現在「隣り柿の木」が充てられている作品の台帳を確認するも、文化元年（一八〇四）九月京北側芝居『鎌倉三代記』三の口幕明「田植哥にて幕明ヶ」（阪急文化財団池田文庫蔵897）、文政三年（一八二〇）三月大坂角の芝居『義経千本桜』三ノ口椎の木幕明「ト在郷歌に成」（阪急文化財団池田文庫蔵1115）、『假名手本忠臣蔵』六段目幕明「在郷歌にて幕開」（東京大学文学部国語研究室蔵28:120:2、「注連」署名）等とあるのみである。

26 『一谷嫩軍記』（阪急文化財団池田文庫蔵871。「加賀屋」署名、「加賀橋」印）。この時の役割番付に長唄湖出市十郎（三代目）が見える（早稲田大学演劇博物館蔵イ13-290-561A）。

27 池田文庫には別に、『一ノ谷嫩軍記』（阪急文化財団池田文庫蔵867）の役者名なしの台帳もある。「二ノ口嵯峨一ツ家之段」冒頭ト書は以下の通り。「造ﾘ物二重舞台…幕の内よりうば林ｼもめん着附にて着物を縫ている 在郷歌にて幕開く」。なお浄瑠璃初演時、すなわち宝暦元年（一七五一）十二月大坂豊竹座における当該本文は次の通り。「昔より爰も名におふ。津の国の。兎原の里に幽なる埴生の宿に独居の。林は老の営に糸針取ッて人為業つゞりさせてふ洗濯の。糊かい物を打盤の。手元も暗き黄昏時。」（鳥越文蔵監修、義太夫節正本刊行会編『一谷嫩軍記』、玉川大学出版部、二〇一三年、四九頁（義太夫節浄瑠璃未翻刻作品集成32））。

28 『須磨の製札志賀の短冊一谷嫩軍記』（東京大学文学部国語研究室蔵28）、『須磨の製札志賀の短冊一谷嫩軍記』（京都大学附属図書館蔵4-31-イ-5）。なおこの時の役割番付には、浄瑠璃に竹本富太夫、竹本亀太夫、豊竹佐野太夫、三味線つるさわ源二郎、つるさわ半二郎が見える（早稲田大学演劇博物館蔵イ14-13-217、ロ21-30-45）。

29 『歌舞伎 特選DVDコレクション』第一二九号（芦屋道満大内鑑 葛の葉）、アシェット・コレクションズ・ジャパン株式会社、二〇二四年七月二十四日発売（二代目中村魁春、二〇〇六年十月歌舞伎座）。

新樂定著『琴家畧傳』の二つの自筆本

鳥谷部 輝彦
Toriyabe Teruhiko

緒言

新樂定（にいら・さだむ、一七六四―一八二七、号「閑叟」「愛閑」等）は、幕吏や箱館奉行の御雇医師を務めた。その著書である『琴家畧傳』は東皐禅師の琴家としての側面及び『東皐琴譜』の伝承に関する最初の伝記であり、東皐禅師の示寂から約百三十年を経て漸く成った。定はまた、兒玉慎（一七三五―一八一一、号「空空」、田安徳川家の家来）が開いた牛門社[*1]という七絃琴団体で琴を学んだ。この牛門社の琴人達は日本と中国の七絃琴について調査研究をしていた。『琴家畧傳』という伝記が約百三十年遅れで生まれたことの歴史的原因は、牛門社の出現を待つ必要があったからである。

『琴家畧傳』の多くの内容は既に知られており、中根淑（号「香亭」）の「七絃琴の傳來」（一九一六：四四二―四五七頁）や岸邉成雄の『江戸時代の琴士物語』（二〇〇〇）で引用や参照が為されている。但しそれは『琴家畧傳』の自筆本ではなく、その後世の伝本に依っている。その上、後世の伝本は書名を「閑叟雑話」（岸邉二〇〇〇：一九九―二〇〇、三三一、三六二―三六七、四一七―四一八頁）や『絲桐談』（国会図書館蔵）、『竹逸琴話』（国会図書館蔵）などとしており、且つ奥書を欠くため、それらの原本が同一の『琴家畧傳』に遡るとはわからなかった。[*2]

筆者は英国ロンドンと日本各地に所蔵される合計十点の写本[*3]を調査したところ、二点を新樂定が書いた自筆本だと判断した。この二点は新出資料である。その二点の成立には、平松時章（ひらまつ・ときあき、一七五四—一八二八、号「琴仙」等）が大きく関わったことが判明した。時章は仙洞御所で上皇に仕えるという代々の重職を遂行し、その一方のプライベートな時間では琴を伊勢琴人（河邉樂斎、永田維馨）に主に学び、雅楽を四辻家（箏・和琴）と窪家（篳篥）に習った。その音楽資料は大英博物館に平松コレクションとして保管されている。この資料群は筆者が現在精査中であるため、読者には嘗て暫定的な報告を行った豊永（一九九九）の論文を参照されたい。

筆者が十点の写本を照合した結果、後世の伝本から漏れており、自筆本のみに書かれる記述に着目すると、『琴家畧傳』の成立過程を辿ることができるとわかった。本稿では紙幅の都合により後世の伝本に対する分析を割愛するが、二点の自筆本の成立過程と、その過程における定と時章の行動について以下に述べる。なお、本稿で掲載する大英博物館の撮影による写真には著作権があり、その表示をした。

第一節　資料

筆者が調査した『琴家畧傳』の十点の写本には、定の自筆本が二点ある。大英博物館平松コレクションの蔵本（平松本）と、筑波大学附属図書館（中央図書館）の蔵本（筑大本）である。この他に、定が他人の書物を写した自筆の転写本（『竹洞集抄』）が一点ある。これら三点を整理すると、平松本と『竹洞集抄』の合編が筑大本に対応することがわかる（図1）。この三点の現状は次の通りである。

一　【平松本】『琴家畧傳』大英博物館平松コレクション蔵（架蔵番号：3-2-11）

この写本は一冊本であり、筆者の研究チームに依る簡易測定の法量は二三・八センチメートル×一七・〇センチメートルである。書物の構成は表表紙、遊紙[*4]、本文（四十四丁）、遊紙、裏表紙から成る。印章無し。奥書

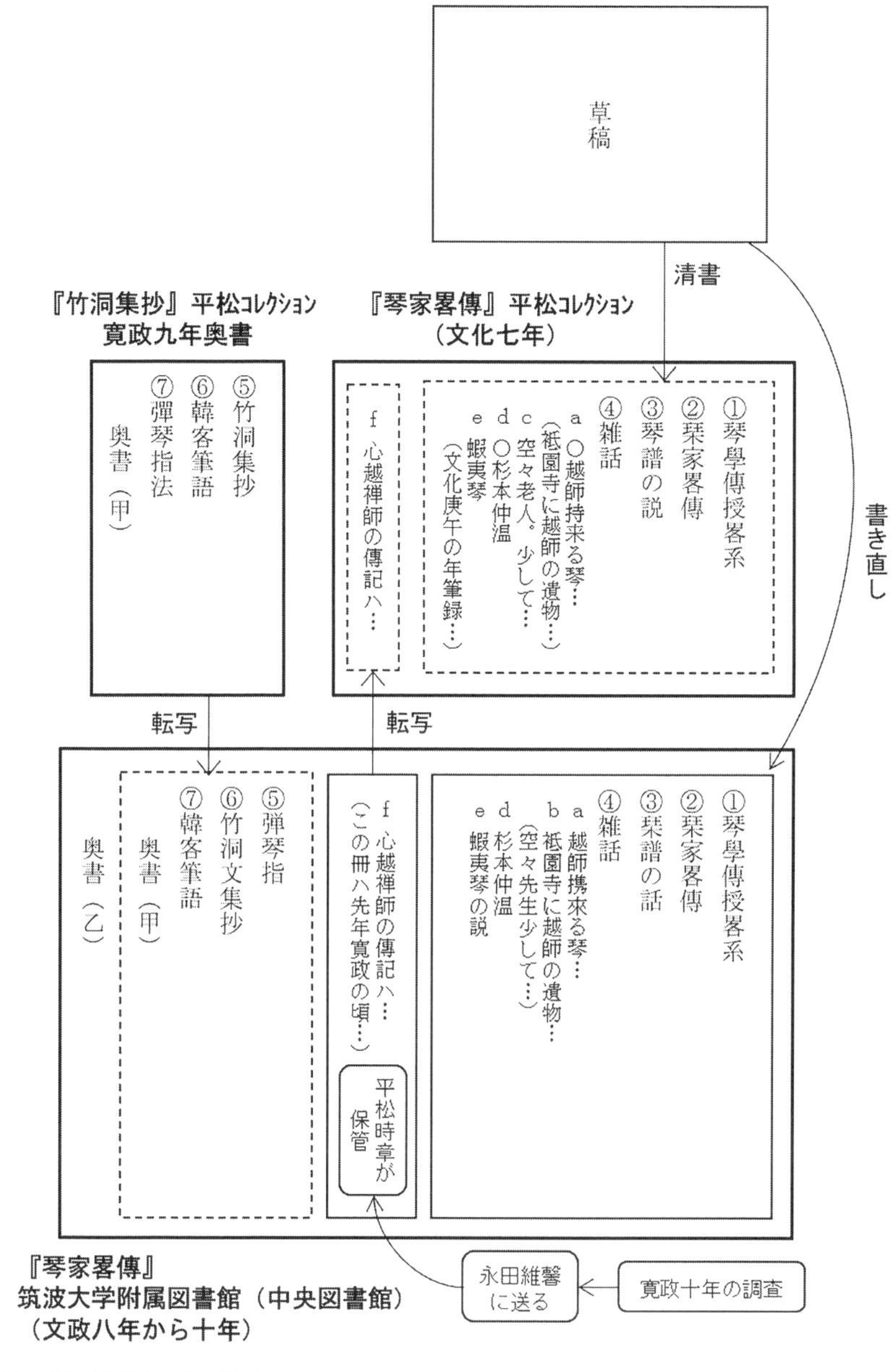

図1:『琴家畧傳』の成立過程

無し。本文中には雌黄と胡粉による訂正が見られ、行間と上欄には朱の書き込みが見られる。本文は次の四項目から成る。

①「**琴學傳授畧系**」『東皐琴譜』の伝承者の名を朱線で繋げた系図。最初は「東皐禅師」から始まり、最後は「華亭」（杜徵）から朱線を伸ばした「駒澤某」（駒澤清泉、須坂藩家老で杜徵の琴の弟子）で終わる。合計十四名の名を書くが、続く文章で「方今弾琹者流四方に縦横セり枚挙すへからす」とも書く。

②「**琹家畧傳**」「●東皐心越禅師」以下合計九名の琴家琴人の経歴について簡易に説明する。

③「**琴譜の説**」『東皐琴譜』の原書即ち杉浦正職（すぎうら・まさもと）による五巻本（宝永七年（一七一〇）自序、五十七曲を収載）と、八巻本の一種（四十八曲を収載）、小野田國光撰の十六曲本、十六曲本の後人刊本について説明する。

④「**雑話**」ここでは多くの琴人について書かれる。冒頭に「予曽て聞見する所を抄録して、糸桐雑記一巻とす。北遊の後、亡友鴎亭のもとに失ふ。大抵遺忘して話するに拠なし。今聊思ひ出るまゝ一二を記す。」（句読点引用者）と書かれる。即ち定は曾て『糸桐雑記』[*5]という書物を書いて、それを親友の「鴎亭」（鈴木兵三郎、号「鷗汀」）に預けた。[*6]その後、定が蝦夷地と択捉に赴いた一八〇三年から一八〇八年の間にそれを紛失したため、記憶を頼りにして書いたという。しかし何らかの記録を参照したかのような詳しい記述や「北遊」以後の話題が書かれるため、記憶を頼りに書いた『糸桐雑記』の再現ではない。改丁位置によって④「雑話」を区切ると、次の五部分（ａｃｄｅｆ）に分かれる。平松本ではｂに相当する箇所に改丁がないため、区切りとは看做さない。

ａ「〇越師持来る琴数張」から始まる文章。ここでは改丁されないが、ｂに相当する箇所（「祇園寺に越師の遺物許多あり」から始まる文章）も書かれる。

ｃ「空々老人。少して才敏、文辞を以称セらる、」から始まる文章。ここに、定が草案した「琴會約」が書かれる。

d「〇杉本仲温」から始まる文章。

e「蝦夷琴」から始まる文章。この末尾に、朱筆且つ一字上げで「右件の琴話ハ（下略）」（写真2）と書かれる。この朱筆の一文については後述する（本稿第三節）。

f「心越禅師の傳記ハ世に知る人なし」から始まる文章。このfは筑大本にあるfからの写しであると考える（本稿第二節）。

二　『竹洞集抄』大英博物館平松コレクション蔵（架蔵番号：3-2-13）

この書物は『琴家畧傳』の伝本ではないが、この書物の写しが筑大本の中に合綴されている。これは、足利学校に所蔵される人見節（ひとみ・よし、一六三七―九六、号「竹洞」「鶴山」等、東皐禅師の琴の最初の弟子）の書物を定が抜書した書物である。この書物は一冊本であり、筆者の研究チームの簡易測定に依る法量は二六・〇センチメートル×一七・五センチメートルである。その構成は、表表紙、本文（二十二丁）、裏表紙から成る。遊紙無し。印章無し。表表紙には「竹洞先生與心越禅師書／同　與朝鮮使洪滄浪筆談／同　國字弾琴指法」と手書きされる。この外題が長いため、本稿では最初の内題である「竹洞集抄」を以て書名とする。本文は次の三項目と奥書（甲）から成る。

⑤「**竹洞集抄**」「與東皐師書」という題目の五通の尺牘と、「與東皐書」という題目の十二通の尺牘を載せる。何れも節が東皐禅師と琴について交わした尺牘の写しである。末尾には「以上載竹洞文集第五」と書かれる。この十七通の尺牘は国会図書館蔵『竹洞全集』（『人見竹洞詩文集』：二四一―二四八頁）にも載る。

⑥「**韓客筆語** 出竹洞全集附録」この記録の原文は『韓使手口錄』にある。それは天和二年（一六八二）秋に朝鮮通信使が江戸に来聘した時の記録を節が書き留めたものである。その中の八月二十四日条には、節が使節団

の裨将洪世泰（号「滄浪」）と東皐禅師の琴事について語った記録がある。定はその記録を写して、末尾に「閑叟按、天和二壬戌年朝鮮使来、此筆語乃其時也。滄浪、姓洪、名世泰、字来叔、裨将也。」（句読点引用者）と書き加えた。この記録は、国会図書館蔵『竹洞全集』の後集附録（『人見竹洞詩文集』：五一九頁上段）にも載る。

⑦「**弾琴指法** 出竹洞先生つるの山路篇」 この文章は、琴譜の字母（奏法を表す略字の元の字、字譜とも謂う）に関して節が著した日本語解説文の写しである。但し右手指法の三十一字母のみが書かれており、左手指法と左右合用指法は書かれない。この「弾琴指法」は節が残した唯一の琴書であり、その伝本は少ない。*7

奥書（甲） 本文の最後（裏表紙の見返し）に、次のような奥書（甲）が書かれる（句読点引用者）。

寛政丁巳之秋、游于北越。帰路踰三國嶺、自厩橋便道過足利学院。滞留數日、以息遠途之脚、偶閲藏書、得竹洞全集。今抄其涉琴事者。云于旹九月九日後一日。

下毛　新樂閑叟定誌

【解釈】 定は寛政九年（一七九七）閏七月に、初めて出雲崎へ赴いた（杉村 一九七七a：一二五頁）。同年の秋にそこから江戸への帰路では、三国街道の山を踰（こ）えて、厩橋（現前橋市）から足利学校に立ち寄った。そこで滞留すること数日、長旅疲れの脚を息（やす）ませると共に、足利学校の蔵書を偶々閲覧すると、『竹洞全集』を見ることができた。今その中から琴事に関わる記述を抄録するところである。云（これ）時に九月九日（重陽節）の翌日。下野国　新樂閑叟定誌（しる）す

定は寛政九年から同十一年の間に出雲崎と江戸を何度も往復する途中で足利学校を訪れた。そこでは寛政九

年九月に人見節の資料から七絃琴関連の記事を抽出することで、『竹洞集抄』を編んだ。同時に足利学校の蔵書を整理して、『足利學藏書目錄』（寛政九年九月例言、定は足利学校を「足利學」とも書く）も編んだ。この蔵書目録で挙げられる「竹洞集」と、その付録である「同附録」、及び「鶴山路」が、『竹洞集抄』の⑤⑥⑦の底本であろう。

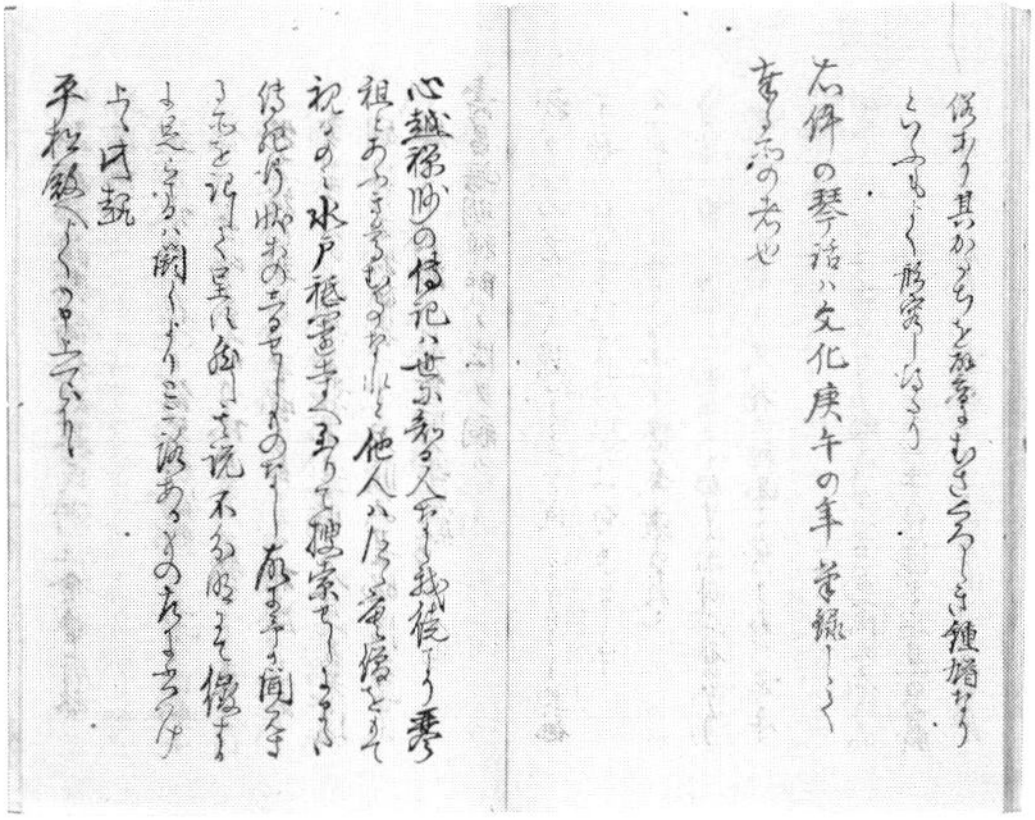

写真2:『琴家畧傳』大英博物館平松コレクション蔵

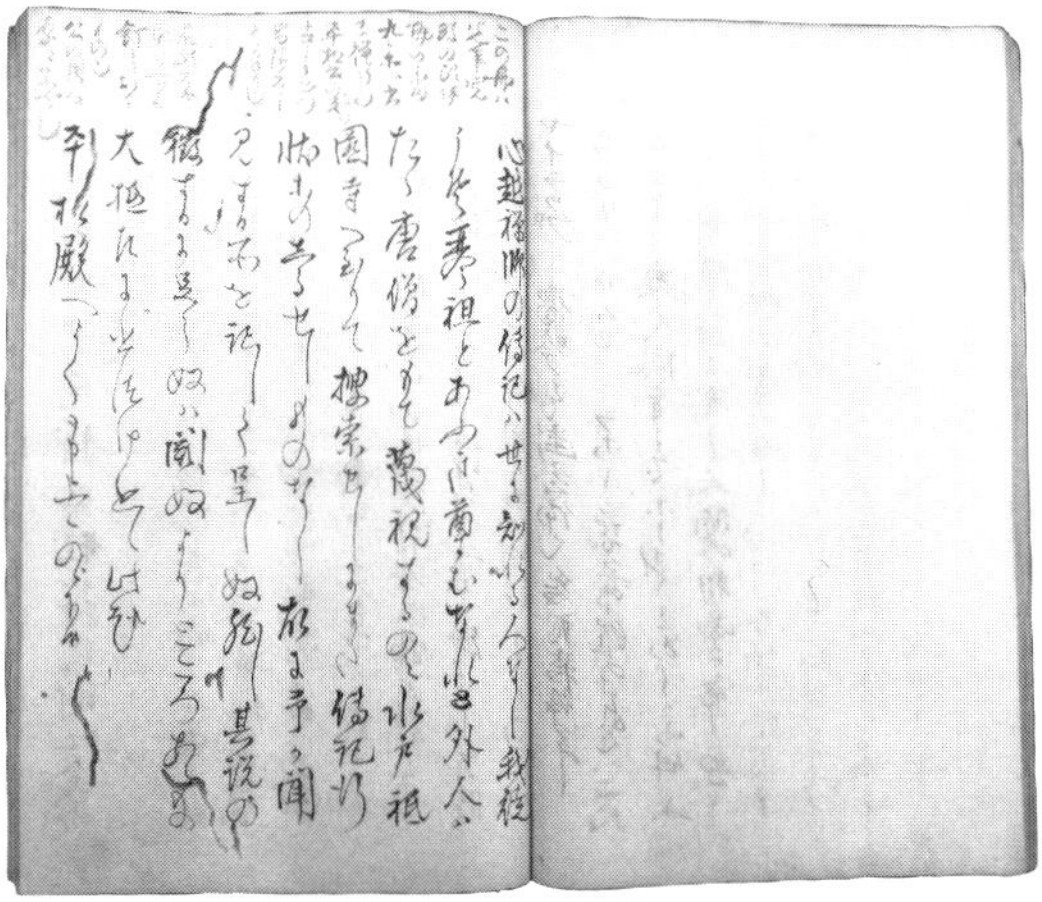

写真3:『琴家畧傳』筑波大学附属図書館（中央図書館）蔵

三 【筑大本】『琴家畧傳』筑波大学附属図書館（中央図書館）蔵（架蔵番号：タ120-65）

この写本は一冊本であり、筆者の簡易測定に依る法量は二三・九センチメートル×一六・〇センチメートルである。近年に作られたような新装の帙に包まれる。書物の構成は、表表紙（左側に「琹家畧傳」と手書きされる）、遊紙、本文（六十一丁）、裏表紙から成る。裏表紙の直前に遊紙は無い。表表紙には東京高等師範学校の架蔵番号による書架印と、後年に貼付された新架蔵番号の書架ラベルが見える。本文中には雌黄と胡粉による訂正が見られ、本文の行間と上欄には朱の書き入れが見られる。本文は次の七項目と奥書（乙）から成る。

①「**琹学傳受畧系**」平松本に同じ（字句に異同あり）。平松本と異なり、「駒澤某」は書かれず、「宿谷黙甫」（兒玉慎）から朱線を伸ばして「新樂定」が追加されている。合計十四名の名が書かれる。「東京高等／師範學校／圖書之印」の方印（大）と「大正十四年十一月十日編入」の長方印が捺される。

②「**琹家畧傳**」平松本に同じ（字句に異同あり）。「東京高等／師範學校／圖書之印」の方印（小）が捺される。

③「**琹譜の話**」平松本に同じ（字句に異同あり）。平松本では「琹譜の〝説〟」と書くが、筑大本では「琹譜の〝話〟」と書く。

④「**雑話**」平松本に同じ（字句に異同あり）。「東京高等／師範學校／圖書之印」の方印（小）が捺される。改丁位置で区切ると次の五部分（ａｂｄｅｆ）に分かれる。平松本と異なりｂに改丁があるが、ｃではそうではない。

ａ「越師携來る琴数張あり」から始まる文章。

ｂ「祇園寺に越師の遺物許多あり」から始まる文章。ここの上欄に「別に水戸紀行へくわしく記す」と註釈があるが、管見の限り『水戸紀行』という書物は見つかっていない。「東京高等／師範學校／圖書之印」の方印（小）が捺される。ここでは改丁されないが、ｃに相当する箇所（「空々先生少して才敏文辞を以称せらる」から始まる文章）も書かれる。

d「杉本仲温」から始まる文章。

e「蝦夷琴の説」から始まる文章。

f「心越禅師の傳記ハ世に知れる人なし」から始まる文章。ここに虫損と黒色化が見られる（写真3、本稿第二節）。

⑤「**弾琴指** 載于竹洞先生鶴山路篇」『竹洞集抄』の⑦に同じ。三十一字母を載せる。文章の見出しは「弾琴指」の三文字であるが、これは誤写であり、正しくは「弾琴指法」の四文字であろう。

⑥「**竹洞文集** 抄 **野節宜卿著** 人見有元」『竹洞集抄』の⑤に同じ。但し全十七通の尺牘の題目を「與東皐書」とする。

⑦「**韓客筆語** 載附録」『竹洞集抄』の⑥に同じ。但し文末に奥書（甲）が識語のように書かれる。

奥書（乙） 本文の最後に奥書（乙）が書かれる（本稿第三節）。

第二節　寛政年間の調査―fの成立―

平松本にも筑大本にもfという部分がある。筑大本のfは五丁から成り、平松本と筑大本の全ての部分の中で最も早い時期（寛政年間）に書かれたと推測する。その根拠には次の五点がある。

第一に、次の記事に拠ると、定と山本鄰（一七七一―一八四五、「政五郎」は通称か、号「徳甫」）が東皐禅師について祇園寺及び水戸城下で調査したと書かれる（欠字は原文ママ、句読点引用者）。

○寛政十年戊午七月、山本政五郎 隣子■ 新樂閑叟 東皐師之舊海を訪ふため、水府ノ祇園寺に至ル。水戸人岩田太郎右衛門 商家也 家に逗留中、佐滕（藤カ）志郎右衛門ト申し人と越師ノ事を語リ候也。其義傳授。（兒玉慎編『琴事漫鈔』）

定と鄰は共に牛門社の琴人であり、寛政十年（一七九八）七月に連れ立って祇園寺を訪れて、東皐禅師の遺品を調べた。その際に水戸城下の岩田家に泊まり、岩田及び佐藤という町人から東皐禅師に関する古い話を聞いた。この寛政十年は東皐禅師の示寂（一六九五）から約百年後に相当する。なお、同時期にこの二人は足利学校にも立ち寄った。即ち足利学校の寛政十年七月の記録の中に「十一日閑叟山本政五郎来」と「廿七日晴閑叟山本政五郎皈府」（『足利学校記録』‥三七八頁）と書かれる。

第二に、筑大本のｆに執筆者の名は書かれないが、その内容は祇園寺と水戸城下での調査結果である。加うるに、ｆは時章に向けて執筆されたことが、ｆの冒頭と末尾によって理解できる。即ちｆの冒頭には「此趣平松殿へよく御申上可被下候」と書かれ、ｆの末尾には「やがて予が手に入候ハヽ懸御目可申候」と書かれる。

また、ｆの冒頭の上欄（写真3）には、次のような朱筆の文が書かれる（句読点引用者）。

この冊ハ、先年寛政の比、伊勢の永田九兵衛へ書て贈りし也。平松公の反古《家の》より出つ。皆清書して奉りし。故此草本と一ツに釘しおくもの也。公の用心厚といふべし。

【解釈】この冊（かきつけ）は、寛政（一七八九—一八〇一）の頃に（私が）伊勢の永田維馨（俗称「九兵衛」、号「蘿道」）へ書き送ったものだ。それが平松公（時章）の家の反古紙の中から出てきた。それを全て清書して、（清書のほうを時章へ）献上した。そのため（原本のほうは）この草稿（即ち筑大本の他の部分）と一つに綴じたまま残す。平松公の用心は並々ならない。

文中の維馨は牛門社で学んだ伊勢琴人である。文意に拠ると、このｆは執筆者から維馨を介して時章に届けられたこと、及び時章の許で数年間保管されてから発見されて、そのことを執筆者自身が上欄に書き込んだことがわかる。

第三に、筑大本のｆの料紙の状態を見ると、次の特徴がある。
（1）筑大本を構成する料紙の中で、ｆの料紙にだけ虫損が見られる。また、ｆの中央には折り目があり、その折り目を軸として虫損が上下対称に見える。
（2）筑大本における他の部分と異なり、ｆでは文字が綴紐の近くへ深く入り込んで書かれる。また、ｆの紙が黒色化している。筆者の簡易撮影による写真3ではｆと前の部分（ｅ）との色の差異が見えにくいが、ｆと後の部分（⑤）との比較ではその黒色化がよくわかる。これらは、ｆが嘗て単独で綴じられており（或いは束ねられており）、後に筑大本の一部として合綴されたことを示唆する。
第四に、筑大本のｆの上欄にある朱書きの文は、虫損を故意に避けて書かれている。この状況は、ｆが書かれてから虫損が発生し、その後に朱書きが書き込まれたことを示唆する。仮に筑大本のｆが始めから転写本として作られていれば、この状況は発生しない。

第五に、ｆを綴じる筑大本の奥書（乙）には「愛閑主人　新樂定」という署名が書かれる。これは、筑大本が自筆本であろうと転写本であろうと、著者が定であることを意味する。

以上の五点を矛盾なく総合すると、ｆの執筆者自身が朱書きを書き込んだこと、その執筆者は定であり、筑大本は定の自筆本であることがわかる。またｆの成立過程は、先ず寛政十年七月に定と鄰が祇園寺及び水戸城下で調査をして、その成果に基づいて定が時章宛にｆという五丁の報告書を書き、次に定は維馨を介してそれを時章へ届けさせ、時章はそれを受け取って保管した。恐らく定は時章からの指示を受けて調査を開始し、ｆを書いたのだろう。次に定は自身の書いた五丁が時章の許で保管されていることを知るが、それは次節で述べる文化七年に起こった。

第三節　文化七年の召見―平松本の成立―

筑大本の奥書（乙）は次のように書かれる（平出は原文ママ、句読点引用者）。

> 此書ハ、予文化庚午夏上京、
> 平松黄門公へ召見の時、琴事を問給ふ事ありしに、奉答し草本也。清書ハ
> 相公へ奉り、帰郷の後、文辞の鄙俚をも改、また残る事共を補入すへしと、其まゝ敗篋に棄置ぬ。
> 愛閑主人　新樂定

【解釈】この書物は、（私が）文化七年（一八一〇）の夏に上京した際に、平松中納言公（時章）が（私を）召見されて琴事についてお尋ねになったので、お答え申し上げた時の草稿である。清書は相公（時章）へ献上した。（現栃木県佐野市内に位置した馬門村への）帰郷の後に、字句の誤りを直して、書き忘れたことを追記しようと思いつつ、そのままにして、壊れた篋（たけかご）の中に放ったらかしにしておいた。愛閑主人　新樂定

奥書（乙）の書き方に拠ると、当時の時章は中納言に任ぜられ、且つ筑大本は文化七年に用意した草稿であると書かれる。しかし、このような年代は本文と一致しない。即ち筑大本の本文には、時章が権大納言に任ぜられた文化十年以後の記述である「以上杉浦琴譜五巻者京都平松大納言殿家に在」（③「琹譜の話」）と「此琴平松亜相公へ奉呈して今彼家に在」（④「雑話」）という二文が書かれる。この二文は行間への追記ではなく、本来の文として書かれる。時章が権中納言に任ぜられた期間は享和二年（一八〇二）二月から文化元年（一八〇四）

正月までであり、権大納言に任ぜられた期間は文化十年五月から同年六月までである（国立史料館 一九八〇：一七〇頁）。従って奥書（乙）が書かれてから後に本文が書かれたことがわかる。

ところで平松本と『竹洞集抄』、筑大本を照合すると（図1）、異同の多少は部分によって不揃いであり、それが自筆本の記述に符合することがわかる。第一に、冒頭からe「蝦夷琴」までの部分は異同が多い。これは書物の「書き直し」を意味しており、次の三つの記述に符合する。

（1）平松本でのこの部分の末尾、即ちeの末尾には朱筆で「右件の琴話ハ文化庚午の年筆録して奉る所の者也」（写真2）と書かれる。これは、平松本の冒頭からeまでの部分は、文化七年に定が「筆録」して、時章に献上した書物であることを意味する。

（2）筑大本の奥書（乙）には「清書ハ相公へ奉り」と書かれる。これは、時章には清書が献上されて、その清書の底本となった草稿が別にあることを意味する。

（3）筑大本の奥書（乙）には「文辞の鄙俚をも改、また残る事共を補入すへし」（読点引用者）と書かれる。これは定が手元に持っている草稿に対して、「書き直し」をしようとしたことを意味する。

これらを整理すると、定は草稿を清書して時章に献上したが、その草稿を書き直そうとしたことがわかる。奥書（乙）には実際に書き直し終えたことまでは書かれていない。但し先述のように、筑大本の奥書（乙）の年代より後に本文が書かれたことに基づくと、やはり清書を終えたと推測できる。定は文化七年の召見の際に草稿を用意し、時章にはその清書を献上した。この清書が平松本の冒頭からeまでの部分であると考える。また、「其まゝ敗篋に棄置ぬ」と放置していた草稿をその後に取り出して、書き直して新稿を作った。この新稿が、筑大本での冒頭からeの部分であると考える。

第二に、f及び『竹洞集抄』の部分を照合すると、異同が少ない。これは「転写」に相当する。特に平松本のfは定が時章の許へ持参したものではなく、時章によって保管されていたものを見せられて、定が清書したと推測する。これは筑大本のfの上欄に書かれる「平松公の反古《家の》より出つ」を根拠とする。

総じて言うと、文化七年に定は上京して時章に面会し、琴事に関する草稿を清書して時章に渡した。その時に、時章によって保管されていたfも清書して合綴した。この清書が平松本であると考える。

第四節　新樂定写『東皐琴譜』五巻本の献上―筑大本の成立―

筑大本の成立時期は、定の晩年に相当する文政八年（一八二五）三月（『東皐琴譜』五巻本の献上）から同十年六月（定の逝去）までの狭い期間にあると考える。

『東皐琴譜』の原書即ち五巻本は、『東皐琴譜』の伝承の中で最重要な書物である。しかしそれは逸失しており、現存分では国文学研究資料館の田安徳川家旧蔵資料に二点の残欠写本が所蔵されるのみである。[*8]しかし、現存分よりも多くの五巻本の写本が江戸の琴人によって作られたようである。その一つが定による写本[*9]であり、それが最終的に時章に献上されたと推測する。その一連の動きは次のような三つの順序を踏んだ。

第一に、定は五巻本を書写していた。平松本の③「琴譜の説」では上欄に朱書きで「迎暾閣の藏義代氏にて火に罹可惜《定》一本を写し知のミ也」と書かれる。文中の「義代氏」は不明であるが、当時の火災は明和の大火を指すのであろう。「迎暾閣」は牛門社社長である兒玉慎の書庫名である。迎暾閣の罹災に因って慎が所蔵した五巻本の写本は消失したが、定はその写本を前もって転写していた。また、平松本の③「琴譜の説」の本文中に「今こゝに迎暾閣藏をもて諸序雑篇及目録を記して考古の一助となす」と書かれる。これは、定が『琴家畧傳』の執筆時に自身による転写本を見ながら、『東皐琴譜』五巻本の構成について書いたことを意味する。

第二に、定の琴書の大部分は大坂商人の伊丹屋四郎兵衛（「調菴」は号か）に譲渡された。『鳥海翁琴話』[*10]の記述に拠ると、四郎兵衛は商用で松前に行った時に定と出会い、約三十日間で定から二十八曲の琴曲と「漁樵問答」を習い、その後に定が大坂に行った時に「其《（定）》もたる所の琴書を大かたこれ《（四郎兵衛）》に授く。此故にいた四郎《（四郎兵衛）》が著す所の書は多く閑叟が手より出たる也。」（句点引用者）と書かれる。管見の限り四郎兵衛の著書は見つからないが、その著書が主に拠る所は定の琴書だという。また、『鳥海翁琴話』の別の箇所の附箋には「調菴ハ新樂閑叟ニ学ふ。正との平松公ヘ出入す。」（句点引用者）とも書かれており、四郎兵衛と時章は交流していた。

第三に、平松コレクションの資料（架蔵番号：4-1-27）の一部には、文政八年（一八二五）に四郎兵衛から時章へ五巻本が献上された記録の写しが次のように書かれる（平出・欠字は原文ママ、句点引用者）。

文政八年三月晦日余浪華伊丹屋四郎兵衛駐掌記状并琴譜五巻到来。其状如左。
未奉得羽殿笈等一筆奉啓候。先以
前大納言様倍御機嫌能被為遊　御座奉恐悦候。次ニ｜｜｜｜長文追可書加

三月廿八日　伊丹屋
四郎兵衛

児織部様
山左膳様

別■■指

大坂本町壹丁目
伊丹屋
四郎兵衛

東皐琴譜五冊入桐箱
有返札別々■■。幸織部四月一日夕下坂之要事有之。依此便織部伊丹屋宅ヘ行向謝詞◯申遣之。其中上京待入而申遣。
四月三日織部上京。四郎兵衛面會謝詞述之。當月中下旬之間遂上京可参候旨申之。彼仁新楽閑叟門人之由

云々。

【解釈】文政八年（一八二五）三月晦日。余（時章）は浪華に四郎兵衛を駐（とど）めさせておくと、掌記状と琴譜五巻が届いた。掌記状には次のように書かれる。

未だ献上し終えていない羽声の曲譜を収める笈（せおいばこ）等に関して簡単に申し上げます。先ずは前権大納言様が倍（ますます）御機嫌よろしゅう遊ばされ御座しますこと、恐悦に存じます。次に――――
長文のため追って書き加える

三月二十八日　伊丹屋四郎兵衛

児嶋織部様

山本左膳様

別[redacted]指　大坂本町壹丁目　伊丹屋四郎兵衛

東皐琴譜五冊桐箱入り

（織部から）返信あり。[redacted]ちょうど織部は四月一日に（京都の外にある）下坂で要事があるため、その都合に合わせて織部は伊丹屋宅へ行って謝辞を申し遣わした。その言葉の中で、（余が四郎兵衛の）上京をじっと待っていると伝えた。

四月三日、織部が上京し、（余に対して）四郎兵衛と面会して謝辞を述べたことを報告した。（四郎兵衛は）今月の中下旬に漸く上京して（余に）お会いしたい旨を申している。この人は新樂閑叟の門人だという。

文中の児織部（児嶋織部）と山左膳（山本左膳）は、時章の代に平松家の家政に当たった者である。[*11] この資料に拠ると、文政八年に四郎兵衛は平松家の家政の者を介して時章に五巻本を献上し、その謝辞を受けたことがわかる。

以上の三つの順序を総合すると、先ず定は牛門社に所属する間に兒玉慎が所有する五巻本を書写した。次に定が松前で四郎兵衛に『東皐琴譜』の諸曲を教えたことが契機となり、定の琴書の大部分が四郎兵衛に譲られた。次に四郎兵衛は桐箱入りの『東皐琴譜』五巻本を時章へ献上した。恐らくこれが、嘗て定に依って書写された五巻本であろうと推測する。

五巻本献上の年月は文政八年三月であり、その後に定は逝去する（文政十年六月二十二日）。その一方で筑大本には「以上杉浦琴譜五巻者京都平松大納言殿家に在」という一文が書かれる。この「杉浦琴譜五巻」は、定自身が書写した五巻本を指す。そのため筑大本の成立は、文政八年三月から同十年六月の間にあると考える。なお、時章に渡った五巻本は桐箱に入ると書かれるが、現在の平松コレクションの中にそのような品はない。

結言

新樂定著『琴家畧傳』の自筆本は二点ある。一つは大英博物館平松コレクションの蔵本（平松本）であり、一つは筑波大学附属図書館（中央図書館）の蔵本（筑大本）である。但し定はこの二点を書き上げる前に、寛政九年九月に足利学校において『竹洞集抄』を編んだ。また、寛政十年七月に定は山本鄰と共に祇園寺と水戸城下で東皐禅師に関する調査をして、報告書を五丁に纏め、永田維馨を介してそれを平松時章へ送った。そして文化七年の夏、定は時章の召見を受けて上京し、琴事に関する草稿と以前の報告書を合わせて清書して、時章に提出した。これが平松本である。但し定はその草稿に書き直す必要を感じた。そのため晩年に至って、書き直しの稿本と以前の報告書の原本、及び『竹洞集抄』の写しを合わせて一冊に編んだ。これが筑大本である。

『琴家畧傳』は江戸時代の琴に関する最初の伝記である。その成立には五名の琴人が関わった。著者定と鄰、維馨は江戸の牛門社の者である。伊丹屋四郎兵衛は定の弟子である。時章は琴を維馨等の伊勢琴人に学んだ。従って、『琴家畧傳』の成立を支えたのは牛門社であり、それは即ち兒玉慎が大きな影響力を持っていたからだと表現できる。その一方で、『琴家畧傳』が誕生する契機となった人物は時章である。時章は従来の日本の琴史の中で余り注目されてこなかった。しかし大英博物館平松コレクションの精査に伴って、時章は今後注目すべき人と評価されるであろう。

◎謝辞

本稿では大英博物館での調査にあたり、同館 Japan Collections の Rosina Buckland 氏と矢野明子氏を始め、職員の方々には多大な便宜を図っていただきました。ここに深謝の意を表します。また、筑波大学附属図書館（中央図書館）での調査にあたり、同館職員の方々には収蔵記録を調べていただく等の御親切を賜りました。ここに厚謝の趣を表します。また、筆者の研究チームとして大英博物館での調査に同行した伊藤愛子氏、何子珺氏、由良桃子氏、及び研究資金を提供していただいた株式会社トライベスト・サンに謝意を表します。

◎資料

『足利学校記録』：倉澤昭壽編　二〇〇三『足利学校記録』、足利：倉澤昭壽
『韓使手口錄』：国立公文書館内閣文庫 178-0534
『琴家畧傳』：筑波大学附属中央図書館 ﾀ 120-65
『琴事漫鈔』：国文学研究資料館田安徳川家旧蔵資料 15-512
『七絃琴雜記』：西尾市岩瀬文庫 八九函一五号
『絲桐談』：国会図書館 183-510
『竹逸琴話』：国会図書館 832-213
『竹洞全集』：人見捨蔵　一九九一『人見竹洞詩文集』、東京：汲古書院
『鳥海翁琴話』：国会図書館 832-214（国会図書館デジタルコレクションにて閲覧）

『平松家納戸銀貸付高之内、是迄御届無之分』：国文学研究資料館山城国京都平松家文書 36F/00257
http://base5.nijl.ac.jp/~archicol/eachpage/05/02/ac1961006/index.html
大英博物館平松コレクション
Museum number: 1990,0613,0.5.1-93
Description: Collection of musical scores and manuscripts (93 items in ten parts)

◎参考文献

岩波書店　一九六六『国書総目録』第四巻、東京：岩波書店
片山雄八郎・岸辺成雄他編　一九八五『訳注　鳥海翁琴話』、志木：冬青社
岸邉成雄　二〇〇〇『江戸時代の琴士物語』、東京：有隣堂
国文学研究資料館　国書データベース https://kokusho.nijl.ac.jp/?ln=ja
国立史料館編　一九八〇『史料館所蔵資料目録　第三十一集』、東京：三協社
佐竹喜久子　二〇一三『江戸文人新楽閑叟　業績と交友関係』、東京：岩波出版サービスセンター
杉村英治　一九七七a「新楽間叟『間叟雑録』」、東京大学出版会『UP』六十号（一九七七年十月号）、二三―二七頁
――――　一九七七b「新楽間叟『蝦夷歌仙』　羽太安芸守正養作新楽間叟註」、東京大学出版会『UP』六十二号（一九七七年十二月号）、二九―三三頁
豊永聡美　一九九九「大英博物館所蔵『平松家旧蔵楽書資料』について」、東京音楽大学『研究紀要』第二十三号、一―二二頁
中根淑　一九一六『香亭遺文』、東京市：金港堂書籍株式会社
林謙三　一九四二「日本撰琴學書目略」、『東洋音楽研究』第二巻第四号、二四五頁

注

1　兒玉慎が長を務めた琴社を岸邉（二〇〇〇）は「安養寺琴社」と呼ぶが、資料に基づく呼称は「牛門社」である。新樂定は『琴家畧傳』（平松本、筑大本）においてこの琴社を「牛門社」と呼び、「安養精舎」で活動することを書く。また、『琴家畧傳』の後世の伝本の一つであ

る『竹逸琴話』には「琴社諸友記」という記録がある。そこには「行元精舎」で活動した者の名簿が書かれる。即ち安養寺と行元寺は、牛門社が琴会を開いた場所を指すのであり、団体名の由来ではない。

2　林の「日本撰琴學書目略」（一九四二）では「琴學傳受略系　新樂閑叟著」「閑叟雑話　新樂閑叟著」「随見筆録　井上竹逸輯」を挙げる。しかしこれらが別々の書物ではなく、『琴家畧傳』の一部であったり、後世の伝本であったりすることはわからなかった。

3　筆者が調査した十点の写本は次の通り。これらは新樂定の自筆本（①②）、②からの転写本（③④）、②の一部のみ或いは②の一部と別の記事との混合本（⑤⑥⑦）、②に加筆した明治期の『随見筆録』（⑧⑨⑩）に分類できる。

①『琴家畧傳』大英博物館平松コレクション 4-1-27
②『琴家畧傳』筑波大学附属図書館 ル120-65
③『琴學考』国会図書館 WA17-15（「立原先生校本」）
④『絲桐談』国会図書館 183-510
⑤『琴家略傳』東洋文庫 IX-5-B-1002（鳥海雪堂撰、今泉雄作旧蔵）
⑥『琴家畧傳』國學院高等學校藤田小林文庫 492/1-106（及川天籟写本）
⑦『四庫全書 第四樂類抜抄』都立図書館 特買 3019（中山久四郎旧蔵）
⑧『竹逸琴話』国会図書館 832-213（今泉雄作旧蔵）
⑨『七絃琴雑記 竹逸遺書』西尾市岩瀬文庫 89函15号（目次題「随見筆録」）
⑩『五知齋琴譜 抜』都立図書館 特買 3044（中山久四郎旧蔵）

4　『琴家畧傳』平松本の表表紙の中央には「琴家畧傳 新樂閑叟記 全」と手書きされる。これは恐らく時章が書いたのであり、本文とは別筆のようである。

5　『国書総目録』（第四巻一四九頁）及び国書データベースには、二松学舎大学竹清文庫に新樂閑叟著『絲桐雑記』（文政九年）が所蔵されていると書かれる。しかし、筆者が大学図書館を通じて二松学舎大学に二〇一三年頃に問い合わせた所、所蔵しないという回答を得た。

6　定が『絲桐雑記』を「鴎亭」に預けた時期は、享和三年（一八〇三）三月十九日の松林院別宴（中根一九一六：一三九頁、杉村一九七七b、佐竹二〇一三：五五－五七頁）の前後であろう。これは、仲間で定を北方へ送り出した壮行会である。その仲間の中に「鷗汀」が見える。

7　人見節著『弾琴指法』の伝本は『琴家畧傳』の諸伝本以外では、筆者は次の二点を確認している。（1）『琴事漫鈔』の中に「彈琴指法」（三十一字母を載せる）が書かれる。この『琴事漫鈔』の中には『竹洞集抄』の⑤「竹洞集 抄」と共通する十二通の尺牘も載せる。（2）『十牛頌附弾琹手法』（平松コレクション:3-2-30）の中に「弾琴指法」が書かれる。但し「艹」（散：開放絃を弾く）の一字譜を書き漏らすため、三十字母を載せる。

8　『東皐琴譜』五巻本の現存する二点の残欠写本のうちの一つが『東皐琴譜』（国文学研究資料館田安徳川家旧蔵資料:15-501-5～7、部分的に「月池書屋蔵」の用箋を用いる）である。その欠けている部分の一つが、『琴曲日本謡譜』（平松コレクション:3-2-17）として残されていることが判明した。これに関しては別稿で紹介する。

9　定による五巻本の写本は、二点の現存残欠写本と異なることは明らかである。何故ならば定の写本の内容は『琴家畧傳』に書かれるが、その中の「東皐琴譜巻上目録」では「大明　心越禅師　訂音／日本　杉浦正職　重校」（平松本と筑大本、傍線引用者）と書かれる。その反面、現存残欠写本では「大明　心越禪師　訂音／皇和　杉浦正職　重校」（田安徳川家旧蔵資料 15-501-1: 傍線同上、「皇和」は「日東」からの貼紙訂正）と書かれたり、「大明　心越禪師　訂音／日東　杉浦正職」（田安徳川家旧蔵資料 15-501-4: 傍線同上、「大明」は「明僧」からの貼紙訂正、「日東」は「雲州」からの貼紙訂正）と書かれたりする。

10　『鳥海翁琴話』は、鳥海雪堂の江戸での琴の弟子である片山賢（一七九六—一八五三）が歿年に完成した書物である。定や時章の生歿年と余り時期を隔ててはいないため、ほぼ同時代の証言と見做すことができる。

11　平松家の家政の一つに金銀の貸付がある。それに関する書類の中で、未納分を児嶋織部と山本左膳が整理した『平松家納戸銀貸付高之内、是迄御届無之分』の冒頭には、地下楽人（東儀、多、豊、安倍）への貸付が書かれる。

安倍季良作「新之律板」「律呂図板」の構造と理論

高瀬 澄子
Takase Sumiko

序

「新之律板」「律呂図板」とは、彦根城博物館が所蔵する井伊家伝来資料のうち、第十二代彦根藩主、井伊直亮（一七九四―一八五〇）によって収集された、雅楽の楽器を中心とする二百六十点余りの楽器とその関連資料の一部として所蔵されている資料である。[*1]「新之律板」（楽器附属品〇一一）は二点、「律呂図板」（楽器附属品〇一二）は三点で、計五点あり、いずれも二枚または三枚の円盤状の板が重ねられた、音楽理論に関わる器具である。

本体に書かれた銘によれば、「新之律板」と「律呂図板」は、篳篥を主業とする京都方楽人、安倍季良（一七七五―一八五七）によって製作された。安倍季良は、篳篥の名手であり、東遊や久米舞の再興に関与し、『山鳥秘要抄』（一八三〇序、三十二巻）と題する楽書を著したこと等で知られている。[*2]生涯にわたって雅楽に関心を持ち続けた井伊直亮にとっては篳篥の師に当たり、井伊直亮は安倍季良より、文化六年（一八〇九）に《五常楽》、弘化三年（一八四六）に《甘州》《喜春楽》の篳篥譜を伝授されている。[*3]

「新之律板」「律呂図板」のうち、「新之律板」二点については、彦根城博物館が開催した企画展「日本の楽器」（一九九六年十月二十六日―十一月二十五日）の展示図録に、写真と銘の一部が掲載されている。[*4]しかし、同種の器具である「律呂図板」も含めた五点の全容については、これまで明らかにされたことはなかった。これらの器具は、音楽理論を視覚的に表したものであること、同種の器具が同時代に他にも見られること等から、[*5]江戸時代の楽人が雅楽の音楽理論をどのように理解していたかを示す手掛かりとして注目することができる。さらに、同図録によれば、「新之律板」の銘には「楽学新説」への言及がある。「楽学新説」とは、明代に十二平均律を提唱したことで知られる朱載堉『楽律全書』(一五八一—一六〇六)の中の著作の一つである。[*6]したがって、中国の音楽理論が江戸時代の日本においてどのように理解されたかを考察する上でも、興味深い事例の一つとなりうるであろう。そこで、本稿では、「新之律板」「律呂図板」がどのような構造を持ち、どのような理論を表しているかを明らかにすることを目的とする。[*7]

第一節　構造

「新之律板」「律呂図板」は、いずれも正十二角形の板を二枚または三枚重ねて構成されている。板の中心には穴が穿たれて木の棒が差し込まれ、各々の板は自由に回転するように作られている。重ねられた板は各々直径が異なり、下の板が大きく、上の板が小さい。大きい板には中国や日本の十二律の名称、[*8]小さい板には七声や調の名称が墨書されている(写真1—13を参照)。

このような構造は、これらの器具が中国のいわゆる旋宮図に相当するものであることを示している。「旋宮」とは転調を意味し、[*9]「旋宮図」とは、十二律を記した円と七声を記した円を組み合わせ、回転させることによって、様々な調の音階を体系的に表した図のことである。[*10]十二律を記した円を律盤、七声を記した円を声盤と呼ぶ。旋宮図は唐代の『楽書要録』等の音楽理論書にたびたび描かれてきたが、その構造上、平面のみならず立体をも志向したものであることは明らかであり、「新之律板」「律呂図板」は、この旋宮図を板によって立体化したものであると言える。

表1に全五点の基本情報を一覧した。彦根城博物館の所蔵番号には枝番号がないため、以下、個々の器具を

指す場合には、表1の資料名に付したアルファベットを用いることとする。

一 「新之律板」

「新之律板」二点は、木箱に保管され、箱蓋の表に「新之律板／二ヶ通」と墨書されている。「安倍季良工風／新調之具」、裏に「天保十三年秋／八月金亀城に／おひて季良自／筆して恵む」[*11]と墨書されている。金亀城とは彦根城を指し、彦根城博物館の図録によれば、裏の墨書は井伊直亮の筆になるものである。[*12]表の筆跡も裏とよく似ており、同筆と思われる。

「新之律板」aは、板三枚から構成され、下の板は直径約十一・五センチメートル、中と上の板は直径約六センチメートルである（写真1―4）。上と中の板の両面には、中国の調名、「律ト云」等の文字、七声名が書かれ、調名以外は朱書きである。下の板表には、中国の十二律名が書かれ、それぞれの律名の傍らに、日本の十二律名の頭文字が朱書きされている。下の板裏には、「旋宮七声為均之図／以所載楽学新説之図／注所伝本朝七声之図／天保壬寅無射中三／雅楽助季良造」[*13]と書かれている。

この裏書きによれば、安倍季良は、朱載堉の「楽学新説」に掲載された図を参考にして日本の七声の図を作り、「旋宮七声為均之図」と命名した。今日に伝わる「楽学新説」にはいくつかの図が掲載されているが、[*14]この「旋宮七声為均之図」に類似した図は一つしかないため、比較的容易に安倍季良が参考にしたであろう図を特定することができる。図1に示した「五音為均旋宮之図」である。「五音為均旋宮之図」では、十二律と五音が三分損益法[*15]による生成順に時計回りに配置されているが、「旋宮七声為均之図」もそれに倣って十二律と七声が配置されている。

「新之律板」bは、やはり板三枚から構成され、下の板は直径約十・五センチメートル、中と上の板は直径約六・五センチメートルである（写真5、6）。上と中の板の片面には、「律」の字や七声名、七声名を結ぶ直線等が書かれ、その一部は朱書きである。下の板表には、中国と日本の十二律名、十二律名を結ぶ直線等が書かれ、[16]中国の十二律名以外は朱書きである。下の板裏には、「順八逆六相生之図／天保壬寅九月十三夜於／彦根大城／季良書之」[17]と書かれている。

この裏書きによれば、安倍季良は「旋宮七声為均之図」と同じ日に製作したこの器具を「順八逆六相生之図」[18]と命名した。「旋宮七声為均之図」の十二律と七声が三分損益法による生成順に配置されていたのに対し、「順八逆六相生之図」の十二律と七声は、音高順に低い音から高い音へと時計回りに配置されている。「旋宮七声為均之図」には見られなかった十二律や七声を結ぶ直線は、三分損益法による生成順を示すものである。

二 「律呂図板」

「律呂図板」三点は、木箱に保管され、箱蓋の表に「律呂図板」と書かれている。裏に墨書はない。

「律呂図板」aは、板二枚から構成され、下の板は直径約十・五センチメートル、上の板は直径約六・五センチメートルである（写真7、8）。上の板の両面には、「律」の字や七声名、七声名を結ぶ直線が書かれ、その一部は朱書きである。下の板表には、日本の十二律名の頭文字、十二律名を結ぶ直線が書かれ[19]、直線は朱書きである。下の板裏には、「文化十三季秋／安倍季良造」と書かれている。

この裏書きによれば、安倍季良は全五点の器具の中で、「律呂図板」aを最初に製作した。十二律と七声は音高順に低い音から高い音へと時計回りに配置されており、中国の十二律名がないことを除けば「新之律板」bとよく似ているが、上の板に書かれた七声名を結ぶ直線の一部は、「新之律板」bとやや異なっている。

「律呂図板」bは、板三枚から構成され、下の板は直径約十三・五センチメートル、中と上の板は直径約九センチメートルである（写真9、10、11）。上の板の片面と中の板の両面には、「律七声」等の文字や七声名、日本の調子名の頭文字等が書かれ、頭文字等は朱書きである。下の板表には、日本の十二律名の頭文字が書かれ、裏には「七声旋宮弁覧之図／弘化乙巳中呂書之／彦根城内旅亭／季良」と書かれている。

この裏書きによれば、安倍季良は「律呂図板」bを「新之律板」二点の三年後に製作し、「七声旋宮弁覧之図」と命名した。裏書きに「楽学新説」への言及はないが、「新之律板」aと同様、十二律と七声は三分損益法による生成順に時計回りに配置されている。「新之律板」aとの違いは、主に日本の十二律名や調子名が用いられていることである。

「律呂図板」cは、板二枚から構成され、下の板は直径約十三・五センチメートル、上の板は直径約九センチメートルで、bとほぼ同じ寸法である（写真12、13）。上の板の両面には、「律」の字や七声名、七声名を結ぶ直線が書かれ、直線のほとんどは朱書きである。下の板表には、日本の十二律名の頭文字、十二律名を結ぶ直線等が書かれ[*20]、直線のほとんどは朱書きである。下の板裏には、「弘化二年中呂注之／彦根城内旅亭　季良」と書かれている。

この裏書きによれば、安倍季良は「律呂図板」cをbと同じ年月に製作した。したがって、おそらく「新之律板」abと同様、「律呂図板」bcは一種の対を成していると考えることができる。「新之律板」bと同様、十二律と七声は音高順に低い音から高い音へと時計回りに配置されているが、一見したところ「新之律板」bより「律呂図板」aに似ているのは、中国の十二律名が書かれていないからである。ただし、上の板に書かれた七声名を結ぶ直線は、「律呂図板」aより「新之律板」bと共通している。

三　小括

以上、五点の器具の構造を概観すると、次のように言うことができる。

第一に、これらはいずれも下の大きな板が律盤、上や中の小さな板が声盤に当たる。律盤は一枚だが、声盤は一枚の場合と二枚の場合がある。声盤はしばしば両面が用いられ、その面の数が多ければ、表示される音階の種類はそれだけ多くなる。

第二に、これらは、十二律と七声の配置の順序によって、二つに類別することができる。一つは、三分損益法による生成順の配置である。「新之律板」a、「律呂図板」bが該当する。どちらも板三枚から構成され、声盤は二枚四面または三面が用いられている。安倍季良は朱載堉の「楽学新説」を参考にして、この配置を自作の器具に適用した。

もう一つは、音高順の配置である。「新之律板」b、「律呂図板」acが該当する。「律呂図板」acは板二枚、「新之律板」bのみ板三枚から構成されるが、「新之律板」bの声盤は片面しか墨書がないため、板二枚であっても用が足りる。つまり、原則として板二枚から構成され、声盤は一枚両面である。律盤と声盤には十二律や七声を結ぶ直線が引かれ、三分損益法による生成順も示すように作られている。

第二節　理論

中国の旋宮図では、十二律と七声の組み合わせによって、合計八十四の調の音階を表示することができる。七声はいずれも主音となりうるので、理論上、成立する音階の種類は、表2に示す通り、宮調、商調、角調、変徴調、徴調、羽調、変宮調の七種である。

「新之律板」「律呂図板」では、どのような音階が表示されているのであろうか。銘によれば、安倍季良はこれらの器具を、文化十三年（一八一六）、天保十三年（一八四二）、弘化二年（一八四五）の三回にわたって製作した。年代順に、その音階を検討してみよう。

一　文化十三年（一八一六）

文化十三年（一八一六）に作られたのは、「律呂図板」aである。「律呂図板」aの声盤一枚両面の宮を律盤の壹越に合わせると、写真7、8の通り、二種の音階が表示される。壹越をDとすると、表示される音階は表3の通りである。

表3における「律」の音階（写真7）は、表2における羽調の音階に相当する。[*21] 無名の音階（写真8）は、宮調の音階に相当する。後述するように、天保十三年（一八四二）以降の「新之律板」aと「律呂図板」bにおいて、安倍季良はこの音階を「呂」と呼んでいる。[*22]

声盤には三分損益法による生成順を示す直線が引かれているが、そのうち写真7の羽と角を結ぶ直線については問題がある。この音階における羽と角の音程は長三度であるため、三分損益法によって導き出すことはできないからである。

二　天保十三年（一八四二）

天保十三年（一八四二）に作られたのは、「新之律板」abである。この二点は、安倍季良によってそれぞれ「旋宮七声為均之図」「順八逆六相生之図」と名付けられた。

「新之律板」aの声盤二枚四面の宮を律盤の壹越に合わせると、写真1、2、3、4の通り、四種の音階が表示される。壹越をDとすると、表示される音階は表4の通りである。

表4における「律ト云」と注されている音階（写真1）は、表2における羽調の音階に相当する。「呂ト云」と注されている音階（写真2）は、宮調の音階に相当する。「半呂半律ト云」と注されている音階（写真3）は、商調の音階に相当する。「律ニシテ羽一律下」（律の音階だが、羽が半音低い）と注されている音階（写真4）は、角調の音階に相当する。

このうち「半呂半律ト云」と注されている音階は、七声名に「角」と「律角」、つまり「呂」の角と「律」の角の両方を含んでいる。[*23] ただし、第七音の「嬰商」という名称には問題がある。この音は、商ではなく羽より一律（半音）高い音に当たるからである。また、「律ニシテ羽一律下」と注されている音階については、第七音の「嬰羽」が実際には羽より一律（半音）ではなく二律（全音）高い音となっている。

「新之律板」bの声盤二枚二面の宮を律盤の壹越に合わせると、写真5、6の通り、二種の音階が表示される。壹越をDとすると、表示される音階は表3の通りである。「律呂図板」aと同様、「律」の音階（写真5）は表2における羽調の音階に相当し、無名の音階（写真6）は宮調の音階に相当する。

写真5を見ると、「律呂図板」a（写真7）と異なり、「律」の音階における羽と角を結ぶ直線が引かれていないことがわかる。その代わり、嬰羽と角、角と宮を結ぶ直線が引かれている。これらの直線は三分損益法に則っており、「律呂図板」aのような問題は見当たらない。安倍季良は、三分損益法による生成順の配置である「新之律板」aを製作したことにより、文化十三年（一八一六）作の「律呂図板」aにおける三分損益法の誤りに気づき、同じ音階を示した「新之律板」bでは訂正したのであろう。

三　弘化二年（一八四五）

弘化二年（一八四五）に作られたのは、「律呂図板」bcである。このうちbは、安倍季良によって「七声旋宮弁覧之図」と名付けられた。

「律呂図板」bの声盤二枚三面の宮を律盤の壹越に合わせると、写真9、10、11の通り、三種の音階が表示される。壹越をDとすると、表示される音階は表5の通りである。

表5における「律七声」の音階（写真9）は、表2における羽調の音階に相当する。「半呂半律七声」の音階（写真10）は、商調の音階に相当する。「呂七声」の音階（写真11）は、宮調の音階に相当する。「律七声」に「平黄盤」、「半呂半律七声」に「越双太水」と注されているのは、日本の雅楽の調子では、それぞれ平調・黄鐘調・盤渉調、壹越調・双調・太食調・水調[*24]に相当するという意味であろう。「呂七声」には、「宮調」、「一

双有口伝」（壹越調と双調に口伝がある）と注されている。

このうち「半呂半律七声」の音階は、七声名が「新之律板」aの「半呂半律」（表4）と異なっている。「新之律板」aで「嬰商」となっている第七音を「嬰羽」としたのは、「新之律板」aの誤りを訂正したのであろう。しかし、「新之律板」aで「角」「律角」となっている第三音と第四音を「変徴」「角」としたのは、何故こうしたのか理解しがたい。

「律呂図板」cの声盤一枚両面の宮を律盤の壹越に合わせると、写真12、13の通り、二種の音階が表示される。壹越をDとすると、表示される音階は表3の通りである。「律呂図板」a・「新之律板」bと同様、「律」の音階（写真12）は表2における羽調の音階に相当し、無名の音階（写真13）は宮調の音階に相当する。写真12における三分損益法による生成順を示す直線は、「新之律板」b（写真5）と同じとなっている。

四　小括

以上、五点の器具に表示された音階とその理論を概観すると、次のように言うことができる。

第一に、「律」は羽調、「呂」は宮調の音階に、それぞれ相当する。文化十三年（一八一六）の「律呂図板」a、天保十三年（一八四二）の「新之律板」b、弘化二年（一八四五）の「律呂図板」cで表示される二種の音階はいずれも同じであり、「新之律板」aの「律」「呂」、「律呂図板」bの「律七声」「呂七声」とも一致する。この二種の音階については、安倍季良はおよそ三十年にわたり、一貫して理解に変化がなかったことがわかる。ただし、「律」における三分損益法による七声の生成順については、天保十三年（一八四二）以降、訂正している。

第二に、「半呂半律」は商調に相当するが、この音階の七声名は一定していない。天保十三年（一八四二）の「新之律板」aでは「宮、商、角、律角、徴、羽、嬰商」、その三年後の弘化二年（一八四五）の「律呂図板」

bでは「宮、商、変徴、角、徴、羽、嬰羽」となっており、いずれにしても理論的に不整合である。安倍季良は、「半呂半律」の七声名について、試行錯誤していた形跡が見られる。

第三に、天保十三年（一八四二）の「新之律板」abでは、中国の理論の影響が認められる。中国の十二律名を用い、「新之律板」aでは、「律」「呂」「半呂半律」が中国の理論でどの調の音階に当たるかを示し、他の器具には見られない角調の音階をも表示している。裏書きによって朱載堉の「楽学新説」を参考にしたことが明記されており、「新之律板」という命名や「安倍季良工風／新調之具」という箱書きも、安倍季良が中国の理論を意識してこの二点を製作したらしいことを推測させる。ただし、今日、朱載堉の業績として名高い十二平均律の理論については、全く言及されていない。なお、弘化二年（一八四五）の「律呂図板」bでも一部に中国の調名が用いられ、三分損益法による生成順の配置が採用されているので、中国の理論の影響は「新之律板」二点のみとは言えないであろう。

結語

安倍季良は、文化十三年（一八一六）から弘化二年（一八四五）にかけて、中国の旋宮図に相当する「新之律板」「律呂図板」と称する計五点の器具を作り、日本における様々な音階を示そうとした。「新之律板」「律呂図板」に示された音階は、「律」「呂」については一貫していたが、「半呂半律」については、七声の名称に混乱が認められた。天保十三年（一八四二）に作られた「新之律板」abは、朱載堉『楽律全書』の「楽学新説」を参照し、中国の十二律名や調名を用いるなど、中国の理論の影響が認められる。

文政十三年（一八三〇）序の『山鳥秘要抄』において、安倍季良は音律や音階を詳細に論じている。[*25]「新之律板」「律呂図板」における様々な音階の位置づけを理解するためには、今後、『山鳥秘要抄』をも参照する必要があるであろう。[*26]また、国立歴史民俗博物館には、「新之律板」「律呂図板」と同種の器具である、豊原陽秋作「律呂図板」が所蔵されている。[*27] 豊原陽秋（一八一二―一八四八）は、笙を主業とする京都方楽人で、豊原文秋の養子であるが、元は安倍季随（一七七七―一八五四）の二男であった。[*28] 国立歴史民俗博物館と彦根城博物館には非常によく似た律管が所蔵されていることから、[*29] 徳川治宝と井伊直亮によって収集された楽器コレクションに関わる楽人達には、何らかの交流があった可能性も考えられる。豊原陽秋作「律呂図板」と安倍季良作「新之律板」「律呂図板」との関係についても、今後の検討が必要であろう。

写真1:「新之律板」a（1842）
（所蔵: 彦根城博物館、撮影: 2018年11月2日、高瀬澄子）

写真2:「新之律板」a（1842）
（所蔵: 彦根城博物館、撮影: 2018年11月2日、高瀬澄子）

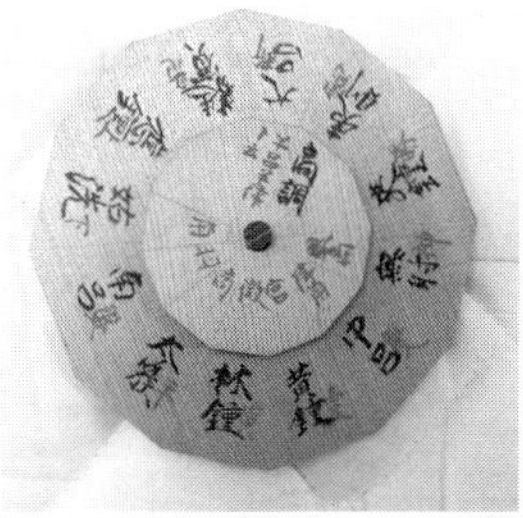
写真3:「新之律板」a（1842）
（所蔵: 彦根城博物館、撮影: 2018年11月2日、高瀬澄子）

写真4:「新之律板」a（1842）
（所蔵: 彦根城博物館、撮影: 2018年11月2日、高瀬澄子）

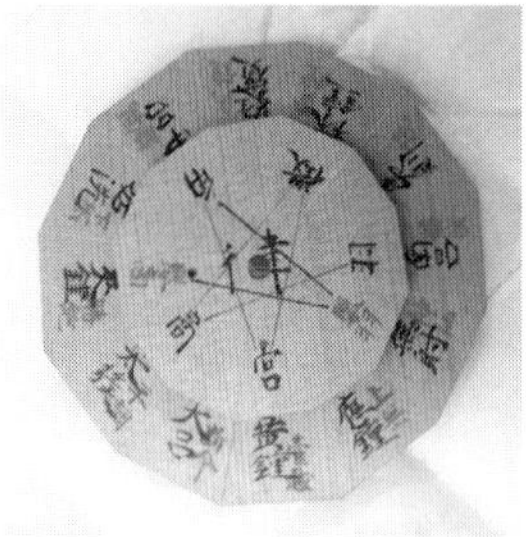
写真5:「新之律板」b（1842）
（所蔵: 彦根城博物館、撮影: 2018年11月2日、高瀬澄子）

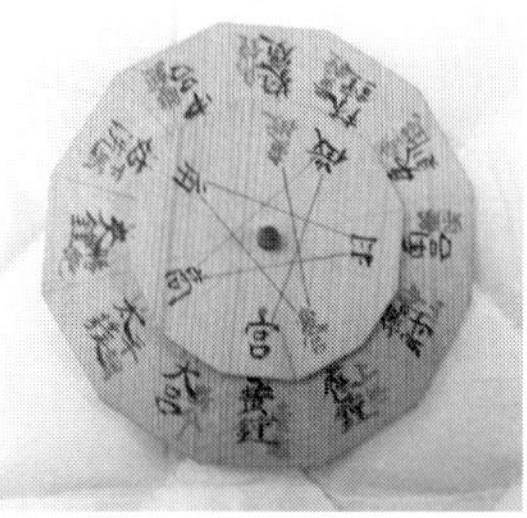
写真6:「新之律板」b（1842）
（所蔵: 彦根城博物館、撮影: 2018年11月2日、高瀬澄子）

写真12:「律呂図板」c（1845）
（所蔵：彦根城博物館、
撮影：2018年11月2日、高瀬澄子）

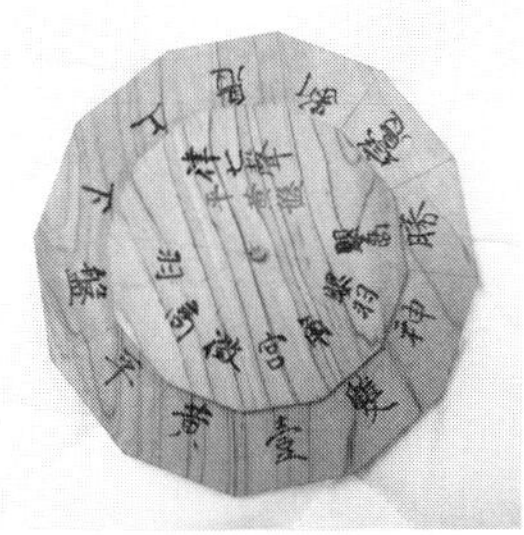

写真9:「律呂図板」b（1845）
（所蔵：彦根城博物館、
撮影：2018年11月2日、高瀬澄子）

写真7:「律呂図板」a（1816）
（所蔵：彦根城博物館、
撮影：2018年11月2日、前島美保）

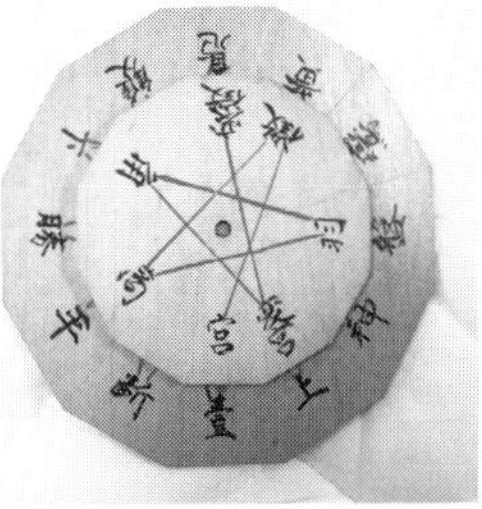

写真13:「律呂図板」c（1845）
（所蔵：彦根城博物館、
撮影：2018年11月2日、高瀬澄子）

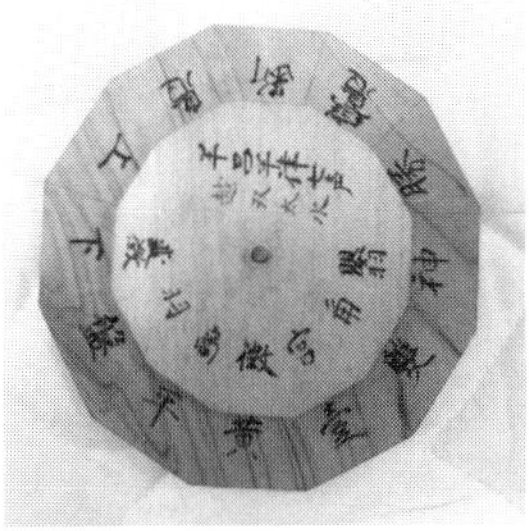

写真10:「律呂図板」b（1845）
（所蔵：彦根城博物館、
撮影：2018年11月2日、前島美保）

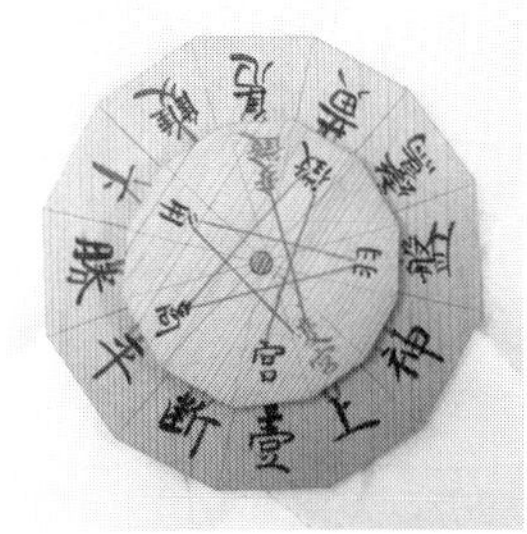

写真8:「律呂図板」a（1816）
（所蔵：彦根城博物館、
撮影：2018年11月2日、高瀬澄子）

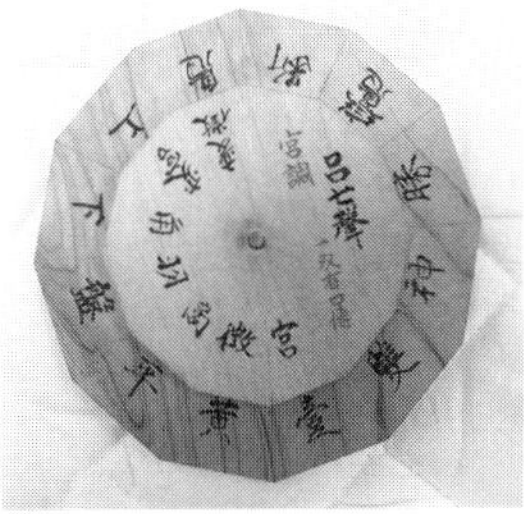

写真11:「律呂図板」b（1845）
（所蔵：彦根城博物館、
撮影：2018年11月2日、前島美保）

図1: 五音為均旋宮之図
（朱載堉撰『楽律全書』書目文献出版社、98頁。）

表1:「新之律板」「律呂図板」一覧

資料名*		板数	直径	製作者**	製作年月日**	製作場所**	所蔵番号	所蔵者
新之律板	a	3	約11.5cm	安倍季良	天保13年（1842）9月13日	—	楽器附属品011	彦根城博物館
	b	3	約10.5cm	安倍季良	天保13年（1842）9月13日	彦根城		
律呂図板	a	2	約10.5cm	安倍季良	文化13年（1816）9月	—	楽器附属品012	
	b	3	約13.5cm	安倍季良	弘化2年（1845）4月	彦根城		
	c	2	約13.5cm	安倍季良	弘化2年（1845）4月	彦根城		

* 箱書きに基づく。ただし、アルファベットは筆者によるものである。
** 本体の銘に基づく。

表2: 七種の調の音階*

十二律 ＼ 調	D	Dis/Es	E	F	Fis/Ges	G	Gis/As	A	Ais/B	H	C	Cis/Des
	黄鐘	大呂	太簇	夾鐘	姑洗	仲呂	蕤賓	林鐘	夷則	南呂	無射	応鐘
宮調	宮		商		角		変徴	徴		羽		変宮
商調	商		角		変徴	徴		羽		変宮	宮	
角調	角		変徴	徴		羽		変宮	宮		商	
変徴調	変徴	徴		羽		変宮	宮		商		角	
徴調	徴		羽		変宮	宮		商		角		変徴
羽調	羽		変宮	宮		商		角		変徴	徴	
変宮調	変宮	宮		商		角		変徴	徴		羽	

* 主音=黄鐘=Dとした場合。アルファベットの音名はドイツ語による。

表3:「律呂図板」a（1816）·「新之律板」b（1842）·「律呂図板」c（1845）の音階 *

十二律＼調	D	Dis/Es	E	F	Fis/Ges	G	Gis/As	A	Ais/B	H	C	Cis/Des	
	黄鐘	大呂	太簇	夾鐘	姑洗	仲呂	蕤賓	林鐘	夷則	南呂	無射	応鐘	
	壹越	断金	平調	勝絶	下無	双調	鳧鐘	黄鐘	鸞鏡	盤渉	神仙	上無	
律	宮		商	嬰商		角		徴		羽	嬰羽		(=写真5, 7, 12)
—	宮		商		角		変徴	徴		羽		変宮	(=写真6, 8, 13)

* 宮=壹越=黄鐘=Dとした場合。アルファベットの音名はドイツ語による。

表4:「新之律板」a（1842）の音階 *

十二律＼調	D	Dis/Es	E	F	Fis/Ges	G	Gis/As	A	Ais/B	H	C	Cis/Des	
	黄鐘	大呂	太簇	夾鐘	姑洗	仲呂	蕤賓	林鐘	夷則	南呂	無射	応鐘	
	壹越	断金	平調	勝絶	下無	双調	鳧鐘	黄鐘	鸞鏡	盤渉	神仙	上無	
羽調 律ト云	宮		商	嬰商		角		徴		羽	嬰羽		(=写真1)
宮調 呂ト云	宮		商		角		変徴	徴		羽		変宮	(=写真2)
商調 半呂半律ト云	宮		商		角	律角		徴		羽	嬰商		(=写真3)
角調 律ニシテ羽一律下	宮		商	嬰商		律角		徴	羽		嬰羽		(=写真4)

* 宮=壹越=黄鐘=Dとした場合。アルファベットの音名はドイツ語による。

表5:「律呂図板」b（1845）の音階 *

十二律＼調	D	Dis/Es	E	F	Fis/Ges	G	Gis/As	A	Ais/B	H	C	Cis/Des	
	壹越	断金	平調	勝絶	下無	双調	鳧鐘	黄鐘	鸞鏡	盤渉	神仙	上無	
律七声 平黄盤	宮		商	嬰商		角		徴		羽	嬰羽		(=写真9)
半呂半律七声 越双太水	宮		商		変徴	角		徴		羽	嬰羽		(=写真10)
呂七声 宮調　一双有口伝	宮		商		角		変徴	徴		羽		変宮	(=写真11)

* 宮=壹越=Dとした場合。アルファベットの音名はドイツ語による。

◎謝辞

二〇一八年十一月二日、彦根城博物館にて、「新之律板」「律呂図板」の熟覧調査を許可していただきました。調査に当たってご協力を賜りました、彦根城博物館、学芸員の茨木恵美氏、前島美保氏に感謝申し上げます。

本稿は、中日音楽比較研究及び團伊玖磨先生音楽創作研究国際学術シンポジウムにおける口頭発表「彦根城博物館所蔵「律呂図板」の構造と理論」（二〇二一年五月十八日、福建師範大学、オンライン開催）に加筆修正したものです。口頭発表に当たってご協力を賜りました、陳佑而氏、長嶺亮子氏に感謝申し上げます。

本稿は、ＪＳＰＳ科学研究費助成事業（学術研究助成基金助成金）基盤研究Ｃ（課題番号一八Ｋ〇〇一三五）の助成を受けたものです。

注

1 彦根城博物館編『〃ほんもの〃との出会い　井伊家伝来の名宝五「能と雅楽」』彦根城博物館、二〇一七年（修正版）、五二頁。このコレクションは、国立歴史民俗博物館が所蔵する第十代紀州藩主、徳川治宝（一七七一―一八五二）による楽器収集と並ぶ、日本有数の古楽器コレクションとして知られている。

2 蒲生美津子「安倍」、平野健次他監修『日本音楽大事典』平凡社、一九八九年、五九一頁。平出久雄編「日本雅楽相承系譜（楽家篇）」、平野健次他監修『日本音楽大事典』平凡社、一九八九年、付表＋系図一七・二〇頁。福島和夫「山鳥秘要抄」、岸辺成雄博士古希記念出版委員会編『日本古典音楽文献解題』講談社、一九八七年、一六八頁。

3 彦根城博物館編　前掲書、五二―五三頁。

4 彦根城博物館編『日本の楽器　―織りなす音・雅びの世界』彦根市教育委員会、一九九六年、八〇・一一〇頁。なお、同図録には「律呂図板」とあるが、写真及び銘の翻刻によれば、天保十三年（一八四二）作の「新之律板」であると同定できる。

5 注1で言及した徳川治宝によるコレクションにも、「律呂図板」が含まれている。『紀州徳川家伝来楽器コレクション』国立歴史民俗博物館、二〇〇四年、二八二頁。（国立歴史民俗博物館資料図録三）

6 陳応時「朱載堉」、繆天瑞主編『音楽百科詞典』人民音楽出版社、一九九八年、七八四―七八五頁。

7 原則として、引用文中の旧字や異体字は、常用漢字に改めた。引用文中の「／」は、改行を示す。

8 中国の十二律名は「黄鐘、大呂、太簇、夾鐘、姑洗、仲呂、蕤賓、林鐘、夷則、南呂、無射、応鐘」に、日本の十二律名は「壹越、断金、平調、勝絶、下無、双調、鳧鐘、黄鐘、鸞鏡、盤渉、神仙、上無」に、表記を統一する。

9 陳応時「旋宮」、繆天瑞主編『音楽百科詞典』人民音楽出版社、一九九八年、六八〇―六八一頁。

10 十二律と七声は、西洋音楽の理論における音名と階名にほぼ相当する。

11 箱蓋裏の翻刻に当たっては、彦根城博物館編『日本の楽器 ―織りなす音・雅びの世界』（彦根市教育委員会、一九九六年、一一〇頁）を参照した。なお、後述するように、「新之律板」本体の裏書きでは、年は天保十三年で同じであるが、月は八月ではなく九月となっている。

12 同前、一一〇頁。

13 下の板裏の翻刻に当たっては、彦根城博物館編『日本の楽器 ―織りなす音・雅びの世界』（彦根市教育委員会、一九九六年、一一〇頁）を参照した。

14 「楽学新説」、朱載堉撰『楽律全書』書目文献出版社（北京図書館古籍珍本叢刊四）、九三―一一二頁。（明万暦鄭藩刻本影印）

15 三分損益法とは、中国における伝統的な音律の算出方法である。音高の基準となる管の長さに三分損一（三分の二乗）と三分益一（三分の四乗）を繰り返すことによって、完全五度高い音と完全四度低い音を求め、十二律や七声を算出する。原理的に、古代ギリシアのピュタゴラス音律と同じ方法である。

16 写真5、6では、下の板に書かれた直線は上と中の板に隠されて見ることができない。

17 下の板裏の翻刻に当たっては、彦根城博物館編『日本の楽器 ―織りなす音・雅びの世界』（彦根市教育委員会、一九九六年、一一〇頁）を参照した。

18 「順八逆六」とは、「三分損益」の日本における呼称である。

19 写真7、8では、下の板に書かれた直線は上の板に隠されて見ることができない。

20 写真12、13では、下の板に書かれた直線は上の板に隠されて見ることができない。

21 表2の羽調と表3の律は、音階は一致するが、七声の名称は異なる。これは、中国の八十四調の理論では羽調の主音は羽であるが、日本では調の如何にかかわらず、主音を「宮」と称するようになったからである。そのため八十四調の理論とは矛盾が生じ、一律（半音）低いことを意味する「変」に対し、一律（半音）高いことを意味する「嬰」という用語が成立した。

22 「律」「呂」は中国では音律の分類を指す用語であるが、日本では、主に音階の分類を指す用語として用いられた。

23 律の音階における角は、宮に対する音程が呂の音階における角と異なるため、「律角」と呼ばれた。

24 水調は、黄鐘調の枝調子。現在は、箏と琵琶の一部にのみ残る。「水調」、小野亮哉監修、東儀信太郎代表執筆者、小野貴嗣新装版編集『雅楽事典 新装版』里文出版、二〇一九年、六一頁。「水調」、吉川英史監修『邦楽百科辞典 雅楽から民謡まで』音楽之友社、一九八四年、五五九頁。

25 『山鳥秘要抄』については、以下を参照した。明木茂夫「豊田市中央図書館蔵安倍季良撰『律呂（山鳥秘要抄）』翻刻校注（一）」、『国際

教養学部論叢』第一二巻第一号、二〇一九年、一七四―一〇三頁。同著「豊田市中央図書館蔵安倍季良撰『律呂（山鳥秘要抄）』翻刻校注（二）」、『教養教育研究院論叢』第一巻第二号、二〇二一年、八〇―二〇頁。同著「豊田市中央図書館蔵安倍季良撰『律呂（山鳥秘要抄）』翻刻校注（三）」、『国際教養学部論叢』第一二巻第二号、二〇二〇年、一三八―九七頁。

26 『山鳥秘要抄』中の「半呂半律の調といふ事」（明木茂夫「豊田市中央図書館蔵安倍季良撰『律呂（山鳥秘要抄）』翻刻校注（一）」、『国際教養学部論叢』第一二巻第一号、二〇一九年、一一五―一一〇頁）によれば、「半呂半律」には「律兼呂」と「呂兼律」の二種があり、「新之律板」aと「律呂図板」bの「半呂半律」は「律兼呂」に当たる。『山鳥秘要抄』における「律兼呂」の七声名は「宮、商、呂角、律角、徴、羽、嬰羽」となっており、不整合は見られない。

27 高瀬澄子「律呂図板をめぐって」、『企画展示　楽器は語る　―紀州藩主徳川治宝と君子の楽』国立歴史民俗博物館、二〇一二年、一三二―一三六頁。

28 平出久雄・蒲生美津子「豊原」、平野健次他監修『日本音楽大事典』平凡社、一九八九年、七〇五―七〇六頁。平出久雄編「日本雅楽相承系譜（楽家篇）」、平野健次他監修『日本音楽大事典』平凡社、一九八九年、付表＋系図一七―一八頁。

29 高瀬澄子「日本で作られた律管」『沖縄芸術の科学　沖縄県立芸術大学附属研究所紀要』第二五号、二〇一三年、一―一九頁。同著「現存する日本の律管の寸法」『ムーサ　沖縄県立芸術大学音楽学研究誌』第二一号、二〇二〇年、一一―二三頁。

第三章

音楽構造・楽器文化とのつながり

琵琶譜に見る《三十二相》の音曲構造
――『声明譜 妙音院御作』をめぐって

近藤 静乃
Kondo Shizuno

はじめに

声明曲《三十二相》は、仏の備える三十二の瑞相を讃えることでその御姿を観想する念仏行であり、その文言は天台宗の日常勤行である例時作法の五念門〔二〕讃歎門にある。[*1]本稿で論ずるのは、日常勤行とは異なる節付けを有し、さらに楽によって彩られた「秘曲」としての《三十二相》である。その音曲は、声明と楽とが異なる旋律を奏でながら不即不離に合わせるという極めて高度な技量を要するものであり、常に断絶と背中合わせにあった。[*2]

この秘曲《三十二相》の付楽に目されるのが、唐楽曲《散吟打毬楽》である。管絃の名手として知られる南宮（貞保親王）の譜に「世以三十二相合此曲」[*3]と云うように、平安朝における仏事や管絃の盛行と相俟って、両曲の合奏形態がこの頃から存在した可能性も考えられるが、具体的な合奏法については、おもに鎌倉期以降に成立した譜本や楽書から知ることができる。

興福寺の楽人狛近真が「三十二相ノ様」として、「是ハ諸ノ修正、修二会ノ行ニ、仏ノ御相ヲホメタテマツル頌也。トコロドコロニミナソノナラヒカハリ侍ナリ」[*4]と記すように、《三十二相》は年の始めに天下泰平・除災招福を祈念して営まれる修正会や修二会が主たる奏演の場であり、その唱法には様々な説が存在した。《三十二相》には必ずしも楽が伴われるとは限らず、物忌みの際に楽なしとなった例[*5]や、《三十二相》に楽の有無を示した修正会の次第などが見られる。[*6]

本稿では、管絃を伴った荘厳性の高い《三十二相》の唱法のうち、妙音院と号した藤原師長の御説「妙音院御様」に焦点を当てる。妙音院は、「絃管のたぐひは申にをよばず、うち物・音曲・催馬楽・ろうゑい・ざうげい・声明などまでも、ながれく家々の説をつくしもとめさせ給」[*7]といわれる平安末期の大音楽家であり、特に弾物を能くした。本稿では、同流の伝本のうち、琵琶譜で書かれた『声明譜妙音院御作』を主たる分析対象として、一、調子と呂律、二、唱句と楽章、三、拍節法、四、音組織、の観点から《三十二相》の音曲構造の特色を明らかにする。[*8]また、付楽《散吟打毬楽》の琵琶譜（師長撰『三五要録』所収）と対照することにより、『声明譜妙音院御作』の記譜法にはどのような特性が見出せるのか、楽理的側面から再検証するものである。[*9]

第一節　《三十二相》の調子と呂律

一　『声明譜妙音院御作』所収の声明曲と琵琶調子

声明の記譜法といえば、文言を主体に、文字の周囲に抽象的な線形で旋律を表す「節博士」が主流であるが、妙音院流には琵琶の奏法譜による稀有な譜本が伝存する。

『声明譜妙音院御作』（一巻一軸、宮内庁書陵部蔵、伏九八〇）は、琵琶の譜字を中心に、声明の詞章をその右傍に付した記譜法であり、文言の一部には朱書による簡略な節博士も見られる。本譜の来歴を記すと、建暦元年（一二一一）、右京権大夫藤原光俊によって書写され、西園寺実兼（一二四九—一三二二）によって伽陀の異説が増補されている。[*10]また、「声明譜」を冠しながら、琵琶の楽統に連なる人物により相伝されている点も注目される。[*11]

資料1：『声明譜（妙音院御作）』の収録曲目と琵琶調子

	琵琶調子名	収録曲目	注記（師説・異説等）
原写本部分	返風香調 風香調	唄（始段唄・中唄・後唄） 散華（初段※1／中段／下段※1） 梵音（［初段］／二段） 錫杖（三條・九條※2） 伽陀（七言・五言・四言）	※1［左注］「常楽院」（家寛説） ※2［頭注］（二條）「中書者四条大納言之説也」（藤原公任説）
増補部分	琵琶黄鐘調 琵琶平調※3	伽陀（七言・五言・四言） 伽陀（七言・五言・四言） 伽陀（七言※4・五言） 伽陀（七言※5）	※3［題下注］「渡風香調譜私作之／実兼」 ※4［題下注］「当時之声明ニ合振也」（孝秀説） ※5［題下注］円珠房（喜淵）説
原写本部分	（風香調） **返風香調** 風香調	十方念仏（可弾三返） 釈迦念仏※6（大日 阿弥陀同音） **卅二相／急**（［初段］※7／二段） 法華経讃歎（光明皇后作） 文殊讃	※6［裏書］桂琵琶譜 ※7［左注］「已上左注常楽院説也」（家寛説）

概して声明曲は旋法（音階構成音とその機能）により「呂」「律」「中曲」「合曲」「半呂半律」などに分類されるが、本譜の原写本部分では、各声明曲が「風香調」ないし「返風香調」という琵琶の二調子で書き分けられており、いわゆる呂律の用語は使われていない。風香調とは、「弾く物は琵琶。調べは風香調」[*12]のごとく、平安朝に愛でられた琵琶の調子である。また、琵琶西流において風香調は「よろずの調のおや」とされたことも、その背景として考えられる。[*13]

『三五要録』巻二「琵琶調子品下」によると、風香調の調絃には、笛黄鐘調（Ａｃｅａ）ないし笛盤渉調（Ｂｄｆ＃ｂ）の二種類があり、律に相当する。いっぽう、返風香調は笛双調（ＧＡｄｇ）ないし笛水調（ＡＢｅａ）の二種類があり、呂に相当する。各収録曲の調絃は右のとおりであるが、伽陀を増補した部分には、琵琶黄鐘調

（笛平調／ＥＢｅａ）と琵琶平調（笛盤渉調／Ｆ＃Ｂｅａ）の譜例がある。「伽陀琵琶平調」の題下注のとおり、増補の目的が原写本部分には無い調子に渡す（移調する）ことであるならば、原写本部分における風香調曲は笛黄鐘調に解されていた可能性がある。[*14] また、返風香調も双調と黄鐘調の二択であるが、声明曲の呂律の違いを示すには、風香調と共通する黄鐘を宮（主音）とした方がより分明になると判断した。[*15]

以上のことから、本稿では『声明譜妙音院御作』における《卌二相》を、黄鐘を宮とする呂曲（水調）に比定する。

二　『三五要録』における《散吟打毬楽》の調子

《散吟打毬楽》が収録されている『三五要録』巻九の目録は次のとおりである。[*16]

雙調曲琵琶返風香調　春庭楽　柳花苑

黄鐘調琵琶風香調　喜春楽　赤白桃李花　長生楽　西王楽　應天楽　清上楽　感城楽　安城楽
聖明楽　弄殿楽　河南浦　央宮楽　赤白蓮華楽　海青楽　**散吟打毬楽**

水調曲琵琶返風香調　汎龍舟　拾翠楽　重光楽　平蠻楽

このように目録上では「琵琶風香調」に属するが、本文ではⓐ琵琶風香調を本説として、ⓑ同曲　返風香調、ⓒ同曲　楽拍子、という三種の奏法を挙げている。本説のⓐは律、ⓑⓒは呂となるので、《散吟打毬楽》には呂律両用の解釈が存在することになる。

《卌二相》について、妙音院流と関係の深い、鎌倉期成立の天台古義系声明譜を参照すると、『聖宣本声明集』[*17] では呂、『声明類聚』では呂律の記載がなく「黄鐘調」とある。[*18] いっぽう、新流の諸本では、湛智『声明目録』および宗快の『魚山目録』に中曲（同急は呂）、覚淵自筆本『声明集（二巻抄）』に「合」（合曲）とあり、呂律が混在している。[*19] 琵琶譜上ではこれらがどのような音階構成音となるのか、第四節で詳述する。

第二節 《三十二相》の唱句と楽章

一 「卅二相頌」と「廻向句」

声明曲《三十二相》は、仏の備える三十二の瑞相を頭頂から足裏に至るまで順に讃歎しながら観想する「卅二相頌」(資料2①—㉜)と、その仏功徳が普く衆生に行き渡るよう願う「廻向句」㉝—㊱を加えた、計三十六句の偈文から成る。当曲につづき、㉝—㊱と同文の四句に別の四句㊶—㊹を加えた二段構成の〈急〉が唱えられる。唐楽の楽章構成ならば、前者を「破」、後者を「急」とするのが適当かもしれないが、[*20] 本稿では現行天台声明における呼称に倣い、前者を「本曲」、後者を「急曲」と称することにする。[*21]

①—㊱の詞章は例時作法の五念門にあるが、急曲の二段㊶—㊹はそれになく、諸本に漢字や読みの異同も見られる。[*22] また、廻向句には「ヤ」(囃子詞)や「ノ」(助詞)といった仮名が挿入されており、音読を基本とする偈文が訓読されたかのような印象を受ける。この独特の読みは現行の例時作法にも受け継がれていることから、催馬楽や今様などの周辺歌謡との関連も視野に入れつつ、声明が和様化した表現の一端として注視したい。

二 本曲における付楽《散吟打毬楽》の構成

《卅二相》本曲に対して楽はどのように構成されているのだろうか。『三五要録』巻九「黄鐘調曲」所収の《散吟打毬楽》題下には、次のような記述がある。[*23]

散吟打毬楽　毬或作球 拍子十二可弾六反 合拍子七十二従五遍打三度拍子
新撰龍吟抄云 終帖打三度拍子 南宮長秋卿横笛譜皆无舞[*24]・而今有舞・ 即以此曲為汎龍舟之急[*25]南宮譜云 世

以三十二相合此曲。然具音不慥相当者今案聲明譜・以六相頌合當曲一反十二拍子。然則卅二相頌當五反餘四拍子。第六反ノ奥八拍子其詞不足即以我今略讃等四句合彼八拍子也　中曲　新楽

また、『声明譜妙音院御作』所収の《卅二相》には《散吟打毬楽》の曲名が明記されていないものの、題下注は右の「今案声明譜」以降と重なる。

卅二相　拍子十二可弾六反但吹六相頌合楽一反然則卅二相頌合楽五反餘四拍子
　　　　第六反奥八拍子其詞不足　仍以我今略讃等四句　合彼八拍子也

「可弾六反」「吹六相頌」とあるのは、ここに収録されている譜が《卅二相》の全詞ではなく最初の六相に限られていることから、声明の唱誦よりも奏楽を意識していることの証左といえるだろう。

以下、注の内容を詳説する。まず「拍子十二」（太鼓が一定のリズム周期で曲中に十二回打たれる）は、当曲一反の曲長になり、六相が楽一反に合うので、「卅二相頌」は楽五反＋四拍子（太鼓四回分）に相当する。第六反で残り八拍子分の詞章が不足するので、㉝「我今略讃」等の四句を加えると、楽六反（拍子七十二）に収まる。

楽一反を「一帖」とすると、各帖初句の末字「相」の末尾には必ず「於（オ）」の産字が加えられており、六句を一帖とする楽句構成との対応が認められる（資料2参照）。

資料2:《三十二相》の唱句と付楽の構成

卅二相［本曲］		
一	①	**烏瑟膩沙無見相**於
	②	**髪毛右轉紺青相**
	③	**面輪端正満月相**
	④	**眉間豪相右旋相**
	⑤	**眼睫紺青不乱相**
	⑥	**眼精金（紺）色分明相**
二	⑦	四十齒齊瑜雪相於
	⑧	四牙鮮白鋒利相
	⑨	舌相廣長覆面相
	⑩	常淂上味適悦相
	⑪	梵音和雅等聞相
	⑫	常光面各一尋相
三	⑬	躰相縦廣量等相於
	⑭	身相修廣端厳相
	⑮	容儀洪満端直相
	⑯	七處充満愛樂相
	⑰	肩項圓満殊妙相
	⑱	髆腋悉皆充實相
四	⑲	胸臆身半師子相於
	⑳	身色光耀金躰相
	㉑	身皮細滑離塵相
	㉒	毛孔一生右旋相
	㉓	陰相蔵蜜象王相
	㉔	両臂修直摩膝相
五	㉕	雙腨漸次繊圓相於
	㉖	足跟廣長稱趺相
	㉗	足趺殊好稱跟相
	㉘	指間輓網金色相
	㉙	諸指圓満繊長相
	㉚	手足柔軟勝餘相
六	㉛	千輻輪文圓満相於
	㉜	足下平満等觸相
	㉝	我今略讃仏功徳
	㉞	於徳海中唯一渧
	㉟	廻此福聚施群生
	㊱	皆願速證菩提果

急［急曲］		
一	［初段］	
	㊲	**我《ガ》今《キム》略《リャク》讃《サン》佛《ブツ》功《ク》徳《ドク》**
	㊳	**於《オ》徳《トク》海《カイ》中《チウ》唯《ユイ》一《イツ》渧《ティ》**
	㊴	**廻《エ》此《シャ》福《フク》聚《ジュノ》施《セイ》群《グン》生《ジョウ》**
	㊵	**皆《カイ》願《ガン》速《ソク》證《ショノ》菩《ボ》提《ダイ》果《カ》**
二	二段	
	㊶	**初《ショ》一《イチ》智《チ》断《ダンノ》諸《ショ》知《チ》断《ダン》**
	㊷	**智《チ》中《チウ》不《フ》生《ショウ》不《フ》思《シニ》議《ギャ》**
	㊸	**分《ブン》及《ギウ》分《ブン》之《シ》捨《シャ》功《ク》徳《ドク》**
	㊹	**雙《ソウ》照《ジョウ》菩《ボ》提《ダイ》證《ショウ》妙《ミョウ》果《カ》**

＊ 唱句の全文は尊経閣文庫蔵『声明類聚』に拠る。**太字**は『声明譜妙音院御作』所収の文言。

＊ 唱句上段の漢数字は楽の繰り返しの回数を示し、各句の丸数字は引用者が便宜上付した。

三　急曲における付楽《鳥急》の構成

『声明譜妙音院御作』において、〈急〉は「二段同音　拍子各八」とする。本曲と同様、ここでも付楽の具体的な曲名がないが、楽書等には《鳥急》を奏する旨が記されている。[*26] 拍子八は《鳥急》と同じ曲長であり、廻向句の一段分に相当する。《鳥急》は壱越調の《迦陵頻急》を水調に渡した曲であるが、『三五要録』巻九の水調曲に同曲は含まれていない（雙調曲にもなし）。したがって、急曲の場合は『三五要録』によって譜を対照することができない。

いっぽう、第一節で参照した周辺の声明古譜では、本曲から急曲までの四十四句が楽章の区分なくひと続きに記されている。しかし、資料2に示した『声明類聚』には、㊲右傍に記された笛譜頭書に「音頭」、『聖宣本声明集』の当該箇所には「急妙音院様」の裏書があることから、ここから新たな楽章が始まることを示唆するとともに、「急」という楽章そのものが妙音院流独特であることを裏付けている。

第三節　《三十二相》の拍節法―拍子と文字配分―

一　本曲の拍節法―忠（只）拍子説・楽拍子説―

《三十二相》の拍節法について、『教訓抄』巻六「卅二相ノ様」には次の三説を挙げる。*27

［1］卅二相一返ニ散吟打毬楽三返合。是楽拍子。終帖加二三度拍子一。*28

［2］又楽六返ニ作合。一説、用二忠拍子一、古楽揚拍子搔レ之。末ニ鳥急渡吹テ、如一塵端頌合、加二三度拍子一。此忠拍子之説之内ニ、手ヲ作替、詞合タル也。

［3］興福寺ノ東西ノ修二月ニハ汎龍舟ノ急ノ様ヲ吹ク。*29（以下略）

さらに、「八旛宮別様」は［1］の楽拍子、「妙音院ノ様」は［2］の忠拍子（只拍子）である旨を記す。［2］説では、末に渡物の《鳥急》を「如一塵端頌」に合わせ吹くとするが、該当する唱句が無い。恐らく〈急〉二段冒頭の㊶「初一智断」に擬せられ、ここから加拍子となる意であろう。

さて、『三五要録』所収の《散吟打毬楽》にはⓐⓑⓒの譜があり、ⓒには「同曲　楽拍子」とあるが、ⓐⓑには「只拍子」の記載がない。*30『声明譜妙音院御作』の本曲やⓐⓑの記譜法は、資料3のように譜字の間の朱書の楽

資料3：本説（只拍子）における琵琶譜字の配分例　（□は琵琶大譜字、▫は小譜字）

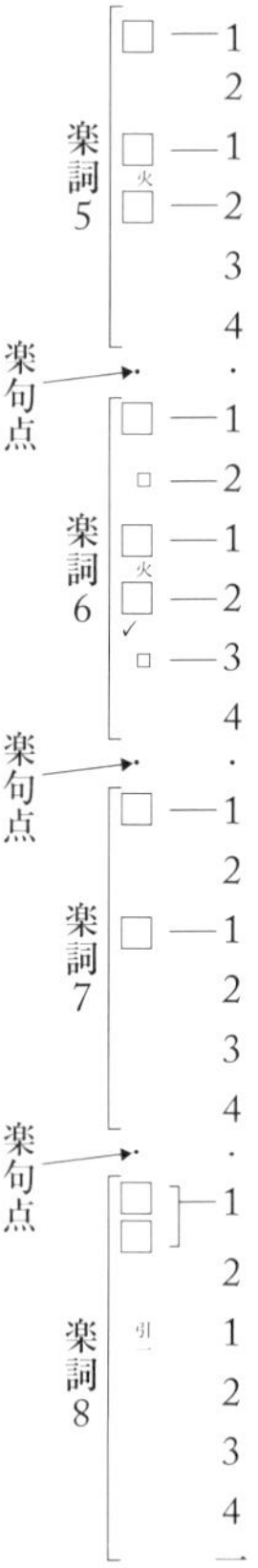

句点（・）で区切られているのが特色であり、この一単位を「楽詞」と称する。[*31] 現行の拍節法に準えると、只拍子の場合は一楽詞内の小拍子が一対二の短長配分（2＋4ないし4＋8）となる。[*32]

さらに、楽詞が連なって「楽句」を成すが、楽句の区切りは「・」ではなく「﹂」という記号で示される（資料5参照）。[*33]

琵琶譜字に目を移すと、各楽詞は大譜字が三ないし二つを一単位とする。大譜字は原則として撥をI絃からⅣ絃へ掻き下ろす「掻撥」であり、小譜字では撥を掻かず、直前の撥音の余韻を使い、左手指で柱（フレット）を離したり押さえたりすることで音を揺らす。[*34] 大譜字は「1▾2 1▾2▾3 4・1▾2 1▾2 3 4」（▾は掻撥）のように拍頭を明確に示すいっぽう、長小拍子後半の3、4拍では撥を掻かず、余韻を利用した装飾音（小譜字）や「引」に特色がある。34拍が引になるのは笙の只拍子奏法にも共通するが、絃楽器の構造上、ここで音が減衰してしまうところが、フリーリードで絶え間なく音を持続できる笙と異なる点である。

二　本曲詞章の文字配分

本曲の詞章は、一楽詞に一文字が配分されている（資料5参照）。『声明譜妙音院御作』には小拍子（●）が記されていないので、『聖宣本声明集』や『声明類聚』でその配分を確認したい。

このように、一文字あたり二小拍子で、句末のみ二倍の長さにしたサイクルである。[*35] 小拍子が二つずつ連なっているように見えるのは、短長の拍数（●の二つ目が倍の長さ）から成る只拍子ゆえの特色であろう。いっぽう、楽拍子の例を『三五要録』ⓒを参考に配分してみると、一文字に対し一小拍子となり、太鼓（百）は一楽句に一回となる。つまり、十二句で楽一反（十二拍子）となり、『教訓抄』の楽三反説に合う。本曲冒頭を楽拍子に配すると左のように小拍子が均等に配されるが、只拍子説をとる妙音院流に限らず、このように楽拍子に配分した本曲の例は、今のところ管見に入っていない。

烏： 瑟： 貳百： 沙： 無： 見： 相百： 於：　髪： 毛： 右百： 轉： 紺： 青： 相百： ・

烏・ 瑟・ 貳・ 沙・ 無百 見・ 相・ 於・　髪・ 毛・ 右・ 轉・ 紺百 青・ 相・ ・

三　急曲詞章の文字配分

『声明譜妙音院御作』における〈急〉は楽拍子であり、本曲に無かった小拍子が琵琶譜字の左側（右側は詞章を記す）に付されるいっぽう、譜字間の楽句点（・）が無い。[*36]

右の資料4のように、これは早八拍子（八小拍子に一回太鼓が打たれる）のリズム周期で、一小拍子内（一マス分）はすべて四拍となる。詞章も本曲と同様に各句七言から成るが、一楽句（十六小拍子）内の文字配分が均等でない。仮に、小拍子ひとつを一拍に置き換えて文言を唱えてみると、三文字目と五文字目が裏拍のようになり、能の謡における地拍子のような独特の間配りが浮かび上がってくる。急曲は、詞章面において和様化の兆候が見られるだけでなく、音曲面においても独特の「ノリ」を有するリズム周期を生み出しており、本曲とはひと味違った遊興性が感じられる。

資料4：「急曲」の文字配分（『声明譜妙音院御作』）

小拍子	初段				二段			
●	我	於	迴	皆	初	智	分引ン	雙
●								
●	今	徳	此引	願	一	中	及	照
●		ク	ヤ			ウ		
百			復					
●	略	海		速	智	不	分	菩
●	讃	中	寿	證	断	生	之	提
●			ノ	ノ	ンノ	ウ		イ
●								
●	佛	唯	施イ	菩	諸	不	捨	證
●	功	一	群	提	智	思	功	妙
●	徳	滞	生		断	尒	徳	
百	ク			果		議	ク	果
●								
●						ヤ		
●								

第四節 《三十二相》の音組織

一 『声明譜妙音院御作』と『三五要録』の照合―返風香調の場合―

同じ琵琶奏法譜でありながら声明↕付楽として対峙する両譜は、音楽的にどの程度合致するだろうか。次の資料5は最初の六相（楽一反）を只拍子に配し、詞章の左側①―⑥に『声明譜妙音院御作』、右側❶―❻に『三五要録』の琵琶譜字を記したものである。

このように、両者の曲長は一致している。注目すべきは、各句が七言であるため、①末の産字「オ」以外は

楽詞8で発声しないにもかかわらず、琵琶譜字は毎行8まで存在するという点である。すなわち、当該箇所は

資料5：琵琶譜の比較（声明《卅二相》①―⑥と付楽《散吟打毬楽》❶―❻）

楽詞	❶		①	❷		②	❸		③	❹		④
楽詞1	ム 八／一 之	鳥	ム 八／八火 八✓ 丄	ム／八	髪	下し 下／コ ク	之／也	面	八／ム八 ム	下 し／一 之	眉	ム 八／八火 八✓ 丄
楽詞2	之✓／引	琵	之／丄火 七	也／ム八 ム	毛	コ ク］／ク✓	七 ク／也	輪	コ／ク	之✓／引 一	間	之／丄火 七
楽詞3	ㄋ七 ㄋ／之 丄	賦	百 之／丄火 八	一／之	右	百 之／丄火 ㄋ 七	ム／八	端	百 乙下 乙／コ ク	ㄋ七 ㄋ／之 丄	豪	百 之／丄火 八
楽詞4	八／ム八 ム	砂（沙）	ム 八／ム八 ム	ㄋ 七／コ ク	轉	コ／ク	ム八 ム／一 之	正	八／ム八 ム	也 ム／八火 ク	相	ム 八／ム八 ム
楽詞5	一／之	無	一／之火 八	也／ム八 ム	紺	乙下 乙／コ ク	八／ム八 ム	満	コ／ク火 乙 下	之／丄火 ㄋ七 ㄋ	右	一／之火 七
楽詞6	ㄋ 七／コ ク	見	ㄋ 七／七火 七✓ ク	ム 八／之 丄	青	コ ク］／之 丄 引	也／ム八 ム	月	下／乙下 乙	ム 八／一 之	旋	ム 八／八火 八✓ 丄
楽詞7	コ／ク火 七	相	百 コ／ク火 七	ム八 ム／一 之	相	百 之／丄 引	コ／ク	相	百 コ／ク	之✓／引	相	百 之／丄
楽詞8	之／丄火 ㄋ七 ㄋ 一	オ	之／丄火 七 ク	之✓／引 一		之／丄 一	下し 下／コ ク		コ ク］／引 一	之／丄 一		之 丄］／引 一

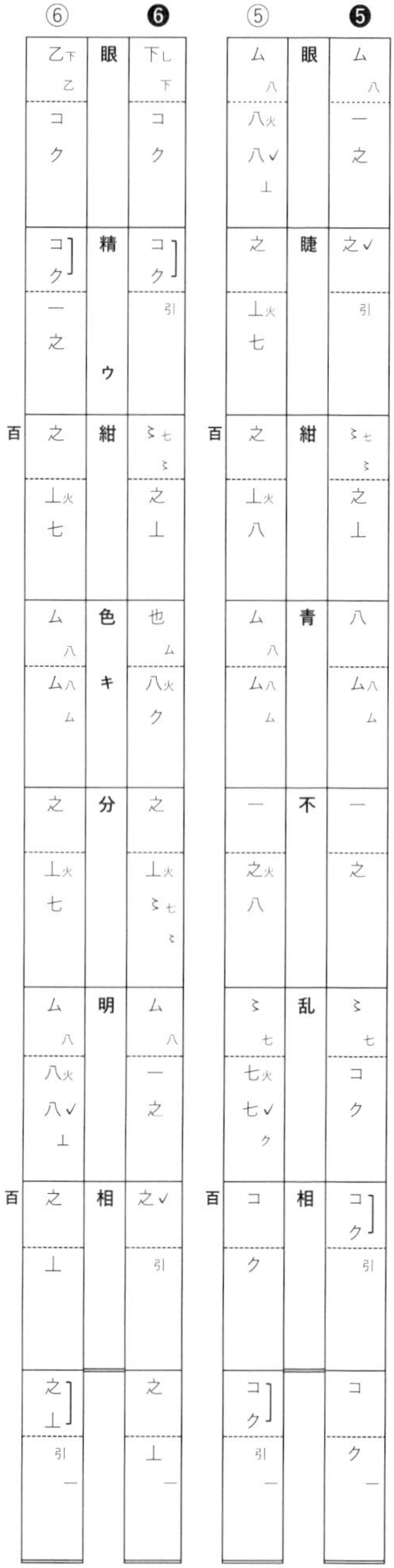

琵琶だけの「間奏」となり、結果として付楽の曲長に合致するのである。また、楽の区切れも七言一句（八楽詞）の単位とおおよそ一致しているが、❸の句末にのみ「⌉」が無く、次行❹の楽詞2までひと続きになるところが変則的である。[*37] ほかにも異同はあるが、琵琶譜としての記譜法そのものには特段の違いが見出せない。

両譜に共通する記号は、『三五要録』巻第一所収の案譜法により、次のように解釈する。[*38]

コク⌉＝以撥抅両絃（掻洗《かきすかし》）　八✓＝返撥　火＝急移　引＝延引

掻洗や返撥は、同譜字を繰り返す際に用いられる（「コク　コク⌉」「八火八✓」など）。「火」は二拍続けて弾く際に現れ、短い音価だけでなく、撥のストロークが速いことを意味する。

さて、両譜の符合率を確認すると、各楽詞内の短小拍子の頭（一拍目）が同譜字ないし同音になるのは二五／四八（五二パーセント）、長小拍子の頭では二九／四八（六〇・四パーセント）である。付物のように声をなぞるのではなく、両者の旋律が不即不離に推移しつつ、句末にはおおよそ同音に収斂する傾向がここから読み取れる。

二　音組織の比較―風香調と返風香調―

これまで『声明譜妙音院御作』と『三五要録』ⓑによって分析を進めてきたが、最後にⓐ風香調を加え、調絃の違いによる琵琶譜字の音高と、各譜の音階構成音（七声）を整理したい。

ともに黄鐘Aを宮とした場合、風香調と返風香調は、調絃上Ⅱ絃以外のすべての音が共通する。また、譜字はⅢ・Ⅳ絃が頻回出現し、Ⅰ絃は開放絃の「一」以外は使用されない。すなわち、大譜字については、単絃で弾く場合を除き、低音を支える黄鐘Aの音が常に鳴り響いていることになる。各調絃の譜字と音高、七声名を配して比較したのが資料6である。

下表の太枠は各譜に出現する譜字で、グレーは宮と徴に相当する。黄鐘Aを宮として、各譜に出現する譜字に七声

資料6：琵琶譜字の音高と七声

◆返風香調/呂

	散声（開放絃）	1柱	2柱	3柱	4柱
Ⅳ絃	⊥ a/宮	八 b/商	丨 c	ム c#/角	也 d/嬰角
Ⅲ絃	ク e/徴	七 f#/羽	ヒ g	ミ g#/変宮	之 a/宮
Ⅱ絃	し B/商	下 c#/角	十 d	乙 d#/変徴	コ e/徴
Ⅰ弦	一 A/宮	工 B	几 c	フ c#	斗 d

◆風香調/律

	散声（開放絃）	1柱	2柱	3柱	4柱
Ⅳ絃	⊥ a/宮	八 b/商	丨 c/嬰商（角）	ム c#	也 d/律角（変徴）
Ⅲ絃	ク e/徴	七 f#/羽	ヒ g/嬰羽（変宮）	ミ g#	之 a/宮
Ⅱ絃	し c/嬰商（角）	下 d/律角（変徴）	十 d#	乙 e/徴	コ f
Ⅰ絃	一 A/宮	工 B	几 c	フ c#	斗 d

※（　）は妙音院の七声名

をあてはめると、三譜に共通の構成音は**宮**a（⊥之一）、**商**b（八）、**徴**e（乙ク↕コク）、**羽**f＃（七）、異なるのは**角**（↕嬰商）、**変徴**（↕律角）、**変宮**（↕嬰羽）となる。[*39] ⓑに出現する也のみ、呂の七声にはない「嬰角」の音位である。

『三五要録』のⓐⓑを比較すると、本説ⓐから異説ⓑへ翻譜する際、楽譜上の同箇所に出現する譜字間に次の対応関係があり、ここに呂律の音階構成音の違いが認められる（四〇）。

ⓑ返風香調（呂）　↕ⓐ風香調（律）

Ⅳ絃　ム（c＃）　↕　｜（c）…………例ⓑム《八ム》↕ⓐ｜《八｜》［角のユリ］

Ⅲ絃　ミ（g＃）　↕　ヒ（g）…………例ⓑミ《七ミ》↕ⓐヒ《七ヒ》［変宮のユリ］

Ⅱ絃　下（c＃）　↕　Ⅳ絃　｜（c）…例ⓑ下《⊥下》↕ⓐ｜《八｜》［角のユリ］

また、同じ返風香調であっても、乙（d＃）は『声明譜《妙音院御作》』にのみ、也（d）はⓑにのみ出現する。すなわち、声明の変徴（d＃）と付楽の嬰角（d）はともに第4音にあり、同じ返風香調でありながら音階構成音が異なると結論づけられる。

以上、三譜の出現譜字を分析した結果、各々の音階構成音は次のように帰納される。

返風香調（呂）七声　a—b—c＃—d＃—e—f＃—g＃（宮調）＝声明

同　　　（呂）七声　a—b—c＃—d—e—f＃—g＃（徴調）＝付楽（異説／転調）

風香調　（律）七声　a—b—c—d—e—f#—g（羽調）　＝付楽（本説／原調）

おわりに

『声明譜妙音院御作』所収の《卅二相》の音曲構造は、次のように階層化できる。

［調子／呂律］返風香調（宮調）／黄鐘調呂（水調）

	［楽章］	［帖／段］	［楽句］	［拍子］	（拍節法）
卅二相	—本曲（破）	—六帖——	三六句——	七二拍子——	（只拍子）
	—急曲（急）	—二段——	八句——	一六拍子——	（楽拍子）

声明・付楽の両譜を照合した結果、《卅二相》と《散吟打毬楽》は異なる旋律や音階構成音を有しながらも、琵琶奏法譜としての書式には共通点が多々見出された。むしろ、『声明譜妙音院御作』は一般的な声明譜とは明らかに異なり、器楽的な要素が強い。あらためて、本譜のように声の表現を琵琶譜で記す意図はどこにあるのだろうか。

歌に付ける琵琶奏法には、一、リズム楽器としての機能（笏拍子、扇拍子などと同様）と、二、発声の際の音高ガイドの機能があると考える。また、返撥や掻洗などの器楽的な技巧が散見され、本譜をもって琵琶を奏でたことは確実である。それは、《卅二相》のみならず、《十方念仏》にも「可弾三返」とあることが傍証となる。

いっぽう、声による表現は、琵琶の撥音よりも連続性のある滑らかな音遣いであるため、やはり曲線や直線で描かれる節博士の方が適しているといえよう。翻って琵琶譜を見るに、大譜字は声明発声（出音）のガイドとなる「句の頭」[41]の拍節や音高を示すと同時に、笙の合竹進行のように旋律の基音（骨格）を支える機能をもち、小譜字は声明旋律のユリや塩梅音に相当し、装飾音の補助記号的役割を担うといえるだろう。

最後に、音階構成音に複数の解釈が併存するのは、呂に分類された当該曲が、実質的には「合曲」ないし「半呂半律」の音組織を内包しているが故の結果ともいえるが、その論証には節博士による声明譜や口伝書に立ち戻っての分析が必要となろう。[42]また、黄鐘をⅠⅣ絃に配する調絃と演唱との関係（楽器音と声域の適合性など）についても、稿を改めて検討したい。

◎主要参考文献

猪瀬千尋　二〇一九「新出今様琵琶譜　足柄三種、物様一首――「関神」「滝水」「恋者」および「権現」について」、『国語と国文学』九六巻十号、三五―五〇頁。
海老原廣伸　二〇一九『天台聲明の可能性』私家版。
遠藤徹　二〇〇五『平安朝の雅楽――古楽譜による唐楽曲の楽理的研究――』東京堂出版。
片岡義道監修・解説　一九六四『天台声明』（ＬＰレコード解説書）、日本グラモフォン。
小島裕子　二〇〇〇「金沢称名寺に伝来した妙音院流聖教――『三十二相』を中心に見る声明と音曲の道――『金沢文庫研究』三〇四号、一九―三八頁。
近藤静乃　二〇〇四『妙音院流声明の研究』東京藝術大学博士論文ライブラリー、コンテンツワークス。
近藤静乃　二〇〇八「中世如法経十種供養による奏楽と伽陀――妙音院流伽陀の復曲をめぐって――」『楽劇学』第一五号、一―二五頁。
佐藤道子　二〇〇二『悔過会と芸能』法蔵館。
柴佳世乃　二〇二一「仏の三十二相を讃歎することば」『伶倫楽遊――伶楽舎雅楽コンサート№37芝祐靖作品演奏会その3』（なかのＺＥＲＯホール）公演プログラム。
芝祐泰　二〇〇一（復刊）『五線譜による雅楽総譜　第三　管絃曲　延楽、大曲篇』カワイ出版。
廣瀬（高橋）美都　一九八八「悔過会所用の大懺悔と三十二相」『芸能の科学』一六号　芸能論考Ⅸ、一―三五頁。
高橋美都　一九九一「鎌倉・南北朝時代の「声明集」にみる記譜の諸相――〔三十二相〕の音高表示を中心に――」『芸能の科学』一九号 芸能論

考Ⅻ、四三―九二頁。

寺内直子　一九九六『雅楽のリズム構造―平安時代末における唐楽曲について―』第一書房。

Nelson, Steven G. 二〇一八「8～13世紀の日本における琵琶独奏曲の復元をめぐって Reconstructing solo pieces for biwa (lute) of eighth to thirteenth-century Japan」『法政大学文学部紀要』七七巻、一三一―三六頁。

羽塚堅子　一九三二『三十二相考』名古屋：守鋼寺聲明會。

■譜本・楽書等（活字翻刻本）

『教訓抄』（狛近真）（植木行宣校注　一九七二『古代中世藝術論』日本思想大系、岩波書店）

『教訓抄』『残夜抄』（藤原孝道）（宮内庁書陵部編　一九九八『図書寮叢刊　伏見宮旧蔵楽書集成三』明治書院）

『声明目録』（湛智）・『魚山目録』（宗快）・『声明集（二巻抄）』（覚淵本）・『声明用心集』（湛智）

（天台宗典編纂所編　一九九六『続天台宗全書　法儀Ⅰ　聲明表白類聚』春秋社）

『聖宣本声明集』（神奈川県立金沢文庫編　一九八六『金沢文庫資料全書　第八巻』便利堂）

『文机談』（隆円）（岩佐美代子　二〇〇七『文机談　全注釈』笠間書院）

注

1　『法華懺法　例時作法』仏書林 芝金聲堂。

2　関東の称名寺に伝わる妙音院流の『三十二相年譜』至元手沢本（称名寺聖教二七六函）に、「伶人與声明師、能々心得合可此曲一。両方調練可有事也」（句読点は引用者）とある（『金沢文庫資料全書』［以下、『金資全』と略す］第八巻、二一八―二一九頁）。妙音院流の称名寺（釼阿以降）への相承は、『三十二相第三』（内題「三十二相聞書」、同聖教二七五函）に所収の「金沢称名寺四八相々承次第」（「妙音院太政大臣師長―孝道―経玄―釼阿―至元―実祐―芿珍」）にあり、南北朝期に三十二相が勤修された事例も認められる（小島二〇〇〇、二六頁）。いっぽう、大原においてこの合奏法は久しく断絶していたが、近代以降、声明・雅楽の古楽譜に拠る復曲が試みられてきた（片岡一九六四）。国立劇場では、昭和四十一年と四十五年に延只八拍子で、同六十三年には舞楽を伴う延八拍子で復曲されている（海老原二〇一九、一一二頁）。

3　『二五要録』巻九、黄鐘調曲所収《散吟打毬楽》題下注にあり（注16参照）。南宮貞保親王（八七〇―九二四）には勅命による『新撰横笛譜』

（佚書）の撰述があり、『三五要録』ほか多くの楽譜や楽書にその説が引かれている。このほか『南宮琵琶譜』といわれる琵琶秘手譜の撰進がある（福島二〇〇七、一六頁）。

4 『教訓抄』巻第六「無舞曲楽物語」（『古代中世藝術論』、一二六頁）。

5 佐藤道子氏によると、仁和寺宮覚行（白河天皇の第三子）の薨去に伴い、翌年の嘉承元年（一一〇五）、法勝寺修正会において大導師登降楽や三十二相楽等を停止しており、同様の事案にはこの「嘉承例」に倣って楽を慎む事例が見られることから、十二世紀初頭には三十二相に楽を伴う演出が通例であった可能性があるという（佐藤二〇〇二、二九〇―二九三頁）。

6 後夜導師において、八日は「三十二相有楽」、十四日は「三十二相幷偈頌同時誦之、無楽」等の記載あり（「石清水八幡宮護国寺幷極楽寺恒例佛神事惣次第」寛元二年（一二四三）、『石清水八幡宮史（史料第二輯）』、一九頁）。

7 『文机談』第二冊「禅閤伺諸道御事」（岩佐二〇〇七、一一四頁）。また、「内裏ニテ妙音院殿管絃ヲ頭ヲアソハシケルニ朗詠伽陀惣テ声明ノ秘曲ヲ管絃ニアソハシケルニ（後略）」とある（「禁中遊宴曲事」、『金資全』第七巻、一四六頁）。

8 琵琶奏法譜によるものは、このほか『三十二相琵琶譜』（撰者不明、宮内庁書陵部蔵、伏一〇九八）や藤原孝時撰『三五中録』巻十二（同、伏一一一二ほか）が伝存する。

9 妙音院流の《三十二相》については拙稿（近藤二〇〇四、二〇〇八）ですでに論じたが、『声明譜妙音院御作』の楽理的解釈については未だ検討の余地があると考えている。近年、猪瀬千尋氏により新出の今様譜（宮内庁書陵部蔵『諸調子品撥合』、伏一〇八三所収）が発見され話題を呼んだ（猪瀬二〇一九）。本譜は復元も試みられており（国立劇場第五一回特別企画公演「詩歌をうたい、奏でる―中世と現代―」令和三年三月五日）、このたび琵琶譜による歌物譜を如何に読み解くか再考する契機となった。

10 本譜については拙稿（近藤二〇〇四）、伽陀増補部については（近藤二〇〇八）にて論じた。

11 「琵琶血脈」（国立国会図書館デジタルコレクション）によると、原写本部分は「師長―孝道―孝時―光俊」、増補部分は「師長―孝道―孝時―孝頼―実兼」と位置づけられる。増補部には、孝頼の資「孝秀」の説も見られる。

12 『枕草子』二〇四（日本古典文学全集十八『枕草子』、三三八頁）。

13 『残夜抄』によると、師長の琵琶の師、孝博について「比巴をば風香調にてをしへはじむ。左の手指みなとくなるゝゆへに、比巴の調の中に、風香調をよろずの調のおやにてある故也と申けり」とある（宮内庁書陵部編一九九八、一四〇頁）。

14 藤原孝道『教訓抄』「琵琶調事」に、風香調の調絃は「黄鐘調・盤渉調にあはす、それに盤渉調にあはするには、あからぬひはあり、そのためにひはの平調をあはするなり」（宮内庁書陵部編一九九八、一五九頁）とあり、調絃の選択は個々の楽器の特性に関わるともいえる。

15 拙稿（近藤二〇〇四）では呂曲（返風香調）を双調に解したが、琵琶で両者を弾き分ける場合、黄鐘を宮とする調絃が理に適っている。なお、現行盤渉調は琵琶平調の調絃と同じである。

16 『三五要録』は諸伝本のうち、宮内庁書陵部蔵、伏九三一を使用。カラー写真は、図書寮文庫―書陵部資料目録・画像公開システムを参照した。

17 節博士に箏絃名で音高を付した妙音院流の声明譜（称名寺聖教、『金資全』第八巻所収）。三十二相には、「妙音院御様」「興福寺西金堂之様」の二説を記す。興福寺僧順良房聖宣は藤原孝道の甥とされ、孝道および澄円から同流声明を伝受した（「大原流声明血脈」、『金資全』第八巻、三〇一頁）。また、狛近真臨終の際には狛家最奥の秘説を預かって楽統断絶の危機を救うなど、楽にも通暁していた（福島二〇〇七、二九一―二九三頁）。

18 家寛は後白河院および妙音院に唄葉二巻（『声明集二巻抄』）を授けており、師長―澄円―斉雅―釼阿と伝わった声明集二巻が『声明類聚』（二巻二軸、釼阿手沢本、称名寺旧蔵前田育徳会尊経閣文庫蔵）に比定される。同譜には平調・双調のいずれかが示された曲が多く、黄鐘調は《礼仏頌》と《三十二相》の二曲のみである。これらの調子名は出音を指すと思われ、呂の《始段唄》が「平調始乙終甲」、《云何唄》が「雙調」（現行では平調・呂曲・甲様）など、平調＝律、雙調＝呂とは限らない。したがって、《三十二相》も黄鐘を宮とする呂律両用の可能性がある。

19 新流は、家寛―智俊―**湛智**―**宗快**―**覚淵**―円珠と相承される。現行天台声明は新流に連なるため、昭和の復曲では呂律両様を含む「合曲」と解釈し、《散吟打毬楽》は黄鐘調律で演奏されている。

20 羽塚啓明氏は「伽陀」を序、「三十二相頌」を破、「結歎」（廻向句）を急とする（羽塚一九三二、八―九頁）。

21 『秘曲三十二相本曲急曲手文』芝金聲堂（一九九〇）。

22 「五念門」をさらに遡ると、『金光明最勝王経』（義浄訳）第二十七「十方菩薩讃歎品」の偈に原拠が認められること、廻向句後半の四句（㊶「初一智断…」以降）は声明曲《卅二相》の独自文言であるという（柴二〇二一）。また、語句の異同は、㊸「分及分之」を「仏及仏之《ブンギウブンシ》」、㊹「雙照」を「正教《サウゼウ》」とし、近世以降の天台声明譜（魚山叢書覚秀本等）に見られる。注21の手文（現行譜）は後者の説による。

23 宮内庁書陵部蔵、伏九三一（図書寮文庫―書陵部資料目録・画像公開システム）による。

24 南宮（貞保親王）は『新撰横笛譜』、長秋卿（源博雅）は『新撰楽譜』を指す。なお、博雅三位説については、仁和寺蔵の悔過会次第「本寺金堂修正次第」と「神分導師次第三十二相讃」の注記にも見られるという（佐藤二〇〇二、二七七頁）。

25 同譜水調曲所収の《汎龍舟》には、「明暹横笛譜云 此曲讃法華経之楽也」とあり、舞を伴う場合には《散吟打毬楽》を急として仏事に用いられた。

26 『教訓抄』（狛近真）では「末ニ鳥急ヲ渡吹テ」、『声明類聚』では「鳥急二反」とある。『鳥急口決笙譜』（実祐手沢本、称名寺聖教二七六函）には、廻向句に笙譜が付された頌がある（『金資全』第八巻、三四五頁）。

27 『古代中世藝術論』、一二六頁。

28 三返目（最終帖）が加拍子になる。太鼓（百から次の百まで）間に右桴を三度打つ意。

29 『三五要録』の記述に同じ（注25参照）。

30 『三五要録』において「只拍子」という名称の記載はほぼ無く、《蘇合香序》四帖、第十太鼓の後に「已上只拍子」とある一例に留まる（寺内一九九六、二六二―二六三頁）。

31 「雅楽歌曲並びに器楽曲旋律構成の定規」（芝二〇〇一、五頁）。

32 2＋4は早只拍子、4＋8は延只拍子。『声明譜妙音院御作』『三五要録』ともに「延／早」の語が使用されていないため、資料3は現行早只拍子の拍数にして、相対的にリズム配分を示した。なお、湛智は『声明用心集』巻中にて同曲を「延」に分類しており（『続天台宗全書　法儀Ⅰ』、二九〇頁）、以後、天台では延二拍子（延只拍子）で唱えている。

33 芝祐泰氏説では、楽句は拍子一（太鼓一回）のサイクルとし、太鼓ふたつ分の楽句は「楽節」とする（寺内一九九六、二七頁）。①～㊹の各行はこの「楽節」に当たるが、本稿では七言の句型を分割しないよう、太鼓二つ分の一行を「楽句」とした。

34 弛（はずす、□ᵒ）・叩（たたく、□ᵒᵒ）の技法。

35 太鼓「百」は『声明類聚』による（聖宣本は●）。

36 これらの特色は『三五要録』と同様であり、寺内氏は「句点記譜法」（只拍子）、「小拍子点記譜法」（楽拍子）と呼称する（寺内一九九六、二三〇―二三六頁）。

37 この箇所について、月蔵房宰円が建治元年（一二七五）に新流の立場から記した『弾儀褒真抄』の「アノ三十二相ノ面輪端正ノ句ハ。イトモ楽ニハアハネトモ。シアハスレハ。コレモソノタメシニヤアラン。サレトソレモ。曲ノイツルコヱ。句ノトトマル所ハユキアフ者也」という記述に符合する（『続天台宗全書　法儀Ⅰ』、四六九頁）。

38 『三五要録』には「搔洗」の語がみられないが、「撥を以て両絃をとらえる」という奏法は、搔洗に同じと判断した（近藤二〇〇四、七七頁）。

39 妙音院の七声は、商調や羽調であっても第一音を宮とし、1宮、2商、3角、4変徴、5徴、6羽、7変宮とする。したがって、現行雅楽の律七声（宮・商・嬰商・律角・徴・羽・嬰羽）のうち第3音の嬰商が角、第4音の律角が変徴、第7音の嬰羽が変宮に相当する。

40 ム《ハム》のような「叩」技法はユリに相当し、唐楽の原調の宮や徴にあると解釈する（遠藤二〇〇五、二七六―二八二頁）。ⓐの第3音や第7音にユリが付いたのは原調が羽調のためで（3は徴、7は宮に相当）、返風香調にそのまま翻譜すると、宮調では角（c＃）と変宮（g＃）に、徴調では変徴（g＃）と変宮（c＃）にユリが付くことになる。

41 『文机談』第三冊「付物事」に、孝道の息孝時が「昔は歌を主体として、絃も管も、発声する句の頭の所をよく聞き定めて、特別（肝要）な所々だけをしっかり合うように付けたものだが（後略）」とある（岩佐二〇〇七、一四一頁）。つまり、歌詞に対して一々細かく付けるのではなく、肝要なところだけを付けるのが、付物の理想的な奏法ということであろう。

42　南北朝期の称名寺僧俊珍手沢本『三十二相口伝』（内題「三十二相秘々口伝」、称名寺聖教二七五函）によると、「凡ソ此声明半律半呂ト云」とあり、「孝道ノ意ハ則律ノ五音ヲ本トシテ商羽ノ二音ニ各二ノ塩梅ヲ用ルカ故ニ成九声一ト」とし、師長のもう一人の弟子澄円説は呂の七声のうち商羽に塩梅を加えたものを九声とするという。

室町後期から江戸初期の能管の「音取」
――旋律の特徴を中心に

森田 都紀
Morita Toki

はじめに

能で奏する能管（以下、笛）に「音取」という曲目がある。[*1] 秘曲として扱われ、近年では演奏が限られ耳にする機会がほとんどない。しかし、笛の各流儀の祖といわれる人たちが活躍した室町後期から江戸初期の笛伝書や笛手付類をみると、能の様々な場面で「音取」を奏したことが認められ、その用途もいまと大きく異なったことが想像される。これまでの研究では、森田流笛方森田光風氏の「音取と置鼓」[*2] や東洋音楽学会編『能の囃子事』[*3] において現行の「音取」の概略が示され、また山中玲子氏の「清経「音取」の成立と変遷―小書演出をめぐる考察（一）」[*4] において〈清経〉の小書演出としての「音取」の成立が歴史的に検証されている。しかし秘曲のせいか実態はなお捉えがたく、室町後期から江戸初期の「音取」に関する研究は必ずしも充分といえない。「音取」という用語の歴史的な意味や旋律の特徴も検証されていない状況である。

そこで、本論文では室町後期から江戸初期の笛伝書と笛手付類をもとに、当時の能の演出における「音取」のはたらきを旋律の特徴に着目しながら具体的に紐解く。能の演出がほぼ固定化したのが江戸中期とされるが、室町後期から江戸初期は演出が整理統合される前で、未だ流動的で自由な部分が多かったと考えられている。当時の笛の「音取」の解明はこんにちの笛の演奏技法の伝承を捉える一助となるだけでなく、背景にある能そのものの演出の変容をも描出することに繋がるはずである。

第一節　「音取」の概要

一　現行の「音取」のはたらき

はじめに、前提として現行の「音取」のはたらきを確認しておく。現行の「音取」にはいくつもの種類があり、それぞれに「〇〇ノ音取」という固有の曲名とそれに対応する譜がある。そして、「音取」を吹くのは①「置鼓」、②小書演出、③独奏曲と定められている。後述するように、室町後期から江戸初期の「音取」と細かいところでそのはたらきが異なっており、その点が「音取」の歴史的な移り変わりを検討するうえで重要になってくるので、ここでは丁寧にみておきたいと思う。

まず、①の「置鼓」で吹く「音取」は、能一曲の冒頭で主にワキが登場するときに小鼓の奏する「置鼓」と一緒に格調高く奏されるもので、近年では翁付脇能を除いてめったに演奏されない。「葛ノ音取」「修羅ノ音取」「真ノ音取」「草ノ音取」「本ノ音取」をはじめ数種類があり、能の曲種や位により何を吹くのかが決まっている。次に②の小書演出で吹く「音取」は、能全体の特殊演出として笛が一管で独奏するものである。現行では〈清経〉に「恋之音取」[*5]という小書が付くと、平清経の亡霊（シテ）があの世から現れるときに「恋之音取」を吹くことになっている。①と②には、何かが起こる前に奏されて次の場面につなぐ性質があり、ほかの演者は「音取」の響きを聴き取ってやがて始まる能やその後の場面の位の基準を定めようとする。これは、能に先行する雅楽の「音取」が管絃や舞楽の前に調子を示してその曲調に相応しい雰囲気を作り出したことに由来するともいわれ、高桑いづみ氏によれば世阿弥の頃も座敷謡の前に一節切の「音取」が前奏されていた。[*6]最後に、③の独奏曲の「音取」は純粋に笛だけを聴かせるもので、能では吹かれない。「一越ノ音取」「双調ノ音取」「盤渉ノ音取」「平調ノ音取」などが伝承され、①で吹く「音取」を笛一管で独奏することもある。しかし現在は囃子方主催の会などの限られた場で奏されるに留まり、どれだけ実体を伴っているのかわからない。

このように現行の「音取」には様々な種類があり、固有の曲名（「〇〇ノ音取」）と譜を有していて、そのはたらきは三つに類型化されている。この特徴を踏まえ以下、室町後期から江戸初期の「音取」に焦点を当てていく。

二　室町後期から江戸初期における、現行と同じはたらきをする「音取」

室町後期から江戸初期にかけての「音取」の用例は笛伝書や笛手付類を中心に認められる。そのため、「音取」という用語はいまと同様に主に笛役者のあいだで使われていたと考えられる。笛伝書や笛手付類の記述は断片的で全体の把握が容易でないが、固有の曲名とそれに対応する譜を確認できた「音取」を資料1にまとめた。[7]現行以上に種類が多いことに驚かされるが、当時においてもこれだけのヴァリエーションを有するものは見当たらない。ここでは資料1を参照しつつ、当時の「音取」が現行と同じように三つのはたらき（①「置鼓」で吹く、②小書演出で吹く、③独奏曲として吹く）に紐づいていたどうかを順に確認していく。

資料1：室町後期から江戸初期の「音取」　※（　）は確認できた異名。傍線は引用者に拠る。

「一越ノ音取」「陰陽ノ音取」「おとす音取」「鬘ノ音取」「烏手音取」「影ノ音取」「恋ノ音取（清経音取）」「五調子ノ音取（闌曲ノ音取）」「三番目音取」「指相音取」「修羅ノ音取」「真ノ音取」「双調三重ノ音取」「双調ノ音取」「双調ノ音帰り」「双調ノ音チガイ」「草ノ音取」「盤渉ノ音取」「平調ノ音取」「二日目三番目僧音取」「本ノ音取」「三日三番目結音取」「結音取」「物着ノ音取」「山ノ端ノ音取」「乱拍子ノ音取」「脇能音取」

まず、①の「置鼓」で吹く「音取」に言及する記事は笛伝書の至るところにみえ、資料1のうち、少なくとも「葛ノ音取」「修羅ノ音取」「真ノ音取」「草ノ音取」「本ノ音取」などが当時の「置鼓」で吹かれていたことを確認できた。[8]笛方一噌流の実質的な初世で、天正年間を中心に活躍した一噌似斎の芸談『矢野一宇聞書』[9]には、初日から四日の各日で「音取」の種類を変えて吹いたという記事もあり、[*10]すでに「音取」は能の位を整える曲目として重視されていた。

②の小書演出で吹く「音取」については、〈清経〉の「恋ノ音取」に関する記事が笛方森田流由良家相伝の『教笛集』[*11]『三ケの書』[*12]『全笛集』[*13]などの室町後期笛伝書にみえる。山中玲子氏によれば、この時期は能に小書演出が確立する前であり、シテが橋掛りを通って舞台に出てくるまでのあいだを笛がいかにあしらうのかが習とされていた。[*14]現行の洗練された小書演出に直結するものではないが、すでにシテ登場時の演出が習として意識されていたのは確実である。

最後に③独奏曲の「音取」に関しても、座敷や酒宴、婿取、嫁取、船中、森林町辻、軍陣などの場でさかんに奏されていたことが笛伝書に窺える。たとえば座敷では、「祝言座敷、ネトリ所望時ハ、呂ヲイカニモ真ニ吹、真ノ音取吹ヘシ。」（『矢野一宇聞書』）や「笛を御所望之時ハ、本の音トリを吹べシ。」（『幸正能口伝書』[*15]）などの心得があり、「真ノ音取」や「本ノ音取」を吹くことがあった。記事が管見に入っていないだけで、ほかの「音取」も座敷で吹いたと思われる。座敷以外の吹奏例は紙面の都合により割愛することとし、いまと社会環境が大きく異なるなかで独奏曲の「音取」が能を離れた様々な場で吹かれていたことを指摘するに留める。[*16]

このように、室町後期から江戸初期においても、現在と同じように固有の名称と譜を持ち、①②③の三つのはたらきに紐づく「音取」が存在していたことを確認できた。いっぽうで、資料1で気になるのが、「物着ノ音取」と「乱拍子ノ音取」である（資料1傍線部）。[*17]前者が〔物着〕で、後者が〔乱拍子〕で吹かれる旋律である。どちらも、現在も存在して吹かれているが、「音取」と認識されていないし「音取」と呼ばれてもいない。[*18]そのため、「音取」が何を意味するのかという定義そのものが江戸初期以降、歴史的に変化していることが想像されるのである。そこで次節以降は、室町後期から江戸初期の笛伝書と笛手付類の記述を詳細に辿り、能で吹く「音取」のはたらきを検討して現行との違いを明確にしていく。

第二節　室町後期から江戸初期に特有の「音取」のはたらき

一　「音取」という用語に対する笛役者の意識

まず、室町後期から江戸初期の「音取」という用語に対する笛役者の意識を整理しておきたい。彼らの意識を明確に窺えるのが、小鼓方観世元信が古今の能役者の伝記を記した『近代四座役者目録[*19]』や笛方森田流由良家相伝『三ケの書』の次の記事である。いずれも笛役者の技量を評価する内容である。

○弟子ノ稽古ニハ、唯舞バカリヌキ、教ユル。サルニヨリ、今ニ至リ、牛尾ガ流ノ人マデ、舞吹事、少好シ。音取リハ悪シ。（『近代四座役者目録』、牛尾彦左衛門の項）

○弟子ニ稽古ニハ、音色・音取リ計ヲ多ク教ヘル。去ニヨリ、流シノ弟子マデ、音取ハヨシ。拍子合ヲ吹ク事悪シ（『近代四座役者目録』、中村又三郎の項）

○殊ノ外不拍子ニテ、序ノ舞モアハズ。囃子モ、シカ〳〵吹ズ。音取ハヨク吹ク。（『近代四座役者目録』、中村噌庵の項）

○唯々、笛ハ舞と音取を自由さんまいに聞ことに吹ハ、笛吹也。上手也。日夜、朝夕、音取舞を稽古して面白吹候事、肝要也。（『三ケの書』）

「音取」が、「舞」「拍子合」「拍子」などの拍子合のリズムで吹く合ワセ吹キという奏法と対比して使われているのが判るだろう。そのため、「音取」は拍子不合の自由なリズムで吹き流すアシライ吹キ全般を想起させる用語であったと考えてよい。以下本論文では、笛役者が「音取」という用語に抱いた「アシライ吹キ全般」というイメージを「音取」の広義として捉えることにしたい。

現在の「音取」が「○○ノ音取」という固有の曲名と譜を持ち、三つのはたらきに類型化される秘曲であることは何度も述べきた。また先の第一節第二項では、現行と同じはたらきをする「音取」が室町後期から江戸初期にすでに存在していたことも確認した。しかし本項の検証により、「音取」という用語には本来、アシライ吹キ全般を思わせる性質があり、それゆえ必ずしも曲名に紐づくものでないし、現行と同じ三つのはたらきに縛られるものでもないことが明らかになった。では、当時は何をもって「音取」とみなしていたのだろうか。

二　アシライ吹キと見計らい

そこで、ここからは「音取」の用例を旋律面から詳細に分析して「音取」が狭義に何を意味したのかを絞り込んでいく。『矢野一宇聞書』において「音取」の吹き方をシテの所作と関連付けながら具体的に説明している次の三つの記事を掲げよう[*20]。興味深いことに、いずれも現在と違って舞事や働事のなかで「音取」を吹くとしている。

A〈海人〉
一、あま。是ハ破ノ舞也。経ヲ渡ス迄ハ音取也。舞、イカニモカケツヽ《カケツテ》ツテフクナリ。

B〈杜若〉
一、杜若白拍子、音取ノ事。ヒヤルリヤリリヤリ《中ヨリ、出ハノコトク》　ヒウイヤツラ　ヒヤリヤリ　ヒヤウ〱チヤウ〱ヒヤウラルイラ　ラウイ　ヒウヒヤウラヒヤラリヒウイヤウ。後ハ皆テハノコトク、トメモ出ハトメ留也。吹様計ニテ白拍子ト云。（略）

C〈熊野〉
一、短冊ノ段。…（略）哥ヲ案しヨミテカラ書間ヲハ、イカニモネトリノ相ヲ置、ウツクシクユラ《ユウ》〱ト吹モノ也。サテ哥ヲ書テカラハ、イカニモツメテ吹、ツヨク吹物也。此ネトリハ、不残吹カ習也。吹タラヌ程、相アルモノ也。サル間、ヨク〱ミツクロイテ吹物也。

具体的に読み解いていこう。Aは〈海人〉の舞事でシテが経典を渡すあいだに笛が「音取」を吹き配るという。竹本幹夫氏は「シラバヤシ考」[*21]においてこの部分をシラバヤシに含めているが、この記事では「音取」を吹くと使っている。シラバヤシとは現行しない囃子事で、竹本氏は当時の流動的な能の演出で偶発的に生じた非定型の囃子事を汎称するものとしている。Aもシテの所作に合わせた非定型の対応が必要な囃子事であり、そうしたなかで笛が「音取」を吹いていたと思われる。続いてBは、〈杜若〉独特の舞事として存在していた白拍子において笛が「音取」を吹くといっている。[*22]竹本氏によれば白拍子もいわゆるシラバヤシに含まれる囃子事である。右の記事には登場の囃子事の〔出端〕（原文は「出ハ」「テハ」）のように吹き流してシテの所作を見計らい（原文は「計」）、自由なリズムであしらうとある。最後にC〈熊野〉では、〔短冊之段〕という囃子事でシテが短冊をしたためるあいだに笛が「音取」をゆらゆら美しく吹くとしている。シテが書き終える前に笛を吹き終えるように、タイミングを計るのが肝要ともいう。さて、以上のABCに共通しているのは、シテの所作を見計らって囃子方に臨機応変な対応が求められる場で笛が「音取」をあしらっていることであろう。

そもそも、当時の能は必ずしも予定調和になされるものではなかった。舞台上で突如、働事を舞い出したシテに囃子方がすぐさま合わせて競演し、観客がその応急的な即興を楽しんだことが金春禅鳳相伝『囃之事』[*23]にみえることはよく知られる。笛伝書の『矢野一宇聞書』にも「一、舞の内ニテ音取ヲ吹事。シテ、舞ノ心ヲステヽ仕舞ヲスル時也。又ハソラ立ヲシテ、顔ヲ高ク持、遠見ノ時也。」とあり、舞事でシテが予告なく違う型を行った際、その間に合わせに「音取」を吹いて応じるとしている。シテの流動的な動きに合わせてあしらい、自然な形で次の場面へ繋げていたのだろう。『矢野一宇聞書』には「音取ト云コトハ、フタイヲサマスマシキト云こゝろ也。」ともみえ、「音取」の心は舞台の雰囲気を保つことだとする。シテと囃子方とで即興的な掛け合いがなされたこの時期の緩やかな演出において、アシライ吹キで舞台を自在に彩る「音取」は欠かせないものであったといえる。

れる。

三　旋律構造と「ユリ」

では、具体的に「音取」はどのような旋律であったのか。分析を続けるために、先のＡＢＣに対応する譜を唱歌付から探して資料2[*24]に掲げた。ＡＢＣはいずれも全体を通じて唱歌の並びに統一性のないアシライ吹キの旋律である。唱歌に注記される「持」や「引」などからも、音の長さや間合いを任意に吹いていたことが窺われる。

資料2：Ａ〈海人〉、Ｂ〈杜若〉、Ｃ〈熊野〉の唱歌

※便宜上、底本より一部注記を割愛した。傍線と二重線は引用者に拠る。

A〈海人〉　（『聞書並笛集付唱歌』より「海士ノ懸」）

一、ヒヤウラウラウラウラ持、ララリ持、リウヤ
一、リウヤ引ヒウヤラリ
一、ヒイウイヤ持、ロ持、ヒュ引、ラロラララリ引イ、リウイヤ
一、ヒイウイヤ持ア、ラルラルラ

B〈杜若〉　（『聞書並笛集付唱歌』より「白拍子ノ笛」）

一、ヒヤウヒヨ持、ルリ持、ヤルリ持リヤリ
一、ヒウイヤ、ヒホヒヤ
一、ヒヤウヒヤウタウタウタウタウイヤラ
一、ヒヒイヨイヒユイヒヨリ持、リ
一、ヒウヒヤ持、ラヒウイヨ
一、ヒユヤイツ持、リツ持、リウヒヤ持、ロルヒヤヒウ持、リウ、ヒヤウ持、ラロイヨ　ホヒヤロウロウ

C〈熊野〉　（『聞書並笛集付唱歌』より「短冊」）

一、ヒイウイヨ持、ラリヤヒユイ
一、ヒヨリ引、リ
一、ホヒイウイヤヒホヒヤ　フタウタウタウ持、ヒヤイヒウイヨ
一、ホヒイヨイヒヨ持、リ引、ヒイウイヨ
一、ホヒイリ引、リヒヨロ持、イヒウイヨ持、ロ引、ルロイ
一、ヒヨ持、リ引、リヒウルイヤルイヨ引、ロ

唱歌の母音は旋律のなかでの相対的な音高の推移を示し、相対的に高い音より「イ」「ア」「オ」「ウ」の順となる傾向にあるが、[*25]そこから以下類推すれば、Aは「イ」母音を多用するので干の音域を主体とする旋律と判断される。BとCも同様の理由で干の音域を主体とするが、末尾では「ウ」「オ」の母音を用いて呂の旋律（BCの二重線部分）に変化して収まっている。このように、BとCは高い音域から低い音域へ移る点が一致するものの、ABCに通底する構造は認められない。しかし、ABCには共通して、同じ音を何度も揺り返す「ユリ」という装飾的な技法の旋律が含まれることに注目したい（ABCの傍線部分）。Aでは「ラウラウラウラ」「ララ」「ラララ」「ラルラルラ」、Bでは「タウタウタウタウ」、Cでは「タウタウタウ」などとみえる。先の『矢野一宇聞書』のB〈熊野〉の記事に「音取」を「ウツクシクユラ《ユウ》〳〵ト吹モノ也。」とあったのが、旋律を揺らす「ユリ」の技法を意味していたことがここで理解される。したがってこれらを合わせて考えるに、「ユリ」が「音取」の音楽的な聴きどころになっていたといってよい。笛方一噌流初世一噌似斎系の『笛ノ本』[*26]にも次のようにみえ、

当代ハ、ユリノ内ヨリ小鼓御打披成候。みやます弥左衛門殿ナトノウタレ候ハ、後ノユリヲ少カケテ御打候。音取ノ命ハユリニテ候。鼓ニ打けされテ面白からす候。（略）ユリノ内ニ小鼓ウタサル事、タカイノげいヲタスクル心ナリ。

「置鼓」において小鼓方宮増弥左衛門が笛の「ユリ」と同時に鼓を打ったことに対して、「音取ノ命」である「ユリ」がかき消されてしまったので不満だと述べていて面白い。

このように、笛役者が「音取」で最も強調したいのは「ユリ」であり、「ユリ」を聴かせることが「音取」の肝であった。したがって、室町後期から江戸初期の「音取」は狭義には「ユリ」のあるアシライ吹キの旋律全般を意味したと定義づけたい。仮に「○○ノ音取」という曲名を持たなくても、また現行と同じ三つのはたらきを有していなくても、アシライ吹キで「ユリ」があるという特徴を備えていればその旋律をいわゆる「音

取」と認識していたと考えられる。

四 「音取」のはたらき

では、狭義の「音取」の具体的なはたらきはどのようなものだったのか。この点を明らかにするために次のDEの笛伝書の記事に注目したい。

D、盛久・あしかりなとの物きハ、むすふねとりヲ吹物也。(『一噌流笛秘伝書』)

E、一、三井寺。(略)サテ一セイ、真ノネトリ遊候。(『矢野一宇聞書』)

Dは笛方一噌流初世一噌似斎の頃の『一噌流笛秘伝書』[*27]の記事で、シテが舞台上で扮装を替えるあいだに奏する〔物着〕という囃子事で「結音取」を吹いたという。またEは、役柄が舞台に登場する際に奏する〔一声〕という囃子事で「真ノ音取」を吹いたと述べている。ところが、この時期の唱歌付を改めて調べてみると「物着」や「一声」という曲名のついた笛の譜が別に認められるので、〔物着〕と〔一声〕それぞれの囃子事には固有の譜があったことが判るのである(後述)。いい換えれば、〔物着〕や〔一声〕などの囃子事ではそれぞれに固有の譜を吹いた一方で、「結音取」や「真ノ音取」などの譜を吹くこともあったことになる。現在では各囃子事に標準的な専用譜が一種類定められていて、いうまでもなく「音取」を吹くことはない。しかし、室町後期から江戸初期には特定の囃子事で複数の種類の譜を吹き得たと考えてよいだろう。

このことは「音取」のはたらきとどのように関わっているのだろうか。唱歌を分析しながら検討を進めるが、その前に資料3—1と資料3—2の表の見方を説明しておこう。資料3—1はDの記事の内容に基づき「結音取」と〔物着〕固有の譜を唱歌付から探して対比させたものである。同様に資料3—2では、Eの記事を検討するべく「真ノ音取」と〔一声〕固有の譜とを対比して示した。[*28]いずれも長い旋律で、全体を通じて仮名の並びが不均等なアシライ吹キの旋律である。このうち「結音取」と〔物着〕固有の譜と「真ノ音取」の旋律には、定型化された短い旋律群である旋律型が部分的に含まれている。底本では「結音取」と「真ノ音取」の該当箇所に「呂」「カン」「中ノ高音」、そして〔物着〕固有の譜の該当箇所に「かんノ六ノ下」という名称が傍記されていた。それらは「旋律型の名称」欄に別記した。また、旋律内での音域の推移を表の上部に示した。

それでは、資料3―1を参照しながら「結音取」と〔物着〕固有の譜の構造を比較してみたい。まず冒頭では、「結音取」が「ウ」や「オ」母音を含む低い音域の「呂」という旋律型（傍線部分）を吹くが、〔物着〕固有の譜にはこの旋律型がない（斜線部）。しかし、それ以降はどちらも「イ」母音を多用する干の音域から、「ユ

［凡例］
・唱歌には適宜、読点を補った。
・「結音取」は由良家相伝『千野流笛唱歌』（萩博物館寄託、所蔵番号三―10）の「結音取」に基づく。
・「真ノ音取」は由良家相伝『千野流笛唱歌』（萩博物館寄託、所蔵番号三―10）の「真ノ音取」に基づく。
・〔物着〕固有の譜は『一噌流笛唱歌付』（早稲田大学演劇博物館蔵、所蔵番号イ11―423）の「しんの物き」に基づく。
・〔一声〕固有の譜は『一噌流笛唱歌付』（早稲田大学演劇博物館蔵、所蔵番号イ11―423）の「わき能の一せいの笛」に基づく。

資料3―1：「結音取」と〔物着〕固有の譜

音域の推移	「結音取」旋律型の名称	「結音取」唱歌	〔物着〕固有の譜 旋律型の名称	〔物着〕固有の譜 唱歌
呂の音域	「呂」	ヒホラウタウラウヒュルヒヤ、		
		チヒャタウ〱、		
干の音域	「カン」	ヒイリウヤァヒュイ、ヒウイヤ、		ひふり、ひやうらるいや、るいひや、ひういや、
	「中ノ高音」	ヒヤルリ、ヒウイヤ、		ひやらるり、ひういや、
		チヒャロルラ、ヒヤウリリ、		ひういや、るいやる、、
		タウ〱〱〱タラウヤヒュイ、		**らんたん〱〱〱たらういやるい、ひふ**
		タウ〱ヤラロイ、		**りういやるい、**
		ヒャヒイウヤ、リウヒュイ、	「かんノ六ノ下」	ひやらろるい、ひやるい、
末尾が呂の音域		ヒウイヤ、ララロイ、ヒウイヤラ、		ひういやらろい、ひういやら、
		ヒヤララロイ‖、ヒウイヤ、ヒフラ		ひやら、ろい‖、ひういやいふら

資料3—2：「真ノ音取」と〔一声〕固有の譜

音域の推移	「真ノ音取」旋律型の名称	「真ノ音取」唱歌	〔一声〕固有の譜 旋律型の名称	〔一声〕固有の譜 唱歌
呂の音域	「呂」	ホロルララ、ヒウイヤ、フラロリ、 ヒヤウラウラウラウヒユルヒヤ、 チヒヤタウ〱、		
干の音域	「カン」	ヒイリ、ヒヤウロラ、ヒユイヒウイヤ、		ひやうひょうるりやるりやり、ひうやひふら
	「中ノ高音」	ヒヤルリ、ヒウイヤ、 チヒヤロルラ、ヒヤウリリヤリヤララ、 **タウタウ〱〱〱タラウヤヒユイ、** **ヒイリウヤロリ、** ヒヤラロルリ、ヒヤヒユイ、 ヒウイヤ、ラロイ、ヒウイヤヒフラ、 ホヒヤロウルウリウ、		ひやりやり、ひうい **ひやう〱たう〱〱〱ひやららるい、** **ひうひやうらひよろい、** ひういや、ひうやうらりやるりり、 ひやいひうやうらうひうい、 ひういやらるい、ひういやふう、ひやりう
末尾が呂の音域		ヒウルロイヤ、チヒヤタウ〱		ひうらるいや、ほひやろう〱 あとは出はとめのことく也

リ」の旋律（太字部分）を経て、最後に「オ」母音を含む呂の音域の旋律（二重線部分）に移っている。また、資料3—2に掲げた「真ノ音取」と〔一声〕固有の譜をみると、「真ノ音取」が資料3—1の「結音取」と同じ構造で、対する〔一声〕固有の譜が資料3—1の〔物着〕固有の譜と同じ構造をしているのが判る。

こうして具体的な旋律構造から明確になったのは、資料3—1の「結音取」と〔物着〕固有の譜も、資料3—2の「真ノ音取」と〔一声〕固有の譜も、いずれも「ユリ」のある長いアシライ吹キの旋律であることだ。唱歌付に記載された曲名こそ異なるが、そもそも狭義にはどれも「音取」と総称される類の旋律なのである。[*29]

冒頭に「呂」の旋律型を吹くかどうかの違いが認められたが、干の音域から「ユリ」を経て呂の音域へ移行する流れは共通していた。つまり、構造上も細部が異なるだけで親和性が高いのである。それゆえ、異なる譜であっても、DとEの記事に記されていたように同じ囃子事で吹いたのだろう。じっさい、囃子事で吹く譜にいくつかの選択肢があったことを裏付ける次の記事もみえる。

F、一、太コナシノ出ハ。ネトリ吹。真ノネトリ吹出よく候。（『矢野一宇聞書』）

太鼓なしの〔出端〕という囃子事で「真ノ音取」の譜を吹くのが望ましいとするが、「よく候」という言い回しから、〔出端〕でも複数の種類の「音取」の譜を吹いていたことと、一回一回の演能で吹く譜を選択していたことが窺えるのである。

以上、DEFの記事に関して、唱歌付と笛伝書とを照合してきたが、結局のところ当時は、現在のようにたとえば〔出端〕で吹くための専用の一種類の譜といえるものが在ったわけではなかった。「ユリ」を含む以外に大きな特徴のない雑多なアシライ吹キの旋律が狭義には「音取」と汎称され、そのなかから相応しいものを笛役者自らが選び、その都度の〔物着〕なり〔出端〕なりで吹いて、能の演出に真剣勝負を仕掛けていたと解釈されるのである。Dで検討した「結音取」と〔物着〕固有の譜も、Eで検討した「真ノ音取」と〔一声〕固有の譜も、どれも狭義には「音取」であるので、こうしたさまざまな種類の「音取」からいまこの舞台で何の譜を吹くのかを取捨選択していたことになる。当時の演出は役者個人に任せられた部分が大きかったともいえよう。

現在は小書演出を使って常の演出に変化を与えるが、室町後期から江戸初期はいまだ技法が体系化されず小書演出も確立していなかった。また、不定型の所作が突如生じるほどに演出は流動的でもあった。「音取」はそうした自由な部分の残る時代の能において、そのヴァリエーションを活かし毎回の舞台に彩を添えていたのである。現在は滅多に聴けない秘曲として「音取」は特異な存在であるが、本来はその逆で、一曲の能の様々な場面で吹かれ、頻繁に耳にするお馴染みの存在であったと考えたい。

おわりに

本論文では室町後期から江戸初期における「音取」の実体を旋律の特徴に焦点を当てながら紐解いてきた。当時の笛役者にとっての「音取」とは、広義にはアシライ吹キ全般を想起させ、狭義には「ユリ」という装飾的な技法を聴かせどころとするアシライ吹キの旋律を総称するものであったと結論づけられた。流動的な当時の演出において、「音取」は雰囲気を整えたり、急に生じた間を即興でつないだり、多様な響きで能に変化を与えたりしていた。ある程度の範囲で応用可能な旋律として、「音取」は当時の能に不可欠であったと思われる。

一曲の能に「音取」が乱立していたこうした時代から、江戸時代を通じてどのような過程を経て「音取」は類型化され、現在のような演奏の限られる特異な曲目となったのだろうか。それについては引き続き、慎重な検証が必要であるが、寛政三年（一七九一）に笛方一噌流八世平政香の著した『寛政三年平政香笛唱歌付』[*30]では「音取」は秘曲扱いとなり、その用途も現行同様に三つに類型化されている。そこに、かつてのありふれた汎用的な旋律の面影はない。したがって、能の演出の枠組みが整えられた江戸中期までに「音取」の在り方自体が能の演出にそぐわなくなり変化したと推測している。「音取」として一括りにされていた数多くのアシライ吹キの旋律から、人々の記憶に残るほどに好ましいものがそれぞれの囃子事の定型の譜となったり、小書演出として特別に洗練されたりしたのではないか、そうして「音取」は類型化されその種類を減らし、滅多に聴くことのできない秘曲へと変化したのではないか――このような見通しを持っている。紙面の都合により今回は触れられなかったが、「音取」が現在と違って謡のアシライとして吹かれた痕跡も笛手付に残っている。それも含めて「音取」が江戸時代以降、どのような変化を辿ったのかを引き続き検証し、能の演出の変容を捉えていきたい。

◎付記

本論文は、能楽学会東京例会における口頭発表「室町後期から江戸初期における笛の「音取」―旋律の特徴を中心に」（二〇二二年二月二十八日、オンライン開催）に加筆修正したものである。ＪＳＰＳ科学研究費助成事業（課題番号18K00150）のほか、二〇二一―二二年度法政大学能楽研究所「能楽の国際・学際的研究拠点」（「一噌流の伝承研究―島田巳久馬旧蔵資料と国立能楽堂蔵一噌八右衛門家資料の調査」）の成果も一部含む。高桑いづみ氏と山中玲子氏をはじめ、笛方一噌庸二氏、笛方藤田次郎氏に貴重なご教示を賜った。御礼申し上げる。

注

1 本論文では以下、能の演目名を〈 〉、囃子事の名称を［ ］、笛の曲名・旋律型の名称・技法の名称などを「 」で表す。

2 森田光風「音取と置鼓」、野上豊一郎編『総合新訂版 能楽全書』第七巻、一九七九年。

3 東洋音楽学会編『能の囃子事』東洋音楽選書四、音楽之友社、一九九〇年。

4 山中玲子「清経「音取」の成立と変遷―小書演出をめぐる考察（一）」『東京大学留学生センター紀要』二号、一九九二年。（同『能の演出その形成と変容』若草書房、一九九八年、再録）

5 観世・金春流が「恋之音取」、宝生・喜多流が「音取」、金剛が「披講之音取」としている。

6 高桑いづみ「能管と一節切」『日本の音の文化』第一書房、一九九四年。（同『能の囃子と演出』音楽之友社、二〇〇三年、再録）。

7 調査中につき、参考程度に掲載することをご容赦いただきたい。実際はここに挙げた以上の種類が存在していた可能性や、異名同曲が含まれる可能性もある。名称だけ確認でき唱歌を探せなかった「音取」は掲載していない。参照した室町後期から江戸初期成立（一部、推定含）の唱歌付は以下の通り。

【笛方森田流由良家相伝（萩博物館寄託）】『千野流笛唱歌』（所蔵番号三―5）、『千野流笛唱歌集付リ聞書』（所蔵番号三―6）、『千野流笛唱歌』（所蔵番号三―9）、『千野流笛唱歌』（所蔵番号三―10）、『題不明笛手付唱歌集』（所蔵番号三―11）、『題不明笛唱歌集』（所蔵番号三―12）、『千野流笛唱歌集』（所蔵番号三―13）。竹本幹夫「由良家蔵能楽関係文書目録（上）」（『能楽研究』第七号、一九八二年）も参考にさせていただいた。

【笛方一噌流一噌又六郎家相伝（早稲田大学演劇博物館蔵）】『一噌流笛唱歌付』（所蔵番号イ11―423）、『能管之譜』（所蔵番号ハ13―5）

【笛方一噌流津藩一噌家相伝（国立能楽堂蔵）】『大本 笛唱歌付』（仮番号1―8）、『一噌満吉筆 笛唱歌付』（仮番号1―9）。

以上のほか、狂言大蔵家相伝『聞書并笛集付唱歌』（大蔵家伝之書『古本能狂言』五、臨川書店、一九七六年、一三七―四一一頁）も参照した。

8 この時期の笛伝書や笛手付類では「置鼓ノ音取」という用語が用いられている。
9 養子矢野新五郎による一噌似斎からの聞書。慶長頃の書写。早稲田大学図書館蔵（所蔵番号チ12―一〇七一）。竹本幹夫・三宅晶子「一噌流系笛伝書『矢野一宇聞書』」（伊地知鐵男編『中世文学　資料と論考』笠間書院、一九七八年、六〇五―六五四頁）も参照した。
10 『矢野一宇聞書』（早稲田大学図書館本）の次の記事に拠る。「一、昔ヨリ、四日共ニ置ツヽミネトリ定アリ。初日ハ本音取、二日ハシユラノネトリ、三日ハ本ノ草の音取、四日ハカツラノ音取、いつれ脇能ニ如此吹也。二番めヨリハソレ〴〵ノ能ニヨリ可吹。二日にても候へ、三日四日ニテも候へ、脇能ニ老松ナト候ハヽ、本ノ脇能ノコトクニ、謡内諸事真ニ可吹候。初日ニハ三番めまて定テ吹。（ネトリ、本ノネトリ・シユラノネトリ・カツラノネトリヲ吹。）其以後ハ、似相ノやうニ分別仕可吹候」。（　）は国会図書館本に基づく補足。注9　竹本・三宅論文、六五四頁に拠る。
11 天文二十年千野より牛尾あて奥書。天文二十二年奥書本もある。
12 天文二十年千野より牛尾あて奥書と、元亀三年牛尾玄笛奥書本がある。本論文では以下、芸能史研究会編『日本庶民文化史料集成』第三巻能（三一書房、一九七八年）所収の翻刻を参照した（二九九―三〇二頁）。
13 天文二十年千野親久より牛尾小五郎あて奥書。
14 注4　山中論文。
15 慶長十六年奥書。小鼓方幸流・幸清流の祖である五郎次郎が再編した伝書。法政大学能楽研究所編、竹本幹夫校訂『幸正能口伝書』能楽資料集成一三、わんや書店、一九八四年。
16 座敷や酒宴、婿取、嫁取、船中、森林町辻、軍陣などの場で奏された独奏曲の「音取」については稿を改めたい。
17 「乱拍子ノ音取」が『矢野一宇聞書』にみえ、「物着ノ音取」が『矢野一宇聞書』や笛方森田流由良家相伝の『千野流笛唱歌』[*17]（所蔵番号三―5、三―9、三―10、三―13）、同『題不明笛手付唱歌集』（所蔵番号三―11）などに認められた。
18 「乱拍子のアシライ」や「物着のアシライ」などと呼ばれることが多いが、呼称が特に定まっているわけではない。
19 田中允編・校訂『四座役者目録』能楽史料第六編、わんや書店、一九五五年、六五―一八〇頁。
20 便宜上、底本より一部注記を割愛したところもある。
21 以下、シラバヤシに関する竹本幹夫氏の諸説は、竹本幹夫「シラバヤシ考」（『国文学研究』六五巻、早稲田大学国文学会、一九七八年）を参照。同論文は竹本幹夫『観阿弥・世阿弥時代の能楽』（明治書院、一九九九年）再録。
22 白拍子は素囃子、白囃子とも。
23 金春禅鳳より小鼓方宮増弥左衛門相伝。参照は、表章・伊藤正義校注『金春古伝書集成』（わんや書店、一九六九年、四二九―四三一頁）。「むかしのよきしてと申は、よきはやしをだしぬきて、はたらくべき所をば俄に働などして、色々に囃子に心をつくさせ候を、してにぬかれ候まじきやうにはやし候を、本と心得られ候つる。」（四三〇頁）とある。

24 大蔵虎明の『聞書並笛集付唱歌』[*25]（大蔵弥太郎編『大蔵家伝之書 古本能狂言』第五巻所収、臨川書店、一九七六年、二三七―四一一頁）に拠る。便宜上、底本より一部注記を割愛したところもある。

25 本論文では以下、現行の母音の運用を参考に旋律のなかでの相対的な音高の推移を判断する。その方法は森田都紀『能管の演奏技法と伝承』（思文閣出版、二〇一八年）一二―一四頁に基づく。ここでは詳細の説明を割愛する。

26 米倉利昭編『宮増伝書・異本童舞抄』（中世文芸叢書一一、広島中世文芸研究会、一九六八年）所収の広大本『宮増伝書』（一―六三頁）を参照した。

27 文禄五年奥書の一噌似斎の聞書とその頃の唱歌付を江戸時代初期頃に書写したものが原本文。ここに元禄十七年五世又六郎正賢が一部校合。享保三年に六世又六郎政央が一部加筆。本論文では原本文を参照した。早稲田大学演劇博物館蔵（所蔵番号ハ13―8）。三宅晶子「早稲田大学演劇博物館蔵『一噌流笛秘伝書』―解題と翻刻」（『早稲田大学大学院文学研究科紀要』別冊第一〇集、一九八三年）も参照した。

28 このうち「結音取」と「真ノ音取」は笛方森田流由良家相伝『千野流笛唱歌』（萩博物館寄託、所蔵番号三―10）より引用し、〔物着〕と〔一声〕は笛方一噌流二世中村噌庵の付を万治三年に三世一噌八郎右衛門が写した『一噌流笛唱歌付』（墨筆部分。早稲田大学演劇博物館蔵、所蔵番号イ11―423）より引用した。資料の制約上、流儀の異なる唱歌付を用いるが、この検証では大きな問題がないと判断した。

29 資料1に示したように、〔物着〕で吹く旋律に曲名を付けて「物着ノ音取」と呼んでいる笛手付もある。

30 寛政三年、一噌流八世又六郎政香の奥書。写本。法政大学鴻山文庫蔵（所蔵番号付303）。

鳴物の拍、三味線の拍
――リズムパターンの音価選択をめぐって

鎌田 紗弓
Kamata Sayumi

第一節 はじめに

「静かな」、「にぎやかな」、「ゆったりとした」、「急迫した」――歌舞伎鳴物[*1]をふくむ日本伝統音楽の楽曲解説では、緩急・強弱といった曲の雰囲気の違いを、感覚的な言葉で表現することが多い。しかし、そのような感覚の裏には、どのくらいの音が一斉に鳴り響くか、連続する音同士にどのくらい間隔が空いているか、といった定量的に捉えることのできる違いもある。

鳴物は一音ずつ作曲されるのではなく、主旋律が出来上がった後に、リズムパターンの組合せを当てはめて構成される（これを「**作調**」という）。作調の実態は、「どのような由来・性格のパターン群を配置するか」という観点から、横道萬里雄氏による七類型（後述）に基づいて論じられることが多い。ただし、同じリズムパターンでも、三味線旋律の「四拍」に圧縮して当てはめれば細かい音の刻みに、逆に三味線旋律の「十六拍」に当てはめれば、音同士の間隔が広くまばらな音響になる。つまり、作調の際には、㈠どのリズムパターンを・㈡どの音価であてはめるか、という二つの選択が必須になる。

楽曲検討において比較的とりあげられにくかった音価選択も、「静か」「にぎやか」のような曲想、歌詞内容に応じた作調の一助となっているのではないか。音価選択がもたらす音の疎密感、量という観点から、新たに見えてくる作調の特質があるのではないか。これらに主眼を置き、長唄十九曲について、大鼓・小鼓・太鼓のリズム構成を検討してみたい。

第二節　リズムパターン構成と音価選択

歌舞伎鳴物の大鼓・小鼓・太鼓は、一音一音自由に作曲されるのではなく、「**手**（**手組**）」と呼ばれる長短さまざまなリズムパターンを組み合せて作調される。各種の手は、まず歌舞伎のなかで作られてきたもの（**歌舞伎手法**）と、能楽囃子に由来するもの（**能楽手法**）に大別される。[*2]

さらに詳しく見ると歌舞伎手法には特徴の異なる類型があり、作調実態は、それらも含めて区分した「**拍子型**」の枠組みで論じられることが多い。これは、横道萬里雄氏が「楽曲上でひとまとまりの部分に配されるリズムパターン群」を分類したもので、(1)～(6)が歌舞伎手法、(7)が能楽手法にあたる。それぞれ次のような特徴が指摘されている。[*3]

(1)　チリカラ地　大鼓・小鼓が三味線と密接に関連して一連のリズムを作り上げる。
(2)　壱調地　小鼓単独で打つ手。チリカラ地に近いリズム感がある。
(3)　打合セ地　小鼓二つが打ち合わせる。同じリズムを繰り返す進行が多い。
(4)　太鼓地　太鼓単独で三味線のリズムと密接に関連する。大鼓・小鼓のチリカラ地に相当する。
(5)　鼓唄地　大鼓・小鼓だけを伴奏に、三味線なしに歌われる部分。
(6)　芝居地　三味線との結びつきがやや弱く、鳴物だけでまとまったリズムを形成。
(7)　能地　三味線のリズムとの結びつきはさらに弱く、鳴物のまとまりが明確。

傍線で示したように、各拍子型の特徴に「三味線とのリズムの結びつき」が言及されていることは興味深い。

拙稿［二〇一八］ではここで最も結びつきが弱いとされる⑺について、「静か」とされる鳴物は三味線に対して音がまばらな音価、逆に「賑やか」とされる鳴物は音の数が増える音価をとると指摘した。[*4] 歌舞伎手法の⑴〜⑹も同様に使い分けられているのだろうか。また同じ手や拍子型を用いる部分のみ抽出するのではなく、一曲を通して見た場合、作調構成はどのように推移するだろうか。

曲にもよるが、長唄作品の構成は、歌舞伎舞踊の進行パターンに応じた五段（置キ―出端―クドキ―踊リ地―チラシ）を基本とする。[*5] 鳴物は出端・踊リ地・チラシや合方（器楽的な間奏部分）をはじめ、複数個所に加わる。「ひとまとまりの部分」のなかで拍子型が変わったり、一部異なる拍子型の手が挿入されたりする場合もある。

最初にふれた通り、鳴物の作調には、㈠どの手（リズムパターン）を・㈡どの音価で三味線旋律に当てはめるかという選択の余地がある。作調者が「この手」と決める㈠に対し、主旋律がひき立つよう自然と選ばれる㈡は意識されにくく、検討対象にもなりにくかった。[*6] 実際のところ分析するのが一曲のみなら、「三味線拍に対する鳴物拍の音価選択」などという抽象的な枠組みをわざわざ挟まなくても、パターンの種類を挙げれば事足りるかもしれない。しかし、拍子型や手を限定してしまうと、別種のパターンを用いる作調や、同種のパターンでも手の内容が全く異なる作調などは比べにくい。見方を変えれば、音価選択というのは、手・拍子型・主旋律の長さといった個々の要素を越えた共通項である。つまり、用いるパターンおよびパターン群（手と拍子型）・曲の長さ・主題などが全く異なる作調を、横断的に探究する指標になるのではないだろうか。これを確かめるには、次のような検証が必要だろう。

A）作調にあたって、鳴物を三味線拍にあてはめる音価は、能楽手法の一部にかぎらず、歌舞伎手法でも使い分けられているのか。

B）音価選択により、鳴物が長唄にもたらす音響はどれほど変わるのか。

C）パターン群（拍子型）の配置および音価の両面をみたとき、各曲の作調にはどのような共通点・相違点があるのか。

第三節　『望月流改訂長唄囃子手附』十九曲の作調分析

先に挙げた三点を見ていくにあたり、本稿では『望月流改訂長唄囃子手附』[*7]全曲の作調をとりあげる（以下、『望月流手附』として言及する）。なお鳴物の実演には、流派差やその時々の演出に応じる余地が保たれているので[*8]、ここに示すのはあくまで一例であることを先に述べておく。

分析方法はいたって素朴で、『望月流手附』収録曲について三味線譜[*9]の小節数を全て数えたうえ、鳴物の作調実態を通覧した。検討した十九曲は、三味線譜で数えると総計一四四六六小節、『望月流手附』の作調ではこのうち八四四二小節に鳴物が入る。記述が煩雑になることを避けて、各曲の内容（詞章と小節数・音価選択・拍子型の実態）は稿末に別表としてまとめ、本文ではその内容に曲名や別表中の［仮番号］で言及する。

音価選択の実態は、「鳴物一拍の倍率」ではなく、「当該部分の最も細かい刻みが三味線拍を何分割するか」から疎密感の推移を示すことにした[*10]。つまり同じ手でも、三味線の一拍以上に間が長くなるよう引き延ばされていれば「分割なし」になり、三味線拍を四分音符としたとき十六分音符を刻むよう圧縮されていれば「四分割」となる。

一　音価選択がもたらす音響の違い

別表に示した調査結果から、まずA「音価選択は使い分けられているか」を見ていく。多様な変化が見られるが、能楽手法［能地］と歌舞伎手法［チリカラ地・壱調地・打合セ地・太鼓地・芝居地］とで、数値としての傾向には差があるようだ。歌舞伎手法だと、基本的に鳴物のパターンは、三味線拍を二分割もしくは四分割する。分割しないことが難しい、言い換えれば、三味線のリズムから離れた音価を選びにくいと裏付けられた形である。歌舞伎手法の多い曲は、二分割の音価に始まり、後半に四分割の割合が増える例が多い（《安宅の松》・《浦島》・《五郎時致》など）。

これに対し能楽手法のパターンは、三味線拍を分割しないか、もしくは二分割をとるようだ。四分割する音価を示すのは、唄の入らない合方にほぼ限られる（《勧進帳》［8］・《常磐の庭》［6］、《綱館》［3］など）。例えばチラシ全体を能楽手法で作調するとき、四分割の音価をとると、能の大ノリ（曲の最後や鬼神の登場でよく用いられる一拍一字を基本とするリズム）から外れてしまう。《鶴亀》・《竹生島》のような能に取材した作品では、とくに四分割は選びにくいだろう。

ここで、B「音響がどう変わるのか」について、《勧進帳》・《常磐の庭》の大鼓・小鼓を見てみよう（譜例1・2）。[*11] 譜例1は《勧進帳》より、［2］寄セの合方のチリカラ地・［9］チラシの芝居地【片シャギリ】という歌舞伎手法の作調を八小節ずつ抜粋している。どちらも「チリカラチリトト」で始まるが、音の印象は大きく異なる。［2］では中庸な二分割の音価によって義経一行が登場する「期待感」[*12]が高められ、［9］は三味線拍を四分割する音価で、危機を脱した様子を「急調子」[*13]に囃している。

譜例2は《常磐の庭》の終盤、連続する「三保神楽の合方」と「神舞の合方」［6］である。どちらも能楽手法で作調されているが、違いは一目瞭然だろう。前者の鳴物【神楽】は分割なし、後者の鳴物【神舞二段目・三段目】は四分割と、音価選択には四倍もの差がついているためだ。ここは「ゆったりと始まり、独特の雰囲気を持つ〔神楽〕が次第にのって、速いテンポの〔神舞〕に突入し、曲は一気に盛り上がる」[*14]とされる。

譜例1・2とも、大鼓・小鼓の刻みの細かさは三味線旋律の細かさに応じて、場面に応じた作調の印象を裏付けている。ただし、これはあくまで三味線譜を基準とした定量化なので、実演における各段のノリの変化は反映されない。実際に聴こえてくる拍が、譜例の見た目通りに倍化・半減するわけではないことは注意したい。[*15]

譜例1: 同一曲中の音価選択の違い［歌舞伎手法］

《勧進帳》[2] 寄セの合方より 26-33小節, 鳴物チリカラ地

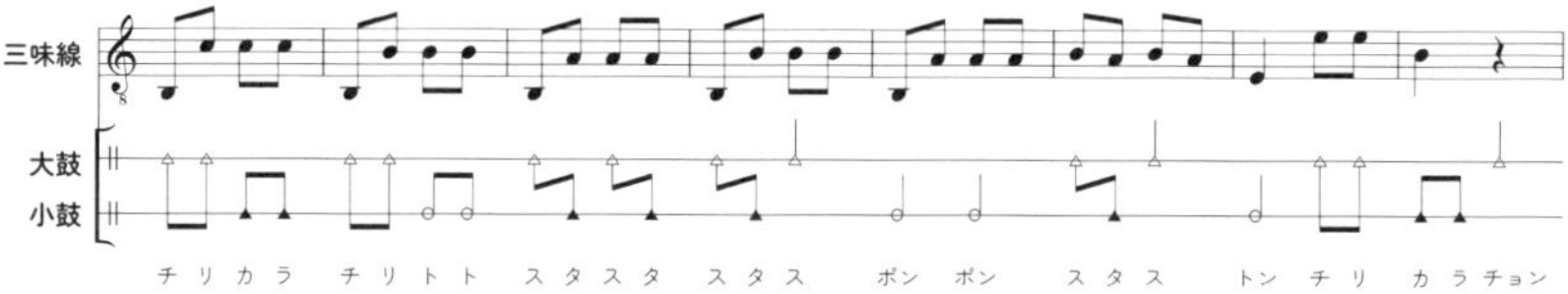

《勧進帳》 [9] チラシより 775-782小節, 鳴物芝居地【片シャギリ】

譜例2: 同一曲中の音価選択の違い［能楽手法］

《常磐の庭》[6] 三保神楽の合方より 857-864小節, 鳴物能地【神楽】

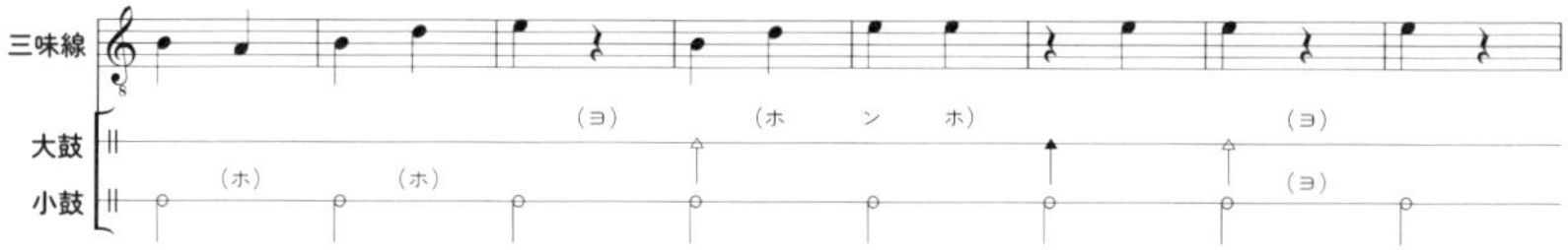

《常磐の庭》 [6] 神舞の合方より 1021-1028小節, 鳴物能地【神舞二段目・三段目】

二　一曲中の鳴物構成の推移

最後にCの「各曲の作調」、一曲を通した構成の推移について、目立った点を述べる。

音価選択という点では、曲中ではっきりと差がついている場合も、比較的変わらない場合もあるようだ。先にふれた能楽手法のチラシの問題があり一概には言えないが、差をつける例では、打音が少なくなる音価（分割なし・二分割）から、曲が進むにつれて細かく打音の多い音価（二分割・四分割）へ移行していく。舞踊の五段構成をふまえれば予想に難くない結果だが、どこを起点に変化するかは曲により異なる。例えば戦う場面の多い曲では、比較的早い段階から、楽曲の多くを四分割の音価が占めている《鞍馬山》［4］・《橋弁慶》［4］など）。ただ、その間にも能地・二分割を挿入するなどしてリズムに変化がもたらされている。これに対して《新曲浦島》は、整然と音価選択が移っていくという意味で、むしろ変わった作調例である。様々な拍子型を用いながらも、［1］囃子のみ―［2］分割なし―［3〜5］二分割―［7］四分割と、情景ごとにはっきり異なる音響効果を与えるのが、いかにも「新楽劇」[*16]らしい。

一方、あまり音価選択の変わらない例としては、ほぼ二分割で通す《菊寿の草摺》や《末広狩》、一貫して四分割の《越後獅子》が目立つ。《末広狩》や《菊寿の草摺》は鳴物の入門曲としても知られるが、このように見れば曲の長さが比較的短くまとまっていることに加え、作調が一定している点で「三味線旋律にどう歌舞伎手法の手を乗せるか」という基本を身につけやすい。また《越後獅子》はしばしば「軽妙」な曲と評されるが、[*17]［1］をはじめ頻出する芝居地【芝居正天】の太鼓や、［4］「サラシの合方」における大鼓・小鼓の技巧的なチリカラ地など、鳴物も終始細かく囃して演出している。

同じ拍子型の手が続くなかで、音価を変えている例も興味深い。例えば《四季山姥》［1］では、大鼓・小鼓による能楽手法［能地］から歌舞伎手法［芝居地］に移って、太鼓が芝居地【渡リ拍子】を打つ。このとき、三味線が「菅掻」の手を弾き「柳桜をこきまぜて」と唄われるのを境に、【渡リ拍子】はよりまばらな音価をとって、より冒頭の能地に通じる雰囲気を出している。

第四節　おわりに

以上の検討からは、三つの問いについて、次のようなことが明らかになった。

A）鳴物を三味線旋律に対してどの音価で当てはめるかは、能楽手法に限らず、歌舞伎手法でも一曲中で使い分けられている。

B）鳴物の音価選択と、その結果もたらされる音響には、手法ごとの違いも影響する。歌舞伎手法では、三味線の刻みとかけ離れすぎないよう、基本的には三味線拍を分割する音価（二分割、もしくは四分割）をとる。いっぽう、鳴物だけでまとまったリズムを形成する能楽手法は、打音と打音の間が非常に長くなる音価（分割なし）から、急迫した印象を与える短い音価（四分割）まで、選択の自由度が高い。

C）鳴物の音価選択について一曲中の推移をみると、前半後半の差がはっきりしている例もあれば、比較的なだらかな例もある。どの拍子型を用いる場合も、合方やチラシといった終盤の盛り上がりは細かい音価になる。また同種の手を続けるなかでも、音価選択によって顕著な変化をつけている場合がある。

このように、性格の異なるパターン群を配することと併せて、鳴物の音価に変化をつけることも、「静か」「にぎやか」といった曲想に応じた作調の一助となっている。音価のような定量的な変化をみることは、作調の特質を広く捉える一つの手段となり得る。

別表：19曲における鳴物の作調構成一覧

本表は、検討した19曲の鳴物作調について、詞章および三味線譜の小節数・音価選択による三味線拍の分割・拍子型の三項目から推移を示す。

なおここでは紙幅の都合もあり、鳴物の加わらない箇所の小節数と詞章・三味線の調子（調弦）の変化・笛の演奏有無など、主題に直接関わらない項目の記載を省いている。それらを含めて諸要素から作調を論じることは、今後の課題としたい。


（凡例）

● 詞章〔鳴物入小節数〕
［仮番号］とともに詞章と小節数を示す。唄が入らず詞章を伴わない部分は、（）に入れて合方や鳴物の名称等を記す。

段切は、楽曲末尾の拍子型の小節数に含める。

● 三味線拍の分割
当該部分で最も細かい三味線拍の分割数を示す。

実演で素演奏（三味線なし）になる部分や、三味線の拍子に合わせせない部分などは「—」を記す。

● 拍子型
各拍子型の冒頭一字を明記する。

大鼓・小鼓と太鼓で異なる場合は「／」で、交互に用いるような場合は「,」で区切った（「チリカラ地／芝居地」→「チ／芝」）。一部の手のみ別の拍子型の手を入れている場合は（ ）に入れて併記した。

01 安宅の松
（全1092小節）

	詞章　〔鳴物入小節数〕	三味線拍の分割	拍子型
[1]	（前弾）旅の衣は～しおるらん〔18／素〕	-	能
[2]	（人寄の合方）〔94〕	2分割	チ
[3]	落葉かくなる～月のかげ〔88〕	4分割	壱
[4]	絶えずや～うっておけ（合）〔118〕	2分割	チ（→壱）
	神の鈴は～かいつくぼう〔52〕	2分割	芝，チ
	（合）かいつくひっつく〔14〕	4分割	チ
[5]	ゆめゆめ疑い荒磯の～立ちにける〔85〕	4分割	チ（芝）

02 菊寿の草摺
（全490小節）

	詞章　〔鳴物入小節数〕	三味線拍の分割	拍子型
[1]	（前弾）勢い～留めるは鬼か小林の（合）〔63〕	2分割（→-）	チ（→芝）
[2]	日ごろの本望～留めた（合）〔75〕	2分割	チ／芝
[3]	とめてよいのは～末を頼みの〔195〕	なし（2分割）	太（芝）
[4]	かよわき少将～なかりけれ〔84〕	2分割	チ→芝

03 汐汲
（全962小節）

	詞章　〔鳴物入小節数〕	三味線拍の分割	拍子型
[1]	（出の合方・一声）〔22〕	2分割	能
[2]	面白や～塩屋の〔76〕	2分割	（壱→）チ
[3]	立つ名厭わで～磯馴松のなつかしや〔36〕	2分割	能
[4]	（中ノ舞　掛り～三段目）〔素〕	-	能
[5]	濡れによる身は～それえそれえ〔124〕	2分割	太
	気をもみじ傘～思いも開くはんながさ〔96〕	2分割	チ
[6]	いとま申して～噂は世々に残るらん〔48〕	2分割，4分割	能，チ

04越後獅子
（全760小節）

	詞章 〔鳴物入小節数〕	三味線拍の分割	拍子型
[1]	（前弾）打つや太鼓の～囃すのも〔64〕	4分割	芝
[2]	越路がた～夫じゃもの〔合の手のみ、23〕	4分割	芝
[3]	何たら愚痴だえ～こん細やかに〔96〕	4分割	太
[4]	（合）見渡せば～（サラシの合方［二］）〔199〕	4分割	チ（芝）
[5]	晒す細布～いざや帰らん己が住家へ〔22〕	4分割	チ／芝

05浅妻船
（全852小節）

	詞章 〔鳴物入小節数〕	三味線拍の分割	拍子型
[1]	（セリの合方）〔10〕	2分割	能
	（セリの合方）〔45〕	4分割／2分割	チ／能
[2]	筑摩祭の～寄せては返す袖の上〔72〕	2分割	芝
[3]	水の月影流れ行く　末は雲間に〔8〕	2分割	能
	三日の月（合）〔24〕	（-→）4分割	チ
[4]	恋は曲者～（虫の合方）～しおらしや〔124〕	4分割	（壱→）チ
[5]	弓の影かと～月の名残や惜しむらん〔69〕	2分割	能

06浦島
（全595小節）

	詞章 〔鳴物入小節数〕	三味線拍の分割	拍子型
[1]	（前弾）和田の原～浦島が〔74〕	（-→）なし	（チ→）能
[2]	沖の洲崎に～独りこがれてよんやさ〔33〕	2分割	芝
	ゆたのたゆたのしょんがいな〔17〕	なし	能
	（合）たどりくる〔22〕	2分割	芝
[3]	袖に梢の～花の色香につい移り気な〔100〕	4分割	太
[4]	忘れかねたる～恋す蝶〔132〕	（2分割→）4分割	打
[5]	うつつ白浪～昔恋しき波枕〔62〕	4分割	（壱→）チ
[6]	実にや七世の～語るいえづと〔26〕	2分割	能

07賤機帯
（全1031小節）

	詞章 〔鳴物入小節数〕	三味線拍の分割	拍子型
[1]	春も来る～乱れて名をや流すらん〔15/素〕	-	能
[2]	笹の小笹の～神に祈りの道尋ね〔78〕	なし	能
[3]	我が思い子の（合）〔12〕	4分割	チ
	狂乱の（合）〔43〕	4分割	チ→能
[4]	それその持ったる～花を掬いなば〔36〕	（なし→）2分割	（能→）芝
[5]	いでいで花を掬わん（合）〔95〕	2分割	チ，芝
[6]	あら心なの～ぱっと乱るる黒髪も〔136〕	2分割	（能→）チ
[7]	そもさても～鼓の調べ引き締めて〔67〕	2分割	壱（→能）
[8]	面白の春の景色や～いとしらし〔87〕	2分割	能
[9]	恵みを仰ぐ神風は～祝う氏人〔39〕	2分割	能

08小鍛冶
（全461小節）

	詞章〔鳴物入小節数〕	三味線拍の分割	拍子型
[1]	（前弾）稲荷山～残す其の名ぞ著るき〔13〕	2分割	能
[2]	（セリの合方）〔40〕	2分割	チ／芝
[3]	夫れ唐土に～龍泉太阿はいざ知らず〔16〕	2分割	能
	我が日の本の～勇ましき〔48〕	4分割	チ（→能）
[4]	（金床拍子の合方）〔88〕	4分割	チ
[5]	遠の砧も音添えて～金床に〔84〕	なし	能
[6]	（狐の「クルヒ」の合方）〔42〕	4分割	チ
[7]	火加減～四方に其の名は響きけり〔104〕	2分割	能（芝）

09勧進帳
（全829小節）

	詞章〔鳴物入小節数〕	三味線拍の分割	拍子型
[1]	旅の衣は～露けき袖やしおるらん〔1／素〕	-	能
[2]	（寄セの合方）〔44〕	2分割	チ
[3]	これやこの～霞ぞ春はゆかしける〔54〕	なし	能
	（合）波路はるかに～着にけり〔37〕	2分割	チ→能
[4]	夫れ山伏といっぱ～押し揉んだり〔50〕	2分割	能
[5]	方々は～恐れつびょうぞ見えにける〔49〕	（2分割→）4分割	（能→）チ
[6]	（合方・谺）〔19〕	-	打
[7]	鎧にそいし袖枕～須磨明石（合）〔86〕	2分割，4分割	能，チ
	とかく三年の～霜に露置くばかりなり〔86〕	なし，2分割（4分割）	能，チ
[8]	面白や山水に～いざや舞を舞おうよ〔31〕	2分割（4分割）	能（チ）
	元より弁慶は～舞延年のときの和歌〔16〕	4分割	チ
	是なる山水の～鳴るは滝の水〔26〕	4分割	チ
	（合方・山伏掛リ男舞／二段／三段）〔24／22／24〕	4分割	能
[9]	鳴るは～陸奥の国へぞ下りける〔65〕	4分割	芝，チ

10五郎時致
（全493小節）

	詞章〔鳴物入小節数〕	三味線拍の分割	拍子型
[1]	（出の合方）〔37〕	2分割	チ，芝（能）
[2]	いでオオそれよ～勇ましくも又〔97〕	（なし→）2分割	（能→）チ
[3]	藪の鶯～実浮いた仲の町〔125〕	2分割	太，芝
[4]	孝勇無双の～開帳あるぞ賑わしき〔36〕	4分割	チ，芝（能）

11 常磐の庭
（全1119小節）

	詞章 〔鳴物入小節数〕	三味線拍の分割	拍子型
[1]	数の燈輝り渡り～遠山遥かに薄霞〔108〕	なし	能
[2]	（合）さしくる汐に漕ぎいずる〔27〕	4分割	チ
[3]	音締も高き～翼涼しき夕まぐれ〔115〕	2分割	芝→チ
[4]	初冬の～夜半の漁火 四ツ手〔90〕	2分割	太（チ）
	網〔18〕	なし	能
[5]	ただ此庭は～四季折々の風景は〔14〕	2分割	能
	弁財天女の御恵～踊の秘曲の〔30〕	4分割	チ
[6]	（三保神楽の合方）〔180〕	なし	能
	（神舞の合方）〔48〕	4分割	能
[7]	波の鼓は笛竹の～祝し祝して〔51〕	4分割	チ（能）

12 鶴亀
（全741小節）

	詞章 〔鳴物入小節数〕	三味線拍の分割	拍子型
[1]	不老門にて日月の～袖を連ぬ〔69〕	なし	能
	その数～万古の声一同に〔29〕	2分割	能
[2]	庭の砂は金銀の～池の汀の鶴亀は〔96〕	2分割	（壱→）チ
	蓬莱山も余所ならず～君の恵みぞ〔14〕	なし	能
	（合）〔15〕	2分割	能
[3]	（合） 亀は萬年の～千代や重ぬらん〔45〕	なし ,2分割	能 , チ
[4]	千代の例の～幾萬代も池水に〔124〕	なし	能
[5]	齢を授け奉れば〔7〕	なし	能
	君も御感のあまりにや〔12〕	2分割	チ
[6]	（楽の合方）〔57〕	なし	能
[7]	月宮殿の～霓裳羽衣の曲をなせば〔80〕	2分割	能
[8]	山河草木～還御なるこそめでたけれ〔52〕	2分割	能

13 末広狩
（全410小節）

	詞章 〔鳴物入小節数〕	三味線拍の分割	拍子型
[1]	まかり出でしも～御前に〔40〕	なし	能
	ねんのお早かった～忍ぶ恋〔64〕	2分割	チ→芝
[2]	傘をさすなら春日山（合）〔33〕	2分割	太→芝
	これも花の宴とて～やよ実にもそうよの〔67〕	2分割	チ（能）→芝
[3]	四つの海～末広がりこそめでたけれ〔56〕	2分割	能

14 鞍馬山
（全548小節）

	詞章 〔鳴物入小節数〕	三味線拍の分割	拍子型
[1]	ここに源家の正統たる～父の仇〔20〕	なし（→2分割）	能
[2]	（セリの合方）〔73〕	2分割	チ , 芝（能）
[3]	十余年の星霜ふれど～それにつけても〔33〕	なし	能
[4]	（合）剣道修行なすといえども〔14〕	4分割	（芝→）能
	願えば神の恵みにて〔16〕	4分割	チ
[5]	（合）木太刀おっとり〔16〕	（2分割→）4分割	（能→）チ
[6]	時しもにわかに～鳴動なして〔20〕	4分割	能
[7]	（合）つけいる木太刀を～こだまして〔84〕	4分割	チ , 芝 , 能
[8]	跡をくらまし失せにけり〔21〕	4分割	能

15 四季山姥
（全897小節）

	詞章 〔鳴物入小節数〕	三味線拍の分割	拍子型
［1］	春は殊更八重霞〔30〕	なし	能
	その八重霧の～柳桜をこきまぜて（合）〔28〕	2分割	芝
	都ぞ春の～手練手管に客を待つ〔40〕	なし	芝
［2］	松虫～いずれの里に衣打つ〔45〕	4分割	チ
［3］	まだ鶯の片言も～ちりやりちりや〔103〕	なし（2分割）	能（チ）
	ちりちりぱっと散るは（合）〔43〕	4分割	チ
［4］	あら面白の山めぐり（合）～力業〔42〕	2分割→4分割	能→チ
	（合）〔13〕	4分割	芝，チ（能）
［5］	（大太鼓入合方）〔59〕	2分割	（能→）チ／芝
［6］	中よりふっと～幾年月を送りけり〔58〕	4分割	チ，芝（能）

16 竹生島
（全815小節）

	詞章 〔鳴物入小節数〕	三味線拍の分割	拍子型
［1］	竹に生るる鶯の～竹生島詣急がん〔14／素〕	-	能
［2］	弥生半ばの～憂き業となき心かな〔75〕	なし	能
［3］	比良の嶺颪～同じ小船に馴れ衣〔59〕	2分割	打
［4］	弁財天は女体にて～結ぶ縁の糸竹に〔19〕	なし	能
	道も守りて～天女と現じましませば〔16〕	2分割	チ
［5］	何の疑い荒磯の～波間に入らせ給いけり〔47〕	2分割	能
［6］	（合）御殿頻りに～顕われ給うぞ忝き〔67〕	2分割	能
	抑も是は～弁財天とは我が事なり〔17〕	なし	能
［7］	虚空に音楽～（神舞の合方）〔112〕	2分割	能
	夜遊の舞楽も～（早笛の合方）〔128〕	2分割	能
	龍神湖上に出現して～（舞働）〔73〕	2分割	能
［8］	龍神湖上に～有難かりける奇特かな〔44〕	2分割	能

17 橋弁慶
（全738小節）

	詞章 〔鳴物入小節数〕	三味線拍の分割	拍子型
［1］	おっとりこむれば～目にも見えず〔16〕	2分割	チ
	神変不思議～実に稀代なる事かな〔13〕	2分割	能
［2］	夕べほどなく～遅しとこそは待ちいたれ〔25〕	2分割	能
	（合方・一声）〔76〕	なし	能
［3］	さても牛若は～通る人をぞ〔46〕	2分割	能
［4］	着たる鎧は黒革の～出でたる装い〔42〕	4分割（2分割）	チ（能）
	いかなる天魔～面を向くべきようあらじと〔8〕	4分割	能
［5］	（「弁慶見つけて」アト 合方）〔48〕	2分割	能
［6］	（合）切てかかれば～橋桁を二三間〔62〕	4分割	チ
［7］	ものものしやと～立ったりける〔78〕	4分割（→2分割）	チ（→能）
［8］	弁慶なりと名乗り合い～御前へ参りける〔41〕	2分割	能

18綱館

（全952小節）

	詞章　〔鳴物入小節数〕	三味線拍の分割	拍子型
［1］	綱は七日の～仁王経を読誦なし〔13〕	2分割	能
［2］	紅葉の笠も～引かれつる〔123〕	なし	能
［3］	（早笛の合方）〔24〕	4分割	能
［4］	綱は怒りて～感ぜぬ者こそなかりける〔93〕	4分割	チ（能，芝）

19新曲浦島

（全681小節）

	詞章　〔鳴物入小節数〕	三味線拍の分割	拍子型
［1］	寄せ返る～塵の世遠き調べかな　〔1/素〕	-	能
［2］	無増無減と唐土の～大海の原〔42〕	なし	能
［3］	（セリの合方）〔30〕	2分割	チ／芝
	（セリの合方）〔33〕	2分割	能
［4］	それかあらぬか　帆影にあらぬ〔10〕	2分割	壱
	沖の鴎の　むらむらぱっと〔17〕	2分割	チ
	立つ水煙　寄せては返る浪頭〔41〕	2分割	打
［5］	玻璃の燈火～あれいつの間に一つ星〔56〕	2分割	芝
［6］	雲の真袖の綻び見せて（合）〔9〕	4分割	チ
	斑曇り変わるは秋の〔8〕	4分割	能
	空の癖〔36〕	4分割	チ
［7］	舟唄絡る～凄まじかりける風情なり〔100〕	4分割	チ／芝

◎参考文献
浅川玉兎『楽理と実技　長唄の基礎研究』日本音楽社（発行）・邦楽社（発売）、一九五五年
金城厚「早ブシ・長ブシの概念による「ふし」の分析」、藤田隆則・上野正章編『唄と語りの言葉とふしの研究』、京都市立芸術大学日本伝統音楽研究センター、二〇一二年、一一一―一二六頁
鎌田紗弓「歌舞伎鳴物における伝承と変遷―近現代における能楽手法の手配リ・演出」、東京藝術大学大学院博士論文、二〇一八年
蒲生郷昭『日本古典音楽探究』出版芸術社、二〇〇〇年
吉住小十郎編『長唄新稽古本』（第三編「末広がり・西王母」、第四編「時致」、第六編「小鍛冶・若菜摘」、第九編「鶴亀」、第十編「鞍馬山」、第十一編「浦島」、第一八編「越後獅子」、第二三編「汐汲」、第三一編「四季の山姥」、第三二編「常磐の庭」、第三六編「綱館（曲舞の段）」、第三七編「勧進帳」、第四〇編「竹生島」、第四一編「橋弁慶」、第四二編「賤機帯」、第四五編「安宅の松」）邦楽社、一九五八―一九六〇年
杵屋弥之介［青柳茂三］編『唄譜、三絃譜付研究稽古本』（第四編「長唄　七福神・いきほひ（菊寿の草摺）」、第十五編「長唄　浅妻船」、第五〇編「長唄　新曲浦島（替手付）」）藤和出版部、一九八二年
田中伝左衛門（十一世）編『鳴物教則本』（全三巻）国立劇場、一九六九年
土田牧子『音を聴く　深く観る　歌舞伎音楽事始』ＮＨＫ出版、二〇二四年
配川美加『歌舞伎の音楽・音』音楽之友社、二〇一六年
宮丸直子「長唄鳴物の手法」、東京藝術大学大学院音楽研究科修士論文、一九八三年
真しほ会・宮丸直子・配川美加・鴻巣香『邦楽囃子　真しほ会解説集　その一　1986～1995』山川出版社、二〇一三年
望月太意之助『歌舞伎下座音楽』演劇出版社、一九七五年
望月太左衛門（九世）『望月流改訂長唄囃子手附』（全二〇巻）望月流譜本刊行会・法木書店／望月太左衛門鼓の会、一九二九―一九三一／一九八九年（再刊）
横道萬里雄「長唄鳴物の古型」、『能劇の研究』岩波書店、一九八六年、三三一―三九五頁（『芸能の科学』第九号、一九七八年、八五―一五一頁より再録）

注
1　歌舞伎音楽では、三味線声楽に併せて打ち囃す笛・打楽器群を総称して「鳴物」と呼ぶ。このうち本稿で扱う大鼓・小鼓・太鼓は、出囃

子（舞台上に出る演奏形態）の鳴物のうち、兼業される打楽器である。出囃子はこれら三種の打楽器と笛（能管・篠笛）から成る。

2　歌舞伎手法を「本来」、能楽手法を「本行」とする呼び分け方が反映され、「歌舞伎本来手法」や「歌舞伎手法（本来手附）」のように記載されている例もある［浅川：一九五五、田中：一九六九、望月：一九七五ほか］。

3　横道［一九八六：三四六―三四七］に基づく。ただし原文には譜例や具体的な手・由来への言及も含まれるため、ここでは拍子型という枠組みが配川［二〇一六：八三―八四］等からどのように言及されているかを参考に、リズムパターン群としての特徴に絞って述べている。傍線は執筆者による。

4　鎌田［二〇一八：一六八］。【序ノ舞】・【下リ端】・【出端】・【羯鼓】・【早笛】・【神舞二段目・三段目】・【舞働】について、省略されることが多いものや替エの使用例は省き、いずれかもしくは複数をふくむ長唄三〇曲の範囲で検討した結果に基づく。

5　「置キ」は主題や場面設定などを示す前奏部分、「出端」は踊り手の登場部分、「クドキ」は主に女性の心情を振りで表現する部分、「踊リ地」はリズミカルに踊る部分、「チラシ」は終結部分にあたる。なお「クドキ」に対して男性中心の振りは「物語」などといい、この場合は鳴物入りになることが多い。

6　一方、長唄の節回しについては、金城厚氏［二〇一二］が歌詞の密度に基づく分析法を提唱している。長唄《越後獅子》・《娘道成寺》の二曲と、地歌《貴船》・《さらし》・《嵯峨の春》の三曲が分析されており、本稿はその知見に多くの着想を得ている。

7　能楽囃子や長唄とは異なり、一般に譜を参照できない歌舞伎鳴物のなかでは、貴重な出版例の一つである。罫線に打粒（打音）や掛け声を割り付ける形で、十九曲の実態を示す。九世望月太左衛門が刊行したのち、半世紀以上を経て十一世望月太左衛門（のちの四世望月朴清）がそのまま再刊しており、一定の規範性を備えていると考えられる。

8　踊り手の希望に応じて、細かな手配りだけでなく、段全体の拍子型まで変更されることも珍しくない。これについて横道萬里雄氏は『娘七種』の実演二例を比較し、（一）〽若菜摘むとて」に鳴物を入れるか、（二）〽やまと仮名ぶみ」が太鼓地か能地か、（三）〽怨敵退散」が大鼓・小鼓のチリカラ地か能管・太鼓の芝居地かという三点を大きな違いに挙げている［一九八六：三五三―三五四］。

9　長唄については記譜方式の異なる譜が複数刊行されているが、相対音高を示す数字譜として、吉住小十郎編『長唄新稽古本』（小十郎譜）、杵屋弥之介［青柳茂三］編『唄譜、三絃譜付研究稽古本』（青柳譜）を典拠とした。

10　八拍ごとのまとまりが明確な能楽手法［(7)能地］に対し、歌舞伎手法［(1)〜(6)］ではどう「一拍」を数えるべきかという問題が生じる。例えば拍子型名称にもなっている「チリカラ」を歌舞伎手法の「一拍」とすると、「鳴物一拍の倍率」として能楽手法と並べたとき、聴こえてくる刻みの細かさが変わってしまう。このため「鳴物一拍」を無理に定量化するよりも、刻みの細かさ自体に目を向けるほうが実態に即していると判断した。能楽手法は、打音のあいだの掛声も考慮に入れている。

11　三味線は、小十郎譜における旋律を三本（一の糸の開放弦＝シ）で五線譜化した。譜例が煩雑になることを避け、唄・太鼓・笛パートの併記や、三味線の指遣いやスクイ・ハジキなどの注記は省いた。また鳴物は、大鼓の強音・弱音（△／▲）、小鼓における甲音／乙音（▲／○）について符頭を区別し、適宜、唱歌と掛声を併記した。鳴物譜にはふつう休符が記されないことに鑑み、その記載は省いている。

12 真しほ会・宮丸直子・配川美加・鴻巣香［二〇一三］、一〇一頁。

13 同前、一〇七頁。

14 同前、二五七頁。

15 より実態に即すには、同じ演奏者の録音資料から各段の大まかなテンポを算出するなどの手段が考えられるが、この点については稿を改めたい。

16 作詞者・坪内逍遥は明治三十七年に『新楽劇論』を著して、舞踊劇の刷新を説いた。《新曲浦島》はその実践例（序の幕の前曲）として発表された作品である。作曲は十三世杵屋六左衛門・五世杵屋勘五郎により、歌詞を写実的に表す工夫が随所にみられる。

17 土田［二〇二四］、四七頁。

三味線における「スリ」「コキ」のスライド奏法
——現行演奏における時代・地域・ジャンルをめぐって

コリーン・シュムコー
Colleen Christina Schmuckal

はじめに

現代三味線音楽の分析方法を論じた博士論文について、東京藝術大学で口頭試問を受けていた時のことだ。筆者は論文に、三味線のスライド奏法であるコキとスリを基本的に同じものだとうっかり書いてしまっており、著名な長唄三味線演奏者である審査委員のおひとりからすぐに「コキとスリは同じではありません」と注意をいただいた。

三味線の演奏において、二つの音程ポジションの間で指を滑らせて余韻を出すことは、ジャンルを問わず定番の演奏技法といっていい（以下、本稿ではそれらを包括して「スライド奏法」と称する）。ただし、「指を滑らせる」動作をどのような動詞で表すかは、ジャンルによって異なる。このことは明確なはずなのに、なぜ当時、そのような基本的な間違いをしてしまったのだろうか？　身体動作の実際にかかわらず、「二つの音程のあいだに余韻を出す」という点ではグリッサンドやポルタメントと同じという、いわゆる西洋芸術音楽的な思い込みがあったのだろうか。それとも、このような間違いには、「見えない理論」[*1]や、音楽分析方法・音楽用語の扱い、現代作品における三味線の役割など、より大きな問題が関係しているのだろうか。コキとスリの特質は、それぞれどのように理解すべきだろうか。

三味線のスライド奏法をめぐる疑問をさらに掘り下げて検証するため、本稿では、大きく三点をとりあげる。第一に、近世邦楽の三味線ジャンルにおいて、どのような語彙でスライド奏法が言及されているかとその演奏動作とを調査する。第二に、楽器やスライド奏法の語彙が同じでも演奏動作が対照的な例として、花輪ばやしをはじめとする東北地方の三味線ジャンルを検討する。第三に、複数の三味線ジャンルを用いた現代作品において、スライド奏法がどのように記述され用いられているのかを比較する。本稿は、これまで実施してきたインタビュー・録音・現地調査の成果、そして三味線の作曲家・演奏家としての自身の経験に基づく。

第一節　コキとスリ—スライド奏法を表す語彙—

『日本音楽大事典』では、三味線音楽のスライド奏法を指す主な二つの用語、「コキ」と「スリ」を区別している。例えば、コキの漢字「扱」は、「稲扱」にも用いられるように、引っ張ったりつかんだりしてから滑らせる動きを表す。一方で、スリに用いられる漢字「摺」や「擦」が意味するのは、継続的に磨き、こすり、深く引っかくような動きである。これは「マッチを擦る」や「印刷する（刷る）」にも通じる。

しかし、定義をみると、実際の演奏方法の区別は何か、明確に書かれていない。コキの定義には「左手指で弦を急速に、あるいはかなり長い距離にわたってこすりながら、撥で撥弦するもの（中略）音高が不明確な点でスリと異なるが、コキをスリの同義語として使用している分野もある。」。[*2] スリの定義には「約長二度高めるスリはどの種目でも頻用するが、一回の撥弦の余韻を何回も上下にこすって味をつけるスリは、室内音楽であった地歌で最大限に活用される（中略）コキの技法にもスリと称する分野がある」。[*3] この二つの定義から、コキとスリは違いを持ちながら、コキをスリの同義語として使用している分野もあるということもわかる。『日本音楽大事典』の三味線【その他の技法】［左手の技法］にみると、もう一つのスリとコキの違いとしては、「ひいたあとで余韻を動かすのがスリで、ひくと同時に余韻を動かすのがコキであるとして、スリとコキと区別する場合もある。」とも書かれている。[*4]

三木稔は『日本楽器法』において、「最初の音の発音直後から直線的に次の音符に音程を変えるグリッサンド」がコキ、「最初の発音直後には指貸さず、次の音の寸前に動かして音程を変えるポルタメント的なもの」をスリとする。[*5] 仮にグリッサンドでもポルタメントでも、音高表記に重点が置かれる五線譜上では、スライド奏法は二音間の装飾的要素にすぎず、その間を実際にどう動くかという違いは注目されにくい。

演奏者に聞くと、字義に表れる物理的な動きだけでなく、コキは長唄三味線、スリは地歌三味線と、一般的に関連づけられるジャンルも異なるという。より具体的に比較するため、両ジャンルに共有する曲《黒髪》を例として、末尾のスライド奏法を検証してみよう。

三味線の古典曲には、ふつう締めくくりに定型パターン［段切］があり、演奏者にも聴き手にも曲が終わることをはっきりと知らせる。長唄でも地歌でも、段切では、最終音を導く緊張感のある音を保持したうえで、そこからスライドさせてユニゾンの二音または開放弦二音に至ることが多い。長唄のコキは素早く直線的で、口三味線[*6]では「ツーン」という音で表現される。実際の演奏では、このようなコキによる音は、唄の声をはじめ、比較的大編成の合奏の陰に隠れてしまうことが多い。

一方、地歌のスリでは持続的にこすれるような音でゆっくりと動いたうえ、最後の「シャン」の直前には一

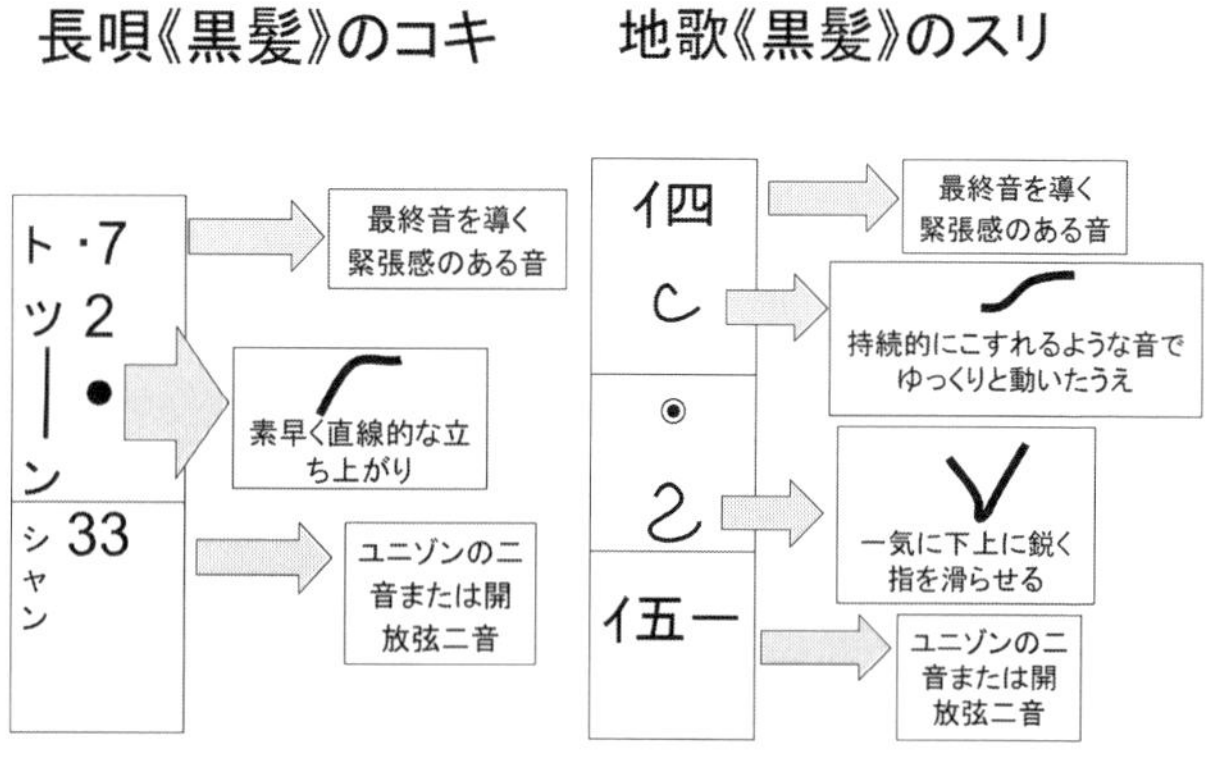

図1:「黒髪」の［段切］からの長唄のコキと地歌のスリ

気に鋭く指を滑らせる。スリはより持続的にこする音であり、また三曲合奏という楽器編成の面でも、音を打ち消す他のパートが比較的少ない。特に最後の鋭いスライドがもたらす音響は、曲を締めくくる特徴として際立ち、合奏に加わる全員に最終音のタイミングを知らせる役割を果たす。

劇場で演奏する長唄のコキと室内で演奏する地歌のスリの違いの理由としては、演奏する場所で説明できるかもしれない。『日本音楽大事典』では「音量が小さいために、劇場などではこの手法の効果があまり期待できなかったからである。その他、コキの技法にもスリと称する分野がある。」という説明がある。[*7]

五代目常磐津文字兵衛によると、長唄において、上に挙げた《黒髪》末尾よりも典型的なコキの奏法としてよく知られているのは、「コキオトシ（またはコキオロシ）」である。コキオトシとは、右手の撥で弦を素早く二度打つ奏法であり、一回目の打弦では指を素早く下に滑らせて音程を上げ、二度目の打弦では左手で弦を開放することでスライドの始めよりも低い音程に至る。これは、まるで細い竹筒をすり抜けるような音である。五代目常磐津文字兵衛も述べる通り、このスライド奏法は稲を脱穀するイメージにも通じて「コキ」に聴こえるので、「スリ」と呼ぶのは奇妙に感じる。[*8]ということは、コキとスリの違いは、演奏のスピードと複雑な動きの多さ、ということなのだろうか。しかし、『日本音楽大事典』によると、この奏法は「コキオトシ」ではなく、「スリオトシ」と呼ぶが、「人によっては、単にオトシとかコキオトシまたはコカシなどということもある」が書かれているので、この奏法はスリかコキかはっきり区別していない。[*9]

では、「コキ」と「スリ」の奏法的な違いが明確に定義できるものではなく、「コキ」と「スリ」の使い方が重なるケースも多いとすれば、スライド奏法の語彙を共有するジャンルの中で、スライド奏法の音はどの程度違うのだろうか。

例えば、長唄と一中節の場合では、同様に「コキ」の用語を使用し、コキのタイミングや結果として生じる音は類似している。しかし、一中節のコキは長唄よりもはるかに頻繁に用いられ、歌詞を細かく描写する。つまり、一中節では、一曲の中で個々のコキの違いがより顕著に表現されている。[*10] 一方、長唄では、コキそのものは比較的単純な形にとどめる傾向にあり、そのうえで音楽的に重要なタイミングを知らせたり、特定の歌詞やイメージを表現したり、あるいは他のジャンルを引用したりする場合などに用いている。

しかし、同じ語彙を用いるスライド奏法の違いは、使用頻度やニュアンスだけにとどまらず、まったく違う音にしか聞こえない場合もある。例えば、津軽三味線のスリはより速く派手で、一種の「雑音」を意図的に生むことで、かえって楽音に注意を向けさせる。とくにサワリをはじめとする「雑音」の多い第一弦で用いられ、鼻にかかったような旋律を生み出す。

津軽三味線は意図的に「雑音」が多く劇的効果の高い音で情感を引き出すという点で、スリという語彙を共有するなかでは、どちらかといえば義太夫節三味線に近いと言えるかもしれない。しかし、義太夫の演奏するスリにはニュアンスのある静かなスライド奏法も多く見られる。義太夫三味線にこのようなやわらかいスライド奏法も含まれる背景には、他の三味線ジャンルから豊富に引用してきた歴史的経緯があり、そのようなジャンルごとの違いも演奏様式としてとりいれられているのである。

「コキ」と「スリ」両方が見られる点で、常磐津節の用例は興味深い。このジャンルで、両者はほとんど互換性があるだけでなく、楽譜上ではスライド奏法にあたる箇所に、何らかの線や明確な用語のようなものさえ記されない。常磐津節の伝承を深く知っていれば、いつスライド奏法を加えるかも体得しているはずだからだ。

また、地歌山田流三味線の流派の譜の一部にも、「コキ」や「コキイロ」の語が用いられていることは注目される。[*11] 地歌の生田流と山田流の大きな違いの一つに、山田流が江戸で浄瑠璃に大きく影響されたのに対し、生田流は上方にその系譜を持つことが挙げられる。長唄三味線も江戸で発展したジャンルと言え、これに対し一中節は上方に起源をもち、その後江戸で確立されていった。

それでは、コキやスリという用語は、演奏動作や音の実際よりも、むしろジャンルの発展した地域に結びつくものと捉えうるのだろうか？　もしそうだとすれば、東北・津軽地方で発展した三味線ジャンルにおけるスリの違いは、どのように説明できるだろうか。

第二節　花輪ばやしにおけるスリ

東北地方の三味線の多くは、スライド奏法を「スリ」と称する。とくに知名度の高い津軽三味線は、同じく「スリ」の語を用いる義太夫三味線に由来するという説もあるが、やはり音響は異なる。いずれのスリも音量が大きく喜怒哀楽のニュアンスを豊かに表すが、より劇的効果を求める義太夫に対し、民謡を伴奏する津軽は、「スリ」とともに「カマシ（またはチリタラ）」[*12]をはじめとする旋律技法の組み合わせに重点を置く。これに対し、スライド奏法を「スリ」と称するが「カマシ」を用いない興味深い事例がある。秋田県鹿角市花輪の祭礼囃子として、総鎮守である幸稲荷神社に奉納される「花輪ばやし」である。

花輪ばやしは、①花輪ねぷた（八月七日—八日）、②花輪ばやし（八月十九日・二十日）、③花輪町踊り（八月下旬から中秋の名月頃）を主要な行事とする「花輪祭典」の一部である。①では十台の大太鼓、②では中太鼓・大太鼓・カネ・竹笛・太棹三味線、③では太棹三味線、太鼓の囃子と歌が演奏される。「花輪祭典」に関する主要な文献[*13]は、ここで用いられる三味線の演奏形態や楽器を津軽三味線と説明する。確かに楽器や駒・弦・撥などの付属品、「スリ」の語彙、記譜法（文化譜）、演奏者など共通点は多い。そして③花輪町踊りの三味線にはカマシの技法も用いられスライド奏法も含めて演奏様式は津軽三味線や民謡に近い。しかし、②花輪ばやしの演奏は、スライド奏法を含め、音も動きも津軽三味線とは驚くほど異なる。

一例として、《霧ばやし》のスライド奏法を分析してみよう。《霧ばやし》は、十二時間以上にわたる演奏を終えて屋台が帰還する八月二十日の朝二時頃に演奏される曲で、朝日が昇るにつれて立ちのぼる霧を表すと言われる。《霧ばやし》は、最も細い第三弦による装飾的なスライド奏法の繰返しに始まり、一オクターブ上昇したのち、四度下降して次の音程に移る。派手に注目を引くというより、穏やかで装飾的な特徴を持つ音と言える。また曲の後半には、どの音程に向かうのかはっきりさせず宙に浮くように棹をゆっくり下っていく、二つの長いスライド奏法がある。このような音楽表現の余地を生み出すために、太鼓奏者は太鼓の撥を皮に当てて音を抑え、この独特なスライド奏法への期待感を高める。さらに、太鼓が撥を上げるまでに三味線が緊張感ある音をどのくらい繰り返し弾くかは、上町の屋台か下町の屋台かによっても異なる。このため、いくつもの屋台が《霧ばやし》という同じ曲を異なるかたちで演奏すると、聴く人の興奮はさらに高まる。

ただし当然ながら、花輪ばやしに、町踊りや津軽三味線との共通性が全くないわけではない。花輪ばやしの曲目のなかで、特に町踊りでも演奏される《祇園》について一九七〇年代から現在までの録音[*14]を比較すると、同じ音程間のスライド奏法でも、タイミングや表現はその時々の音楽的な文脈によって変化し、意図的に異なる違いが生まれている。さらに、より遡った時期の録音を聴くと、最も低い第一弦のスライド奏法を、より誇張した動きで、騒々しく、鼻にかかったような音にする傾向が見出される。

この三味線の音色の変化は、「花輪祭典」に雇われた芸人に起因する。[*15]近年最も影響力があったのは、花輪ばやしのみならず民謡や津軽三味線奏者としても知られた盲目の三味線・唄・笛・尺八の名手、秋田県文化功労者（一九七八年）の高杉善松（一九一五―一九八六）である。彼の優れた録音のひとつは、花輪町踊りの非常に技巧的な演奏で、そのスタイルは江戸風の花輪ばやしよりも津軽三味線に近い。善松の生演奏の録音からは、民謡らしい演奏から江戸風の演奏へと途切れなく自在に切り替えるという、彼の演奏能力の高さがうかがえる。

花輪ばやしと花輪町踊りとで演奏される十二の定番曲は異なるが、三味線の楽器や奏者は重なっている。楽器・記譜法・スライド奏法の語彙が共通するなか、花輪ばやしの三味線だけが、より江戸の近世邦楽に近い音色を示すということになる。

この音楽的な違いには、土地の歴史的背景や、音楽がもつ役割の変化が色濃く反映されているようだ。「花輪祭典」の公文書上の初出は一七六五年に遡るが、[16]花輪をふくむ鹿角地域は、「田舎なれども鹿角の里は、西も東も金の山（からめ節）」[17]と称されたように尾去沢鉱山と白根鉱山（後の小真木鉱山）に囲まれ、江戸と上方を往来し鹿角を訪れる商人や貴族にとって、貴重な富の源泉だった。つまり花輪ばやしの源流は、距離の隔たった当時の大都市から、文化や商品、思想が流入する環境の中で形成されている。そのなかで、大衆を楽しませる町踊りとは異なり、祭礼囃子である花輪ばやしは、音の上でも宗教性・精神性の高さを象徴する必要があった。つまり花輪ばやしの三味線の音は、この地域を今日まで活気あるものにしてきた儀礼を支えるという役割のうえに様式化され、土地の意識やアイデンティティをより強固なものにしていると言える。

第三節　現代邦楽の事例―《西鶴一代女》と他作品―

ジャンルや演奏技法の違いによってスリ・コキのもたらす音響が異なることをふまえ、最後に、現代邦楽作品の作曲家たちが三味線のスライド奏法をどのように用いているのかに注目してみよう。とくに複数の三味線ジャンルを想定した楽曲として、一九五七―二〇一五年に書かれた九作品[18]を分析したところ、それらは「音色を重ねる」ものと「演奏様式をあえて対比させる」ものに大別できる。

一　「音色を重ねる」作品

「音色を重ねる」という分類は、複数の三味線ジャンルについて「それぞれの音色をどのように重ね合わせれば斬新かつ刺激的な音響を生み出せるか」を重んじた作曲を指す。このように異なる音を重ね合わせることは、ジャンルごとの音域の高低差をより明確にし、全体として三味線の音域を拡張することにもつながる。

作曲において演奏方法の違いではなく、三味線の音色・音域の拡大に重きが置かれていることは、言説からも読みとれる。例えば、本間貞史は細棹・中棹・太棹三味線のための《九弦の曲》において、それぞれの三味線の違いを示すよりも、「三重奏による三声形態の音楽を作ること」を試みている。[*19]佐藤敏直も、自身の作曲した《二棹の三味線のための序破急》が、ジャンルではなく「太棹と細棹の対比」で「音楽の綾が一層深まること」を意図したと解説している。[*20]

異なる音色を混在させて生まれる音響へのこだわりは、楽譜にも表れている。多くの場合、楽譜に指定されているのは細棹・中棹・太棹三味線という楽器の種類の組合せだけで、具体的なジャンルは明記されない。ただ興味深いことに、実際には、細棹三味線は長唄、中棹三味線は地歌、太棹三味線は義太夫節という決まったジャンルで上演されている。これには、五線譜で書かれた新作上演に積極的な奏者が長唄・地歌に多いこと、太棹三味線を用いるなかで義太夫節の知名度が高いことも一因しているだろう。しかし楽譜上の指定としては、細棹を端唄、中棹を一中節、太棹を津軽三味線とすることも可能なのである。ただし先に示した通り、三味線の種類やスライド奏法の語彙が同じでも、演奏内容はまったく異なる場合もある。ジャンルを変えることで、同じ曲のなかにも、興味深い変化が生み出されるかもしれない。

これらの作品において三味線は、ジャンルというより太棹・中棹・細棹という楽器の種別ごとに扱われる。結果として、楽曲構成でも、異なる音域の音色が同時に演奏されることの利点が強調されやすい。杵屋正邦作曲《三絃四重奏曲第二番》（一九五七）はその好例で、三種の三味線、四種の可能なジャンルを組み合わせて和音のような響きをもたらす。ただしそのためには、スライド奏法で言えばリズムや弦を打つタイミングまで、全ての演奏者が完璧に揃う必要がある。あくまでも、対比されるべきものは、自然な音色の違いに限られるのである。

また三木稔による《四群のための形象》のうち細棹・太棹三味線と琵琶のための〈曲（くせ）〉（一九六九）も、奏者全員の技法を合わせることの重要性を強調している。すべてのスライド奏法が「均等な率で結ぶ」動くという要求は、この作品で音楽的に表現される価値観からすれば理にかなっている。[*21] ここで厳密に記述されたやりかたで演奏しなければ、曲は雑然として、プロの演奏者らしくない印象を与えてしまう。

リズムの組合せによって生み出される整然とした音色により、このような作品の多くは聴き心地がよく、時には聴衆に感銘を与える。ただし見方を変えれば、そこではスライド奏法の理論・実践の背後にあるそれぞれの相違が看過され、各三味線ジャンルが受け継いできた歴史・演奏慣習が反映されず、機能的に同じように聞かせているとも言えるかもしれない。一方で、そのようなジャンルの違いがもたらす可能性を探究した三味線演奏者・作曲者も存在する。そのうちのひとりが、東音中島勝祐である。

二 「演奏様式をあえて対比させる」作品

東音中島勝祐の音楽は、三味線の各ジャンルに見られる演奏様式の違いをあえて利用することで、音楽の意味と展開を深めている。彼は少年時代には大阪で常磐津節を学び、その後東京に出て長唄三味線を学んだ。彼の作品の多くでは、演奏の可能性を広げるために異なるジャンルの駒や撥を併用するなど、三味線の演奏様式の探究が試みられている。《西鶴一代女》は、その最も顕著な例である。

《西鶴一代女》は、大阪の朝日カルチャーセンターで邦楽を教える講師たちの発表曲として、開講五周年記念に同センターより委嘱され、一九八四年三月二十四日の「第五回邦楽まつり」にて初演された作品である。海津勝一郎による歌詞は、老いた尼僧が自らの生涯をふり返り懺悔する内容で、井原西鶴の浮世草子『好色一代女』を原拠とする。楽器編成は「長唄（唄三人・細棹三味線三人）、三曲（箏一人・中棹地歌三味線一人・尺八一人）、小唄（唄一人・細棹三味線一人）、義太夫（語り一人・太棹三味線一人）そして囃子（篠笛／能管を一人が演奏し、大鼓／小鼓・太鼓・その他鳴りものを四人で演奏）」となっている。[*22]

筆者は、博士論文に取り組んでいる際にこの作品を初めて分析した。その時の結論は、各ジャンルの独特な演奏様式・リズム解釈・音色が立て続けに対比されるときこそが、この作品の最も興味深い瞬間であるというものだった。各ジャンルを縦に重ねるのではなく、違いを横並びに対比させることで歌詞の深い情感が浮かび上がり、また類似した演奏技法・音楽的なモチーフやテーマを印象的に変化させることで勢いが生み出される。インタビューにおいて、中島勝祐記念会のひとりは「三味線は歌詞の内容を表現するのに一番ふさわしい種類の三味線（義太夫、小唄など）を選んで作曲しました」と語っている。[*23]

《西鶴一代女》 詞章

1. 〈長唄〉本調子（前弾）秋風や。
〈合奏〉小松が下の清げなる、庵の内の琴の音は、老たる尼の手の遊び。
〈長唄〉尼の昔が聞きたしとか。語らふとも若き人。今は過ぎにし恋語り。

2. 〈義太夫〉浪華津に、咲くや此花、顔見世の、櫓太鼓を待ちかねて、暁、闇の小提灯、影きらきらと初霜の、翁の面のにこやかに、始まり呼ばふ木戸の声。
〈長唄〉ようお出やった、ご贔屓に、菓子に、火縄に、番附や、
〈義太夫〉（合）竹の紋つく道行の、本を召せ召せ、目塞笠。
〈長唄〉笠も預かる、預けてござれ。
〈義太夫〉紅絹のくけ紐、浅黄紐、腰の廻りのご用心。
〈長唄〉押すまい、押すまい、繁昌や繁昌。

表1:《西鶴一代女》の歌詞

〈義太夫・長唄〉（合方）

3.
〈小唄〉芝居戻りにふと逢ふた、殿御は廿歳、（合）さるお屋敷の青侍、わしは十六、未だ投島田ン、落ち着かず。

4.
〈三曲〉人恋ひ染めし身の辛し、胸の痛さに耐へ兼ねて、親の嘆きも何のまあ、浮き世も捨てゝ、ただ二人。（合方）

5.
〈長唄〉男は屋敷の金持ちて、浪華の町を出でにけり。

〈長唄〉三下り（合）江戸は隅田の川景色、茜の空を白鷺が、妻を尋ねて白髭超えて、千里も一里、通ひ来る。

〈小唄〉舟の騒ぎを余所に聞く、裏町住みも束の間に、男は捕はれ、連れ去られ、駆け落ち者の仕置きとて、我は廓に落とさるる。

〈長唄〉（合方）吉原は、連れ三味、合い唄、販はしき、彼方投げ節、半太夫。此方土佐節、よう揃ふた。奥の座敷は朝比奈だんべい。そもや弁慶、何の金平じつだんべ。（合方）

〈三曲〉本調子　宵の遊びに声枯れて、昼は物憂き床のうち、（合）客取る技に長けし頃、浪華の人に引かされて、故郷へ飾る破れ錦。

6.
〈義太夫〉妾奉公、手始めに、色の様々売り出だす。生臭寺の大黒や、囲女郎に針女、三十路半ばの、湯女稼ぎ、湯文字一つでぞんぶりこ、ぬめろやれ、やれ買はんかえ、買はんかえ、買はんかえ。（合方）
〈長唄〉何時しかに、婆声とこそなりにける。
〈義太夫〉寝やんせのふ。

7. 〈長唄〉年老ひて、起き臥し辛き夜の夢に、これまで流せし水子の霊、数多より、惨き母様、負ふてくりょ、抱いてくりょ、乳欲しや、父は何処、名は知らずか。泣き震ひつつ追ひ縋る。〈尺八〉

8. 〈三曲〉門付けの、歌ひつ過ぐる寺の隅、五百羅漢の御顔の、一つ一つに、思ひ出づ。

9. 〈小唄〉昔の殿御、今日の客、優し、めでたき人はなほ、惨く情なき男さへ、今は懐かし、ただ、恋し。

10. 〈義太夫〉何の五百で足るものぞ。オオ。女一代、相馴れし、殿御の数は数千人。長物話。よしなや。

〈合奏〉〈合〉誠の道に入りてより、早、五年の春秋を、歌ひ奏でつ身の懺悔。心に月の明きらけく、草の庵を、照らすらん。〈後奏〉

例えば、表1を見ると、楽曲前半の巧妙なクライマックスである5は、長唄合奏、小唄合奏、再度の長唄合奏、そして地歌合奏へという一連の流れからなる。二度の長唄は、スライド奏法を含め、演奏様式が比較的すばやく、明るく、均整のとれたペースで進む。その間の小唄は、小編成の合奏で一段と静かな音色になり、抑えきれない不安感が表現されて自然に音楽を展開させる。そして最後には突然、長唄や小唄とは対照的にゆらぎのあるスライド奏法を用いた、長く低く哀愁のある地歌の音で終わることで、未練や失意が表現される。

表1を見ると、終結に至る8―9でも、ジャンルごとの展開がおこなわれている。ここは地歌合奏に始まり、静かでゆったりとした小唄、活発な義太夫節、義太夫節を模倣しつつもより決然とした長唄を経て、義太夫節で締めくくられる。繰り返しになるが、このように各ジャンルの特徴を対比する構成は音楽全体の内容を自然

と深めるだけでなく、ジャンルそれぞれに演奏技法を生かしたり、直前に演奏されている他ジャンルから刺激を受けたりする余地を生じさせる。互いのスライド奏法やその他の技法を模倣するところが明確にみられ、音色のみならず異なる美的価値観が影響しあう体験にも通じている。複数ジャンルが同時に響くのは、楽曲の冒頭と終結部に限られる。

長唄から義太夫節へと至る9の最後の移行[*24]は、ひとつのスライド奏法が二つの音を繋いでいる点で注目される。それは長唄のコキでも義太夫のスリでもなく、互いの音を受け渡す、新たに変容したかのようなスライド奏法として興味深い。このような意図的な演奏様式の対比によって、いわゆる西洋音楽的な価値観に基づかなくても、自然に音楽を展開させていくことができる。

終わりに――譜からは学べない要素を「音で観る」――

本稿では、コキとスリの違いをどのように理解すべきか、三味線のスライド奏法を検討してきた。異なる特質をもつコキとスリの様式は、伝承の中で複数のジャンルや地域の影響が混ざりあった結果として生み出されている。これは、花輪ばやしのような地域的なジャンルや、《西鶴一代女》のような現代邦楽作品に限られた話ではない。長唄、地歌、一中節、常磐津節、義太夫節など、あらゆる三味線ジャンルにおいて、それぞれの技法の根底をなす要素である。

特に三味線のための現代作品を分析し創作する際、どうすれば各ジャンルのスライド奏法を適切に示せるかは、大きな課題である。実際、スライド奏法の複雑さが、演奏家・理論家・研究者・作曲家に認識も評価もされにくいことの一因は、楽譜表記そのものにある。視覚メディアには、スライド奏法が生み出す「音」そのものが、まだ効果的に表現されていない。しかし、上原六四郎『俗楽旋律考』や町田嘉章の「三味線声曲における旋律型の研究」をはじめ、三味線音楽の分析は楽譜・採譜に基づき、主に音高や「音階」の主音の違いから旋律の傾向を論じてきた。楽譜や採譜で音高だけに注目すると、スリとコキに基本的な違いはあまりなく、それほど重要でないかのように見えてしまう。しかし、小塩さとみが「三味線奏者の身体感覚を反映させること」、すなわち実際の三味線上での身体動作を分析することの重要性を強調するように、[*25] 三味線奏法において二つの音の間に異なる音色を生み出す身体動作には、各ジャンルの様式的発展が反映されている。

徳丸吉彦は、この看過されがちな音楽実践と楽器の身体性を「見えない理論」と形容する。この「見えにくさ」は、現代作品のように西洋の五線譜で書かれた場合のみならず、今日の演奏家たち自身が用いるさまざまな数字譜にも当てはまる。《西鶴一代女》の場合でさえ、各ジャンルの音がどのように相互作用し音楽の理論的基盤を発展させているかは、中島勝祐の手書きの楽譜から「見る」ことはできず、音楽を「聴く」ことでしか捉えられない。中島は研精会譜のみならず、テープレコーダーで自ら録音した各三味線パートの音源も用意した。そして各ジャンルの奏者は、楽譜をそれぞれの用いる記譜体系に書き換えた。[*26] 楽譜からはっきりと音楽理論が読み取れないのは、何も秘伝を守り隠すためにそうしているわけではないようだ。長唄三味線奏者の杵屋佐久吉は、「譜をみることは、すなわち目で弾いていることと同じである。三味線は、やはり耳で弾くものである。それがそのまま、音楽なのだ。」と説明する。[*27] 一中節三味線の演奏者・教育者である都一中は、これを「音で観る」と表現している。[*28]

ある奏法の背景には、弦を指で押さえる実際の音程感覚、腕や指の動き、演奏された音高のタイミング、その奏法がなぜそのように行われるのかといった歴史的・文化的意味、また結果としてどのような音響が生じるかが内在している。それらの要素を捉えたとき明らかになるのは、楽曲の背景にある理論と演奏実践だけではない。音楽の表現方法としても、また身体動作、人の往来がもたらした文化芸能間の影響を体現するものとしても、二つの音のあいだに表現された意味や目的の奥深い魅力に気づかされる。

技術の進展に伴い、音楽研究では、複数の言説や楽譜といった目に見える記述だけでなく、耳に聴こえる音響や音楽表現の語彙がより重視されてきている。にもかかわらず、オンラインジャーナルや論文にあまり音声ファイルが付されていないのはなぜだろうか。熟達した演奏者が最も磨きをかけてきた「耳」に頼るのではなく、いまだに音楽理論について「どう聴くか」よりも「どう見るか」に重点が置かれがちなのはなぜだろうか。

結論として、コキとスリのスライド奏法は、単なる音程・リズム・動きの組み合わせではない。音を聴きながら、どのように弦の上で指を滑らせるかを目にするだけで、コキとスリの中にも数多くの違いがあることが分かる。三味線の多種多様なスライド奏法は、伝承してきた過去の人々の記憶をとどめながら、今日に実践を伝える人々によってさらに変容していく。コキとスリという用語を呼び分けて、譜面において音符の上に線を引くだけでは、このすべての意味をはっきり表現することはできない。これをふまえれば、ここまで言及した事例以外にもまだ知られていないスライド奏法の表現があるのではないかと、考えずにはいられないのである。

注

1　徳丸吉彦『音楽とはなにか―理論と現場の間から』岩波書店、二〇〇八年、一六七―一八二頁。
2　平野健次・蒲生郷昭・上参郷祐康監修『日本音楽大事典』平凡社、一九八九年、一一五頁。
3　平野健次・蒲生郷昭・上参郷祐康監修『日本音楽大事典』前掲、一一六頁。
4　平野健次・蒲生郷昭・上参郷祐康監修『日本音楽大事典』前掲、三〇四頁。
5　三木稔『日本楽器法』音楽之友社、一九九六年、一一一―一一二頁。
6　三味線の旋律やそこに用いられる技法を、記憶したり、口で歌いながら間接的に表示したりするために、特定の発音によって唱える方法。
平野健次・蒲生郷昭・上参郷祐康監修『日本音楽大事典』前掲、三〇五頁。
7　平野健次・蒲生郷昭・上参郷祐康監修『日本音楽大事典』前掲、三〇四頁。
8　五代目常磐津文字兵衛とのインタビュー（二〇二四年五月二十九日）。

9 平野健次・蒲生郷昭・上参郷祐康監修『日本音楽大事典』前掲、三〇五頁。

10 都一中とのインタビュー（二〇二四年五月二十七日）。

11 山田流箏曲教授会編『八千代獅子』［山田流箏曲 三絃楽譜］博信堂、一九九二年。

12 ヒク（弾く）、ハジキ（はじく）、スクイ（弦をすくう）、ハジキ（はじく）という四つの技法の非常に素早い組み合わせから成る。

13 田村政四郎『花輪ばやし考』（一九六〇年）、佐藤久一『花輪ばやし』（一九八四年）、小田切康人『花輪ばやしのルーツは奥州平泉にあった』（二〇〇八年）、及び鹿角市教育委員会『花輪祭り』（二〇一三年）

14 鹿角市政発足記念／鹿角市文化財―日本三大ばやし『花輪ばやしと町踊りコ』高杉善松、花輪商工会・花輪郷土保存会・花輪若者頭協議会・鹿角ジョッキークラブ、YFSC 20 STEREO、一九七四年。一九八一年六日町にて「花輪の町踊り」をライブ録音したもの（『高杉善松の軌跡―アーカイブアルバム』、制作：児玉忠廣（二〇一七年））

児玉忠廣『国指定重要無形民俗文化財 秋田の祭り囃子三味線教則本《共通編》』秋田みんよう企画、二〇一五年。

CD『花輪祭の屋台行事　花輪ばやし』花輪ばやし祭典委員会、二〇一五年。

このほか、児玉忠廣とのインタビュー（二〇二二年一月二十五日）、および執筆者のフィールドワークからの音源（二〇一八年、二〇一九年、二〇二二年、二〇二三年）。

15 鹿角市教育委員会『鹿角市文化財調査資料第一〇五集「花輪祭り」』鹿角市教育委員会、二〇一三年、八三頁。

16 鹿角市教育委員会『鹿角市文化財調査資料第一〇五集「花輪祭り」』前掲、六頁。

17 鹿角市教育委員会『鹿角市文化財調査資料第一〇五集「花輪祭り」』前掲、五頁。

18 杵屋正邦作曲《三絃四重奏曲第二番》（一九五七年）、藤井凡大作曲《二種の三絃の為のソナタ》（一九五九年）、藤井凡大作曲《二種の三絃による三つの楽章》（一九六一）、三木稔作曲《四群のための形象》（一九六九年）、本間貞史作曲《九弦の曲》（一九七九年）、中島勝祐作曲《西鶴一代女》（一九八四年）、中島勝祐作曲《西鶴おんなしょ》（一九九〇年）、佐藤敏直作曲《二棹の三味線のための序破急》（二〇〇〇年）、五代目常磐津文字兵衛作曲《三絃四重奏曲》（二〇一五年）。

19 「野澤徹也三味線合奏団 第一二回関東定期演奏会」、野澤徹也・野澤徹也三味線合奏団、二〇二三年三月二十五日、於代官山教会。

20 佐藤敏直「ライナーノーツ」、CD『三絃　野澤徹也1』Jasrac R-0430513、二〇〇四年所収。

21 三木稔『四群のための形象』全音楽譜出版社、一九七二年、二〇頁。

22 Schmuckal, Colleen Cristina『三味線を用いた現代作品の分析的研究―独奏曲、合奏曲及び協奏曲における三味線の特性』東京藝術大学博士論文、二〇一六年度（二〇一七年三月）、http://id.nii.ac.jp/1144/00000877/

23 中島勝祐記念会のお一人とのインタビュー（二〇一二年九月十七日―十二月二十四日、二〇一五年十月三十日）。

24　表1の歌詞には義太夫だけが書かれているが、演奏の音源では「女一代、相馴れし、殿御の数は数千人。長物話」から長唄を演奏している。

25　山田智恵子、大久保真利子編『三味線音楽の旋律型研究―町田佳声を巡って』京都市立芸術大学日本伝統音楽研究センター、二〇一五年、二七六頁。

26　中島勝祐記念会のお一人とのインタビュー（二〇一二年九月十七日―十二月二十四日、二〇一五年十月三十日）。

27　吉崎清富『杵家正邦における邦楽の解体と再構築』出版芸術社、二〇〇一年、一八頁。

28　「一中節演奏会 音で観る「ものがたり」」都一中、二〇二一年十二月一日、於サントリーホール　ブルーローズ https://itchu.jp/%e3%80%8c%e4%b8%80%e4%b8%ad%e7%af%80%e6%bc%94%e5%a5%8f%e4%bc%9a-%e9%9f%b3%e3%81%a7%e8%a6%b3%e3%82%8b%e3%80%8e%e3%82%82%e3%81%ae%e3%81%8c%e3%81%9f%e3%82%8a%e3%80%8f%e3%80%8d/。

都一中とのインタビュー（二〇二四年六月十七日）。

近代日本におけるアマチュア向け楽器としてのマンドリンの流通

葛西 周
Kasai Amane

はじめに

近代日本音楽史を考える上で、海路による音楽家や楽器、楽譜、録音物の移動と循環が重要な役割を果たしたことには言を俟たないだろう。明治期に汽船による航路の開設が進み、米欧諸国とのあいだを個人が行き来することが可能になると、音楽関係の事物が輸入されるルートも多様化した。

明治後期から大正期にかけて、欧米と日本を往来した複数の個人を媒介して日本に広められたのが、本稿で取り上げるマンドリンである。日本でマンドリンは、ギターやハーモニカと並んでアマチュアのあいだで流通し、大正期以降はアンサンブル楽器として定着した。現在もマンドリンクラブは、高校や大学、社会人のクラブないしサークル活動として全国的に見受けられる。本稿は、このようにアマチュア向け楽器としてマンドリンが位置づけられた歴史的・社会的背景に着目し、日本における洋楽器の受容とローカル化の一例として考察する。

第一節　近代日本におけるマンドリン略史

まずは、日本にマンドリンが持ち込まれ普及した経緯を概観し、明治後期から大正期のマンドリン界のネットワークを整理したい。

日本人による最初期のマンドリン公開演奏の例と考えられるのが、明治二十七年に日清戦争開戦を受けて開かれた義勇奉公報国音楽会における四竈訥治らによるヴァイオリン、ハープとのアンサンブルである。[*1] 四竈は音楽取調掛の伝習生を経て、明治二十三年に日本初の音楽専門誌である『音楽雑誌』を発刊したことで知られ、マンドリンを「英国の或る貴顕」から贈られたと記している。[*2] 広く音楽啓蒙活動に従事した四竈訥治に対して、マンドリン教育に専心したのは、同じく音楽取調掛で学んだ比留間賢八である。比留間は明治十六年に音楽取調掛の伝習生となり、在学中はチェロを上真行に、ピアノを伊澤修二に、管弦楽・室内楽をギヨーム・ソーヴレーに師事し、小山作之助や納所辨二郎らと机を並べた。明治二十九年から三十一年にかけては、東京音楽学校でチェロ講師嘱託も務めている。[*3] 留学先での比留間の生活に関しては、飯島國男の調査に詳しい。比留間は明治二十年十二月よりニューヨークに渡り、家業の絹織物業に関わる仕事をしつつ、音楽学校でチェロとツィターを学んだ。[*4] 明治二十二年七月からはヨーロッパに移り、織物の勉強の傍ら各地を訪れて民族楽器に触れている。二年後に帰国するが、明治三十二年には農商務省の海外実業練習生として再び渡欧し、ベルリンを拠点としながらアルティエレ・コルナーティというイタリア人指導者にマンドリンを師事した。明治三十四年に日本へマンドリンを持ち帰ってからは、この楽器の国内での普及に尽力した。[*5] 明治三十六年には、東京美術学校の岩村透教授ほか有志とともにマンドリンクラブを設立している。初期のマンドリン教授の第一人者が比留間であったことは、明治三十八年の『東京日日新聞』における「マンドリンに於ては、殆ど我邦に於て唯一の音楽者と謂うべきもの」[*6] という評にも表れていよう。なお、昭和初期の「楽壇名士録」を見ると、比留間賢八は「我邦マンドリン開拓者」、四竈訥治の娘で「四竈マンドリン研究所」を開設した四竈清子は「マンドリン家」として掲載されている。[*7] 比留間も娘のきぬ子に早期からマンドリンを教え、十二歳の頃にはラジオで独奏をするまでになり、「比留間マンドリン研究所」の指導者に育て上げた。

さらに、国産ヴァイオリン製造の先駆者として名高い鈴木政吉・共益商社の白井慶造と比留間が協力し、明治三十九年に国産マンドリンが製造された。大正二年の時点では、イタリアからの輸入楽器が二十円から百円、鈴木製が七円から最上等でも三十円と報じられている。[*8] 当時鈴木バイオリンが製作していたほかの洋楽器を見てみると、ギターは十五円から十八円、ヴァイオリンは六円から百二十円であり、[*9] 最安品を比べても、マンドリンは既に大量生産体制に入っていたヴァイオリンに匹敵する。導入初期段階から比較的安価な国産楽器や教材・楽譜が販売されるようになったことは、マンドリンを独習する環境の成立を促した。[*10]

この比留間の門下には多数のマンドリン愛好者が入ったが、なかでも日本のマンドリン界で多大なる影響を持つに至ったのは、のちに宮内省楽部長を務めた武井守成であった。[*11] 武井は大正四年にシンフオニア・マンドリニ・オルケストラ（以下ＳＭＯ、大正十二年にオルケストラ・シンフオニカ・タケヰ（以下ＯＳＴ）と改称）を結成した。同人雑誌『マンドリンとギター』（のちに『マンドリンギター研究』）を大正五年に創刊して、海外より輸入した楽譜を頒布し、日本全国で次々と設立されたマンドリン演奏団体の網羅に努めるなど、武井はマンドリン界を牽引した。以来、アメリカより名演奏のレコードも輸入され、マンドリン合奏が盛んとなった大正七年までを武井は日本におけるマンドリン揺籃期と称している。[*12]

マンドリンの普及についてもうひとつ特筆すべきは、大学のクラブ活動の活発化であろう。明治四十年代に入ってから大正期にかけて、各大学でマンドリンクラブが設立され、演奏会の開催案内が新聞紙面に散見されるようになる。現存する例として、慶應義塾マンドリンクラブ（明治四十三年設立、以下ＫＭＣ）、同志社大学マンドリンクラブ（明治四十三年頃設立）、早稲田大学音楽会マンドリン楽部（大正三年設立、のちの早稲田大学マンドリン楽部）、明治大学マンドリン倶楽部（大正十二年設立）などが挙げられる。これらのクラブは、音域の異なる複数のマンドリン属の楽器で一つのアンサンブルとして合奏する傾向を特徴とする。第一マンドリン、第二マンドリン、マンドラ、マンドロンチェロといったマンドリン属の楽器とギターが入る編成を標準とし、団体や演奏機会に応じてコントラバス、ピアノ、管打楽器等が加わる。

日本に滞在していた外国人音楽家も、早期から日本人によるマンドリン演奏活動に関与している。早い例としては、四竈訥治による最初の公開演奏と同じ明治二十七年に、米国のマンドリン奏者サミュエル・アデルスタインが横浜で演奏会を開いている。マンドリンが急速に世界各地に広まったことで、明治後期には欧米諸国のマンドリン奏者が演奏会ツアーをするようになった。アデルスタインはこの年の五月に海外ツアーへと出発し、ハワイを経て日本に立ち寄った。[*13] 日本の英字新聞各紙では好意的な報道がなされたが、この時点ではマンドリンは日本に普及しておらず、武井は「何等の刺激をも与えなかった」と評している。[*14] 明治四十三年にはオーストラリア人バンジョー奏者ジョン・ゴーマンが、同年に発足したKMCを英字新聞で知って時折合奏に加わるようになり、明治四十五年に横浜バンジョーズを率いてKMCと合同で演奏会を開き、バンジョーと指揮で出演した。[*15] また、明治四十四年に来日したイタリア人テノール歌手アドルフォ・サルコリは、三浦環や関屋敏子、田谷力三らを育成したことで知られる人物だが、母国で明治二十六年にCircolo Italiaというマンドリンクラブを設立して指揮者を務めていた。[*16] サルコリはマンドリン愛好家のなかで全国的に知られた存在で、鈴木静一や田中常彦、同志社大学マンドリンクラブの創設メンバーである錦織貞夫もサルコリに師事したといい、[*17] 服部正が「クラブの最初の指導者で、純粋のイタリア的にやってくれた」と述懐するとおり、[*18]「本場」の演奏指導が受けられると期待されていた。お雇い外国人フレデリック・ウォーリントン・イーストレイクの息子で、慶應義塾で英語講師をしていたローランド・イーストレイクも、職業音楽家ではないが大正五年に横浜マンドリンソサエティーを主宰しており、[*19] KMCへもフルートやクラリネットで参加したようである。[*20] ローランドの弟であるレジナルド・イーストレイクもまた、メロディア・マンドリンという演奏会を大正八年に開いていた。[*21]
このように、プロだけでなく、マンドリンを専門としないアマチュアの日本在住外国人との交流が、マンドリン演奏団体の初期の活動から確認される。
演奏曲目は、マンドリン合奏のために書かれた作品のほか、いわゆるクラシックの有名曲から流行歌の編曲作品までジャンルが多岐に亘る。比留間とマンドリンクラブを起ち上げた岩村透は、「訳譜さえあれば長唄、常磐津、清元、歌沢と云う粋なのも随分弾いてお目に懸けられる」[*22]と記していることから、導入段階で既に邦楽作品をもレパートリーとしていたことが窺える。実際、錦光流大会でマンドリン入りの《櫻狩》が奏された例もあるようだ。[*23]マンドリンアンサンブルは歌の伴奏としても活躍し、殊に古賀政男が先導していた明治大学マンドリン倶楽部では、定期演奏会に佐藤千夜子や藤山一郎、淡谷のり子といった人気歌手を招いて共演することで集客効果を狙っていた。[*24]また、古賀の卒業後に吹き込まれた彼の作品のレコードには、同倶楽部によって伴奏されているものも見られる。[*25]

マンドリンはラジオ放送との結び付きも強く、ＪＯＡＫが放送開始した翌年の大正十五年七月三十日にはマンドリン演奏が放送された。ＫＭＣ設立メンバーである田中常彦がマンドリン独奏、その妻で東京音楽学校出身の田中堯子がピアノ伴奏を務め、イタリア人マンドリン奏者・作曲家カルロ・ムニエルによる《スペイン風奇想曲》、《演奏会用ワルツ》、《アリアと変奏》の三曲を取り上げている。[*26]各大学のマンドリンクラブも、しばしばラジオや映画収録に参加した。

戦後の『音楽芸術』では、マンドリン音楽に対して「中間絃楽的」という語を用いているが、[*27]これは特に昭和二十年代半ばから四十年代頃まで、クラシック音楽と軽音楽の境界に位置するような音楽を指す語として多用されていた「中間音楽」から派生した表現であろう。大学マンドリンクラブで作曲・編曲を担った鈴木静一や古賀政男、服部正といった部員たちは、卒業後に軽音楽や映画音楽の作曲家として活躍している。

第二節　マンドリン実践の広まりとジェンダー別の展開

チェロ、ツィター、ピアノをはじめ様々な楽器に造詣の深かった比留間がマンドリンの普及に執心した理由は、以下の記述に表れている。

当時の洋楽器は、ピアノ、ヴァイオリン、オルガンの三種に限られていて、ヴァイオリンは音楽の王とも言われ其の習得は実に至難であり、オルガンは宗教臭く、一番容易に音を出し得るピアノは、余りに高価に過ぎて中産階級以下の家庭では、到底これを備え得られないとしたならば、折角の良き音楽も高嶺の花で、徒らに富豪の占有物となり、半遊戯的のものとなってしまう[*28]

同様に、田辺尚雄も大正十一年の『家庭音楽講話』でマンドリンの流行に言及しており、その理由として携帯性に優れ安価なこと、ヴァイオリンと比べると誰にでも弾きやすく音色が可愛らしいことを挙げて、「将来は却ってバイオリンよりもマンドリンの方が広く各地に行われるようになるでしょう」と予測している。[*29]

書名の「家庭音楽」という語に象徴されるように、大正期においては家庭で楽しむ健全な趣味として洋楽鑑賞や洋楽器演奏が注目された。当時の新聞でも「家庭的なので一家に一台あるとよい」[*30]とされ、マンドリンに関する記事は家庭面に散見される。岩村透も明治四十四年頃に、「其構造の三味線に似ていると云う計りでなく、誠に可憐の音色で、爪弾きとして畳の上の使用に恰好」で「我国の家庭に此相応しい楽器をお勧めする」と述べており[*31]、明治末期から大正期にかけてマンドリンがモダンでありかつ親しみやすい「家庭楽器」というイメージと結び付いていたことが明らかである。市民社会が確立するにつれて、ヨーロッパでピアノは中産階級の家庭が理想とする一種の調度品として位置付けられるようになったが[*32]、ピアノが依然として高価であった日本では、それほどまでのステイタスではないにせよ、手が届きそうな憧れの楽器という役割をマンドリンが果たしていたと言えよう。

比留間は米国のマンドリニストであるサミュエル・シーゲルの通信教授に入会した経験があり、明治四十一年になるとマンドリン好楽会という組織を立ち上げて、自ら通信教育を始めた。とりわけ都市部以外での西洋音楽の学習ツールとしての通信教育については、上野正章が大日本家庭音楽会による講義録の刷数や地域別受講者数に着目し、教授内容や受講者層を分析している。[*33]『通信教授　ヴァイオリン講義録』を例として、上野は楽理を学んでから楽器を手に取るよう促されていること、多数のさまざまなジャンルの楽曲に比して練習曲が皆無であり、曲をつうじて技術を学ぶ練習法になっていることを指摘する。一点目は比留間の通信教育とも共通するが、二点目に関しては明らかに方針が異なり、比留間の教材には運指や奏法の練習曲が多数含まれている。

まず、比留間の「マンドリン音楽通信教授規則書」の説明によると、教材には教授用紙と試験用紙があり、答案を送るとそれが訂正の上で返送されるとある。教材は五十回分に分かれ、修学年限を一年以内としている。入会金は三十銭、教授料はまず八十銭で四回分が届き、以後は原則毎週の送付となって、二十五回分で四円七十五銭、五十回分で九円五十銭が課される。また、実地講習会で教授用紙所収以外の「邦人の嗜好に適する

表:『マンドリン音楽通信教授』および『マンドリン独習』教授内容[*34]

巻号	項目
1	譜表・線上の音名・線間の音名
2	音部記号・小節及び拍子記号・短線即ち（附加線）
3	楽器要部の名称・開放絃・絃の名称・絃の調律法
4	奏者の姿勢、亀甲、手頸、指の使用法・打ち奏法・掬い奏法・右手の位置・楽器を持った左手の位置
5	勘所・イ絃即ち第二絃上の各音符
6	ニ絃即ち第三絃上の各音符・ト絃即ち第四絃上の各音符
7	ホ絃即ち第一絃上の各音符
8	調号・拍子の数え方
9	ト調長音階・第一練習・第二練習／第一歌曲 植［ママ］生の宿
10	音程／省略符／第三度音程の練習・第三練習
11	臨時記号／第二歌曲 Don Ricardo. 進行曲
12	音階の構成／ハ調長音階（二個オクターブ）／ハ調長音階に於ける第4指の伸長・第四練習
13	拍子記号／附点音符及び休止符
14	第三歌曲 Near Thee.（WALTZ 舞踏曲）
15	顫動音の予習・第五練習・第六練習
16	顫動音・第七練習
17	第四歌曲 河流の小波
18	第五歌曲 岸の櫻
19	第六歌曲 蛍の光
20	第八練習・第七歌曲 庭の千草
21	三連音
22	三連音の拍子の数え方・第九練習
23	第八歌曲 追懐
24	左手指の運用練習・第十練習
25	第九歌曲 告別

和洋歌曲」を配布する想定もされていたことが窺える。なお、同規則書には通学教授も受け入れる旨が書かれており、週一回の男女別の教授で、束修金は一円、月謝が二円とされている。国立国会図書館が所蔵する二十五回分の教材の内容については、表を参照されたい。

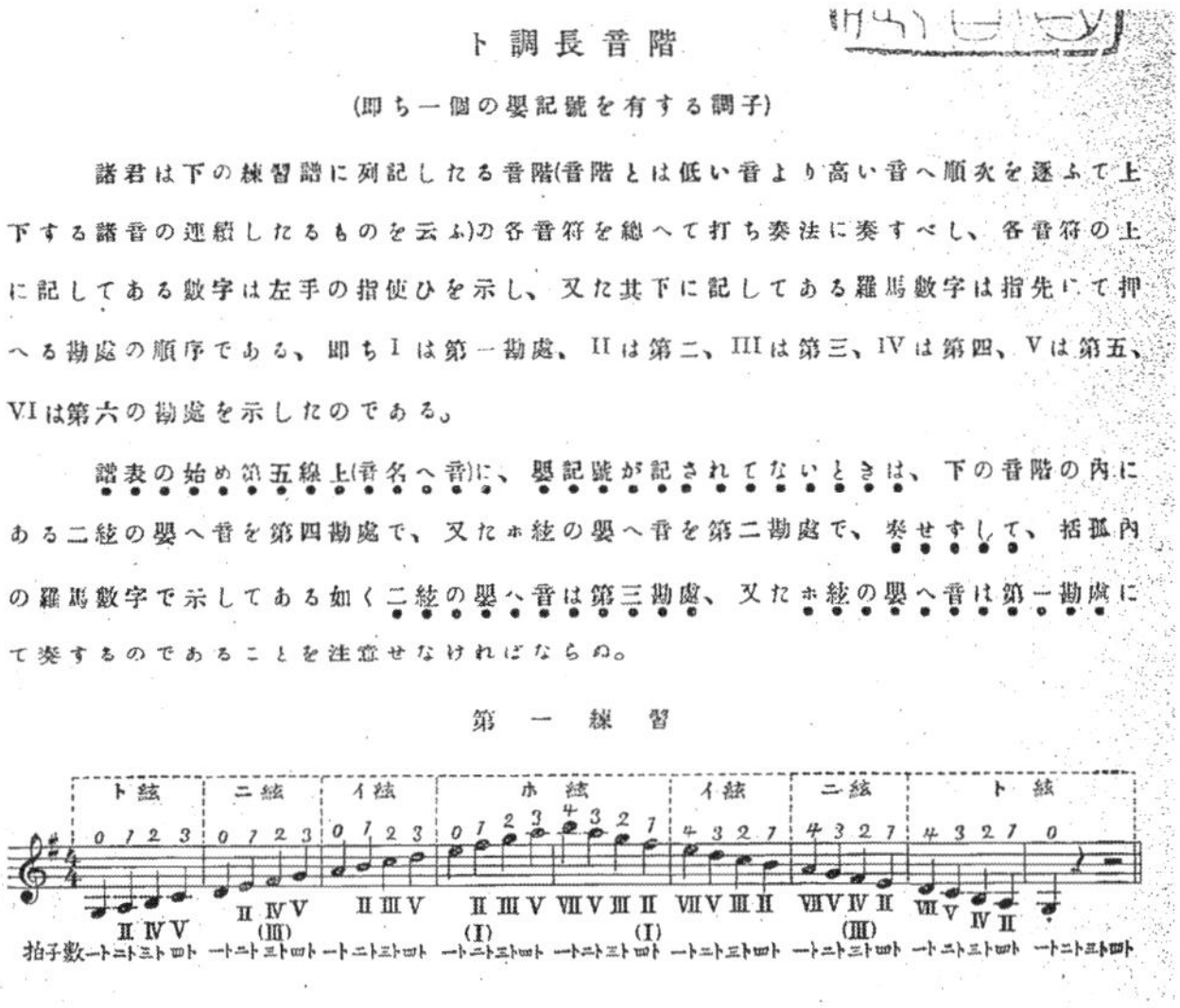
ト調長音階

(即ち一個の嬰記號を有する調子)

諸君は下の練習譜に列記したる音階(音階とは低い音より高い音へ順次を逐ふて上下する諸音の連續したるものを云ふ)の各音符を總へて打ち奏法に奏すべし、各音符の上に記してある數字は左手の指使ひを示し、又た其下に記してある羅馬數字は指先にて押へる勘處の順序である、即ちⅠは第一勘處、Ⅱは第二、Ⅲは第三、Ⅳは第四、Ⅴは第五、Ⅵは第六の勘處を示したのである。

譜表の始め第五線上(音名ヘ音)に、嬰記號が記されてないときは、下の音階の内にある二絃の嬰ヘ音を第四勘處で、又たホ絃の嬰ヘ音を第二勘處で、奏せずして、括弧内の羅馬數字で示してある如く二絃の嬰ヘ音は第三勘處、又たホ絃の嬰ヘ音は第一勘處にて奏するのであることを注意せなければならぬ。

第一練習

図1:『マンドリン音楽通信教授　第九教授用紙』(国立国会図書館所蔵)抜粋

図2:『マンドリン音楽通信教授　第十六教授用紙』(国立国会図書館所蔵)抜粋

このように、楽譜の読み方から楽典、楽器の構造、奏法などが各回で取り上げられ、同内容を一冊にまとめた独習テキストものちに刊行されている。第一回は五線譜の読み方から始まっており、専門的な音楽教育を受けていない生徒を想定していることが明らかである。マンドリンは職業音楽家も愛用する楽器であったが、比留間自身が講師を務めていたにも拘わらず、東京音楽学校で体系的にマンドリンが教授されるには至らなかった。マンドリンは大学のクラブに所属していない限り、専ら独学もしくは個人レッスンや私設音楽学校で習得するものだったのである。

マンドリンの実技は、宝塚少女歌劇にも取り入れられていた。宝塚音楽学校の前身にあたる宝塚唱歌隊は大正二年七月に発足し、同年十二月に宝塚少女歌劇養成会と改称された。養成会は、大正七年になると声楽に原田潤、器楽に高木和夫、舞踊に楳茂都陸平を担当として配し、三部教授制を導入する[*35]。令和六年現在、宝塚音楽学校のカリキュラムにおける器楽の指導はピアノに限られており、生徒（団員）が舞台上で楽器を演奏する場面も、演出上の小道具として用いる程度である。東京音楽学校中退・ミラノ音楽院留学を経て大正二年十一月に入団し、器楽指導を担った高木和夫は、後年次のように回想している。

私が来てから女ばかりの管弦団を作る事になって、とはいうもののヴァイオリンとマンドリンの合奏ぐらいなものであったが、私がピアノを叩いて全部の指導をしたものだ……当時のオーケストラは、是が大変で生徒のうちで楽器の巧くみなものは自分の唄が終るとボックスへ入ってヴァイオリンを弾いて伴奏をし、それが終ると又舞台で唄ったり踊ったりした[*36]

この裏付けとして、初期に所属した団員が座談会で活動を振り返った際の発言を参照したい。

高峰［妙子・一期生］　あの頃は器楽のレッスンがあって皆弾きました。
沖津［浪子・十期生］　私たちのクラスまで器楽を習いましたのね。
音羽［瀧子・十期生］　私はマンドリンをやってました。好きなものを随意にやってたのですね。[*37]

時代が下るが、昭和十二年に入団しダンス専科に在籍した朝霧早苗も、以下のように述べている。

朝霧［二十七期生］　昔はやらされたのよ、太鼓からギター、マンドリンなんかも。[*38]

これらの発言からは、少なくとも十期生、すなわち大正九年に入団した生徒までは器楽のレッスンを受けていたこと、女性アンサンブルで楽器は選択可能であったこと、マンドリンもその選択肢の一つであったことがわかる。

そして、機関誌『歌劇』には生徒によるマンドリン演奏に関する言及に加え、マンドリン広告もしばしば散見されるようになる。たとえば、神田にある須川楽器店が設立した駿河台音楽院でマンドリンとギターの講師を務めていた古賀政男は、[*39]大正十三年頃の生徒は「女学生や女給、女店員など」であったという。[*40]明治期末から考えれば、ピアノやヴァイオリンを習う子女よりも経済水準の低い女学生や、職業婦人らにとっても実際に手の届く趣味になったのだろう。

前述した比留間の対面教授の案内からは、指導は男女別でなされたこと、男女混成の稽古や合奏は想定されていなかったことが窺える。マンドリンクラブの演奏会では、女性歌手などを客演ソリストとして迎える例はあるが、やはりこの時期に男女混成の団体は多くは見られない。SMOおよびOSTでは、武井守成の妻・花子（岩倉具視の孫、具定の娘）がピアノを担当していたようだ。[*41]しかし、第一回から第十五回の演奏会の記念写真を見ると、いずれも女性がいても武井花子と思しき一名のみで、ほぼ全員が男性で構成された団体であったことが示唆される。武井が明治三十九年モナコでのマンドリン国際コンクールを紹介した文章で、二十人以上の団体を対象とした第一部出場の九団体のうち「婦人を含まぬ団体は僅に二団体に過ぎず他は皆男女の奏者をもって居た」と指摘している点からも、当時の日本では男女混成が珍しかったことが見て取れる。[*42]また、女性のみのマンドリン合奏団の例は極めて限られており、武井作成のリストにある五十団体は、いずれも男性中心の編成であった。[*43]その理由として考えられるのは、マンドリンクラブの多くが学校を母体としており、大正期はまだ男女別学が中心であった点である。マンドリンクラブを有する大学には、早期に女学生を受け入れた大学を多く含むが、武井のいう揺籃期にはまだ共学化されていなかったことで、ホモソーシャルな趣味縁の様相を呈したのであろう。

第三節　「私楽派」によるコンクール

大正十二年一月二十一日、ＯＳＴは第一回マンドリン合奏団コンコルソを主催した。[*44]七団体が参加して、課題曲であるカルロ・アルベルト・ブラッコの《無言詩》と随意曲（自由曲）のそれぞれ二曲が演奏され、同志社大学マンドリンクラブが優勝を手にした。審査員となったのは、マンドリン演奏会等で指揮を務めていたイタリア系オーストリア人ヴァイオリニストのグリエルモ・ドブラヴィッチ、海軍軍楽長退官後の瀬戸口藤吉、のちに陸軍戸山学校軍楽隊長を務めた大沼哲、「松本太郎」という筆名で音楽評論家としても活動したＯＳＴマンドリン奏者の小西誠一である。瀬戸口と大沼はいずれも、ＯＳＴの演奏会で指揮者を務めている。さらに大正十三年十月二十八日に開かれたＯＳＴ第十六回演奏会では、第一回作曲コンコルソが同時開催されており、マンドリン演奏団体が増加するなかで新たなオリジナルのレパートリーが求められていたことがわかる。現に、武井・瀬戸口・大沼らＯＳＴの関係者たちはマンドリン作品を多数残しており、マンドリン作品のみならず映画音楽でも成功を収めた鈴木静一やKMC出身の服部正もまた、OSTの作曲コンコルソでの入賞経験がある。

新聞紙面でマンドリンの大家の来日として話題となったイタリア人マンドリン奏者ラファエレ・カラーチェは、大正十三年十二月十二日より二ヶ月ほど日本に滞在した。翌年一月三十一日に報知講堂でOSTとともに自身と武井の作品を取り上げた演奏会を開くと、その収益に基づき、この当時すでに約五十団体存在したマンドリン合奏団のうち優れた団体を顕彰する「カラーチェ賞」を設けた。[*45] カラーチェ賞は演奏会の収益を以降のOSTのコンコルソで優勝団体に対して賞金として付与する、という趣旨であった。[*46] なお、このときカラーチェはOSTの名誉会長を委嘱されている。同年二月七日には東伏見宮邸にて、さらに十日には赤坂仮御所にて皇太子夫妻・秩父宮・高松宮・竹田宮妃・北白川宮妃を前に演奏をおこない、勲三等瑞宝章を授与された。これが外国人演奏家の最初の御前演奏であると報じられている。[*47] カラーチェは演奏会でも伴奏を務めたピアニストの近藤柏次郎とともに日本でマンドリンおよびリュートのレコード吹込もおこない、ツバメ印ニットーレコードで発売された。[*48]

音楽学校をはじめ「ドイツ系」「官楽派」が中心的であった当時の音楽界で、サルコリとその弟子らが「イタリア系」「私楽派」としてその対極に置かれていたことを、三井徹と直江学美が指摘している。[*49] カラーチェもサルコリらと同様の扱いとなるだろう。さらに言えば、マンドリン音楽自体がその出自ゆえに「私楽派」に位置づけられがちであった。細川周平は、「野暮」な官製の洋楽との対比によって「マンドリンはある種、反明治的な、反上野的なイデオロギーを担うようになった」と論じている。[*50] 加えて、このようなマンドリン音楽のありようは、日本のコンクールそのものが官学出身者中心の音楽界への対抗として成り立ったという神保夏子の指摘とも符合する。[*51] コンクールとは、官学とは異なる評価の場や基準を持ち込む装置であり、「在野」のマンドリン界全体を俯瞰できると同時に、その競争的性質がアマチュア音楽活動の活発化に寄与した。

むすびに

以上のように、マンドリンの大衆性は、導入初期からの独習環境の成立とプライベートレッスンの充実、そしてメディアを通じた「家庭楽器」というイメージの流布に基づくと考えられる。他方で、大正七年公布の大学令で公立・私立の大学設置が認可され、クラブ活動が活発化した時期にマンドリンが普及し、急増したマンドリンクラブがコンクールや試演会のような成果発表の機会を求めたこと、その活動に職業音楽家や外国人音楽家が関与したことで、公開演奏が慣習化した。要するに、私的空間と紐付けられた「家庭音楽」としての実践と、公的な趣味ネットワークの形成とが早々に両立したことで、マンドリンは奏者のジェンダーに関係なくアマチュア向け楽器の地位を得るに至った。

近代初期に見られた世界的なマンドリンの流行は、港湾都市を介して楽器や楽譜が流通し、個人の移動が多様な音楽ネットワークを築いたことに支えられていた。たしかにマンドリンはイタリアで生まれた楽器であり、比留間賢一も武井守成もイタリアに滞在してマンドリン音楽に触れ、サルコリやカラーチェは来日によって直接的に音楽活動へ干渉した。他方で、四竈訥治も比留間も「官学」の出身者であり、四竈はイギリスの貴顕から楽器を得、比留間はドイツにいたコルナーティから学んだことを鑑みると、欧米諸地域で循環した音楽が日本には伝わってきており、「ドイツ系」「官楽派」／「イタリア系」「私楽派」と割り切れない部分もあるのではないか。日本が公演ツアーの寄港地のひとつになったことは、「官楽」に限らない西洋音楽を多様なルートから定着させ、ローカルな伝承のバリエーションの構築に寄与したと言えよう。

◎付記

本稿は、口頭発表「日本におけるマンドリンの受容と展開―戦前アマチュア音楽活動の一事例として」(第十一回中日音楽比較国際学術会議、二〇一五年十一月九日)の内容に大幅な加筆修正を施したものである。その一部はJSPS科研費15K16640「戦前・戦中期東アジアにおける音楽ジャンル観の変遷」の助成を受けた成果である。

◎参考文献

飯島國男『比留間賢八の生涯―明治西洋音楽揺籃時代の隠れたる先駆者』全音楽譜出版社、一九八九。

上野正章「大正期の日本における通信教育による西洋音楽の普及について―大日本家庭音楽会の活動を中心に」『音楽学』第五六巻二号、二〇一〇、八一―九四頁。

梶野絵奈「大正期の通信教育受講者たちの音楽生活―大日本家庭音楽会の雑誌『家庭音楽』から」『音楽学』第六三巻一号、二〇一七、一―一七頁。

佐野仁美「初期の日本人作曲家における近代フランス音楽受容―菅原明朗とオルケストラ・シンフォニカ・タケヰをめぐって」『京都橘大学研究紀要』(三九)、二〇一三、一〇九―一三三頁。

竹内喜久雄『ギターと出会った日本人たち―近代日本の西洋音楽受容史』ヤマハミュージックメディア、二〇一〇。

玉川裕子『「ピアノを弾く少女」の誕生―ジェンダーと近代日本の音楽文化史』青弓社、二〇一三。

東京芸術大学百年史編集委員会編『東京芸術大学百年史 東京音楽学校篇第一巻』音楽之友社、一九八七。

中村真由子「大正後期における宮内省式部職楽部の活動―武井守成の改革を中心に」『書陵部紀要』(六四)、二〇一三、六五―八四頁。

西原稔『ピアノの誕生―楽器の向こうに「近代」が見える』講談社、一九九五。

西原稔「寶塚音樂研究會における音楽活動に関する研究―大正時代末における寶塚歌劇團の洋楽受容」『桐朋学園大学研究紀要』(四九)、二〇二三、六三―九九頁。

細川周平「西洋音楽の日本化・大衆化28」『ミュージック・マガジン』九〇年四月号、一九九〇、一三〇―一三五頁。

三井徹・直江学美「西洋声楽教育導入期に「民」が果たした役割―官立関係者とアドルフォ・サルコリ」『金沢大学教育学部紀要(人文・社会科学編)』(五三)、二〇〇四、一―一四頁。

明治大学マンドリン倶楽部編『青春よ永遠に―明治大学マンドリン倶楽部半世紀の歩み』、明治大学マンドリン倶楽部、一九七二。

注

1 「報国音楽会の好況」『音楽雑誌』（四七）、一八九四、二二頁。
2 「マンドリン」『音楽雑誌』（四六）、一八九四、三四頁。
3 東京芸術大学百年史編集委員会編　一九八七、五頁。
4 飯島　一九八九、五一―五三頁。
5 飯島　一九八九、七〇―七二頁。
6 「現時の音楽及音楽家（九）」『東京日日新聞』一九〇五年五月一日六面。
7 楽報社編『音楽年鑑昭和四年版』竹中書店、一九二八、一一〇～一一二頁。
8 「涼しい音楽」『読売新聞』一九一三年六月三十日朝刊三面。
9 「過去の商品品番・価格表」鈴木バイオリン製造株式会社、http://www.suzukiviolin.co.jp/data.xls、二〇一五年八月二十八日閲覧。マンドリンのデータのうち最も古い、大正三年のデータ（『読売新聞』前掲記事紹介の大正二年の価格と同値）を基準とした。号外楽器は除く。
10 比留間賢八「初めてマンドリンが日本へ来た当時の思い出」『音楽倶楽部』一（五）、東京演藝通信社、一九三四。
11 武井の宮内省楽長としての活動については、中村（二〇一三）に詳しい。
12 武井守成『マンドリン・ギター及其オーケストラ』、オルケストラ・シンフォニカ・タケヰ、一九二四、四四二頁。
13 サミュエル・アデルスタイン「手記」武井守成編『マンドリン・ギター片影』、オルケストラ・シンフォニカ・タケヰ、一九二五、一〇八―一五二頁。
14 武井　前掲書、四三九頁。
15 ＫＭＣ七十年史編集委員会編『丘の上には鐘がひびくよ―慶応義塾マンドリンクラブ七十年史』慶応義塾マンドリンクラブ、一九八一、五一―六頁。
16 Sparks, Paul (2005) *The Classical Mandolin*. Oxford University Press, p.60.
17 同志社大学マンドリンクラブ百年史編集委員会編『同志社大学マンドリンクラブ百年史』三学出版、二〇一〇、六頁。
18 松田伊三雄・服部正「リレー対談 袖すりあうも…むかしマンドリンいま三越社長」『財界』三三（四）、一九九二、四九―五四頁。
19 横浜交響楽団編『市民のオルガン―小船幸次郎と横浜交響楽団』神奈川新聞社、二〇〇七、一四頁。
20 松田伊三雄・服部正　前掲記事。
21 武井　前掲書、四四八頁。なお、レジナルド・イーストレイクは大正十四年にはミシガン大学の女性マンドリンクラブを監督している（*The*

Michigan Daily, vol. 35, iss. 111, March 01, 1925, p.9)。

22 岩村透「日本趣味の洋楽」『東京朝日新聞』一九一一年十一月一日。

23 「琵琶 錦光流大会」『読売新聞』一九二八年五月十七日朝刊十面。

24 ゲストは歌手のみに留まらず、昭和二十七年六月七日の第五十回演奏会では宮城道雄を招き、古賀政男の指揮で《春の海》をマンドリンと合奏している（『友よ歌わん（昭和二十年から昭和二十七年）』明治大学マンドリン倶楽部編　一九七二、七三—八三頁）。

25 《丘を越えて》（コロムビア二六六二四—A、昭和六年）《キャンプ小唄》（コロムビア二六三二五—A、昭和六年）《スキーの唄》（コロムビア二六六七一—A、昭和六年）など、特に藤山一郎の歌う楽曲に多い。

26 「マンドリン独奏」『読売新聞』一九二六年七月三十日朝刊九面。

27 高橋功「マンドリン音楽の現況」『音楽芸術』一三（一一）、一九五五、六七—七〇頁。

28 比留間賢八「初めてマンドリンが日本へ来た当時の思い出」『音楽倶楽部』一（五）、東京演藝通信社、一九三四。

29 田辺尚雄『家庭音楽講話』、啓文社書店、一九二二、一七—二二頁。

30 「マンドリンの音　家庭的な新楽器」『読売新聞婦人附録』一九一四年七月二十七日朝刊三面。

31 岩村　前掲記事。

32 西原　一九九五。

33 上野　二〇一〇。

34 マンドリン好楽会編集・発行による通信教材『マンドリン音楽通信教授』（一九〇八年七月—十二月）に基づき筆者が作成した。国立国会図書館所蔵資料を用い、同教材を再録出版した比留間賢八編『マンドリン独習』（共益商社楽器店、一九一〇）を併せて参照した。第五・第六教授用紙および第十七—二十五教授用紙は欠号につき、後者に依拠した。両者は原則として内容は同一であるが、第十四教授用紙の「第三歌曲」は楽曲が《衛兵》に差し替えられている。「項目」欄の内容は、教材の見出しに即する。

35 宝塚歌劇団『宝塚歌劇の60年』宝塚歌劇団出版部、一九七四、二七頁。

36 高木和夫「唱歌隊指導」『歌劇』（一五七）、一九三三、七一頁。

37 「特集（2）宝塚歌劇の誕生と、お伽歌劇のころ」『歌劇』（三〇八）、一九五一、二七—二八頁。

38 「裸足姿で思い切り踊りたい　振附の渡辺武雄先生を中心にダンス陣の人達が集って語る」『歌劇』（三四七）、一九五四、七六頁。

39 古賀政男『我が心の歌』展望社、一九六五、九三—九四頁。

40 古賀政男「マンドリン教授の内職」『実業の日本 臨時増刊』四一（一五）、一九三八、五二頁。なお、月謝は五円であった。

41 「附録 オルケストラ・シンフォニカ・タケヰ十年回顧」武井　前掲書、四六八、四七三、四七六頁。

42 武井　前掲書、四一三―四一四頁。
43 武井　前掲書、四六〇―四六五頁。
44 OSTの活動に関しては、竹内（二〇一〇）および菅原明朗に着目した佐野（二〇一三）に詳しい。
45 「マンドリン大家の置土産　カラーチエ賞制定」『東京朝日新聞』一九二五年一月二十二日朝刊十一面。
46 「オンガク」『読売新聞』一九二五年一月二十三日朝刊五面。
47 「帰国を前にして栄ある御前演奏　勲三等に叙せられた大音楽家カラーキ［ママ］エ氏」『東京朝日新聞』一九二五年二月十三日夕刊二面。
48 「カラーチェがマンドリンレコード吹込」『東京朝日新聞』一九二五年二月十六日朝刊八面。
49 三井徹・直江学美　二〇〇四。
50 細川周平　一九九〇、一三二―一三三頁。
51 神保夏子「コラム「コンクール」という日本語はどこから来たのか？」一般社団法人日本音楽協会、二〇二一年八月二十八日、https://classicmusic.tokyo/column/concour/、二〇二四年八月二十五日閲覧。

第四章

音楽文化にみる都市と周縁のつながり

江戸期吉原遊廓における音楽文化の研究
——江戸文学の記述をめぐって

青木 慧
Aoki Kei

はじめに　吉原遊廓を描く江戸文学

一　吉原遊廓とは

吉原遊廓は、江戸社会における一大娯楽地として栄えた場である。幕府による江戸の街づくりに伴い、市中の治安と風紀の監視のため、各地に散在していた遊女屋をひとつの定まった土地にまとめることを目的に、元和四（一六一八）年四月より、現在の日本橋人形町辺りで営業が開始された。遊廓ならではの言葉遣いや、吉原を文化地たらしめた独自のしきたり、市中での流行をも生み出した服飾、そして音楽も等しく、吉原の遊興を彩った重要な要素であったと言えよう。しかし、度重なる火災や遊廓という場の特性による一次史料の不足から、近世邦楽を語るうえで避けては通れない場であるにも拘わらず、吉原の音楽文化は不鮮明な部分を多く残している。本研究は、江戸期に成立した文学作品を情報源とし、吉原の音楽的実態に迫るものである。

二　江戸文学の史料的有用性

江戸期吉原にかんする研究は、風俗学・経済学などの視点から切り込んだ史学分野や、服飾史・美術史・図像学という枠組みの中で展開されている場合が多い。しかし、音楽という視座から吉原における人々の営みを包括的に捉えた研究の蓄積は、芸者に焦点を当てたもの以外僅少である。[*1] 言い換えれば、芸者と同じく重要な音楽の担い手であった遊女たちにかんしては、研究の対象外となっているということである。

以上のような史料的制約と今日の研究状況を受け、筆者は、江戸期に執筆された文学——とりわけ、その多くを遊里に取材している洒落本と、作者の知識や見聞体験を記録した随筆での記述に着眼してきた。文学を調査資料として用いる手法は、従来の史学研究においては極めて基礎的かつ慣習的なものであるが、吉原に対する音楽学研究においては、これらの作業が時に軽んじられてきた。具体的に言えば、洒落本などの戯作における音楽記述は、演出された記述を実態として捉えることを避けた結果、そこに散見される実態の片鱗が見落とされ、随筆についても、一般史学などの他分野では情報源として評価されている史料に対し、音楽学的検討が十分に行われてこなかった現状がある。したがって本研究では、吉原におけるあらゆる音楽の担い手を研究対象とし、「人の営みとしての音楽」として音楽文化の様相やその機能を動的に捉えることを重要視しながら、これまで深く検討されることがなかった諸文学作品の記述に対して、音楽学的視点から再検討を行う。

三　研究手法

洒落本とは、江戸初期から中期にかけて刊行された仮名草子の一種であった遊女評判記[*2]の流れを汲む作品を原点とし、江戸後期にいたるまで出版され続けた戯作の一種である。享保（一七一六—三六）年間以前の洒落本は、遊女評判記に類似する形をとっていたが、徐々に議論形式や会話形式を主体とした文体が確立され、遊里での恋愛模様を写実的に描き出すことに主眼が置かれていった。[*3]最初期の作品としては、享保十三（一七二八）年刊行の、撃鉦先生による『両巴巵言』などを挙げることができる。本研究では、洒落本の刊行が充実し始める宝暦（一七五一—六四）年間から慶応末（一八六八）年において刊行され、吉原に取材した約百九十点の洒落本を対象とし、吉原において営まれる音楽文化にかんする記述を抽出した。[*4]記述分析に際しては、実態との乖離が考えられる文学ならではの演出的な記述の判別と解釈に十分な注意を払った。

随筆とは、一般的に、筆者による見聞や書物などから得た知識に基づいて、戯作のような演出性を排除した情報が散文的に書かれたものを示す。時代的な限定性のある洒落本に対し、随筆は江戸年間全域にわたり作品が存在していることが特徴である。しかし、記録された情報の多様性や派生的な写本群の存在から、書誌学的な整理が困難な場合がある。様々な分野において、深い検討がなされないまま残されている随筆が多数存在するのは、このためである。吉原にかんする情報を記録した随筆の例には、享保五（一七二〇）年成立の、庄司勝富による『異本洞房語園』などがあり、吉原の創設や風俗を初めて網羅的にまとめた史料として諸研究において評価されている。本書の成立以降、吉原の情報を積極的に取り入れた随筆が次々に登場した。本研究においては、吉原が営業を開始して間もない寛永二（一六二五）年に成立した『南嶺子』をはじめとし、江戸末（一八六八）年までの情報を記録した約百八十点の随筆の中から、吉原において営まれる音楽文化にかんする記述を抽出した。以上のような、文学として質の異なる洒落本と随筆両者から得た情報を補填し合うことで、吉原の音楽文化の実態を多角的に考察していく。なお、本文中での諸引用は、本研究において調査対象とした洒落本、及び随筆での記述であり、その出典の基本情報は注に記載している。[*5]

第一節　吉原遊廓において音楽を営む人々

一　遊女と男女芸者の差異

江戸期吉原における音楽文化を捉えるうえで、まずは吉原の遊女たちの出自について触れておかなければなるまい。慶長八（一六〇三）年頃、芸能者であった出雲阿国が、女性による男装での歌舞伎踊りを創始したとされている。以降、女性による歌舞伎芸能が全国的に流行していった。その中のひとつが、楽器の奏楽などを伴う遊女たちによる遊女歌舞伎である。この遊女歌舞伎に出演していた歌舞伎女たちが、吉原にとって重要な存在となる。慶長十二（一六〇七）年に阿国による歌舞伎踊りが江戸城で披露されると、これを機に、遊女歌舞伎を含む女歌舞伎が爆発的な人気を得るようになったが、同時に、芝居の裏で行われる売春営業を危険因子と見なした幕府は、女性による芸能の禁止令を連続して発令した。そうすることで、歌舞伎女たちを吉原へと囲い込んでいったのである。したがって、初期吉原での遊興の一部は、歌舞伎女による高い歌舞音曲の能力をもって支えられていたということになる。

歌舞伎女たちを含めた遊女によって構成された吉原は、風紀の見直しと大火を主な要因として、明暦二（一六五六）年十月、現在の台東区千束付近である日本堤へ移転を命じられた。通常、移転前の吉原を「元吉原」、移転後の吉原を「新吉原」と呼称する。この新吉原時代には、宝暦（一七五一―六四）年間に奏楽のプロフェッショナルと言える女芸者が登場する。それ以前の吉原には、「吉原にて客人に随ひ、一座を取持、伽になる者を、太鼓もちといふ。」[*6]とあるように、座敷を囃す役割を持つ太鼓持、ないし幇間とも呼ばれる男性が、すなわち男芸者に相当する役割として存在していた。[*7]男芸者は、洒落や即興芸などの滑稽な芸も披露しながら、宝暦（一七五一―六四）年間以降は、女芸者と共に、音楽の担い手として活動を行っていたというわけである。しかし、奏楽の専門家である女芸者の登場後も、遊女による奏楽が吉原から消失したわけではなかった。それでは、高い歌舞能力を有していたであろう初期遊女の奏楽能力がいかに変化し、女芸者の登場が遊女の奏楽にいかなる影響を与えていったのであろうか。

二　遊女・芸者・客による奏楽

宝暦（一七五一―六四）年間までの遊女による奏楽能力の実態は、吉原創設当初の遊女評判記や、遊女評判記の体裁を残した洒落本での記述、また、教養の変化について批判を行った随筆での記述に確認することができる。例えば、元和四（一六一八）年―寛文三（一六六三）年頃刊行の遊女評判記『四十二のみめ諍』と、宝暦四（一七五四）年刊行の楽水による『吉原評判 交代盤栄記』にそれぞれ記載された遊女の情報によると、前者ではさほど目立った奏楽能力の記述はなく、後者では登場する遊女のうち約三割に、座敷での宴会で行われる三味線・箏・鼓を中心とした奏楽の良い評判が記載されている。一方、随筆では、「今（享保（一七一六―三六）年間頃）の吉原にては、琴、三みせんの藝わざも、漸々と昔の風はすたり」[*8]とある。以上のことから、女芸者の登場を待たずして、遊女の奏楽機会は減少する傾向にあったことがわかる。なお、最初期の遊女にかんして、目立った奏楽能力の記述がないという状況は、取り立てて書くほど奏楽能力の高さが珍しいものではなかったということなのではないだろうか。この変化の背景には、客層の変遷が影響していると考えられる。初期の客層が武士や大名旗本であったのに対し、元禄（一六八八―一七〇四）年間頃には、豪商をはじめとする町人たちが主たる客層として台頭していった。吉原の大衆化に伴い、より手軽な遊びが好まれるようになる流れの中で、[*9]遊女による奏楽機会は別のシーンへと移っていったのである。

宝暦（一七五一―六四）年間の女芸者の登場によって、遊女と男女芸者による奏楽シーンの差異は、客との関係性の中で顕著に表れるようになる。女芸者の登場を機に、いっそう目立って記述されるようになった男女芸者による奏楽は、一貫して座敷での宴会を取り囃し円滑に進行させる役割を担っており、使用楽器は主に三味線や鼓であった。また、洒落本での「おめへ方何ンぞひかねへか（中略）何ンぞめでたいうたがききてへ。」[*10]や、「モウ三味せんもひくな。たいこもかいれ〱。」[*11]などの書きぶりからは、客と芸者の関係性が、基本的には、芸者に対する一方向的な客の要望によって成り立っていることがわかる。一方、遊女による奏楽は、宴会での奏楽から場から自室や床[*12]での奏楽へと徐々に限定されていく。洒落本では、遊女が「紋太郎をひいておきかせなんしな。」[*13]と発話したり、客が「口じやみせんでこつそりと。高尾をうたふてきかせてくんな。」[*14]と発話したりする様子が描写され、客から芸者に対する一方向的な関係性とは異なる、いわば奏楽を通したコミュニケーションとも言える双方向的な関係性が成立している。また、遊女による奏楽楽器は、三味線・箏・鼓などの多岐に渡る種から、箏へと集中していく傾向が見られる。遊女自身のステータスを象徴的に示す持ち物として、自室などに飾られる箏が強調して描写される様子からも、使用楽器をもって遊女と芸者との差異化が図られていたものと考えられる。しかし、十三―十五歳の遊女見習いである禿や新造たちは、例外的に、芸者と類似する役割を担うことがあったようだ。ここに見えるのは、女芸者の登場によってより明確化した、「遊女」と「芸者」という音楽の担い手が共存する状況の中で、両者がそれぞれに異なる機能をもった奏楽活動を行い続けようとしていた姿である。

また、遊女と客との双方向的な関係性にも表れているように、客による奏楽シーンの豊かさも無視することはできない。洒落本での、客による「コヽつめはおれがもつてゐるよ。ト爪を出し袋を口びるにあてゆびへはめながら、なんにしやうの。」[*15]という発話や、禿による「わつちらがの（私たちの三味線）は、此中客人がおやふきなんしたから、張替に遣しんした。」[*16]という発話は、客が、箏の爪を持参したり三味線の奏楽を行ったりする状況が習慣的なものであったことが示唆される記述である。遊女や芸者もさることながら、吉原では客も欠かすことのできない音楽の担い手であったと言えよう。

三　娯楽としての側面

吉原において音楽とは、宴会を円滑に進め、客の機嫌をとるものとして奏されるような、遊女や芸者にとっての重要な業務のひとつであることは確かであるが、彼女たちの生活において、音楽は一体いかなる存在であったのであろうか。洒落本では、余暇や休日に遊女たちが個人的に音楽を楽しむ様子が描写されている。「（遊女一）もし下タでめりやすの本をもらつて参りした。（中略）（遊女二）ヲヤおみせなんし。すがほとやらいふめりやすかへ。早く覚へとふすねへ。」[*17]という遊女たちの発話や、「其夜は、内所にて、浄留理あるゆへ、女郎衆皆〳〵、聞に行。」[*18]という遊女たちの行動からは、嬉々として曲を覚え奏楽し、享受しようとする様子がうかがえ、この姿は、業務として奏楽に従事する姿勢とは明らかに異なっている。随筆に記述された明和―天明

（一七六四―八九）年間のある見世内の規則には、「みせに居るに横ずわりにする事ならず。三線ひきても歌うたふ事ならず。しのびて小声にうたふ。たびく小用にたつ事ならず。客人の座敷にて何にも物くふ事ならず。」[*19]とある。所作や奏楽にいたるまでの厳しい制約の中、業務中には「自身の好きなように奏楽ができない」という状況があったとするならば、余暇や休日での自由な奏楽や音楽の享受は、彼女たちにとっての極めて純粋なる娯楽であったのであろう。

第二節　吉原遊廓の音楽文化の独自性

一　吉原遊廓の成り立ちにみる音楽性

吉原という場で営まれた音楽は、いかなる独自性を有していたのであろうか。吉原の具体的な流行種目や音楽レパートリーを探るうえでは、吉原の遊女たちが江戸近郊の出身者のみで構成されていたわけではなかったことを理解しておく必要がある。吉原の創設に伴い、江戸市中の女芸能者らを囲い込んだことは先述した通りだが、同時に、主に上方の遊女屋を江戸へ移転させ、吉原へ吸収したという経緯があったのである。吉原はその内部が、江戸町一丁目、京町一丁目、角町、伏見町などという呼称で区画分けされているが、それぞれの名称には、各地の遊廓に由来するものも存在する。例えば、江戸町一丁目は江戸に所縁をもつ遊女屋の集まりであり、江戸町二丁目は京の大橋柳町の遊女屋の集まりである。そして、伏見町は京の伏見の遊女屋に由縁をもっている。[*20]

また、吉原通いは、伊勢神宮への参拝と並列される程、当時の人々の憧れの対象であり、全国各地から客が出入りしていたことは想像に難くない。したがって吉原の音楽文化には、そこで暮らした遊女や男女芸者たちと、全国各地から訪れる客たちとによって育まれたという背景があり、それこそが、吉原の音楽文化の独自性を形作る要因であったと言えるのではないだろうか。随筆には、とりわけ各地の民謡に由来をもつと考えられる数々のはやり歌が、数多に消費され享受されていた様子が頻繁に記録されている。

二《岡崎女郎衆》にかんする一仮説

吉原において耳にされた音楽の中でも、民謡に由来をもつはやり歌としては《岡崎女郎衆》の事例を挙げることができる。《岡崎女郎衆》は、「岡崎女郎衆、岡崎女郎衆、岡崎女郎衆は、よい女郎衆」という歌詞をもつ、三河岡崎地方に由来する小歌として今日でも知られている。そして、歌詞の内容は江戸期に存在した岡崎の遊女のことを指しているというのが定説である。ここでは、随筆に記録された《岡崎女郎衆》の情報を基に、《岡崎女郎衆》の由来と吉原への流入について再考察を行いたい。

《岡崎女郎衆》は、寛文四（一六六四）年刊行の『糸竹初心集』や、元禄十二（一六九九）年刊行の『糸竹大全』といった歌謡集の中に、三味線・箏・尺八の歌詞として登場することが諸随筆での記述から確認できる。具体的には、『糸竹初心集』に、箏と三味線の譜として初見し、その後、『糸竹大全』に合収された三味線譜集『大怒佐』、尺八譜集『紙鳶』及び、箏譜集『智音之媒』に登場するという流れである。[*21] これらの譜集に掲載された《岡崎女郎衆》は、「三線をならふものは、まづ此小歌を初にならふこと、岡崎女郎衆の類也。[*22]」とあるように、ごく容易な練習曲として人々に認識されていたようだ。吉原においては、天和（一六八一―一八四）年間の吉原を象徴する情景や物事を列挙する中に、「岡崎」という名が見られることから、少なくとも『糸竹初心集』の刊行以降、『糸竹大全』の刊行以前には、《岡崎女郎衆》が吉原で定番レパートリー化していたようだ。その後、「（客）のまねへかく。（男芸者一）いたゞきやせう。（男芸者二）いたゞき女郎衆はよい女郎衆か。[*23]」という《岡崎女郎衆》から派生した冗談が享和（一八〇一―一八〇四）年間の洒落本に登場したり、嘉永（一八四八―一八五五）年間の随筆に、「〽岡崎女郎衆、岡崎女郎衆、みかさき女郎衆ハ、よい女郎衆、岡さき女郎衆ハ、よい女郎、此一章今も亡びす。[*24]」という歌詞が記録されたりしているように、江戸後期にいたるまで《岡崎女郎衆》

は脈々と歌い継がれていた。

また、随筆においては、《岡崎女郎衆》と並列し、寛永（一六二四―四四）年間頃には「岡崎踊」という言葉が存在していたことが記述されている。複数の随筆での記述と併せても、「岡崎踊」とは、その四十年後に刊行される『糸竹初心集』に掲載された箏と三味線による《岡崎女郎衆》の歌と同様のものであるという認識で共通している。更にこの「岡崎踊」とは、「柴垣」という芸能と類似性をもった踊歌として記述される場合があり、この「柴垣」とは、北国や山の手地方の「奴ども」の踊歌であるという。どの地方を指すのか定かではないが、郊外や地方で誕生した芸能であると考えられ、「岡崎踊」も同様に、やはり地方発祥の芸能であることが推察される。つまり、《岡崎女郎衆》とは、譜集が発表される以前より、地方の踊歌である「岡崎踊」として知られていたということになる。また、随筆では、吉原創設時に移転した遊女屋のひとつがあった京の大橋柳町で、《岡崎女郎衆》が歌われていたことを示唆する記述も見られた。京では、吉原が創設された元和四（一六一八）年より約二十年前には、既に遊廓街が整備されている。したがって、上方の遊女たちが、吉原創設時の大移動に際して、江戸へ《岡崎女郎衆／岡崎踊》を持ち込んだとは考えられまいか。本仮説については、追って調査を急ぎたい。

三　江戸の音楽を支える「女性」の存在

随筆には、吉原をはじめとする遊里にかんする音楽情報のみならず、市中で耳にされる音楽や人々の奏楽実態も広く記録されており、江戸期の音楽文化の豊かさと、とりわけ三味線音楽に対する熱狂が見てとれる。しかし、その多くは男性、及び子供による修練や遊興の様子であり、大名などの武家の婦女子が音楽を習うことは、基本的には批判的に記述されている。つまり、市中において楽器を手に取り奏楽体験をすることができた者は、実際のところ圧倒的に男性が多かったと考えられ、市中の音楽文化の成熟は、男性を主体として得られたもののように認識される。しかし、その音楽文化の基盤の構築には女性たちが大きく寄与していた。

随筆には、かつて遊里や花街で活動していた芸者たちが、市中における音楽の教授や指導を担う者として職を得た様子が記録されている。「同じ新道（則大丸新道也）南がわ中ほど（中略）やもめ女「きわ」といふ者有りて居住す。（中略）此きわ女はもと柳橋の芸妓なりし。（中略）此辺の職人、又は、鳶、火消、若イ衆等、毎夜此きわが家に来り、常磐津、清本、浄瑠理の類、其外時時の流行端歌を学ぶ。[*25]」という記述からは、花街柳橋で習得した奏楽経験と技術を生かし、それらを生業とする元芸者の生活ぶりが見てとれる。この「きわ」という女性は、後に端歌の稽古本の出版や寄席を実現させたとあり、芸者衆の奏楽技術の高さがうかがえる。彼女による指導対象は、その多くが男性であったようで、その内情は不明な部分も多いが、芸者衆の奏楽技術が、江戸市中における音楽の豊饒へ、確かに寄与した側面があったと言えよう。また、元芸者に限らず、夫と離縁や死別した後に独身となった女性が、音楽の指導者となっている様子も見られ、独身の女性が生計を立てるために三味線などの手習いを行う例は少なくなかったようだ。[*26]

吉原をはじめとする遊里では、遊女や芸者をはじめとする女性たちが、奏楽を通して客の接待を行った。先に挙げた、市中に出ていった元芸者たちのような「指導者」という立場とは異なるが、遊里に暮らす遊女や芸者たちも、各地から訪れる遊客を媒介として、多岐にわたる種の音楽を取り込み、同時にそれらを吉原外に伝えることで、遊里を大きな音楽の生産地・享受地として機能させる役割を担っていたと言えるだろう。一見、男性主体に見える江戸の社会において、女性らは図らずも近世の音楽文化の土台を構築する重要な存在となっていたのである。

総括

本研究では、これまで深く検討されることがなかった江戸期の文学作品での記述を緻密に拾い上げることで、吉原、延いては江戸期の社会と音楽との関係性を捉え直すことを試みた。吉原に精通した文人の視点を通して描かれる克明な生活描写や記録によって、これまでなされることがなかった、吉原で暮らす当事者である遊女や芸者たちにとって音楽がいかなる存在であったのかという、彼女たちの視点に立脚した議論を実現できたことが、研究成果のひとつである。しかしながら、洒落本・随筆を対象とした本研究では、文字情報に対する分析に終始したことによって、調査史料に掲載された挿絵や、浮世絵やはじめとする当時の図像資料への検討の不足が課題として残された。今後は、近世の幅広い図像資料を調査対象として視野に入れながら、より発展的な吉原の音楽文化研究に取り組む所存である。本研究が、今後の幅広い近世邦楽研究の発展に向けて新たな視座を提示すると同時に、江戸社会における吉原の機能や文化的価値を再考する一助となることを期待し結びとする。

◎参考文献

青木慧「吉原遊廓における音楽の役割─遊女と女芸者による音楽活動の比較を通して」、東京藝術大学卒業論文、二〇一八年。

青木慧「洒落本に見る吉原遊廓の音楽とその機能─日常的奏楽と年中行事に着目して」、東京藝術大学修士論文、二〇二〇年。

青木慧「洒落本に見る吉原遊廓の音楽─日常的な奏楽に着目して」、東京藝術大学『音楽文化学論集』、第一一号、二〇二一年、一─一一頁。

青木慧「江戸期随筆にみる吉原遊廓─音楽情報の記録活動に着眼して」、東京藝術大学『音楽文化学論集』、第一二号、二〇二二年、一─一一頁。

青木慧「洒落本と随筆にみる吉原遊廓の音楽文化─江戸文学を用いた音楽学的研究をめざして」、一般社団法人東洋音楽学会『東洋音楽研究』、第八七号、二〇二二年、一─二二頁。

飯島一彦「近世・近代歌謡研究の課題と展望」『シンポジウム「近世・近代歌謡研究の課題と展望」報告』、第五四巻、二〇一四年、一一─一五頁。

石井良助『吉原　江戸の遊廓の実態』、東京：中央公論社、一九六七年。

石崎芳男『よしわら「吉原」『洞房語園異本』をめぐって』、東京：早稲田出版、二〇〇三年。

市川伊三耶『新吉原遊廓略史』、東京：新吉原三業組合取締事務所、一九三六年。

入江宜子「三匹獅子舞をめぐる「岡崎」の諸相」、駒沢史学会『駒澤史学』、第八九号、二〇一七年、三六三―三七九頁。

岩下尚史『芸者論―花柳界の記憶』、東京：文藝春秋、二〇〇九年。

内田啓一『江戸の出版事情』、東京：青幻社、二〇〇七年。

江戸吉原叢刊刊行会編『江戸吉原叢書 第四―五巻』、東京：八木書店、二〇一一年。

国書刊行会編『近世文藝叢書 風俗第十』、東京：国書刊行会、一九一一年。

小林勇「洒落本の天明初期」、学燈社『国文学 解釈と教材の研究―近世小説 その豊饒』、第五〇巻六号、二〇〇五年、一〇九―一一五頁。

佐藤至子『江戸の出版統制：弾圧に翻弄された戯作者たち』、東京：吉川弘文館、二〇一七年。

塩見鮮一郎『吉原という異界』、東京：現代書館、二〇〇八年。

神保五弥『江戸戯作』、東京：新潮社、一九九一年。

永井義男『図説吉原事典』、東京：朝日新聞出版、二〇一三年。

日本随筆大成編輯部『日本随筆大成第一期 第一―第二十三巻』、『日本随筆大成第二期 第一―第二四巻』、『日本随筆大成第三期第一―第二十四巻』、『日本随筆大成別巻第一―第十巻』、『続日本随筆大成第一―第十二巻』『続日本随筆大成別巻第一―第十二巻』、東京：吉川弘文館、一九七九年。

日野龍夫「江戸時代の随筆をめぐって」、国文学研究資料館『第十五回国際日本文学研究集会公開講演議事録』、第十五回、一九九一年、一二七―一四七頁。

堀江宏樹『三大遊廓 江戸吉原・京都島原・大坂新町』、東京：幻冬舎、二〇一五年。

堀江宏樹監修『美人画で辿る江戸・吉原の世界―人気絵師が描いた遊女たちの艶姿・日常・悲しき素顔―』、東京：宝島社、二〇一六。

前原恵美「音楽史料としての「吉原細見」」、昭和音楽大学編『昭和音楽大学研究紀要』、第二十六号、二〇〇六年、四―一七頁。

前原恵美「『吉原細見』から見た三味線音楽界の情勢―享保から文化・文政期」、昭和音楽大学編『昭和音楽大学研究紀要』第二十七号、二〇〇七年、一六―二八頁。

前原恵美「「吉原細見」から見た三味線音楽界の情勢―天保・弘化期以降」、昭和音楽大学編『昭和音楽大学研究紀要』、第二十八号、二〇〇九年、一四―二七頁。

前原恵美「もうひとつの三味線音楽③吉原と三味線音―『吉原細見』を通してみる三味線音楽界」、音楽文化創造『音楽文化の創造―音楽文化と生涯学習の総合情報・研究誌』、第六十二号、二〇一一年、三二―三五頁。

前原恵美「「吉原細見」に見られる男芸者一覧（稿）」、独立行政法人国立文化財機構東京文化財研究所、二〇一七年。

水野稔『黄表紙・洒落本の世界』、東京：岩波書店、一九七六年。

水野稔『洒落本大成　第一巻〜第二十九巻』、東京：中央公論社、一九八三年。

宮島新一『芸者と遊廓』、東京：青史出版、二〇一九年。

森銑三、野間光辰、朝倉治彦『燕石十種全六巻』『続燕石十種全三巻』、『新燕石十種』、東京：中央公論社、一九七九年。

山路興造「三匹獅子舞の成立」、民俗芸能学会『民俗芸能研究』、第三号、一九八六年、五〇—六六頁。

渡辺憲司『江戸三〇〇年　吉原のしきたり』、東京：青春出版社、二〇〇四年。

注

1　吉原に対する音楽学的研究の先駆けとしてとしては、前原恵美による『吉原細見』を用いた研究を挙げることができる（前原二〇〇六、二〇〇七、二〇〇九、二〇一一、二〇一七）。吉原における芸者の流派や、時代ごとの流派の流行、その変遷にかんして緻密に分析を行い、『吉原細見』を音楽史料として捉え直した点に極めて大きな功績がある。吉原に限定しなければ、深川をはじめとする各地の芸者と江戸社会との関連に着眼した研究も様々に行われている（岩下二〇〇九、宮島二〇一九）。

2　『吉原細見』の流れを汲む、遊女一人ひとりの評判を書いた遊里の案内書を指す。

3　明和七（一七七〇）年刊行の、田舎老人多田爺による『遊子方言』を筆頭とし、明和（一七六四—七二）年間には、議論・会話形式の作風が整い、天明（一七八一—八九）年間前後に、物語を劇的に展開させる趣向を取り入れた洒落本の勢いは最高潮を迎える。しかし、寛政三（一七九一）年に施行された出版取締令によって、洒落本の刊行数は一時激減する結果となり、徐々に題材は遊里から離れていった。

4　音楽的実態を考察し得るだけの妥当な記述量を得るために、数多くの作品調査を行う必要があった。したがって、諸叢書類での収録作品と解題を重要な資料と先行研究として参照しながら、「国立国会図書館デジタコレクション」、「国立公文書館デジタルアーカイブ」、「早稲田大学本古典籍総合データベース」をはじめ、各大学・諸施設において構築されたデジタルアーカイブも最大限に活用しながら、洒落本、及び随筆の記述調査を行った。

5　本研究において調査を行った史料名、及び記述内容を全て掲載することは、紙幅の都合上省略する。また、オンライン資料での該当資料の頁数は、資料へのアクセスの利便性を考慮し、「〇丁オ・〇丁ウ」などで示さず、資料掲載先の当該データをブラウザで見た場合、ないし、ダウンロードした際に表示される頁数を用いて示す。

6 庄司勝富『異本洞房語園』二巻（『燕石十種』所収）、内閣文庫増蔵（写本）、享保五（一七二〇）年、国立公文書館デジタルアーカイブ、二一左。

7 前原（二〇一七、四頁）によると、『吉原細見』に掲載された一七〇〇年代初頭の「男芸者」は、天保三（一六八三）年に〇名、享保十二（一七二七）年に一名、享保十三（一七二八）年に三名、享保十六（一七三一）年に五名となっている。また、西田直養による随筆『莘花漫筆』では「此比（一七〇〇年代初頭）は吉原にたいこもちといふ者なくして、男に藝ある者、皆他より入込たり。」（西田直養『莘花漫筆』二巻、東北大学附属図書館蔵（刊本）、成立年不詳、国文学研究資料館国書データベース、一六左）、とあり、男芸者という名称は一七〇〇年代初頭に登場し、職として確立したということになる。しかし、男芸者と幇間という職の境界は明確に区分できない側面があり、両者の定義には諸説ある。

8 庄司勝富『異本洞房語園』、同右、一七左。

9 宝暦（一七五一—六四）年間には、それまで最も高い位として存在した「太夫」が消滅し、莫大な資金がかかる揚屋制度が廃止されるなど、吉原の大衆化に向けた営業体制の転換が行われた。

10 伏見屋善六『福神粋語録』一冊、東京都立中央図書館加賀文庫蔵、天明六（一七八六）年、『洒落本大成第十三巻』、一九九頁。

11 作者不詳『風流傾城真之心』一冊、天理図書館蔵、寛政二（一七九〇）年、『洒落本大成第十九巻』、一六二頁。

12 高位の遊女は、日ごろ寝起きし生活を送る自室とは別に、客を迎えるための座敷をもつ場合があった。

13 山東京伝『傾城買四十八手』一冊、大東急記念文庫蔵、寛政二（一七九〇）年、『洒落本大成第十五巻』、二四一頁。

14 井之裏楚登美津『契情実之巻』一冊、早稲田大学図書館蔵、寛政十（一七九八）年以降、『洒落本大成第十九巻』、二八七頁。

15 異双楼花咲『青楼惚多手買』一冊、早稲田大学図書館蔵、寛政（一七八九—一八〇一）年間、『洒落本大成十九巻』、三四九頁。

16 富久亭『契情買独稽古 穴可至子』一冊、東京都立中央図書館加賀文庫蔵、享和二（一八〇二）、『洒落本大成第二十一巻』、四五頁。

17 山東京伝『総籬』一冊、天理図書館蔵、天明七（一七八七）年、『洒落本大成第十四巻』、五三頁。

18 渋柿直頂紀『退屈晒落』一冊、故尾崎久彌氏蔵（写本）、文化三（一八〇六）年、『洒落本大成第二十四巻』、七七頁。

19 大田南畝『松楼私語』一巻、日本大学図書館蔵（自筆原本）、天明六（一七八六）年、『続日本随筆大成第九巻』、七九頁。

20 「ありんす」「ござんす」などの廓（さと）言葉は、様々な地域からやってきた遊女たちの出身地を隠すために生まれたものである。

21 『糸竹大全』は、貞享四（一六八七）年に刊行されたが現存せず、元禄期の再版版で流布したとされる。その中でも、単体としての刊行時期が定かではない『紙鳶』と『大怒佐』については、『紙鳶』を『糸竹大全』初刊の刊行と同じ貞享四（一六八七）年とするもの、『大怒佐』の初刊については刊行時期を貞享二（一六八五）年とするもの、もしくは、貞享四（一六八七）年頃までの刊行とするものなど、様々な説が入り乱れている。

22　柳亭種彦『足薪翁記』三巻、国立国会図書館蔵（写本）、天保十三（一八四二）年以前、国立国会図書館デジタルコレクション、一―三八右。

23　十返舎一九『鄽意気地』一冊、東京都立中央図書館加賀文庫蔵、享和二（一八〇二）年、『洒落本大成第二十一巻』、二一九頁。

24　喜田川守貞『守貞謾稿』三十五巻、国立国会図書館蔵、嘉永六（一八五三）年、『守貞謾稿第三巻』、二六二頁。

25　萱園『伝衢事記そらをぼえ』一巻、国立国会図書館蔵（自筆本）、明治十五（一八八二）年、『新燕石十種第二巻』、五〇頁。

26　このような事例は時に、風紀上の理由から問題視されることもあった。

明治期の京都における演奏会
――京都音楽会に着目して

丸山 彩
Maruyama Aya

京都では、明治二十年頃より、唱歌教育の導入が試みられ、明治二十年代には師範学校および女学校において東京音楽学校出身の教員を採用し、早くより音楽教育に着手していた。[*1] 本章では、明治三十五年に創設され、師範学校の吉田恒三、高等女学校の小林八重野が中心となって、およそ一〇年にわたって活動した京都音楽会に着目する。

明治後期以降は、東京を中心に演奏会が開催されるようになった。[*2] 地方については、明治三十～四十年代の熊本県の師範学校および高等女学校の音楽教員の活動の研究がある。[*3] 京都音楽会については、塩津洋子が明治期の女性の日記を取り上げ、明治四十三年に開催された演奏会の記述を指摘した。[*4] また、福田恭子は、山口巖の活動の一つとして京都音楽会での演奏を取り上げた。[*5] しかし、京都音楽会そのものに着目した研究は見られない。本章では、明治期の京都における音楽活動の一端として、京都音楽会の演奏会の実際について明らかにしたい。

第一節　京都音楽会を研究するにあたって

一　『京都音楽史』に対する疑問

吉田恒三が編纂に携わった『京都音楽史』（京都音楽協会発行、一九四二年）には、京都音楽会設立の経緯から演奏会の特徴などが記されており、一部の演奏会のプログラムが掲載されている。しかし、それらの記述が何に依拠しているのかわからず、プログラムの出典も不明である。京都音楽会自体が、吉田を中心とした団体であったため、吉田の手元に残されていた資料および自身の記憶を頼りに執筆された可能性が高い。

本研究では、まず京都音楽会の各演奏会の概要を把握するため、演奏会のプログラムを収集した。演奏会に関する史料としては、『京都日出新聞』のほか、京都音楽会の演奏会が開催されていた時期に創刊した雑誌『音楽世界』（明治三十九年一月創刊）、および『音楽界』（明治四十一年一月創刊）がある。それらの記事から、京都音楽会の演奏会について明らかにしたい。

二　京都音楽会の概要

京都音楽会は、明治三十五（一九〇二）年、京都府師範学校に赴任した吉田恒三が中心となって設立された。[*6] 設立と同時に、常置の講習会も開設され、市立第二小学校の唱歌教員・寺町六郎、府立高等女学校の音楽教員・小林八重野、および吉田恒三が講師を務め、夏期講習会も開くなどして、社会音楽の普及向上に努めた。

設立当初二四〇名ほどの会員申込みがあった京都音楽会は、『京都音楽史』においては、京都における最初の「音楽集団」と表現されている。しかし、京都にはかつて明治十九（一八八六）年夏に開催された唱歌講習会を母体として設立された京都婦人唱歌会（明治二十三年に男子を加えて京都唱歌会と改称）があった。[*7] 吉田は京都への赴任前であったとはいえ、唱歌教員養成にも関わった唱歌会について知らないはずはない。つまり、京都音楽会は、唱歌教育黎明期に唱歌教員の養成に機能し、音楽的素養も評価をされていた京都唱歌会の活動を超える規模の団体であったと当時から評価されていたのであろう。この京都音楽会の主たる活動が春秋年二回開催された演奏会であった。

第二節　京都音楽会の演奏会

京都音楽会は、明治三十六（一九〇一）年三月に第一回目の演奏会を開催し、大正二（一九一三）年七月まで計一九回の演奏会を開催した。[*8] 演奏会の会場とされたのは、府立高等女学校の講堂であった。以下、各回の演奏会について見ていきたい。

一　各演奏会について

第一回目の演奏会は、明治三十六年三月十五日午後二時より開催された。藤本参事官、顧問の東京音楽学校元校長の村岡範爲馳をはじめ、官公府立の学校長、京阪新聞記者、男女会員等、六〇〇余名が集まった。[*9] 発起人の総代として、中山第二中学校長が音楽会を組織した理由や前年九月の創設から今日に至るまでの経過を報告し、[*10] 吉田恒三の指揮による唱歌《発会の歌》で演奏会が開始した。[*11] 続く第二部は、顧問の村岡による、楽の品位その他についての講話で開始した。第一回では、吉田が作曲した唱歌《角倉了以》《小松宮殿下頌徳の歌》も演奏された。[*12] また、評議員も務めた鈴木鼓村は、自作曲《春の行衛》《厳島詣》を披露した。[*13]

第二回目の演奏会は、同年五月二十四日に開催された。田中視学官、中山第二中学校長、河原高等女学校長、府市視学、各高等小学校長、その他男女二〇〇名ほどが来場した。[*14]『京都音楽史』には、「記録によれば」廣田守信のヴァイオリン独奏《セレナーデ》が異彩を放ったというので、[*15] 同書の記述には典拠があることがわかる。[*16] 廣田は独奏のほか、ヴァイオリン合奏でも出演し、ヴァイオリンは廣田のほか藤田胸三郎も独奏で出演したことから、廣田の実力が他の出演者よりも評価されていたことが窺える。[*17]

第三回は同年十一月二十二日であった。『京都音楽史』によると、聴衆は一〇〇〇名という盛況ぶりを見せた。[*18] そのうち会員が三二〇名というから、会員以外にも開かれた演奏会であったことがわかる。新聞に告知されたプログラムには、第一部、第二部それぞれに管弦楽の楽曲が見られた。[19]
第四回は、明治三十七（一九〇四）年五月二十九日に開催され、来場者は五〇〇名を超えた。[20] 第四回では、数日前に完成した鈴木鼓村の《菖蒲》が注目された。[21] また、生祥小学校の児童も出演して唱歌を三曲演奏した。[22]
京都の出演者に加えて、同年十一月十三日開催の第五回からは、近隣府県より演奏家を招聘するようになった。[23] 同回で招聘されたのは、当時兵庫県立神戸高等女学校教諭の安達孝子で、第二部において《Selection from Little duke》および《Carmen march》の二曲をヴァイオリンで独奏している。[24] またヴァイオリンのみならず、第一部において、安達は四部合唱でソプラノを担当しており、アルトは小林八重野、テナーは吉田恒三、バスは奈良から招聘した吉田丞雄がそれぞれ担当して、三都市でのハーモニーを響かせた。さらに、第五回からは、楽器店がプログラムを寄贈して音楽会に寄与することとなった。[25]
第六回は、明治三十八（一九〇五）年五月二十一日に開催された。京都音楽会は、当時の京都において、西洋音楽を紹介する唯一の存在で、創立以来三年の間に、邦楽に傾いていた京都市民に西洋音楽をもたらした功績は大きかった。[26] しかし、来場者の大半が学生で、女性の来場者は会場となった府立高等女学校の卒業生であったという。つまり、西洋音楽を受容したのは、一部の層に限られていた。それでも、第六回は河原高等女学校長が校舎の陥落を危惧するほどの超満員で、入場を謝絶した。[27] 同回での鈴木鼓村率いる国風音楽会派の高松竹子と深尾照子による箏曲《松上の鶴》は、山田流による演奏で、当時の京都では目新しいものであった。[28]
同年十一月二十三日に開催された第七回のプログラムは不明である。[29] しかし、第六回まで師範学校女子部および第一高等女学校生徒による合唱の出演が両校の方針により出演不可能となり、その後は器楽と声楽に重点を置き、近隣府県から演奏家を招聘してプログラムの充実を図った。[30] また、これまで邦楽は鈴木鼓村の一派のみが出演していたところ、藤村性禅の平曲が聴けたという。[31] 明治三十九（一九〇六）年には鈴木鼓村が東京移住し、これ以降の京都音楽会では古川瀧齋の一派が出演することとなった。[32]

明治三十九年五月二十日に開催された第八回演奏会のプログラムは、『京都音楽史』に掲載されたものと、『京都日出新聞』の記事とでは、若干の相違が見られる。[*33] 吉田恒三は、第八回において、ヴァイオリンのアンサンブルに出演、ヴァイオリン独奏のピアノ伴奏も務め、それ以前には歌い手としても出演している。同様に、同回において独唱やヴァイオリンのアンサンブルではピアノ伴奏を務めた小林八重野も、過去には歌い手としても出演した。また、のちに大阪音楽学校（現・大阪音楽大学）を創立する永井幸次も、ピアノ連弾や伴奏などピアニストとして出演している。

同年十一月二十三日に開催された第九回は、翌年に創刊した『音楽世界』に演奏の様子が窺える批評記事が掲載されている。[*34] 記事によれば、第二部冒頭でピアノを演奏した「北村嬢」は若干一二歳、当時の京都では人前でピアノを演奏する少女が育っていたのである。第二部二番目に演奏した「中村さん」は独唱をしたのか、演奏から喉が荒れた様子が見られた。第二部六番目の新渡戸・小林・三善[*35]による歌は、それぞれが実力の持ち主であるとはいえ、各自の声域に合わない選曲をしていた。

明治四十年五月二十六日に開催された第一〇回では、初めてプログラムに「小解説」が付された。[*36] 京都音楽会は、当時依然として「京都に唯一の西洋音楽会」であった。[*37]「引き立たぬ役」とされたオルガンであったものの、《葬式進行曲》（ペンダ氏作曲）を演奏した松崎つる子の演奏は、いつも通り美しかったようである。[*38]

第一一回は同年十月二十三日に開催され、『京都音楽史』によると、初めて管弦楽を加えた。[*39] 同回では、第一部で《戦闘進行曲》（ブリート公作曲）、第二部で《ファンタジー　テレ　フライシエッツ》（ウエーベル作曲）《パペット　ワルツ》（ドナー作曲）が管弦楽で演奏され、さらにプログラム最後の有志・来賓諸氏による合唱《鴨緑江》（ヘンデル作曲・鳥居忱作歌）も管弦楽の伴奏であった。[*40] 管弦楽を担当したのは、これまでも京都音楽会に出演しヴァイオリンの独奏を披露していた大村恕三郎が組織した大阪音楽協会による小管弦楽団であった。[*41] 大村は、同回においてもヴァイオリン独奏で《ローマンス》（スリエンドヒン作曲）を披露した。[*42]

翌明治四十一（一九〇八）年六月十四日に開催された第一二回において、大村のヴァイオリンは箏と合奏した。[*43]同回では、丸井正彦と芝本信利も箏とヴァイオリンで合奏しており、演奏した《京都の春》は鍋島侯爵作歌、山勢松韻作曲であった。[*44]当時、京都に因んだ山田流の楽曲が作られ、演奏されていたのである。また、同回においては、人声伴奏の唱歌が珍しく、評判であったという。[*45]しかし、この頃から来場者の減少が懸念されており、同年四月に開かれた評議会では、会員増加の策として、一〇名以上の新会員を紹介した会員に対して会費を五年間徴収しないなどの制度を設けた。[*46]この頃の来場者を見ると、新聞記者が演奏会を最初から最後まで聴いていない状況であった。[*47]また、顧問の村岡のほか工学博士の顔が何名か見られたのに対し、文科大学系の学者は一人も来場しておらず、文系の学者よりも理系の学者に音楽が好まれていた様子がわかる。

同年十一月二十九日には、第一三回が開催された。同回の演奏を聴くにあたって、演奏会開始当初から会場としている京都府立第一高等女学校の講堂に対する不満の声が見られる。[*48]専用のコンサートホールではなく、学校の講堂では音響設備が整っていなかった。演奏会翌日の『京都日出新聞』には、一九の曲目から四曲取り上げて紹介されている。[*49]しかし、翌年二月に掲載された『音楽界』の記事では、演奏されたのは合計一八曲で、曲目も一致しない。[*50]第一三回の演奏曲目については、さらなる検討が必要ではあるとはいえ、東京音楽学校在学中のピアニスト・澤田柳吉の活躍が注目される。[*51]『音楽界』の記事によれば、澤田はプログラム二番目にピアノ独奏《グランドヴアルス　ブリランテ》（ショパン）、四番目にピアノ独奏《ワルム》（シューマン）および《ファンタジーイムプロンプチエ》（ショパン）、五番目にヴァイオリン独奏の伴奏、六番目に三善和氣とのピアノ連弾《即位進行曲》（マイエルベル）、八番目にピアノ独奏《ムウンライトソナタ》（ベートーヴェン）、九番目にヴァイオリン二部合奏の伴奏、プログラムの最後には、四部合唱二曲の伴奏として、終始ピアノを演奏し同回の主役級の活躍を見せた。

本来であれば、続く第一四回を明治四十二（一九〇九）年春に開催するところ、京都音楽会の中心的メンバーの一人であった小林八重野が急逝し、同年春の演奏会開催を見送った。[*52] 第一四回は同年十一月十四日に開催された。[*53] 会員は増加することなく、来場者も三〇〇名ほどに落ち込んだため、[*54] 小林の死去が来場者の減少を招いた可能性も考えられる。来賓席には、相変わらず理系の学者が三、四名見られるだけで文系の学者はいなかった。[*55]

第一五回は、明治四三（一九一〇）年六月十四日に開催された。顧問の村岡のほか、三名の学者（工学博士）も来場し、京都市内の学校長をはじめ男女会員五〇〇名ほどの集客があった。[*56] ヴァイオリンの大村恕三郎は、第一二回以来の箏との合奏で《新雪月花》を披露した。[*57] ただ、当日は「市内の洋楽家等の出席も至つて少なく清新の気に満ちた趣味の豊かな殆んど模範的な音楽会なるに拘はらず何となう寂しい感じがあ」[*58] り、京都音楽会の演奏会に陰りが見られた。

二　特別プログラムによる開催

明治四十三（一九一〇）年四月の臨時演奏会（のちに第一六回とされる）は、東京音楽学校の生徒を迎えて開催された。[*59] これまでは、会員への年会費のみで賄っていたところ、当日は会員以外からも会費を徴収し臨時会員として入場を許可したという。[*60] なお、東京音楽学校一行は、京都音楽会に出演した翌二四日には、朝に京都市立高等女学校、午後から大阪公会堂、夕方には神戸の湊川小学校、さらに二五日には、奈良公会堂および女子高等師範学校において、演奏を披露した。[*61] そのような忙しい演奏の合間を縫って、同校の教員ハンカ・ペッツォルドは、四月二十四日午前九時から市立高等女学校での演奏会に出演したのち、午前一一時より嵐山での観光を楽しんだ。[*62]

翌明治四十四（一九一一）年十月二十五日に開催された第一七回も、東京音楽学校女子部員、校友会会員八〇名を招聘して開催された。[*63] 同校学友会女子部員は、十月二十三日に大阪中の島公会堂、翌二四日に奈良女子師範学校において演奏会を行い、同月二十五日は京都演奏会の演奏会に出演[*64]、前年の東京音楽学校一行と同様に、関西の都市を周遊した。

明治四十五（一九一二）年一月三十日には、東京から北村季晴・初子夫妻を迎えて、第一八回を開催した[*65]。演奏会は北村夫妻によるヴァイオリンの連奏で開始し、北村の作曲した唱歌やお伽歌劇『ドンブラコ』の抜粋なども披露された[*66]。

三　演奏会の傾向

京都音楽会の演奏会は、第一回から第一五回まで、京都の音楽関係者による演奏を中心にプログラムが編成された。第五回からは関西圏より演奏者を迎えて、多彩な顔ぶれでの演奏会を開催していく。創設時からの中心人物であった小林八重野の死を乗り越え、一年ぶりの演奏会開催に漕ぎ着けた翌年には、東京音楽学校から出演者を招いた演奏会を実施した。その後一回の自主的なプログラム編成の演奏会を経て、再び東京音楽学校から出演者を招聘、さらには北村季晴夫妻を招いての演奏会を開催した。この頃の京都音楽会は、既に自主的にプログラムを編成して演奏会を開催することが困難となっていたのではないだろうか。大正二（一九一三）年七月を最後に、京都音楽会の演奏会が開催された記録はない[*67]。

京都音楽会が独自にプログラムを編成して演奏会を開催した、第一回から第一五回までの各演奏会における演奏形態を抽出したのが表である。第四回、第七回、第九回については、プログラムがわかる新聞・雑誌記事が見つからなかったため、演奏形態の抽出はしていない[*68]。また、前述したように、第一三回の演奏曲目については、『京都日出新聞』と『音楽界』で一致しなかったため、『音楽界』に掲載されたプログラムより演奏形態を抽出した。当初演奏頻度が多かった唱歌が見られなくなるのは、多様な演奏ジャンルが発展していくことを示しているのではないだろうか。ピアノ、オルガンという鍵盤楽器については、各回の演奏会に登場している。

表: 京都音楽会各演奏会の演奏ジャンル

回数	開催年月日	唱歌	唱歌（三重音）	独唱	二部合唱	女声三部合唱	四部合唱	合唱	ピアノ独奏
1	M36.3.15	4	1	1					1
2	M36.5.24	4			1				
3	M36.11.22	2		1					
5	M37.11.13	3		1			1		1
6	M38.5.21	1		1					1
8	M39.5.20			2				2	1
10	M40.5.26			1				3	2
11	M40.12.1			2				4	
12	M41.6.14	1		1		1		3	1
13	M41.11.29			2	2		2		4
14	M42.11.14			1		1		3	2
15	M43.6.12							3	2

回数	開催年月日	ピアノ連弾	風琴独奏	オルガン・ピアノ合奏	ヴァイオリン独奏	ヴァイオリン・クラリネット合奏	ヴァイオリン合奏	ヴァイオリン二部・ピアノ合奏	ヴァイオリン・箏合奏
1	M36.3.15	2	2		3				
2	M36.5.24		1		2	1	1		
3	M36.11.22	2			2		1		
5	M37.11.13	1			2		1		
6	M38.5.21				1		1		
8	M39.5.20	2	2		3	1	2		
10	M40.5.26	1	2		4		2		
11	M40.12.1	2	1		2		1		
12	M41.6.14		2	1	3			2	2
13	M41.11.29	1	1		2		1		
14	M42.11.14		1		1		2		
15	M43.6.12		2		1		2		1

回数	開催年月日	箏・ピアノ・ヴァイオリン合奏	ヴァイオリン・ピアノ合奏	管弦楽	箏曲	尺八	箏・尺八合奏
1	M36.3.15				3	1	1
2	M36.5.24				3	1	1
3	M36.11.22	1		2	2	1	2
5	M37.11.13				2	1	
6	M38.5.21				3	1	1
8	M39.5.20				1		1
10	M40.5.26				3	1	
11	M40.12.1			2	1	1	1
12	M41.6.14				1		1
13	M41.11.29						
14	M42.11.14		1		1		1
15	M43.6.12				2		1

第1回:『京都音楽史』11～14頁　第2回:『京都日出新聞』1903年5月24日7面　第3回:『京都日出新聞』1903年11月22日7面　第5回:『京都音楽史』15～17頁　第6回:『京都日出新聞』1905年5月23日7面　第8回:『京都音楽史』18～20頁、『京都日出新聞』1906年5月19日7面　第10回:『京都音楽史』21～24頁　第11回:『音楽世界』第1巻第12号、1907年12月10～12頁　第12回:『音楽世界』第2巻第7号、1908年7月10～12頁　第13回:『音楽界』第2巻第2号、1909年2月、48～49頁　第14回:『音楽界』第2巻第12号、1909年12月、40頁　第15回:『音楽世界』第4巻第6号、1910年6月、10頁

ヴァイオリン独奏は毎回の演奏会で見られたほか、ヴァイオリンのみの合奏も多く見られ、ピアノ、クラリネット、さらには箏との共演も見られた。

以上のように、京都音楽会の演奏会は、西洋音楽のみならず、当時の音楽会に見られる和洋折衷プログラムを採用したものであった。

第三節　まとめ

明治後期の京都には依然として日本在来の音楽が根付いていたことは想像に難くない。京都音楽会は、当時の社会に西洋音楽を普及する団体でありながら、京都在来の音楽との共存を図った。それは、鈴木鼓村率いる国風音楽会や、当道の系譜の古川瀧斎など、以前より京都で活躍していた音楽家と共存することで、新時代の音楽文化を形成しようという意欲的な取り組みだと評価できよう。当初は、京都市内の教員および京都在来の音楽家たちの活動であったものが、関西圏の演奏家を取り込み、さらには東京音楽学校関係者も呼び込んだ演奏団体へと発展していった。

本稿では、紙幅の都合上、各回のプログラムから京都音楽会の概要をまとめることにとどまった。今後は、同時期の大阪・神戸など関西圏の都市で開催された演奏会にも目を向け、当時の関西圏の音楽家ネットワークが明らかにする必要がある。また、京都音楽会の演奏会のプログラムを、当時の東京音楽学校での演奏会の曲目と比較し、両者の関係性を検討したいと考えている。

注

1 拙稿（二〇一二）「明治一〇年代～二〇年代の京都府女学校・京都府高等女学校における音楽教育の展開」『音楽教育学』第四一巻第二号。

2 中でも、本研究との関わりがある東京音楽学校に関しては、山崎浩隆・中川（森）みゆき（二〇二一）が、演奏会のレパートリーと現代の学校音楽教育との関係性について着目している（『熊本大学教育学部紀要』人文科学、第六一号）。また、松本正（二〇一九）は、瀧廉太郎研究の一環として、明治二十七年から同三十五年までに東京で開催された演奏会の目録を作成した（「明治期の演奏会に関する新聞・雑誌記事目録―明治二七年より三五年まで」『大分大学教育学部研究紀要』第四〇巻第二号）。

3 森みゆき（二〇二二）「明治時代の地方都市における師範学校や高等女学校の音楽教員の教育活動―明治三〇～四〇年代の熊本県の検証を基にした考察」『尚絅大学研究紀要』人文・社会科学編第五三号。

4 塩津洋子（二〇〇九）「明治四三年京都の洋楽事情　ある商家の若妻の日記を基に」『音楽研究　大阪音楽大学音楽博物館年報』二四。

5 福田恭子（二〇一六）『山口巖の生涯　箏曲界に与えた影響とその業績』東京藝術大学博士学位請求論文。

6 東京音楽学校の元校長・村岡範爲馳を顧問とし、第二中学校長・中山再次郎、第一高等小学校長・南大路勇太郎、第二高等小学校長・田村作太郎、第三高等小学校長・今村貞幹、第五高等小学校長・奥村愛、府立高等女学校長・河原一郎、医師の田中泰輔、生祥小学校長・岩内誠一、吉田恒三、箏曲京極流創始者の鈴木鼓村等が評議員を務めた。これらの評議員のうち、田村作太郎、吉田恒三が常任理事を務めた。なお、京都音楽会設立に先立って、吉田が市立第二高等小学校で唱歌教員をしていた寺町六郎および同校校長の田村と相談をしたという経緯がある。京都音楽会設立の経緯等については、『京都音楽史』一〇～三四頁の記述を参考にした。

7 詳しくは、拙稿（二〇一〇）「京都における唱歌会の活動―明治二〇年前後の女子教員と「唱歌」」（『音楽教育史研究』第一二号）を参照されたい。

8 『京都音楽史』に収録された「京都楽壇年表」には、京都音楽会の演奏会が開催された年月日が記載されており、新聞・雑誌記事と照合する際にも活用した。

9 「京都音楽会（第一回景況）」『京都日出新聞』一九〇三年三月十七日、七面。演奏会の来場者数は次回以降についても、会場となった府立高等女学校の講堂の収容人数も含め、誇張がないか検討が必要だと考えている。

10 「京都音楽会（第一回景況）」『京都日出新聞』一九〇三年三月十七日。

11 《発会の歌》（ベイリー作曲・石丸俊雄作歌）は、講習会員および師範学校三年女生徒に歌われ、小林八重野がピアノ伴奏をした（『京都音楽史』一二頁）。

12 『京都音楽史』一二～一四頁。「京都音楽会（第一回景況）」（『京都日出新聞』一九〇三年三月十七日）には、「小松宮頌徳歌」の歌詞も掲載されている。
13 『京都音楽史』一二～一三頁。
14 「音楽会」『京都日出新聞』一九〇三年五月二十五日、二面。
15 『京都音楽史』一五頁。
16 「京都音楽会（第二回）」『京都日出新聞』一九〇三年五月二十四日、七面。
17 廣田は、当時法科大学生で、その後、外務大臣秘書官、内閣総理大臣秘書官を歴任、在米中に病を得て帰国後夭折した（『京都音楽史』一五頁）。
18 『京都音楽史』一五頁。
19 「京都音楽会（第三回）」『京都日出新聞』一九〇三年十一月二十二日、七面。
20 「京都音楽会演奏会」『京都日出新聞』一九〇四年五月三十日、七面。なお、翌日付の紙面（七面）には、参観者が八〇〇名以上で新入会員もあった旨が報じられている。
21 鈴木が主宰する国風音楽会の童女部によって披露された（「京都音楽会演奏会を聞く」『京都日出新聞』一九〇三年五月三十一日、七面）。
22 「京都音楽会演奏会を聞く」『京都日出新聞』一九〇三年五月三十一日。
23 『京都音楽史』一五頁。
24 「京都音楽会を聞く」（『京都日出新聞』一九〇四年十一月十五日、七面）では、第五回のプログラムの詳細がわからなかったため、『京都音楽史』一五～一七頁を参考にした。
25 第五回は、京都十字屋楽器店の寄贈で、これが十字屋の楽器専門店としての端緒となった（『京都音楽史』一五頁）。
26 「京都音楽会演奏会」、『京都日出新聞』一九〇五年五月二十三日、七面。
27 『京都音楽史』一七頁。
28 「京都音楽会演奏会」『京都日出新聞』一九〇五年五月二十三日。当日は東京から某詩人が来場しており、国風音楽会の演奏者に花輪を贈呈している。
29 「音楽会演奏」（『京都日出新聞』一九〇五年十一月二十一日、一面）に簡易な告知記事のみ掲載された。
30 『京都音楽史』一七～一八頁。なお、生徒の合唱での出演を不可とした学校の方針の詳細は不明である。
31 藤村性禅は、波多野流唯一の伝承者であり、最後の琵琶法師であった（『京都音楽史』一八頁）。
32 『京都音楽史』一八頁。
33 『京都音楽史』一八～二〇頁、「京都音楽会演奏会」『京都日出新聞』一九〇六年五月十九日、七面。『京都日出新聞』には、第一部のヴァ

イオリン独奏《センブル、アヴー》にヴァイオリン奏者の藤田胸三郎とともに三善和氣が名を連ねているものの、『京都音楽史』では、吉田恒三がピアノ伴奏とされている。新聞記事では、演奏者名のみ記されるだけで伴奏者の区別がなかった。

34 「京都音楽会第九回演奏会の評」『音楽世界』第一巻第一号、一九〇七年一月、一〇～一一頁。

35 他の回のプログラムから、新渡邊はま、小林八重野、三善和氣だと思われる。

36 『京都音楽史』に掲載された第一〇回のプログラムの一部の曲に、「小解説」が併記されている（二二～二四頁）。ここからも、『京都音楽史』に掲載されたプログラムが、吉田恒三ら当時を知る関係者の手元に残された演奏会プログラムをもとに、編集されていることが推察される。

37 「京都音楽会第十回演奏会を聴く」『音楽世界』第一巻第六号、一九〇七年六月、一一～一三頁。

38 同回においては、野村成仁もオルガンで《婚礼進行曲》（メンデルスゾーン作曲）という対照的な曲を演奏した（『京都音楽史』二三頁）。

39 『京都音楽史』二四頁。しかし、前述したように、明治三十六年に開催された第三回の演奏会のプログラムにおいても、管弦楽の曲名が見られる。

40 「京都音楽会第十一回演奏会を聴く」『音楽世界』第一巻第一二号、一九〇七年十二月、一〇～一二頁。

41 『京都音楽史』二四頁。前掲「京都音楽会第十一回演奏会を聴く」では、第二部で管弦楽を演奏した団体が「大阪音■会員諸氏」と一文字薄く判読困難であるものの、史料の文脈からして、すべて大阪音楽協会が担当したと思われる。

42 前掲、注26。ピアノ伴奏は小林八重野が務めた。

43 「京都音楽会第十二回演奏会を聴く」『音楽世界』第二巻第七号、一九〇八年七月、一〇～一二頁、他。

44 同前。《都の春》と同一曲であろうか。

45 前掲、注43。第一部の二番に、会員・来賓諸氏によって《雲雀》（セパート作曲・塚本楽山作歌）が演奏された。

46 『京都音楽史』二五頁。

47 「京都音楽会雑記」『京都日出新聞』一九〇八年六月十六日、二面。

48 「京都音楽会第一三回演奏会を聴く」『音楽世界』第三巻第一号、一九〇九年一月、一三～一五頁。京都音楽会が開始して六年になり、演奏者にも年々進歩が見られ、聴き手も進歩したのに対して、適当なホールがないことを嘆くものである。

49 取り上げられているのは、山口巌・阪本音次郎・田口きよ子・石崎とみ子による箏曲《秋風の曲》、新渡戸はま子による独唱《秋の暮》、市原たきによるオルガン独奏《プレルデユーム、ウンドフーゲ》（バッハ）、《ムウンライトソナタ》（ベートーヴェン）から変更された《バセチック》で、同曲は演奏者が澤田柳吉のため恐らくピアノ独奏だと思われる（「京都音楽会略評」『京都日出新聞』一九〇八年十一月三十日、五面）。

50 『音楽界』に掲載された記事では、十一月二十一日の開催とされている（「京都音楽会」第二巻第二号、一九〇九年二月、四八〜四九頁）。演奏曲目の中には、『京都日出新聞』では変更とされていたベートーヴェンの《ムウンライトソナタ》が見られる。
51 多田純一（二〇二三）『澤田柳吉　日本初のショパン弾き』春秋社、一七頁。
52 『京都音楽史』二八頁。明治四十二年四月十日に発病し、五日後に亡くなったという（「故小林八重野氏を悼む」『音楽世界』第三巻第五号、一九〇九年五月、九〜一〇頁、「彙報」同一三頁）。なお、「故小林八重野氏を悼む」には、「同氏は我等と共に京都音楽会を組織し万難を排して事に当り同会の重鎮なりしなり」とあり、同記事を執筆した長洞生も京都音楽会創設時からのメンバーの一人であることがわかる。
53 『音楽世界』第三巻第六号には、「京都音楽会は都合により今春の演奏会を中止し秋季に開くべしといふ」（一九〇九年六月、一一頁）とあるから、六月までには演奏会の秋開催を目指していたことがわかる。
54 「京都音楽会演奏会」『京都日出新聞』一九〇九年十一月十五日、二面。
55 同前。
56 「音楽演奏会」『京都日出新聞』一九一〇年六月十四日、二面。
57 同前、「京都音楽会」『音楽世界』第四巻第六号、一九一〇年六月、一〇頁。
58 前掲、注56。
59 「京都音楽会臨時演奏会」『京都日出新聞』一九一〇年四月二十二日、七面。東京音楽学校の研究科生および三年生五〇名は、修学旅行として関西に訪れた。なお、同校の教員ハンカ・ペッツォルドについては、「欧洲に於ても第一流の『ピアニスト』として且声楽家として名誉続々たる女流音楽家」として紹介されている。
60 「京都音楽会臨時演奏会」一九一〇年四月二十二日。
61 「彙報」『音楽世界』第四巻第五号、一九一〇年五月、一二頁。
62 「雑録」同一二頁。
63 「第十七回京都音楽会」『京都日出新聞』一九一一年十月二十二日、七面、「彙報」『音楽世界』第五巻第一〇号、一九一一年十月、一三頁。なお、後者にはおいては「学友会女子部員」とされている。
64 「彙報」『音楽世界』第五巻第一一号、一九一一年十一月、一〇頁。
65 「京都音楽会演奏会」『京都日出新聞』一九一二年一月二十八日、七面。
66 同前、「京都音楽会演奏会」『音楽界』第五巻第三号、一九一二年三月、五五〜五六頁。
67 大正二年七月開催の第一九回は、東京音楽学校男子生徒六名によるプログラムであった（『京都音楽史』三二〜三四頁）。
68 第一三回は表中に邦楽の演奏が確認できないのは、『京都日出新聞』と『音楽界』で曲目が異なっていたためである。『音楽界』（第二巻第二号）に掲載されたプログラムには、邦楽の楽曲がなかった一方で、『京都日出新聞』には、山口巖・阪本音次郎・田口きよ子・石崎とみ子による箏曲《秋風の曲》が紹介されている。

『那須与市西海硯』の諸相
——関西と東京、大歌舞伎と小芝居

土田牧子
Tsuchida Makiko

はじめに

『那須与市西海硯《なすのよいちさいかいすずり》』は、並木宗輔（一六九五―一七五一）、丈助の合作により、享保十九年（一七三四）八月、大坂豊竹座で初演された人形浄瑠璃で、歌舞伎でも上演された。[*1] 五段構成の時代物で、扇の的を射たことで有名な那須与市と、石橋山の戦いで源頼朝の助命嘆願をしたと伝えられる平宗清の二人を中心に据え、屋島の戦いをめぐるドラマが描かれる。

浄瑠璃史上は『一谷嫩軍記』以前の並木宗輔による源平物として注目されるが、上演としては今では文楽でも見られない。忘れられたような作品だが、三段目切の「化生屋敷《けしょうやしき》の段」が近代の歌舞伎で好まれたことは注目に値する。『乳母争い』の通称で知られ、関西では主として明治期に、東京では明治から昭和戦前期の長期間にわたり、とりわけ小芝居で人気を集めた。大歌舞伎（大劇場）より格下に位置付けられた一方で、安価で親しみやすい娯楽として隆盛した小芝居には、特有の演目や演出が存在したが、本作もその一つだったと言えるだろう。本作の上演は、[*2] 初演から幕末までに十回に満たないのに対し（いずれも上方）、明治期には関西、東京ともに二十回を上回り、激増する。さらに東京では大正期、昭和戦前期にもそれぞれ二十回を超える上演回数を誇り、関西の大正・昭和期（それぞれ八回、三回）を大きく上回る。

本作については、二世中村梅玉が「那須野《ママ》与市西海硯の化生屋敷の一段を先代勝諺造《かつげんぞう》後勝能進《かつのうしん》と改めました関西近代の名作者が、一幕物に脚色しましたのが此乳母争でございます、明治十三年中座の五月狂言だと存じます」と述べたのが、そのまま複数の文献に引かれてしまったが、[*3] 本作の中座（中の芝居）上演は明治十七年（一八八四）五月という『演劇百科大事典』の記述が正しい。[*4] さらにこの二ヶ月前の三月には、京都南座（南側芝居）でほぼ同じ作者・俳優陣によって本作の上演がある（照葉のみ中村梅太郎から松尾猿之助に代わる）。松竹大谷図書館蔵の台帳によれば、南座上演の三月に勝諺造の手が入った可能性が高い（第一節参照）。なお、作者の三代目勝諺蔵は、勝能進の息子だが自身は能進を名乗っていない。[*5]

諺蔵が脚色したとされる歌舞伎版のあらすじは以下のとおりである。

「那須館の場」源氏の家臣、那須与市の館（化け物が出ると噂されるので化生《けしょう》屋敷と呼ばれる）では、二人の息子の乳母、篠原と照葉の諍いが絶えない。そんな中、屋島の戦いに臨む与市は、兄の小太郎を館に留め置き、弟の駒若を出陣させると告げる。小太郎と乳母篠原はそれに強く抵抗し、駒若の乳母照葉と激しく対立するので、与市は扇の的を射抜いた方を連れていくことにする。

「矢場掛的の場」兄弟が矢を放つと、駒若が的を射るのに対して、小太郎は外し、駒若が出陣することになる。篠原は大いに嘆き、小太郎は切腹しようとするが、篠原は化け物を退治して功名を立て、出陣の許しを得るよう助言する（図1参照）。

「奥庭出陣の場」小太郎は化け物に致命傷を負わせるが、それは化け物に扮した篠原であった。自らの命を懸けて小太郎を出陣させようとする篠原の行いに皆は驚き、胸打たれる。与市は小太郎に家を継がせたいために矢に細工をした秘密を明かすが、篠原の思いを汲んで小太郎も戦場に連れていくことにする。篠原は安心して息絶え、子供たちは華やかに出陣する。

通俗的なすじだが、これが小芝居で愛された所以であろう。本稿では、この歌舞伎版が作られる経緯や、東京の小芝居へと伝播する過程を確認し、それを踏まえて、複数の上演における竹本（義太夫節）と陰囃子による音楽演出を比較する。とくに関西と東京、大歌舞伎と小芝居の演出の違いに着目することで、歌舞伎がかつて備えていた多様性に目を向けてみたい。

第一節　歌舞伎版の成立とその拡がり

豊竹越前少掾（若太夫）を筆頭とする布陣による人形浄瑠璃『那須与市西海硯』の初演（一七三四）は、『浄瑠璃譜』（寛政期（一七八九―一八〇一）頃成立）に「此新浄瑠璃大入り」と評された。[*6] 人形浄瑠璃でも時代が下るにつれて三段目のみの上演が増え、近代以降は三段目以外の上演は見られなくなる。[*7]

改作の歌舞伎版については、二世梅玉と五世中村歌右衛門が「義太夫の方でございますと前後同一の場所で、眼先が変りませんから、芝居では那須の館、矢場、奥庭出陣の三場にいたしまして」[*8]と述べる。先述のあらすじはこれに基づく。ただ、番付では「二幕」「上下」などと書かれたものが多く、本来は第一幕第一場、同第二場、第二幕という構成であるらしい。また、歌右衛門は「元来、篠原とか照葉などといふ名は本文にはなく、たゞ、兄の乳母、弟の乳母とのみ記されてあるのを、脚色者が便宜上今のやうに名づけたもの」[*9]とする。確かに、歌舞伎でも江戸期の番付には「小太郎うば」などと書かれるのみであったのが、幕末から明治初期の名古屋、伊勢周辺の番付には、

図1: 五世中村歌右衛門の篠原・三世坂東八十助（八世三津五郎）の小太郎（大正5年9月歌舞伎座）（国立劇場所蔵 BM008615）

「乳母おさん、乳母お幸」「うば秋草、乳母春の」などの名が見られる。[*10]管見では、兄の乳母を「篠原」とするのは、明治六年（一八七三）七月十一日初日の東京奥田座（上演外題『末広源氏奥儀的』）が最も早く、照葉の名は明治十五年（一八八二）四月弁天座の番付に「乳母てり葉」とあるのが最初である。[*11]勝諺蔵はこれらを下敷きとし、以降定着したものと思われる。

ただ、これよりも重要な違いは物語の展開にあると言うべきであろう。[*12]原作浄瑠璃と歌舞伎版に相違は多数あるが、特に重要なポイントと考えられるのは、「矢場掛的の場」における二点の違いである。第一に、浄瑠璃では矢を射損じた小太郎を乳母は気弱にならぬよう元気づけ、なおも恥じ入る小太郎を乳母が案じつつ奥に入るのに対し、歌舞伎では乳母篠原が小太郎を責め、縋り付く小太郎を置いて奥に入る点。第二に、一人残された小太郎が、浄瑠璃では自害をしようと書置きを認めるところに乳母が化生の姿で再登場するのに対し、歌舞伎では自害をしようと刀を手に取ったところで乳母篠原が再び出てこれを止め、小太郎に化生を討って手柄を立てるよう具体的に指示をし、場面が替わって化生退治となる点である。

歌舞伎版では、乳母篠原と小太郎のやりとりが大きくクローズアップされ、より劇的に描かれていることが分かる。乳母に名前が付けられたのも、三段目の切を切り取ることで乳母の役が際立つようになったことと無関係ではあるまい。お涙頂戴とも言えるこの展開が、小芝居に馴染みやすかったと見ることもできよう。こうした歌舞伎独自の脚色の経緯はいかなるものなのか、その手掛かりとなるのが、現存する台帳である。『乳母争い』（『扇的西海硯』）の現存台帳には以下のものがある（〔　〕内に篠原役の俳優名を記す。〔大谷〕は松竹大谷図書館、〔演博〕は早稲田大学演劇博物館、〔国会〕は国会図書館の所蔵である。）。

① 明治十五年（一八八二）四月大阪弁天座［中村福之丞］[*13]〔大谷：00007751・K46/Ka87/ア1-3〕
② 明治十七年（一八八四）三月南座［三世中村福助（二世梅玉）］[*14]〔大谷：00007753・K46/Ka87/ウ〕

③　明治二十年（一八八七）一月中村座〔三世中村福助（二世梅玉）〕[*15]〔大谷：00007754・K46/Ka87/ェ〕
④　勝諺蔵著作『演劇脚本 那須与市西海硯 上下』明治二十七年刊[*16]〔国会：DBJ-0355〕
⑤　（明治期）『上方歌舞伎台詞台本』所収「源平西海硯扇的」[*17]〔国会：W991-119〕
⑥　昭和四年（一九二九）（六年カ）八月観音劇場カ〔坂東薪車＝四世鶴蔵カ〕[*18]〔演博：ロ16-01002〕
〔演博：ロ16-00897〕
⑦　昭和十五年（一九四〇）三月東京劇場〔三世中村梅玉〕[*19]〔大谷：00007752・K46/Ka87/ イA-C〕
⑧　年代不明（昭和十五年三月）[*20]〔大谷：00007758・K46/Ka87/ ヶA-C〕
⑨　昭和四十一年（一九六六）東横ホール〔六世沢村田之助〕[*21]
〔大谷：00007756・K46/Ka87/ カA-D〕〔大谷：00007755・K46/Ka87/ オA-C〕
⑩　『名作歌舞伎全集』所収「扇的西海硯」（⑧を底本とする）[*22]

このうち、④は興行権・版権の確保を目的に中西貞行なる人物が刊行した大量の台本のうちのひとつだが、実際の上演との乖離が大きいと考えられるため、分析対象からは除外する。⑤は国会図書館所蔵の写本で六十一冊に及ぶ大部の資料の中の一冊である。明治期の関西の小芝居系の実態を伝える貴重な資料と推測されるが、上演情報や配役の記載がないため本稿では紹介に留める。

これまでの定説に照らして見ると、①は勝諺蔵の改作前の台帳、②以降が改作後のものということになる。①は1—3の三冊から成り、1は「三ノ口 砥上ヶ原場」、2は「三 先陣乳母争の場・同奥庭出陣の場」、3は「三切 松葉谷化生邸場」を収める。1は書き込み修正がないのに対し、2と3は修正多数。特に2は丁を束ねて止めるなど大幅な省略が見られる。また、2と3は同場面だが、2は乳母の名を篠原、照葉とする一方、3は三崎、稲瀬とする。さらに3では、もともと「矢場掛的の場」を分けずに書かれたものに貼紙をして「矢場」

を別場とするのに対し、2は最初から「矢場」を別場として書かれている。これらのことから、3は2よりも古いヴァージョンと考えられ、この明治十五年の上演時に大幅な改変がなされたことを伝える資料となっている。ただし、化生退治の「奥庭出陣の場」を別幕にする構成や、その幕切に子役の幕外の引込みを見せる点は、2、3の台帳で共通しており、①の時点ですでに確立されていたらしい。一方、2でも、的を射外した小太郎が、大泣きして嘆く篠原を慰めるので、今度は篠原がその行いを誉め、二人で連れだって奥へ入るなど、後世と異なる点も散見される。①の詳しい検証は今後の課題だが、明治十五年の時点ですでに二幕構成となっていたこと、第一幕を二場に分ける構成がこの時に試みられていたこと、ただし矢を射外した小太郎を篠原が責め、縋り付く小太郎を置いて入る件はまだ見られないことを確認しておく。

②は勝諺蔵改作の初演と思われる明治十七年三月南座、③は改作後初の東上公演、明治二十年一月中村座の上演の台帳と考えられる。②③の篠原はこの役を最も多く演じた中村福助[*23]（高砂屋福助、のちの二世梅玉）が演じている。②では、「矢場掛的の場」の末尾に貼紙が施され、篠原が小太郎を置いて奥の一間へ入る形に変更されている。③にも修正はあるものの、全体的に②と類似している。ここでは詳しく触れないが、他の変更点も含め、総合的に見て②の上演、すなわち勝諺蔵の改作によって歌舞伎版の枠組みが確立されたことが窺える。しかし、①で確認したように、いくつもの変更点のすべてが②の上演で成立したのではなさそうだ。

⑥は東京の小芝居系の台帳。昭和四年八月とあるが、旧蔵者の坂東鶴蔵が篠原を演じた時の台帳と考えると、昭和六年八月観音劇場の可能性がある。⑦は、②③を残した高砂屋福助の後継者、三世梅玉が東京で篠原を演じた際の台帳だが、本文は⑥と共通している。一方、⑥⑦を②③と比べると、枠組みは同じだがセリフなど細かい点には違いが見られる。本稿で全ての違いを挙げることはできないが、次節で竹本（義太夫節）が関わるセリフを一部取り上げて見てみたい。また、⑦にはＡＢＣの三冊が収められ、ＢＣはＡの写しと見られるが、Ｃには鉛筆で書き込みがあり、それを反映させたものは⑨と類似している。⑧は⑦と同じく「昭和十五年三月」

の記載があるが、後述するように⑦との齟齬があり（本文第三、四節参照）、同一上演と特定しにくいため、年代不明としておく。⑨は昭和四十一年の復活上演の台帳で、四冊から成る（ォA-D）。三冊から成る（ォA-C）も同一上演の台本と推測されており、BCはAの副本と見られるが、「改定本」と書かれたCには書き込みがあり、書き込み後の内容が⑩の『名作歌舞伎全集』に一致することを指摘しておく。

台帳を時系列に見ると、歌舞伎における改作は勝諺蔵以前から行われていたこと、しかし最終的には諺蔵の改作によって歌舞伎版がほぼ完成されたことが分かる。②の改作が明治期の関西歌舞伎を支えた高砂屋福助によって十一度も上演されたことで後世に大きな影響を与えたことは疑いがない。さらに、うち二度を東京公演で手掛けた（明治二十年一月中村座・二十二年八月桐座）ことが、後に二世坂東秀調や五世中村福助（のちの五世歌右衛門、成駒屋）の篠原役に繋がったと考えられる。特に秀調は、高砂屋福助の篠原で照葉を二度演じ、後に篠原を手掛けている点で、継承の過程が捉えやすい。

そして、本作には大歌舞伎系の系譜の他に、小芝居への伝播がある。次節で述べるように小芝居で改変されたと考えられる個所もある。本作は、関西でもすぐに小芝居へと拡がったが、東京の小芝居に伝わるのも早かった。明治十七年三月南座で照葉を演じた中村梅太郎[*24]が、翌十八年三月春木座の鳥熊芝居で篠原を演じている。[*25]梅太郎主演だったこと、立作者勝進助が諺蔵の弟子であることから、この上演は諺蔵の改作だった可能性もあり、とすれば、本作は高砂屋福助の東上以前に、小芝居系の鳥熊芝居において東京で披露されていたことになる。

上演史を辿ると、若女形が勤める照葉役に梅太郎や秀調のような大歌舞伎と小芝居を往来できるような俳優が関わったことで、大歌舞伎・小芝居の別を超えて伝承を紡ぎやすかった状況がわかる。勝諺蔵の改作が関西から東京へ、そして大歌舞伎から小芝居へ、ほぼ同時多発的に拡がった様相も窺えた。次節以降では、地域や大歌舞伎・小芝居の違いが音楽演出にどのように反映しているかを探ってみたい。

第三節　竹本（義太夫節）

義太夫狂言の本作では竹本（義太夫節）が活躍する。竹本の実際を今に伝える資料として、先述の台帳①―⑩に加えて以下の三点の資料を挙げたい。

ア．大正七年（一九一八）六月南座（篠原：嵐巌笑）豊竹壽太夫床本・重團三味線譜[*26][*27]〔大谷：00007757・K46/Ka87/キ1-2〕

イ．昭和四十一年（一九六六）東横ホール（篠原：六世沢村田之助）竹本雛太夫使用床本[*28]〔大谷：00007759・K46/Ka87/ケ〕

ウ．ＳＰレコード　歌舞伎劇『奈須与市西海硯（奈須与市館の場）』並木丈助作・中村歌扇一座・ポリドール 1416-1417（二枚四面、昭和八年（一九三三）八月新譜）[*29]

中でも、ウは本作を音として残す貴重な資料である。主演は篠原を当たり役のひとつとした女役者、中村歌扇。初めにこの録音の概略を記しておく。録音の箇所は、第二場「矢場掛的の場」の後半、矢を外した小太郎と篠原のやりとりである。〈本釣鐘〉が入り[*30]、竹本の〽鐘は無常に告げ渡る～」と始まる。「ノウ和子様、いかに弁えないとても早十三の春も過ぎ、弓矢取る身は恥あるもの～（後略）」と、一部を竹本に取らせながら嘆き、小太郎を責める篠原の台詞が最初の聞きどころとなろう。泣いて縋り付く小太郎を置いて篠原はその場を去るが、小太郎が切腹しようとするので再び出てこれを止め、「ようお聞きあそばせや」と化け物を討つよう助言する台詞となる。ここには床のメリヤスが入る点、他資料の記述と一致するが、一部の資料にある〈張り扇〉や義太夫と長唄の三味線をオクターヴで弾く〈上下の合方〉は使っていない（録音の都合か）。[*31]続いて、篠原の「変化の出《いず》る刻限は、亥の刻過ぎるころという」と詞ノリで化け物退治を促し、小太郎が勇んで〈早舞〉で幕となるところまでが収められる。なお、歌扇一座の録音はところどころに収録時間の関係と思われる省略がある。

録音ウと床本ア・イは詳細に検証することで上演ごとの違いがいろいろ見えてくる資料ではあるが、本稿では、矢を射損じた小太郎を嘆き責める篠原に、詫びて縋り付く小太郎のセリフに絞って見てみたい。

先述したように、この場の篠原と小太郎のやりとりは台帳②の明治十七年三月南座の上演で大枠が作られたと考えられるが、②③の小太郎のセリフは「それ程迄に思ふてたもるにひよんな事で的を射はづし乳母堪忍してたもひのう」という比較的あっさりしたもので、竹本は使わない。⑥すなわち昭和初期の東京の小芝居の台帳から、次に示すような竹本を交えた小太郎のセリフが見られるようになる。また、⑩の『名作歌舞伎全集』ではこの部分を全て子役に言わせており、竹本は使っていないのに対し、床本イ、録音ウおよび台帳⑥⑦の記載は以下のとおりである。

小太郎　面目なや、口惜しや。父が日頃の教えの射前《いまえ》、矢頃を取りて引き絞り
竹本　〽よっぴきひょうと放つ矢の
小太郎　狙いはそれて的を射損じ、戦のお供叶わぬ上は、那須野の家は駒若に
竹本　〽継がれて此の身の恥の恥
小太郎　おりゃ口惜しい、これ乳母、堪忍してくれいやい

小太郎のセリフを増やし、さらに竹本をはさむことで、小太郎の健気さはより強調されることになり、見る者の感情に訴えやすく演出されていると言えよう。現存資料のみからでは確証は得られないものの、明治期の

関西の台帳②③や大正期の床本アにはこれが見られないことから、このセリフは昭和に入って東京の小芝居で挿入されるようになった可能性が高い。また、年代不明とした台帳⑧は②③と同じセリフとなっており、この点からも⑦と同一公演ではないと考えられる。さらに、A—Cの三冊を収める台帳⑦のCの書き込みでは、これが全て竹本なしの小太郎のセリフに改変され、⑨⑩でそれが踏襲される。

第四節　陰囃子による音楽演出

陰囃子は、舞台下手の黒御簾の中で舞台の進行に合わせて演奏される劇音楽で、黒御簾音楽とも呼ばれる。演奏家が記す付帳（囃子付帳）によって、過去の上演の音楽演出を把握することができる。ここでは、本作の演出を記した現存の付帳をもとに検証し、大歌舞伎と小芝居の違いについて言及したい。比較する付帳は次の十点である（〔　〕内に篠原役の俳優名を記す。〔国立〕は国立劇場の所蔵である）。

A. 明治十五年（一八八二）九月横浜港座〔坂東秀調〕[*32]〔国立：杵屋栄二旧蔵付帳116〕

B. 明治二十年（一八八七）一月中村座〔高砂屋福助〕[*33]〔演博：六郷新三郎旧蔵付帳イ17-1063〕

C. 明治三十六年（一九〇三）一月東京座〔五世中村芝翫（五世歌右衛門）〕[*34]〔国立：杵屋栄二旧蔵付帳49〕

D. 大正五年（一九一六）九月歌舞伎座〔五世中村歌右衛門〕[*35]〔国立：杵屋栄二旧蔵付帳264〕

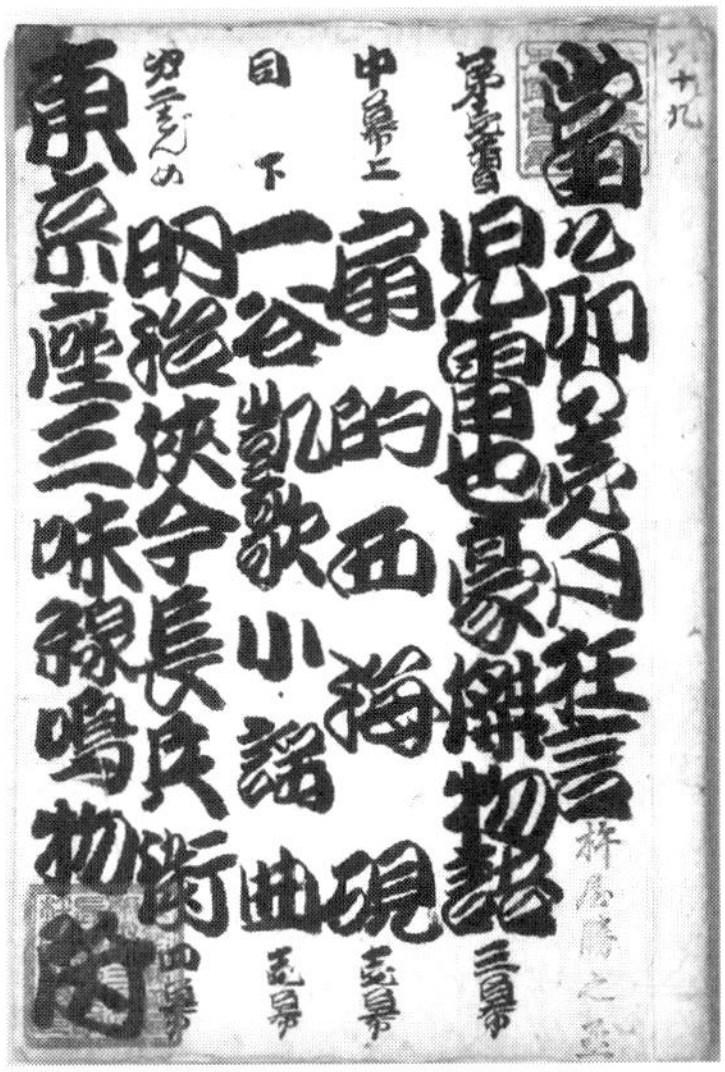

図2：明治三十六年正月東京座の三味線鳴物付 表紙（国立劇場所蔵 杵屋栄二旧蔵付帳49）（C）

E．昭和七年（一九三二）二月宮戸座〔三世沢村百之助〕[*36]〔大谷：杵屋花叟旧蔵付帳 105-A〕
F．昭和八年（一九三三）一月横浜歌舞伎座（三世沢村百之助）[*37]〔大谷：杵屋花叟旧蔵付帳 132-A〕
G．昭和九年（一九三四）二月宮戸座〔三世沢村百之助〕[*38]〔大谷：杵屋花叟旧蔵付帳 168-A〕
H．昭和十年（一九三五）七月宮戸座（三世沢村百之助）[*39]〔大谷：杵屋花叟旧蔵付帳 199-A〕
I．昭和十一年（一九三六）五月山手劇場（中山延見子）[*40]〔大谷：杵屋花叟旧蔵付帳 210-A〕
J．昭和十四年（一九三九）一月寿劇場〔中村歌扇〕[*41]〔大谷：杵屋花叟旧蔵付帳 245-A〕

これらの付帳に記された陰囃子による演出を、比較できる形で表1と表2に示した。注に記したように、Aは、Bと内容が重複し上演情報が不明確であるため、表には反映しない。また、E－Hの四点は年代も近く、主演俳優も同じ（沢村百之助）で、劇場も重複が多いため、統合して記した（差異がある場合はカッコで付記した）。CとDも主演俳優は同じ（明治四十四年（一九一一）に芝翫（前名福助）が歌右衛門を襲名）だが、十五年の間が開いているので両方示しておく。なお、Dは三味線付と囃子鳴物付の二冊一組だが、表ではまとめて示した。表は、右から左へ舞台進行に合わせて使用する陰囃子の曲を記載し、上演順に上から順に並べた。表を縦に見ると、舞台上の同じ個所の音楽演出を年代順に比較することができる。表の記載は付帳の表記そのままではなく、比較しやすいように統一を図った。

表1から確認する。第一場「那須館の場」は多くが〈琴唄〉で幕を開ける。Iが〈早舞〉を使うのは、この後の乳母の諍いを引き立てる効果を狙ったものか。続いて、子供二人が扇を取り合っての登場となるが、以下はB－Dの大歌舞伎系とE－Jの小芝居系の違いが明確に現れるものが多い。子供の登場はE－Jでいずれも〈忘れ貝合方〉に〈調べ〉を被せるのに対し[*42]、B－Dには定型は見られない。Cの〈露の情〉は上品な場面にも使える端唄だが[*43]、Bの〈駒鳥合方〉とD〈面かぶり合方〉は子供の春駒遊びや花街での鬼遊びに使われる同

表1：「乳母争い」における陰囃子の比較（第二場）

舞台進行＼上演	B 演博 M20／1 中村座 高砂屋福助③	C 国立 M36／1 東京座 芝翫⑤	D 国立 T05／9 歌舞伎座 歌右衛門⑤	E—H 大谷 S7・8・9・10 宮戸座・横浜 百之助	I 大谷 S11／5 山手劇場 延見子	J 大谷 S14／1 寿劇場 歌扇
「那須館」幕明←腰元入	琴唄↓調べ	琴唄	琴唄	琴唄	早舞	琴唄
子役二人出	駒鳥合方	露の情合方 調べ	面かぶり合方 調べ	忘れ貝合方 調べ	忘れ貝合方 調べ	忘れ貝合方 調べ
乳母二人言い争い	琴唄合方	琴唄合方	琴唄合方			
駒の井出			琴唄合方	本調子合方	本調子合方	チチチン テチチン合方
駒の井セリフ				夢は巫山合方	夢は巫山合方	夢は巫山合方
小文治出	中ノ舞	中ノ舞	中ノ舞	序ノ舞	序ノ舞	序ノ舞
小文治セリフ	本調子合方	本調子合方	本調子合方	序ノ舞合方	序ノ舞合方	序ノ舞合方
与市セリフ（二人に掛的を）	本調子合方	本調子合方	本調子合方	横笛（S7とS10はなし）	横笛 メリヤス↓只唄（皆々の入り）	
道具替り	床（竹本）調べ	床（竹本）		素（音なし）	床（竹本）	床（竹本）
「矢場掛的」中より←兄弟出	修羅囃子	調べ↓修羅囃子	修羅囃子↓調べ↓大小（兄弟出）	調べ	修羅囃子	調べ
〽入相の	本釣鐘	本釣鐘	本釣鐘	本釣鐘	本釣鐘	本釣鐘
篠原セリフ「お聞きあそばせ」	上下合方	上下合方	床（竹本）上下合方	上下合方（S7は床のみ）（S10は記載なし）		
矢場 幕	床（竹本）	早舞	早舞	早舞	早舞	早舞

表2：「乳母争い」における陰囃子の比較（第三場）

舞台進行／上演	B 演博 M20／1 中村座 高砂屋福助③	C 国立 M36／1 東京座 芝翫⑤	D 国立 T05／9 歌舞伎座 歌右衛門⑤	E—H 大谷 S7・8・9・10 宮戸座・横浜 百之助	I 大谷 S11／5 山手劇場 延見子	J 大谷 S14／1 寿劇場 歌扇
「奥庭出陣」幕明	風音	壱声 風音	壱声 ↓風音 （浅葱幕）	風音 （浅葱幕）	風音 （浅葱幕）	風音 （浅葱幕）
小太郎出	翔り	翔り	翔り	翔り 風音	翔り 風音	翔り 風音
化物出	謡 ↓風音	大小謡 ↓本釣鐘 風音	大小謡 ↓本釣鐘 風音	謡 ↓風音	謡 ↓風音	三ツ地謡 ↓風の音
立廻り←打ち取る迄	太鼓謡	太鼓謡 ↓風音	太鼓謡 ↓風音	太鼓謡 ↓風音	風音	太鼓謡 ↓風音
篠原セリフ	メリ安 空笛	床メリ 空笛	空笛	空笛	空笛	空笛
与市セリフ		壱調入り合方	肥前様 壱調入合方	肥前節 （S7は肥前節なし）	肥前節	肥前節
弟駒若出	遠寄	遠寄 ジャン〳〵	ジャン〳〵	遠寄 （S9・10は遠寄+ジャン〳〵）	遠寄 ジャン〳〵	遠寄 ↓遠寄 ジャン〳〵
兄小太郎出	ジャン〳〵	遠寄 ジャン〳〵	ジャン〳〵	遠寄 （S9・10は遠寄+ジャン〳〵）	遠寄 ジャン〳〵 ↓遠寄 ↓鶏	遠寄 ジャン〳〵 ↓遠寄
篠原落ち入り	ジャン〳〵	本釣鐘 ↓ジャン〳〵	本釣鐘 風音	本釣鐘 風音 （S10は風音なし）	本釣鐘	本釣鐘
幕切	翔り ジャン〳〵	馬貝合方 大小 遠寄	馬貝合方 大小 遠寄	翔り 風音	翔り 風音	翔り 風音

幕外	子役二人入
若菜の合方 大小遠寄	
幕外なし	
幕外なし	
遠寄 駅路 （S9・10は遠寄＋ジャン〳〵）	馬貝合方 大小 遠寄 駅路 （S9・10は駅路なし） （S10は一人ずつ退場）
遠寄 ジャン〳〵	上下合方 大小 遠寄 ↓ジャン〳〵 （一人ずつ退場）
遠寄	馬貝合方 大小 遠寄

系統の曲で、[*44]〈忘れ貝合方〉とは雰囲気が異なる。続く乳母の言い争いに〈琴唄合方〉と記されるのはB—Dの大歌舞伎系に共通する特徴。E—Jでは、与市の妻、駒の井の出に〈本調子合方〉を入れるものが多く、駒の井の台詞には〈夢は巫山合方〉を入れる。大歌舞伎には見られない演出である。駒の井の兄、五十嵐小文治の登場と台詞にはB—Dで〈中の舞〉と〈本調子合方〉を用いて典型的な武士らしさを出すのに対し、E—Jでは〈序の舞〉と〈序の舞合方〉を使って上品な雰囲気になっていたことが窺われる。二人の息子に扇の的を射させて当てた方を戦に連れて行くと告げる与市の台詞には、B—Dの大歌舞伎系で〈本調子合方〉を使うが、小芝居系ではここに〈横笛〉を入れて台詞を際立たせることがあったようだ。

第二場「矢場掛的の場」の幕明は〈修羅囃子〉のみ、〈調べ〉のみ、〈調べ〉と〈修羅囃子〉を組み合わせて使っている例が混在するが、武術で競う場面なので剣術の試合を表す〈修羅囃子〉の使用は効果的だろう。小太郎が矢を外し、小太郎と乳母の篠原だけ残るところで〈本釣鐘〉が入り、愁嘆場となる。篠原は小太郎を置いて一度引込むが、再び出て小太郎の切腹を留める。化け物退治を促す台詞には〈上下の合方〉が多く使われていたことは前節でも述べた。幕切はほぼ共通して〈早舞〉で化け物退治に逸る小太郎を表現する。

表2に示した第三場「奥庭出陣の場」は、使われている曲目に特筆すべき違いはない。幕明に〈壱声〉を使っ

ているCとDは〈風音〉だけよりも古風な雰囲気になるだろう。また、付帳だけからは判然としないが、台帳も併せて見ると、この場の初めに大薩摩を使っている例、床の置浄瑠璃のあとに浅葱幕を振り落としている例が見られる。地域差や大・小劇場の違いで明確に差が現れるものではないが、この第三場をより劇的に演出する工夫と言えよう。小太郎の出は〈翔り〉、小芝居系のE—Jでは〈風音〉も被せる。いよいよ化け物の出となるところで、〈謡〉が入る。C明治三十六年一月東京座とD大正五年九月歌舞伎座の付帳には詞章が書かれ、能《小鍛冶》のシテの登場場面の謡を抜粋して用いたことが分かる。Cでは〽実に〱」の冒頭部分に貼紙があり、〽もろ人迄も」以降を用いたようだ。Dでは付帳本文に「謡　実に〱」とある。ここで《小鍛冶》の〽実に〱」の部分を用いる演出は、台帳からも読み取ることができ、台帳⑥⑦の昭和初期の小芝居系の上演、⑨昭和四十一年二月東横ホール、⑩『名作歌舞伎全集』と一致する。また、続く立廻りでは〈太鼓謡〉を演奏するが、付帳CDではここでも《小鍛冶》から小鍛冶宗近が名刀小狐丸を打つ場面の謡〽神体の時の弟子なれば～」を引いている。後世の台帳⑥⑦⑨⑩でも同じ個所を引くが、⑥以外はやや短縮して〽天の叢雲～」以降を使う。ちなみに、化け物退治に能《小鍛冶》の謡を用いる演出は明治時代から見られ、明治十七年三月南座、二十年一月中村座（ともに高砂屋福助）で、化生の出に〽又我朝の始め～」の部分を、立廻りには〽尊は剣を抜いて～」の部分が使われたことが台帳②③から分かる。また、年代不明とした台帳⑧では能《殺生石》の謡を使っており、このことからも⑦とは別上演と考えられる。立廻りに続く手負いの篠原の台詞にはほぼすべての上演で〈空笛〉。与市の台詞には、B—Dの大歌舞伎系で〈壱調入り合方〉、E—Jの小芝居系で〈肥前節〉を使う傾向が見られるが、いずれも武士に使う古風な味わいの合方で、人物や状況の造形が大きく異なるものではなかろう。

いよいよ兄弟の出陣となる。戦を表す〈遠寄〉と〈ジャン〱〉が混在するが、この二つは明確に区別されないことも多いので、ここではこの違いは取り上げない。幕切の〈駅路〉（馬の鈴を模した鳴物）の使用の有無も、他の鳴物が大音量で奏でられているこの場面では効果に大差は生まれないだろう。ここで注目したいのは、CとD、すなわち五世芝翫＝五世歌右衛門が篠原を演じた上演では、付帳から読み取る限り（同一上演の台帳は管見にない）、歌右衛門（芝翫）の時には幕外の引込みにせず、子役が花道を入るのと同時に篠原が息絶え、幕を閉めたようである。これにより主役としての篠原の最期がより印象的に描かれることになる。一方、E－Jの小芝居では幕を閉めた後、幕外で子役の引込みを見せる。子役二人が鎧を着て馬に乗り華やかに退場する幕外の引っ込みは、本作の見せ場のひとつになっている。しかも、まず弟の駒若、続いて兄の小太郎というように一人ずつ退場させる演出や両花道を使う例も見られる。なお、BとI以外の上演で、幕切や幕外の引込みに使われている〈馬貝合方〉は、長唄《八犬伝》の合方を用いて馬を引く情景を描く曲である。[*45]

以上、陰囃子による演出を追いながら、上演による選曲の違いに着目した。大歌舞伎と小芝居では陰囃子の選曲が異なる部分が多く、それぞれの伝承があることが窺われる。第一節で、本作品が関西から東京の大歌舞伎と小芝居にほぼ同時的に移入されたことを確認したが、時代を経るにつれて小芝居には別系統の音楽演出が作られていったことも想像できよう。

おわりに

『那須与市西海硯』（『扇的西海硯』『乳母争い』）は今日では上映されない作品ではあるが、たくさんの上演資料が残されており、資料を互いに比較することで、関西、東京、そしてそれぞれの大歌舞伎と小芝居という多様な歌舞伎の形が浮かび上がってくる。小芝居では大歌舞伎から作品を取り入れながらも、独自の演出を生み出しながらそれを伝承していく様相も垣間見えた。本稿では台帳の記載、竹本、陰囃子それぞれ断片的な検証にとどまったが、丹念に資料の検証を重ねることで、より具体的な実態が見えてくるであろう。それについては今後の課題とし、稿を改めて論じたい。

◎付記

本研究はＪＳＰＳ科研費22K00130の助成を受けたものである。

本稿の執筆にあたって貴重な資料を閲覧、使用させてくださいました国立劇場資料閲覧室、松竹大谷図書館、早稲田大学演劇博物館、大西秀紀氏に厚く御礼申し上げます。

◎参考文献

浅川玉兎　一九五七　『長唄の基礎研究―楽理と実技（改版）』浅川治界
荒川木風　一九四〇　「珍しい「乳母争ひ」」『演芸画報』昭和十五年四月号、一六頁
大村弘毅　一九六一　「那須与市西海硯」『演劇百科大事典』、早稲田大学坪内博士記念演劇博物館
尾沢良三　一九四一　「勝諺造伝」『女形今昔譚―明治演劇史考』、筑摩書房
菊池明・内山美樹子　一九七〇　「大正・昭和期の小芝居―四世坂東鶴蔵旧蔵台本・書抜の紹介と覚え書」『演劇研究』第四号
杵屋栄左衛門　一九七六　『歌舞伎音楽集成―江戸編』「歌舞伎音楽集成」刊行会
杵屋栄左衛門　一九八〇　『歌舞伎音楽集成―上方編』「歌舞伎音楽集成」刊行会
国立劇場近代歌舞伎年表編纂室編　一九八六―一九九五　『近代歌舞伎年表―大阪篇』（第1巻―第9巻別冊）八木書店
国立劇場近代歌舞伎年表編纂室編　一九九五―二〇〇五　『近代歌舞伎年表―京都篇』（第1巻―別巻）八木書店
小宮麒一編　二〇一一　『歌舞伎・新派・新国劇配役総覧 明治元年―平成22年』小宮麒一
中村歌右衛門（五世）　一九五〇　「乳母篠原―扇的西海硯」（中村歌右衛門口述・阿部豊編著『魁玉夜話　歌舞伎の型』、文谷書房、一九五〇年、二〇三―二一四頁
中村梅玉（二世）　一九一〇　「中村梅玉の当り芸―扇的西海硯「乳母争ひ」」『演芸画報』明治四十三年七月号、一三八頁
伝統歌舞伎保存会編　二〇二〇　『歌舞伎に携わる演奏家名鑑―思い出の名演奏家たち』伝統歌舞伎保存会
戸板康二　一九七一　「扇的西海硯」『名作歌舞伎全集』第六巻、東京創元社
向井芳樹ほか校訂　一九九〇　「那須与市西海硯」『豊竹座浄瑠璃集』（二）国書刊行会（叢書江戸文庫11）
祐田善雄稿・義太夫年表近世篇刊行会編纂　一九七九　『義太夫年表』第一巻、八木書店

注

1 大村（一九六一）。
2 歌舞伎の上演記録については、立命館アートリサーチセンター「日本芸能・演劇上演総合データベース」https://www.dh-jac.net/db/nenpyo/search.php（二〇二四年九月十八日閲覧）、『近代歌舞伎年表―大阪篇』『近代歌舞伎年表―京都篇』、小宮（二〇一一）を参照した。
3 中村梅玉（一九一〇）、荒川（一九四〇）、中村歌右衛門（一九五〇）。
4 大村（一九六一）。
5 三代目勝諺蔵（一八四四―一九〇二）については、尾沢（一九四一）が詳しい。諺蔵は江戸浅草の生まれだが、父・勝能進とともに大阪で活躍して非常に多数の作品を残したことで知られる。初め浜彦助と名乗ったが、明治五年（一八七二）大阪へ移る際に勝彦助と改姓、明治十一年に父の名を襲って諺蔵を名乗った。明治十七年からは竹柴に改姓するが、二十年には再び勝姓となって東上し、本郷春木座の立作者となる。明治三十三年に大阪へ戻り、二年後に没した。
6 祐田ほか（一九七九）一〇二頁。
7 人形浄瑠璃の上演記録については、祐田ほか（一九七九）および、早稲田大学演劇博物館「デジタルアーカイブ」https://enpaku.w.waseda.jp/db/（二〇二四年九月十八日閲覧）を参照した。
8 中村梅玉（一九一〇）一三九頁。中村歌右衛門（一九五〇）もほぼ同じ文章であることから梅玉を引いたと考えられる。
9 中村歌右衛門（一九五〇）二〇五ページ、戸板（一九七一）にも同様の説明がある。
10 文久元年（一八六一）の名古屋・伊勢・若宮の番付〔演博：ロ21-00009-392ほか〕には「乳母おさん」、幕末から明治初期の伊勢古市の番付〔演博：ロ21-00020-009〕には「うば秋しの・乳母お幸」、明治前期の名古屋新守座の番付〔立命：arcSP03-0145〕には「乳母秋草・乳母春の」とある（演博＝早稲田大学坪内博士記念演劇博物館、立命＝立命館アートリサーチセンター、以下同）。
11 辻番付〔演博：ロ23-00017-0082〕、辻番付〔大谷：B-1-1R-01_002〕（大谷＝松竹大谷図書館、以下同）。台帳〔大谷：00007751・K46/Ka87/ア1-3〕。三冊。いずれも表紙に「那須與市西海硯」及び紙枚と場名を記載、裏表紙に「千秋万歳　大々叶　本主高砂家」。白井蔵書印。場名については一に「三ノ口砥上ヶ原場」、二に「三 先陣乳母争の場・同奥庭出陣の場」、三に「三切 松葉谷化生邸場」。二に「明治十五年四月」とあり。
12 浄瑠璃の筋は、向井（一九九〇）を参照。
13 詳細は注11を参照。中村福之丞は六世大谷友右衛門の弟。
14 表紙に「扇的西海硯」、裏表紙に「本主　高砂家」とあり。白井蔵書印。場名「奈須舘乳母争」「矢場掛的」「奥庭出陣」。台帳記載の配役から、明治十七年（一八八四）三月南座の上演と考えられる。

15 表紙に「中幕　扇的西海硯」「奈須舘乳母争　同奥庭出陣」、裏表紙に「本主　三雀」の署名あり。三雀は二世中村梅玉の俳名。台帳記載の配役から、明治二十年一月中村座の上演と分かる。

16 勝彦兵衛（勝諺蔵）『演劇脚本　那須与市西海硯　上下』中西貞行発行、一八九四年。

17 「上方歌舞伎セリフ台本」全六十一冊。半紙を横二つ折にしたものを原則とする。第五十七、六十、六十一冊を除き、「若松家」の署名（第五十七冊は「京極　新富座」、第六十、六十一冊は「播磨家」）。ほとんどが台帳（第五十六冊：『女忠臣蔵儀士劇』橋本平左衛門役の書抜、第五十七、五十八冊：同作品の大道具帳、第五十九冊：同作品の小道具付帳）。第六十一冊は表紙に「源平西海硯扇的　那須与市乳母争ひの場　紙数拾弐葉」、裏表紙に「本主　播磨家」。本文一〇丁。役名で記す。年代その他、詳細は不明だが国会図書館では「明治期」とする。

18 四世坂東鶴蔵旧蔵台帳。前者は筆書き、後者は鉛筆書きで、後者に昭和四年八月とあるが、管見では当該年月に本作の上演はない。演劇博物館に収められる鶴蔵旧蔵資料については菊池・内山（一九七〇）に詳しい。

19 いずれも表紙に「扇的西海硯」、Aの裏表紙に「東京市京橋区新富町三丁目五番地壱　松竹株式会社」の印、BCの裏表紙に「昭和十五年三月東京劇場上演」。場名はAに「那須与市邸の場」「同奥庭古祠の場」、BCに「那須与市邸の場」「同奥庭出陣の場」。

20 表紙に「乳母争　全三場」、それぞれ鉛筆やペンで「那須与市西海硯」、「勝諺蔵作」、「扇的西海硯　二幕」と書き添えられる。場名は「那須舘乳母争」「矢場掛的」「同奥庭出陣」。裏表紙に「昭和十五年三月」。

21 前者（カ）の表紙に「扇的西海硯」、「那須与市邸の場」「同奥庭出陣の場」。BCDはAの写しと思われるが、Dには那須与市を演じた六世市村竹之丞（後の五世中村富十郎）の書き込みあり。Dの表紙に「菊屋」「菊屋様　那須与一」（「菊屋」は竹之丞の屋号）。後者（オ）は表紙、本文ともに原則として（カ）に同じ。ただし、Cには「改定本」とあり、「必乞返却」「松竹株式会社演劇製作部」の印。

22 『名作歌舞伎全集』第六巻、一九七一年、東京創元社。

23 この時代、二人の中村福助が存在し、晩年に二世梅玉を名乗ったこの福助は、東京の成駒屋の中村福助と区別するために、高砂屋福助と呼ばれた。

24 中村梅太郎（のちのマキノ梅太郎・尾上梅太郎・初代中村梅雀）。

25 鳥熊芝居は関西の興行師三田村熊吉が関西の若手の俳優を出演させて安い観劇料で見せた一座で、一年余りにわたり東京で人気を博した。

26 竹本壽太夫（一九〇四―一九七六）は関西歌舞伎で竹本の第一人者として活躍した（伝統歌舞伎保存会（二〇二〇）四七―四八頁）。

27 1―2の二冊から成る。1の表紙に「西海硯　乳母争ひ奥　豊竹寿太夫」とあり。「矢場掛的の場」で小太郎が矢を外した後の〽入相の」からを収める。2の表紙に「大正七年六月京都南座　那須与市西海硯　乳母争段　小村家伝」、裏表紙に「重團」。本文は「那須与市館の場」からを収める。

28 表紙に「扇的西海硯　第百廿一号　与市邸ヨリ奥庭出陣場　雛太夫」と記す。本文は「与市邸」の五十嵐小文治の出からを収める。

29 当該月のポリドール月報には「乳母争」。この音源資料とそれに関する情報は、大西秀紀氏にご提供いただいた。大西氏によると、本行の義太夫節も含め本作でレコードになっているのはこの一点だけだという。

30 初めに柝と〈夢は巫山〉の唄が入るのは録音用であろう。

31 梅玉（一九一〇）では「メリヤス、拍子扇の合方」、歌右衛門（一九五〇）は「張り扇の合方とメリヤスで」と述べる。その他、多くの台帳と付帳で「上下の合方」を記す。

32 「鳥越中村座　三味線付」、裏表紙に「明治二十二年己丑十一月大吉日／千秋万歳／大々叶／主杵屋勝之丞」と記すが、複数公演の付けを集めて一冊とする。本文末尾のに本作について「明治十五年九月　港座にて興行」と記すが、横浜港座に当該公演は管見になく、篠原が秀調となっている以外は、全ての配役と付けの内容がB〔演博：イ17-1063〕と内容が重複する。

33 表紙に「明治二十年一月鳥越中村座」。

34 「東京座　三味線鳴物付」、裏表紙に「明治三拾六癸卯年壱月大吉日／紙員三拾八葉／千秋万歳／大々叶／本主杵屋勝之丞」。

35 三味線付と鳴物付の二冊を収める。裏表紙に「大正五年九月廿八日開場／千秋万歳／大々叶／歌舞伎座」。

36 杵屋花叟旧蔵付帳。裏表紙に「当昭和七年一月卅一日初日／千秋万歳　大入叶／付主　杵屋政之助」。杵屋政之助（一八九四―一九五二）は若くから宮戸座などの中・小芝居に出演し、立三味線や付師として活躍した。その実力と人柄を評価され、昭和初期になると歌舞伎座や新橋演舞場など東京の大歌舞伎にも携わった。昭和十年頃から師の政次郎と共に稀音家を名乗る。その後、大阪歌舞伎座、中座などの関西歌舞伎でも活躍し、晩年は再び東京の歌舞伎に戻った。大歌舞伎に出るようになってからも小芝居にも出勤した。

37 表紙に「昭和八年正月狂言／唄三味線鳴物付」、裏表紙に「千秋万歳 大々叶／横浜歌舞伎座／付主杵屋政之助」。

38 「当昭和九年二月一日初日／千秋万歳 大入叶／付主杵屋政之助」。

39 「当昭和十年七月十四日初日／千秋万歳 大入叶／付主杵屋政之助」。

40 「当昭和十一年三月八日初日／千秋万歳／大入叶／付主杵屋政之助」。

41 「当昭和十四年一月十一日初日／千秋万歳 大入叶／付主 稀音家政之助」。

42 山田流箏曲《住吉》の一節を使った〈忘れ貝合方〉は、武家屋敷で女形が出る場面によく使われる。杵屋（一九七六）三九頁。能管、小鼓、大鼓、太鼓による〈調べ〉も武家屋敷に頻繁に使われる鳴物。

43 杵屋（一九七六）四五四頁。

44 杵屋（一九八〇）二〇二頁。

45 浅川（一九五七）二〇〇頁。

持続可能な無形民俗文化財の在り方に向けた一考察
——福岡市での取り組みを通じて

柴田 真希
Shibata Maki

はじめに

文化財という言葉に、どこか懐古趣味的なものを想像する人は少なくないだろう。実際に、由来は古いが現在の文脈では使用されなくなり、普段は博物館の収蔵庫に納められて、滅多に日の目を見ることのない文化財も少なくない。しかし、それらの文化財は、私たちが暮らすこの国や土地に刻まれてきた長い歴史や文化の有り様を、現在の私たちに想起させてくれる。

一方、無形民俗文化財のように現在の文脈を生きる文化財も、文化財類型の中には存在する。しかし、現在を生きる文化財であるが故に、有形文化財を前提として成立した背景を持つ文化財保護法による、無形民俗文化財の保存と活用には注意を要する。

筆者は、平成三十年度より無形文化財および民俗文化財の調査と普及のための専門嘱託職員として福岡市文化財保護課（現福岡市経済観光文化局文化財活用部文化財活用課）に勤務している。本論文では、文化財行政の現場における自身の経験を交えながら、文化財保護法に則りながらも、現場の課題に対応した持続可能な無形民俗文化財の在り方を可能にするための方策について検討したい。

第一節　文化財保護法の変遷―「保存」と「活用」―

近年、文化財は「活用」という用語と共に使われることが多くなってきた。「文化財を活用した観光」や、「文化財を活用したユニークベニュー」などという文言を様々な所で目にする。その一方で、文化財の保存から活用へという急速な動き、特に観光を前提とした活用の動きに対して、アレルギー的な反応を示す向きも少なくない。正直なところ、筆者もそのような感情を抱いている一人である。文化財の活用が先行するあまり、活用の可能性を見出せない伝統行事や祭礼、美術工芸品や建造物などについて、そもそも指定による保護措置を避けるといった、文化財の「活用」が文化財保護の目的と化してしまうような一部の流れに危惧を覚えている。

しかし、文化財の「活用」が、取り立てて近年新たに生まれた概念ではないことは、既に多くの論文で指摘されている。[*1] 昭和二十五（一九五〇）年に制定された文化財保護法の第一条には「この法律は、文化財を保存し、且つ、その活用を図り、もつて国民の文化的向上に資するとともに、世界文化の進歩に貢献することを目的とする。」[*2]と明示されており、その成立時より「文化財の保存と活用の両方が追求されるべきことを明確に示してきた。」（松田　二〇一八：二九）なお、従来「活用」という概念には博物館における展示や、教育出版における活用など、文化財の公開を中心とした活用が想定されていた。しかし、文化財保護法の変遷とともに、「活用」という用語の意味するところが変化しており、その中身を慎重に見なくてはならないことは俵木が指定する通りである（俵木　二〇二三：一一〇）。本節では、文化財保護制度の変遷を辿りながら、「活用」という用語の意味の変化をたどっていきたい。なお、本論においては無形民俗文化財を中心に検討を進めるため、無形民俗文化財にかかる保護制度の変遷を中心とする。

一　文化財保護制度の変遷と民俗文化財

文化財保護法は昭和二十五（一九五〇）年に制定されたが、このとき現在の有形民俗文化財にあたる民俗資料は有形文化財の一つとして位置付けられた。しかし、結果的に昭和二十九（一九五四）年の第一次改正まで民俗資料の指定はなされなかった。現在の無形民俗文化財については、特に枠組みは設けられず、無形文化財の一部として保護が図られていた。

昭和二十九（一九五四）年に文化財保護法は改正され、これにより有形文化財の一部であった民俗資料（有形）が独立し、重要民俗資料として指定されることとなった。そして、無形文化財についてはこれまでの保護制度から一歩踏み出して、指定制度が設けられた。一方で、無形の民俗資料については記録選択制度が創設されるにとどまった。

昭和五十（一九七五）年に文化財保護法の第二次改正が行われる。ここで、民俗文化財は大きな転換点を迎える。この改正では、それ以前の民俗資料について、名称が民俗文化財に改められ重要有形民俗文化財とされたとともに、風俗慣習と民俗芸能については重要無形民俗文化財の指定制度が設けられたのである。この改正時には、同時に伝統的建造物保存地区の選定制度や文化財保存技術の保護制度も創設された。この改正の背景には、高度経済成長期を迎えた日本が「急速な都市の再開発や市街化により城下町や門前町などの伝統的な集落や町並みが変貌し、建造物や遺跡・名勝地等の周辺環境の悪化が進み、また、生活様式の変化により、伝統的な民具等の散逸、民俗芸能や年中行事等の急速な変容あるいは消滅等」（文化庁二〇〇一：四三）に対する危機感があった。以上が、民俗文化財が保護される対象として位置付けられるまでの経緯である。次に「活用」の概念が現在に至るまでどのように変化してきたのかを見ていきたい。

文化財の活用が前面的に表出してきた契機として良く挙げられるのは、平成四（一九九二）年に制定された「地域伝統芸能等を活用した行事の実施による観光及び特定地域商工業の振興に関する法律」（通称おまつり法）

である。これは、「「地域伝統芸能や祭りの実施を「観光及び特定地域商工業の振興」という目的に結びつけた法律」であったが、「巧妙に文化財保護との距離が取られていた感がある」ものであった（俵木 二〇二三：一一一）。

平成六（一九九四）年には文化財保護審議会文化財保護企画特別委員会の報告として「時代の変化に対応した文化財保護施策の改善充実について」が出された。本委員会は時代の変化を踏まえた上で「文化財の概念について再検討するとともに、文化財保護法の改正を含めて現行の文化財保護に関する行財政制度を再構築する」（文化庁 一九九四：一）という認識のもとに設置された特別委員会である。報告では「後の議論につながる文化財の「総合的な把握と保護」が提起され、また文化財の活用の促進も謳われた。（中略）この段階では、博物館・歴史民俗資料館等の施設の整備等が言及される程度で、従前からの公開や普及啓発の充実を求めるもの」（俵木 二〇二三：一一一）にとどまっていた。

この報告に続く形で、平成七（一九九五）年に「新しい文化立国をめざして：文化振興のための当面の重点施策について」、平成十（一九九八）年に「文化振興マスタープラン：文化立国の実現に向けて」、平成十三（二〇〇一）年に「文化財の保存・活用の新たな展開：文化遺産を未来へ生かすために」といった提言が次々と出されていく。これらの報告の中での中心的な話題は、文化財の面的な把握や総合的な把握への提言となっており、後の歴史文化基本構想の策定や日本遺産の前提となるような考え方がこの頃より現れてくる。しかし、松田によればこの段階でも「文化財と経済効果を直接結びつけることへの慎みの感覚」（松田二〇一八：三二）が存在していた。

その後、平成十九（二〇〇七）年に出された文化審議会文化財分科会企画調査報告書で「歴史文化基本構想」の策定が提案された。これは「地域に存在する文化財を、指定・未指定にかかわらず幅広く捉えて、的確に把握し、文化財をその周辺環境まで含めて、総合的に保存・活用するための構想」であり、「地方公共団体が文化財保護行政を進めるための基本的な構想」（文化庁「歴史文化基本構想について」）と位置付けられるものである。翌平成二十（二〇〇八）年には「地域における歴史的風致の維持及び向上に関する法律」（通称「歴史まちづくり法」）が制定され、「「まちづくり」というキーワードによって、文化財と経済政策が結びつく」（俵木二〇二三：一二）こととなる。

二〇一〇年代に入ると、東日本大震災からの復興やＴＰＰへの参加をめぐる議論を背景に、「「文化財」を「文化遺産」と読み替え、政治経済的な意味での「復興」「再生」そして「創生」の資源とみなす傾向が顕著」（俵木二〇二三：一一―一二）となっていった。実際に文化庁が平成十三（二〇〇一）年に始めた「ふるさと文化再興事業」という補助事業は、平成二十三（二〇一一）年に「文化遺産を活かした観光振興・地域活性化事業」と改称されるが、補助金による事業実施の成果を測る指針としてＰＤＣＡサイクルが求められるようになるなど、文化財事業の実施の場面にも経済的な指標が導入された。尚、本補助金は後述するが、福岡市でも平成二十二（二〇一〇）年より活用しているものである。

こうした動向の集大成として、「日本遺産」と呼ばれる地域に点在する文化財をパッケージとして捉えようとする新たな枠組みが、平成二十七（二〇一五）年より始まる。以上のような文化財を面で捉えようとする動きについて、才津は「「総文化財化」の極みであり、またそれは「総文化資源化」」だと述べている。そして、そもそも変化する文化をまるごと遺すなどということは不可能であり、その背景に「保存も活用も、すべて計画的に管理しつつ継承していくという」（才津二〇一〇：一三三）発想の存在を指摘している。こうした一連の流れを踏まえた上で、平成三十（二〇一八）年に文化財保護法の第五次改正がなされた。

この第五次改正の骨子は主に以下の三点にまとめられる。すなわち①「社会総がかり」とも呼ばれる、地域が主体となって考える文化財の活用促進、②文化財保存活用大綱・地域計画等の作成と認定を進めることによる地方文化財行政の推進力の強化、③他の部局との連携を見越して、文化財保護の事務を首長部局に移管可能とすることである。特に、地域を主体とした文化財の活用に主眼を置こうとする点は、「保護する側」「保護される側」という関係性からの脱却を図ろうとする国側の意思と見ることが可能であろう。俵木は、この改正について「日本遺産的な手法がいよいよ文化財保護の本体にも及んできたという印象は否めない」（俵木 二〇二三：一一二）としつつ、歴史学を中心に活用偏重や観光資源化への憂慮が相次いだことに関して、「地域の生活に立脚する民俗学の立場からすると、経済を度外視した地域振興など絵に描いた餅のようなもので、活用推進を単純に否定するのも非現実的である」（俵木 二〇二三：一一三）と本改正に対して学会内外より寄せられた憂慮を批判している。

令和三（二〇二一）年には、第六次文化財保護法の改正が行われた。この改正により、これまで有形文化財に限られていた文化財登録制度が無形民俗文化財にも拡充された。これは、指定よりも緩やかな規制により保護を図ろうとするもので、令和六年現在、全国で六件の民俗文化財が登録されている。

以上のように文化に経済的な観点を取り込もうとする社会的な動向も背景としながら文化財保護法は改正された。そして、文化財保護の対象は拡大し、それに伴い「活用」の意味が徐々に変遷してきた。当然国の方針の転換は地域の文化財行政にも影響をもたらす。

筆者は、俵木、才津のいずれの主張にも一定の理解を覚えるが、文化財保護の現場で文化財に向き合う身として、文化財保護法の変遷を踏まえながらも、文化財が置かれている現実から目をそらさずに、今後も伝承者たちによって持続することのできる文化財の在り方を志向し続けることが重要だと考えている。次節では、筆者の実践例に基づきながら、その方策について検討していきたい。

第二節　福岡市における文化財保護行政の変遷と現状

福岡市で文化財行政が本格的に始まったのは昭和四十四（一九六九）年で、文化課が設置され考古学の専門職員が採用された。その後、昭和四十八（一九七三）年四月一日に福岡市文化財保護条例が制定された。条例制定に伴い、現在の福岡市文化財保護審議会にあたる文化財専門委員会が設置され、文化財指定も開始された。平成二十四（二〇一二）年に、「観光と結びついてより活用されるべきとの市長の意向により」（比佐二〇一五：五六）それまでの主管であった教育委員会から経済観光文化局内の組織として改変されて、現在に至る。なお、福岡市では前項で触れた歴史文化基本構想を平成三十一（二〇一九）年に、さらにそれを発展させる形で令和四（二〇二二）年に福岡市文化財地域活用計画を作成している。

一　福岡市における文化財行政の体制

福岡市は開発が積極的に進められている都市である。文化財保護法では遺跡を現状のまま保存することができない場合には事前の発掘調査が求められており、開発の進行に伴い、発掘件数も増加する。福岡市は古来より大陸に対する玄関口の役割を果たしてきたことから、対外交流の拠点であり、歴史的な文物の集積が見られ、それら埋蔵文化財行政の成果については全国的にも高い評価を得ている。このような文化財保護法の背景もあり、福岡市の文化財行政に関わる職員は、他市同様考古学の専門職員が大半を占めている。

一方、民俗文化財分野については、近年筆者が着任するまで専門職員の配置はなかった。ただし、福岡市では昭和四十九（一九七四）年以降、地元在住の郷土史家や民俗研究家などの協力も得ながら民俗文化財にかかる文化財保護を着実に重ねており、無形民俗文化財の指定件数は令和六（二〇二四）年三月現在で、国指定二件、県指定二十四件、市指定二十五件となっているほか、二十四件の市登録無形民俗文化財を有している。したがって、市内には多数の民俗行事があるが、福岡市の文化の特徴を表し、歴史性が認められる伝統的な民俗行事については概ね指定がなされている状況で、一定の保護施策は取られてきた自治体と評価することが可能であろう。

二　福岡市の民俗文化財が置かれた現状

以上のような体制のもとに福岡市の文化財行政は進められてきた。次に、民俗文化財が置かれている現状について、確認していきたい。

福岡市の人口は一貫して増加を続けており、予想では（総務企画局 企画調整部 企画課）二〇四〇年まで増え続け、人口は百七十万人を突破することが予想されている。年齢別では、総人口に占める高齢者（六十五歳以上）は一貫して増加の傾向にあるが、各歳人口別で見ると、十七—十八歳の間で人口が急増する傾向にある。これは、福岡市内に大学や専門学校などの教育機関が集まっていることが要因だろう。

近年、民俗文化財が抱える課題は、地域ごとにその詳細は異なりながらも、次の二つに大きくまとめることができる。少子高齢化と過疎化による担い手の不足である。前述のように人口増を続け、若年世代も多い福岡市でも、それは例外ではない。

福岡市で無形民俗文化財が所在する地域はかつて農村や漁村であった地域であることが多く、それらの地域は市中心部から距離があることや、地域の多くが市街化調整区域に指定されているなどの理由から住民の増加が望めず、少子高齢化が進んでいる。あるいは、人口増加が続く市中心部に所在する無形民俗文化財であっても、住民の入れ替わりが激しく、多くの住民が居住しているにも関わらず、行事の主な担い手となる従来の住民の間では高齢化が進んでいるというような状況が生まれている。故に文化財の主な担い手である保存会の人数は増えず、全国の文化財が同様に抱えている課題を福岡市の文化財も抱えていると言わざるを得ない。そのために、保存会を支える経済的な基盤も脆弱で、保存会は行事の運営に必要なものがあっても購入や修理をすることができず、運営に支障が出るなどの悪循環に陥りやすい状況が生まれている。

さらに、こうした地域では、新たにその地域に越して来た地域住民に伝統行事のことが理解されておらず、行事に伴う騒音や臭いなどに関するトラブルなども生じやすい。福岡市では、特に単独世帯の増加が著しく、福岡市総務企画局が出している統計によれば、二〇二〇（令和二）年は、一九九五（平成七）年と比較して約二倍に増加しており、福岡市の一般世帯の五十二・〇パーセントを占めている。こうした背景も、上述のトラブルの一因となっていることが予想される。

前項で確認したように、改正された文化財保護法の主眼は行政主導ではなく、地域住民を主体としたボトムアップの文化財の保護と活用を実現することであった。それは、いわば文化財をいかにして市民の手に取り戻すのかと言い換えることが可能である。地域は、地域の住民のものであるというアイデンティティが曖昧になりつつある現在の福岡市において、文化財を市民の手に取り戻していくには大きな困難が予想される。そこに果たして行政はどのような介入が可能なのだろうか。次節では、筆者が近年取り組んだ二つの補助事業を例に、その可能性について考えてみたい。

第三節　文化財を再び市民の手に取り戻すために—行政はいかなる介入が可能なのか—

一　祓い獅子行事獅子頭修理事業

福岡市では平成三十一（二〇一九）年と令和二（二〇二〇）年の二か年をかけて、二十四件の祓い獅子行事を市登録無形民俗文化財として新たに登録した。国では令和三（二〇二一）年の文化財保護法改正によって、無形文化財と民俗文化財にも登録制度が拡大されたが、福岡市ではそれ以前から、福岡市文化財保護条例において無形文化財と民俗文化財の登録制度を設けていた。しかし、実際に登録を行ったのはこの時が最初である。

福岡市では「祓い獅子行事」と総称される行事が市内三十箇所近くで行われている。これは、夏の疫病が流行しやすい時期に、獅子頭が地域の家々をまわるもので、獅子頭が持つ特別な霊力に人々が疫病退散の願いを込めたものと考えられている。行事が行われるようになった正確な時期はわからないが、残る獅子頭の銘などから少なくとも近世末期には行われていたと考えられている。さらにこの行事の特徴は、実施地域が「博多」

を除き、城下町、町部、農村部、漁村部など市全域とも呼べる広いエリアに行事が広がっていることである。福岡の夏の疫病退散のための行事といえば、祓い獅子行事の分布がない博多で行われる国指定重要無形民俗文化財の博多祇園山笠行事が全国的にも有名であるが、「山笠のないところに祓い獅子があり」とも言える分布を見ると、そこには山笠を奉納する民衆の心意と通底するものが認められるのである。

実際に一部の祓い獅子行事で山笠と同じ掛け声を掛けたり、山笠と同様に走りながら獅子を廻すなど山笠との共通性が見られ、博多外に暮らす人々の博多の山笠への憧れを見ることができ非常に興味深い。以上のように、祓い獅子行事は福岡市の夏を代表する文化と位置付けることができる。

なお、祓い獅子行事の流れは、獅子頭が神社などを出発して、地域内の各家に入り外に出てくるという比較的簡易なものであり、その多くの実施団体は町内会や神社の総代会など小規模であることが多い。このように、①各行事の規模が小規模であること、②行事が市

写真1: 街中を行く獅子の行列(紺屋町子供獅子祭、撮影日: 2022年7月16日、撮影者: 著者)

写真2: 各家を廻る獅子頭(姪浜東町事代神社の獅子まわり、撮影日: 2024年5月19日、撮影者: 著者)

全域に分布していること、③一部の行事については近年の変容が認められるなどの観点から、規制の強い「指定」による保護ではなく、緩やかな規制である「登録」による保護措置の方が相応しいと考えられ、平成三十一（二〇一九）年から令和二（二〇二〇）年にかけて市内二十四件の行事が登録された。

現行の福岡市の補助制度では、指定文化財には最大で四分の三の補助率で用具の修理や新調に対する補助が出るが、登録文化財についてはそもそも制度がない。既に述べたように、登録無形民俗文化財となっている「祓い獅子行事」は運営単位が小規模であることから財政基盤が弱く、行事で必須となる獅子頭や法被、太鼓などの用具類が長年修理されていない、あるいは新調されていないという状況が複数の保存会で生じていた。そのため、登録により何かしらの補助を期待していた保存会も少なくなかった。そこで、当市では福岡市単独の補助による手当てが難しい中で、指定にとどまらず市町村指定あるいは未指定の文化財も対象とされる文化庁の地域文化財総合活用推進事業補助金による事業の実施を決定した。そして、この補助金こそが第一節で触れた「文化遺産を活かした観光振興・地域活性化事業」の補助金である。既に述べたように、本補助金では事業実施の成果を測る指針としてＰＤＣＡサイクルが求められるなど、「事業」と「成果」のサイクルの中での事業運用が求められたため、従来のような修理のみを行う事業は原則認められていない。そこで本事業では、修理終了後に福岡市博物館で獅子頭の展示、子供向けのワークショップ、講演会を実施することにした。

尚、福岡市文化財活用課では、本補助金を活用するために、平成二十二（二〇一〇）年より福岡市文化財活性化実行委員会を組織して、市内の文化財の保存と活用に取り組んでいる。当実行委員会は地元の有識者の他、地域の伝統行事関係者などで組織され、これまでに民俗芸能公演の実施や市内の伝統行事に関する記録映像の作成、町歩き事業など文化財の「活用」に軸足を置いた事業を展開してきた。そして今回の獅子頭の修理及び普及事業は、当委員会の令和三（二〇二一）年度事業として実施されたものである。

二　修理

修理に当たっては、保存会の立ち会いのもと、漆芸の専門家に助言を求めながら修理の仕様を決定していった。行事で使われる獅子頭そのものは、文化財指定はされておらず、美術工芸品の文化財を修復する際のような当初の仕様に厳格に則った修理は求められないが、いずれの獅子頭も各地域で長年使われてきたもので、その来歴や使われ方を考慮に入れた修理仕様の決定が求められた。また、獅子頭は行事が伝わる地域の歴史を現在に伝える用具であり、今後も修理を重ね引き継がれていくことを見通して、あくまでも可逆性を担保できる修理を原則とした。そして、仕様の決定段階には必ず保存会に立ち会いをお願いした。

保存会の人々の多くが、文化財の修理の現場に立ち会うことは初めてで、専門家の目を通して獅子頭を見ることは、保存会の人々が今まで認識していなかった獅子頭の構造や来歴に目を向けることにつながった。中には、これまで修理されていないと思われていたものが、実は過去の人々によって何回も修理が重ねられていたこと、また使われている釘や漆の種類などからその年代をおおよそ推定することのできるものがあった。かつてのように、地域の中に十分な数の伝承者がいる時代には、何らかの形で過去の記憶が次世代へと引き継がれたと思われるが、地域の中に行事や過去の記憶を伝えるのに充分な人数が担保されなくなった現代においては、今回のような意識的な過去の引き継ぎの機会を作ることが重要であることが、この経験から明らかになった。そして、それは行政が担うことのできる役割の一つのように思う。

三　活用―展示、子供向けワークショップ、講演会―

修理終了後には、福岡市博物館の共催のもと、博物館を会場に「おしし大集合―家々を訪れる獅子頭」と題した展示を実施した。また関連企画として、祓い獅子と同様に門付けを行う伊勢大神楽の研究を行っている神野知恵氏を講師として招き、子供向けワークショップと講演会を行った。展示では、博物館からの助言により獅子頭のみの展示に留めず、獅子頭が使われている行事の紹介及び、展示実現までの文化財活用課による調査→登録→修理に関する一連の流れを紹介した。

それに伴い、展示では行事で使われる法被や太鼓など獅子頭以外の用具を保存会の協力のもと展示した。またワークショップでも、一般公募で集まった子供達と博物館の中を保存会の方々と一緒に祓いながら回り、博物館のバックヤードツアーも兼ねた祓い獅子行事の体験の機会を作った。福岡市内でも認知度が高くない本行事について、わずかばかりではあるが市民への周知につながったものと考えている。

以上のように文化庁の補助金を活用した取り組みは、保存会の人々が専門家や一般市民といった外部の人々との接点を持つことで、自分たちの活動を第三者の視点から見つめる機会をもたらしてくれたと感じている。補助事業を単なる金銭的な補助に終わらせることなく、保存会の人々が、自身の携わる文化財について再考するきっかけとなった。そして、一連の補助事業を通じた保存会の担い手との対話の時間は職員である私にも様々な発見をもたらしてくれた。

平成三十（二〇一八）年に改正された文化財保護法が目指していることは、地域住民主体の文化財への関わりである。しかし、俵木が指摘するように、住民を主体として文化財の保護と活用の計画を立てることは、決して簡単なことではない。（俵木　二〇二三：一一六）上記の取り組みは、住民主体の文化財の保護や活用の可能性を探る端緒でしかない。

現在、修理された獅子頭は地元に戻り、これまで通り行事で使われている。修理以前は劣化した獅子頭を使いながらの行事開催で、地域の人たちも不安を抱えながら行事を執り行うしかなかったが、修理により獅子頭の状態が安定したことで、人々は安心して行事を執り行うことが可能になった。この様に用具の安定は、行事の安定をもたらす。行事の安定がもたらされれば、地域の人々は行事の活性化を考える余裕が出てくる。この様な好循環をいかに生み出していけるのかということも、文化財行政に求められている役割である。そしてその好循環のサイクルの中に保存会の人々をどれだけ巻き込みながら事業を実施できるかということが、文化財に関わる職員一人一人に求められているのだ。

おわりに

ここまで国と福岡市における文化財保護の変遷と具体的な文化財の保護と活用の事例を見てきた。昭和五十（一九七五）年の文化財保護制度の制定から、文化財保護法が大きな転換点を迎えた平成三十（二〇一八）年まで、文化財指定を受けた行事や伝統文化は保護されることが自明のものとして守られてきた。これについて批判的な見方をするのであれば、「保護される側」の人々に自分たちの伝える文化財は行政によって当然「守られるもの」であるといった、受動的な感性を生み出してしまうことに繋がっていたように感じる。

特に無形民俗文化財のような、担い手が世代交代しながら引き継がれる伝統行事や祭礼の場合、世代交代が進行する中でその行事の意味や意義が引き継がれないケースも少なくない。また、社会や生活様式の変容によって、行事や祭礼が本来地域や人々の中で持っていた意味が失われると、文化財指定という枠組みだけが形骸化し、むしろその枠組みが伝承者たちを文化財に縛りつけてしまう可能性すら生まれてくる。

そのような中で、文化庁が近年の法改正によって目指そうとしている文化財保護の在り方は、伝統行事を実際に担う伝承者たちの主体性を取り戻そうとしている点で一定の評価ができるものである。文化財に指定されている行事は、従来もそしてこれからも伝承者たちのものであり、彼らにより実践され、彼らが何かしらの意味を見出してこそ成立するものであるからだ。

上記に提示した福岡市における取り組みは、従来の文化財保護の文脈における活用に過ぎないという指摘があるかもしれない。筆者が行った修理や博物館での公開は、新しい保護・活用事例とは呼べないだろう。しかし、ここで今一度考えたいのは、これらの事業が伝承者をいかにその事業に取り込むのかという観点に一貫して行われたということである。この様な「保存」と「活用」における伝承者と文化財行政職員の共同の歩みの先にこそ、文化財を「保存」するか「活用」するかという二者択一ではない、持続可能な文化財の在り方を見出していくことができるはずだ。

◎参考文献

才津祐美子　二〇一〇「近代日本における人文景観を中心とした「空間」の保存と活用の歴史的展開―文化財保護制度を中心として」『国立歴史民俗博物館研究報告』第一五六集

比佐陽一郎　二〇一五「福岡市における文化財保護の歴史と現状―非埋蔵文化財を中心に」『市史研究ふくおか』第十一号、福岡市博物館市史編さん室

俵木悟　二〇二三「文化財の活用に関する現状と課題」第七回日本民俗学会年会公開シンポジウム『日本民俗学』三一四、一一〇―一一七

福岡市　二〇一九『福岡市の文化財保存活用に関する基本方針』

福岡市　二〇二二『福岡市文化財保存活用計画』

福岡市　二〇二四「福岡市の将来人口推計」

文化庁　二〇〇一『文化財保護法五十年史』ぎょうせい

文化庁「歴史文化基本構想について」https://www.bunka.go.jp/seisaku/bunkazai/rekishirekis/index.html（参照　二〇二四年十一月三十日）

文化財保護企画特別委員会　一九九四「時代の変化に対応した文化財保護施策の改善充実について―報告」

松田陽　二〇一八「保存と活用の二元論を超えて：文化財の価値の体系を考える」小林真理編『文化政策の現在3文化政策の展望』東京大学出版会

松田陽　二〇二〇「「文化財の活用」の曖昧さと柔軟さ」國學院大學研究開発推進機構学術資料センター編『文化財の活用とは何か』六一書房

e-GOV法令検索「文化財保護法」https://laws.e-gov.go.jp/law/325AC0100000214（参照　二〇二四年十一月三十日）

注

1 俵木二〇二三、松田二〇一八、二〇二〇

2 e-GOV法令検索「文化財保護法」https://laws.e-gov.go.jp/law/325AC0100000214

第五章

東アジアの音楽文化とつながる

算賀と朝覲行幸における奏楽
——平安前期の記録類から

平間 充子
Hirama Michiko

はじめに

算賀とは四十歳から始めて以後十年ごとに行われる高齢の祝賀であり、朝覲行幸とは一般に天皇が太上天皇または皇太后の宮に拝謁することであるが、特に年頭のそれを指す。本稿では、成立当初の平安初期から摂関期におけるこれらの儀礼の構造やその意義、とりわけそこで行われた音楽や芸能について分析し、朝廷内の秩序がどのように儀礼中の奏楽に反映されているのかを考察する一例としたい。分析の基となるのは正史や記録類といった文献史料の記述であり、また日本音楽史のみならず古代儀礼に関する先行研究に大きく拠るものである。

第一節　算賀の儀礼構造と奏楽

平安時代における算賀の儀の初見記事は天長二年（八二五）、『類聚国史』巻八太上天皇算賀に見える以下の記事である。

奉レ賀二太上天皇五八之御齢一。白日既傾、継レ之以レ燭、雅楽奏楽。中納言正三位良岑朝臣安世、下レ自二南階一舞、群臣亦率舞。投レ暮雨レ雪、軽花払舞。冒レ夜而罷。賜レ禄有レ差。

嵯峨上皇四十賀に淳和天皇が赴き、そこで雅楽寮の奏楽が見られたこと、当時中納言であった藤原良岑に続き出席していた群臣たちが殿上から庭に降りて拝舞を行ったことが記される。

では、儀式書から儀式の構造や出席者、その流れを概観しよう。『新儀式』には「奉二賀天皇御算一事」「天皇奉二賀上皇御算一事」および「天皇賀二太后御算一事」の三項目がたてられている。

まず天皇が皇后の賀を受ける場合として、延長二年[*1]（九二四）、中宮藤原穏子が醍醐天皇の算賀を主催した例を記す「奉二賀天皇御算一事」の儀式次第を見てみよう。

親王以下着座→贄献上→中宮進も贄献上→御膳を供す→上下膳も供す→三献→大臣、奏請し雅楽寮を召す→雅楽寮、日・月花両門より参入→庭中にて奏楽→退出→大蔵省禄を庭中に積む→見参文を奏す→賜禄→左近衛陣にて衣被を賜う

なお、『西宮記』臨時八天皇御賀には、「吏部記云」として雅楽寮が「唐・高麗楽」を奏す、とある。

その後大殿に還御→殿上公卿および侍臣で「堪二絃管一者」を御前に召す→酒膳を賜い、歌管を奏さしむ

次に上皇の算賀を天皇が主催する場合。「天皇奉二賀上皇御算一事」に関しては、既に村上美紀氏が読み下しを試みており（村上一九九五）、次第だけを追ってみると

天皇、会場となる朱雀院に北門より入る→北屏下にて御輿から降り、歩行入御→朱雀院寝殿に着御→上皇が御座に至る→天皇、地敷に至り拝舞。その後出御し、御座に着す

この段階で、賀を受ける上皇と主催者の天皇が御座に着したことになる。

侍従・内竪・諸衛判官、御贄を執り庭中に列立→それぞれ物名を称し退出→諸衛官人、屯物を持つ→献物。この間、上皇に御膳・御酒を供す→三献→行事公卿に楽を奏せしむ→楽所、西門内で乱声を三度、その後参入音声を奏す→童親王と舞童がそれぞれ参議と行事大夫に率いられ参入→天皇・上皇とも南廂の平敷御座に着御→舞を奏す。この間上皇の召しにより親王・大臣も簀子敷に候う→晩景、天皇盃を奉り壽言を献

ず。後本座に復御→舞終わり、罷出音声を奏し退出→左右近衛府次将等、引き出物の馬を庭中で披露

上皇の命により書司を召し、御琴などを供すよう促す。絃歌の事あり。この間行事人は西廊にて院司以下に禄を給う。

なお、皇太后の算賀を天皇が主催する「天皇賀㆓太后御算㆒事」には、宴の部分に関して「皆同㆘奉㆓賀上皇御算㆒之儀㆖。」、つまり天皇が上皇の算賀を行う場合と同じ、とある。

他の儀式書を見てみよう。『西宮記』巻十二にも「太上天皇賀事」「天皇御賀」「中宮御賀」が載せられるが、延喜十六年（九一六）三月七日の朱雀院における上皇御賀に関しては、

法皇に対し天皇が拝舞→捧物・屯物→法皇に御膳を供す→音楽事・童親王等奏舞→法皇に茶盃を奉る→天皇、壽詞を奏す→引き出物（馬十匹）→御遊→院司以下に禄

と基本的には『新儀式』中の次第とほぼ同じである。一方、承平四年（九三四）三月二十六日に常寧殿で行われた中宮御賀では、献物→中宮の御膳を供す→天皇の御膳を供す、とあり、改めて乱声が奏されて穏座に入る、と記されている。

以上、天皇・皇后・上皇・皇太后といった当時の王権の頂点をなす人々を対象とする、またそれらの人々が主催する算賀の儀礼構造についてまとめてみると次にようになるであろう。

まず天皇算賀と上皇・皇太后算賀の共通点を示す。第一に典型的な饗宴儀礼の形式、つまり参入・着座、三献、参加者への給付、それが果てた後の宴、といった構造が見られることである。第二に特に芸能の奏上に関し、その種類が二つに区分できることであり、饗宴儀礼中に組み込まれた奏楽と、参加者・主催者への給付があって後、算賀を受けた者の命によって改めて開かれる穏座的な宴における奏楽、の二種が両方の儀礼に確認できる。

次にそれぞれの儀礼の異なる点について記そう。結論から言うと、天皇の算賀の場合は国家的儀礼としての

性格が色濃く、上皇や皇太后のそれはより私的な宴と位置付けられる。根拠の第一は、『新儀式』「奉㆓賀天皇御算㆒事」に当日の設営について「如㆓節会㆒」とあることに尽きる。例を挙げれば、天皇の算賀の運営には大臣が、また禄の準備には大蔵省といった律令官司が通常業務の一環として携わっていたことは先に確認した儀式次第に明らかである。一方で、上皇の算賀では実施の一・二年前に上皇御賀という一度限りの行事を執り行うための行事人が特別に任命され、準備・執行の全てを取り仕切ることになっていた。そのことは当日の次第はもちろんそれに先行する部分の同書「天皇奉㆓賀上皇御算㆒事」に詳しい。天皇算賀に比べ、上皇算賀がより私的な行事といえることの傍証は、さらに賀を受ける上皇側から主催者である天皇に給付される引き出物にも見出すことができる。引き出物は例え院や天皇が与えたものであっても国家的な給与ではなく、より相手を尊重していることを表現するものであった（中込一九九八）。一方、天皇算賀では儀礼の参列者全てに大蔵省によって禄が与えられている。禄とは、節会などの饗宴儀礼に参列したことに対する制度的給付に他ならない。

第二節　算賀における奏楽

次に奏楽について。まず先述の『新儀式』から確認すると、天皇算賀では雅楽寮が、上皇・皇太后の算賀ではその限りではなくいわゆる「楽所」が設置されるとの記述が見られる（有吉一九七二）。その一方で、上皇・皇太后の算賀でも雅楽寮が奉仕する例も散見することは平安時代の算賀における奏楽例を整理した表に示されたとおりであるが、いずれも『新儀式』成立以前のことであり、儀式次第が整う前の過渡的な状態をうかがわせると同時に、その場合でも必ず天皇が主催者となっていることは重要であろう。

また試楽が行われるのは上皇・皇太后の算賀のみであり、摂関期以前では延喜十六年（九一六）三月三日および五日（宇多上皇五十賀）、承平四年（九三四）三月二十四日（皇太后藤原穏子五十賀）、また後述するように長保三年（一〇〇一）十月七日、皇太后ではないが天皇の実母である東三条院藤原詮子四十賀に際し行われた（村上一九九五）。このことも上皇・皇太后の算賀が臨時の行事として位置付けられたことを裏付けると考えられるだろう。上皇・皇太后の算賀に先立ち、その日のためだけに行わなければならなかった試楽は、律令官司が通常の機能を果たしながら進められる天皇算賀に比べ、律令には定められない上皇および皇太后の地位そのものを反映している、とも言える。

奏楽が饗宴儀礼中に組み込まれたものであるのか、その後の穏座的な宴の部分でなされたものなのか判別しがたい例もあるものの、演目としては童舞が多く、とりわけ算賀の対象者や主催者の孫が舞童として登場する場合が目を引く。[*2] なお、臣下間、あるいは臣下が対象者である場合も奏楽が行われていたが、儀礼の一部として機能していたことは少なくとも十一世紀前半までは確認できず、穏座的な宴で行われていた可能性が高い。[*3]

以下、舞や音楽が誰によってどのように奏されたのかを中心に、史料から具体的な例を示そう。

・元慶二年（八七八）十一月十一日、皇太后藤原明子四十賀

雅楽寮の楽が持たれて「太上天皇童親王」と藤原時平が舞を舞った。「太上天皇童親王」に該当し得る人物のうち最年長は貞観十二年（八七〇）生まれで当時八歳の貞保親王なので、当人が舞童を務めた可能性が高い。もう一人の舞童である藤原時平は当時七歳、父の基経は摂政にしてその四か月前に正二位に昇進したばかりであった。

・元慶六年（八八二）三月二十七日、皇太后藤原高子四十賀

舞童の十八人は二十日ほど前に五位以上の子から容貌の優れたものが選ばれ、左兵衛で舞を習得した。《陵王》を舞った貞数親王は先代天皇である清和上皇の第八皇子、つまり主催者たる陽成天皇の異母弟にして在原行平の孫で八歳。親王や公卿が殿上で演奏を行った、ともあり、これは算賀儀礼に含まれる庭中での雅楽寮の奏楽ではなく、出席者が儀礼後に殿上で音楽を演奏する初見記事と考えられる。

・寛平四年（八九二）三月十三日、皇太夫人班子六十賀

《春鶯囀》、《酔胡楽》（舞童十五人）、《散手》、《万歳楽》（舞童六人）、《陵王》《打球楽》（舞童八人）と具体的な演目が見え、右大臣藤原良世は「舞態之巧」に大いに感じ入ったという（『母后代々御賀記』）。「総角舞」、つまり成人前で舞童を務めるのは良家の子供であった。「王卿参会、歌舞交加、」とあることから、参加した親王や公卿たちが儀礼の後に音楽や舞を演奏したことが窺える。

・延喜六年（九〇六）十一月七日、宇多上皇五十賀

儀礼後の宴席での音楽について具体的に記され、左大臣藤原時平が和琴を弾き、催馬楽《安名尊》が演奏されたこと、参加していた侍臣が和して歌ったことがわかる。

・延長二年（九二四）正月二十五日、醍醐天皇四十賀

具体的な次第として、雅楽寮の楽人が日花門と月花門の二つの門から入場し、酉三刻ばかりに承明門の前に東西に分かれて位置したこと、唐楽と高麗楽がそれぞれ二曲ずつ交互に演奏されたことが『河海抄』十三若菜上所引「御賀御記」に見える。

・承平四年（九三四）三月二十六日、中宮藤原穏子五十賀

乱声を三回、参入音声は《渋河鳥》。《万歳楽》は舞童四人、他の舞童同様赤白橡色の袍に蒲陶染の下袴という出で立ち、《春鶯囀》の舞童四人は冠・剣・靴を着ける。次の《散手破陣楽》は《振鉾》と同じ装いで兼明親王の男子が舞った。《皇麞》の舞童は大納言藤原恒佐の子陳忠、《羅龍王》は重信王、《納蘇利》は蔵人頭・藤原師輔の男子がそれぞれ務め、最後の《喜春楽》の舞童は十人とある。舞童は禄を賜り、退出音声《仙遊霞》が流れる中退出した。[*4]

『新儀式』第四「天皇奉㆓賀上皇御算㆒事」は、延喜十六年三月七日の二・三日前に行われた試楽の様相を比較的詳細に記す。以下その次第を概観しよう。出御をもって試楽が開始された。乱声が奏される中、召しにより大臣・皇太子・殿上親王や公卿が参入し着座。酒肴が供されると音声を発し、舞童が進み出て舞を披露。その

表: 算賀における奏楽

年月日	西暦	対象者（地位）	主催者（対象者から見た血縁関係）	種別（年齢）	舞人、楽人、「演目など」	儀礼後の奏楽	場所	出典	備考
天長2・11・28	825	嵯峨太上天皇（先代天皇）	淳和天皇（異母弟）	五十	雅楽寮			『類聚国史』帝王八太上天皇算賀	
嘉祥2・10・23	849	仁明天皇	橘嘉智子（太皇太后、生母）	四十	音楽逓奏		紫宸殿	『類聚国史』帝王八天皇算賀	
嘉祥2・11・27	849	仁明天皇	今上皇子11人、源氏2人（子）	四十	「音楽」		清涼殿	『西宮記』臨時八天皇御賀、『類聚国史』帝王八天皇算賀	
元慶2・11・11	878	藤原明子（太皇太后）	清和上皇（実子）	四十	雅楽寮「楽」、太上天皇童親王・藤原時平「舞」			『日本三代実録』	
元慶6・3・27	882	藤原高子（皇太后）	陽成天皇（実子）	四十	雅楽寮、童十八人、貞数親王《陵王》	王公於殿上絲竹	清涼殿	『西宮記』臨時八皇后御賀	翌日叙宮人并雅楽官人
仁和元・12・25	885	藤原基経（太上大臣）	光孝天皇（従弟）	五十		絲竹間奏、促席談飲、通夜極歡	内殿	『日本三代実録』	
寛平4・3・13	893	班子女王（皇太夫人）	宇多天皇（実子）	六十	《春鶯囀》《酔胡楽》《散手》《万歳楽》《陵王》《打球楽》	王卿参会、歌舞交加	常寧殿	『西宮記』臨時八皇后御賀	
延喜6・11・7	906	宇多上皇（先代天皇）	醍醐天皇（実子）	四十	《萬歳楽》、《蘇合香》、《皇麞》、《賀皇恩》			『花鳥余情』十九若菜上、『河海抄』十三若菜上	
						大臣（時平）弾和琴、唱阿難多不止曲、侍臣和之、	朱雀院	『御遊抄』二御賀	
延喜16・3・7	916	宇多上皇（先代天皇）	醍醐天皇（実子）	五十	童親王・五位以上子「舞」、藤原敦忠《散手》、《春鶯囀》、《賀皇恩》	有御遊事	朱雀院	『西宮記』臨時八太上天皇賀事、『日本紀略』、『藤原隆季奏状案』	3月3日と5日に試楽。楽行事は藤原忠房と保忠
延長2・正・25	924	醍醐天皇	宇多上皇（実父）	四十	雅楽寮「唐高麗各二曲」、《賀殿》、《帰徳》		紫宸殿	『西宮記』臨時八天皇御賀『河海	

								抄』十三若菜上所引「御賀御記」、『教訓抄』	
延長2・12・21	924	醍醐天皇	藤原穏子（中宮）	四十		有遊宴、笛（弾正親王（克明））、和琴（左大臣（忠平））	清涼殿	『御遊抄』二御賀	
承平4・3・26	934	藤原穏子（中宮）	朱雀天皇（実子）	五十		御遊、召舞孫王、於御前有曲宴	常寧殿	『御遊抄』二御賀	
					舞童二十人。弾琵琶二人。弾箏二人。唱音六人。唱歌六人。吹笛打鼓者皆着座敷			『新儀式』天皇賀太后御算事	
					童4人《萬歳楽》、《春鶯囀》、《散手》、《皇麞》、《陵王》、《納蘇利》、《喜春楽》、《仙遊霞》			『西宮記』臨時八太上天皇賀事、『皇太后藤原穏子御賀記』	3月24日に弘徽殿前にて試楽
天徳元・4・22	957	藤原師輔（右大臣）	藤原安子（女御、実子）	五十	「音楽」、藤原伊尹子童「舞」		飛香舎	『日本紀略』	天皇渡御
永延2・3・25	988	藤原兼家（摂政）	一条天皇（甥）	六十	藤原兼家孫児2人「舞」		常寧殿	『日本紀略』	
永延2・11・7	988	藤原兼家（摂政）	藤原道隆（権大納言、実子）	六十		臨晩有船楽舞御遊事、上下纏頭有差、公卿脱衣、懸舞人及近衛府官人	二条邸	『小右記』	「其儀不似例賀」
長保3・9・14	1001	藤原詮子（女院、天皇生母）	藤原道長（左大臣、同母弟）	四十	侍臣「舞」		東三条院	『日本紀略』	法華八講
長保3・10・9					《万歳楽》《蘇合香》《龍王》《納蘇利》《秋風楽》《賀殿》		土御門邸	『権記』	舞人は試楽に記載
長和4・10・25	1015	藤原道長（左大臣）	藤原彰子（皇太后、実子）	五十		卿相・雲上人等絲竹頻唱	土御門邸	『小右記』	仏事
治安3・10・13	1023	源倫子	藤原彰子（太皇太后、実子）	六十		上下絲竹同声更有余興	土御門邸	『小右記』	仏事

間、御厨所が肴を供す。舞童は楽行事・楽人と共に禄を賜るが、その内容は父の官職によって差が設けられた。場所は内裏の仁寿殿で、舞台をその東庭に立てる。御座は壇の南、さらにその南に皇太子の座、東南の高欄の下と南殿の北簀子に公卿の座、同じく南殿の北簀子に舞童の座、そして舞台北三・四丈ほどの場所に楽人の座がそれぞれ設置された。なお、実際の会場となる朱雀院の敷設を記すと、舞台は寝殿南階から二丈ばかりの所に立てられ、舞童と楽人の座は南階と舞台の間に設置。東対は天皇、西対は上皇の御座所である。また、宜陽殿を楽人の詰め所、蔵人曹司を舞童の休息所とした。

次の例として、長保三年（一〇〇一）十月九日に行われた東三条院藤原詮子四十賀の様相を『権記』および『小右記』から探ってみたい。主催者は同母弟の左大臣藤原道長である。

まず十月四日と六日に、舞楽の習練記事が見える。四日は右近衛権中将藤原成房が「合二拍子一」。成房は当時十九歳、長徳四年[*5]（九九八）および翌年に石清水臨時祭試楽の舞人を務めていた。四位・五位の者が数人来集し、道長が酒肴を振舞っている。舞が終わると舞師二人と楽人に被物が与えられ、楽所預にはさらに藤原行成が衣を与えた。その二日後、主催者である藤原道長の土御門邸東対の南廊で、子息頼通と頼宗が公卿や殿上人に見守られる中《陵王》と《納蘇利》の拍子合せを行っている（『権記』同日条）。

十月七日、内裏にて試楽がもたれた。清涼殿東孫廂に御座、中納言以上は簀子敷、参議は長橋、殿上人は壁下にそれぞれ座を設置。楽所は弓場の殿舎である。出御の後、楽人が月華門から参入、射場殿で参入音声を発し、舞人は仙華門から参入、承香殿南渡殿の西廂下に待機するまでその音色は続いた。鉦鼓や火炎面を南に向けた太鼓がその西に置かれている。その後の次第を記すと、《万歳楽》→酒肴→《蘇合香》→《陵王》→《陵王》舞童の頼通に御衣を賜う、頼通・道長の順で拝舞→勧盃→《納蘇利》→《秋風楽》→《賀殿》→楽人へ賜禄→楽人を砌下に、「侍臣堪レ事者」を殿上の年中行事障子の許に召す→「各奏」→左大臣以下に賜禄、となる。楽人への賜禄の後、楽人を砌下に召して行われた侍臣たちとの演奏では「于時天意酣蕩、遊興有レ餘」（『権記』

同日条）と記され、天皇が大いに楽しむ様子を窺わせる。なお、禄・饗は楽所のものも含め全て内蔵寮の用意、つまり当日の試楽の場所を提供した天皇側の負担であり、算賀儀礼の主催者たる藤原道長ではなかった。

翌日、つまり算賀の前日は調進される屏風などの準備、そして夜に至り主役の東三条院詮子が会場となる土御門邸に到着した。あとは翌日の本番を待つばかりである。

そして迎えた当日の九日、天皇が土御門第に行幸。御座は寝殿南廂、公卿の座は西対南唐廂、殿上人の座は西廊に、さらにその西に他の者の座が、そして楽屋は東対南庭にそれぞれ設けられる。饗に関しては公卿のものを内蔵寮、殿上人のものは穀倉院がそれぞれ供した。

出御後、上達部が寝殿の簀子敷に召されると、楽人・舞人は馬場殿の辺りから参入。舞人は四人ずつ、それぞれ菊花と竜胆の挿頭を着けていた。舞人の名を以下記すと、《万歳楽》は蔵人頭左中将源経房、右兵衛督源憲定、左近中将源頼定、右近中将藤原実成。[*6]《蘇合香》は左近中将源頼親、先述の右近中将藤原成房、左近少将藤原経通、右少将源雅通である。音楽を含む次第は試楽のとおりに進められたが、試楽の日に誤っていた《万歳楽》の舞人・源憲定と源経房の序列が、当日は正されている。《万歳楽》が奏される頃、御厨子所が御菓子を、内大臣が御酒を供し、次いで王卿にも衝重を下給。《蘇合香》の後、勅により《陵王》と《納蘇利》が舞われた。《納蘇利》はとりわけ「極優妙」とあり、天皇が感動するばかりか上下を問わず感嘆し、皆涙を拭うほど、舞師の右兵衛尉多好用（好茂）は勅を受けて階前に召され栄爵を賜った。[*7]その後の《秋風楽》の舞人は《万歳楽》と同じであったところ、上臈の源憲貞が重い赤痢により急遽退出してしまったため代わって源経房が務め、結局三人で舞っている。続く《賀殿》の舞人は《蘇合香》と同じ。禄は院、つまり算賀を受けた藤原詮子の下給で、曲が終わるごとに殿上人が執り庭中で舞人に下賜している。その後、殿上人と楽所の一・三人が管絃を奏したが、道長の機嫌が悪く、天皇が頗る興に乗っていた試楽の日のそれとは違う趣だったと思われる。

舞人について指摘すべきは、ほぼ主催者の近親者で占められていたことである。舞童を務めた腹違いの兄弟、九歳の藤原頼通と一つ下の頼宗が主催者・藤原道長の子であることは言うまでもないが、その他の舞人も道長妻の源倫子や源明子の身内、また道長に仕えた中流貴族などであった。《万歳楽》舞人の源経房は明子の同母弟、憲定と頼定は明子の甥、藤原実成は道長従弟の男子、《蘇合香》を舞った源雅通は倫子の甥である。

第三節　朝覲と儀礼中の奏楽

朝覲とは一般に天皇が太上天皇または皇太后の宮に拝謁することであるが、特に年の初めに太上天皇または皇后宮へ行幸して拝賀する儀式を指す。つまり退位した前・元天皇、あるいは皇太后の元へ天皇が自ら赴くという内容を持つことから、文献史学の分野では王権のあり方を考える重要な論点として様々な方向性から研究されている。以下、朝覲行幸という場の論理が奏楽にどのような影響を及ぼしたと考えられるのかを示したい。

まず儀式書から儀礼の構造を確認しよう。朝覲行幸の規定があるのは『西宮記』巻一有二上皇及母后一者三日朝覲のみである。

（行幸常の如し）上皇あるいは母后の宮外一町にて警蹕を止める→所司装束し入門→（天皇が通るための縁道を鋪き、屏幄を立てる→）天皇、門下から輿を降りて御休所まで歩く→天皇、正殿まで進み拝舞。上皇・母后は椅子に座しそれを受ける→天皇、御休所へ還御→上皇の旨を受け、天皇正殿に渡る→上皇、天皇に盃を給す→贈物・被物あり→群臣に賜禄→還御

注意すべきは儀式書には奏楽に関する記載が一切見当たらないこと、にもかかわらず、朝覲のかなり初期の事例から奏楽が行われていたこと、である。年頭の朝覲行幸の初見記事、『続日本後紀』承和元年（八三四）正月癸丑（二日）条には「天皇朝二覲後太上天皇於淳和院一。太上天皇逢迎。各於二中庭一拝舞。乃共昇レ殿。賜二群臣酒一兼奏二音楽一。左右近衛府更奏レ舞。」とあり、仁明天皇が異母兄の淳和太上天皇に行った朝覲行幸で、雅楽寮と左右近衛府の奏楽が見えることは決定的であろう。重要なのは、この時の奏楽が儀礼の後の宴ではなく

儀礼中の饗宴で行われたと判断できることである。なぜならば、先述した『続日本後紀』同日条の、続く「既而太上天皇。以二鷹鷂各二連嗅鳥犬四牙一。献二于天皇一。」との記事は、朝覲を受けた太上天皇が訪れた天皇へ狩猟用の鷹・ハイタカをそれぞれ二連ずつと犬四頭を献じたことを示し、これをもって儀礼が終了したことになるからである。さらに同書には、承和九年（八四二）正月三日に同じく仁明天皇が実の父母である嵯峨太上天皇と太皇大后橘嘉智子の住む嵯峨院へ朝覲を行った際「雅楽寮奏二音楽一」（同日条）とも見え、その後に拝舞の記載があるので儀礼中の奏楽であると考えられる。一方、その後仁明天皇が太皇大后橘嘉智子への朝覲を行った冷然院で「讌楽終日」（同書承和十一年（八四四）正月丙戌（三）条）、「宴飲酣楽」（同書嘉祥三年（八五〇）正月癸未（四日）条）とあり、それぞれ音楽が演奏されたことが見て取れるが、それらの音楽が持たれたのが儀礼中かその後の宴席なのか判別し難い。

一方、朝覲行幸とはどのような儀礼で、どのような論理を持った場なのか。従来の研究の方向性を概観すると以下のようになるであろう。近年、佐古愛己氏が院政期を中心に朝覲行幸の分析を行っているが（佐古二〇一二・二〇二〇）、平安時代初期、発足間もない時期の政治的な意義としてまず言えるのは、天皇家における家父長制的父母子秩序を顕現化し、確認するための儀礼という側面である（服藤一九九九）。奈良時代、日本の上皇は中国のそれと違って天皇とは上下関係にはなく、基本的には天皇と同立場でいわば国政の総覧者たる地位であったことは、例えば天平十五年（七四三）五月五日の五節舞で天皇と上皇が互いに奏という形式を用いて意見を表明したことからもうかがえる（春名一九九〇）。やがて薬子の変により、その状態が危機的な王権の分裂を孕むことが露呈すると、嵯峨は譲位の際に天皇から太上天皇尊号の宣下を受ける先例を自ら作り、いわば天皇によって規定される存在となった（筧一九九四）。それは同時に、「統治権の総覧者」たる地位の放棄も意味するが、決して天皇の臣下になったわけではない。[*8] また、朝覲行幸自体は仁明天皇が父である嵯峨太上天皇と母の太皇太后橘嘉智子を訪れた例を初見とするが、[*9] それは天皇が「統治権の総覧者」としての地位を離れ、子として父母を訪問する行為であると見なすべきである（春名一九九一）。つまり、上皇の優位に立つことになった天皇が、あえて父子の秩序を重んじ親、あるいは親に擬せられた関係にある上皇・皇太后・太皇太后を自らが訪問し、なおかつそれを貴族社会の規範として示すために開始された儀礼であると言うことができる。その根拠としては、朝覲行幸の儀礼では、先に確認したとおり天皇は上皇の居所一町内に入ると警蹕を止め、また居所では門下で輿から降り、自ら上皇の下まで歩かなければならないことが挙げられるが、これらは上皇へ敬意を表す所作である。また、先に引いた『続日本後紀』承和元年（八三四）正月癸丑（二）条には「各於二中庭一拝舞。乃共昇殿。」と見え、上皇と天皇は互いに拝舞を行っていることに注意したい。拝舞とは基本的には天皇に対する最高礼とされるが、本来なら拝舞を受けることはあってもなすことはない天皇が、父にその最高礼を行っていたことになる。拝舞が朝覲行幸開始時から行われていた可能性は高く（服藤一九九九）、まさにその当初から父子の秩序を体現し、貴族社会の規範として示していたと考えられる。注目すべきはこの父子の秩序が朝廷で最も規範となるべき律令的秩序ではなく、儒教の思想、なかでも孝思想に基づくということであるが（長谷部二〇〇八）、正月前半には、朝賀をはじめとして天皇を頂点とする宮廷の秩序を再確認するための儀式が連続して行われており、朝覲行幸はそういった一連の行事の一つとして、また単なる親子対面ではなく朝廷の公的な行事として、その政治的意義は非常に高いものであった。

では、なぜ発足当初に見られた朝覲行幸の儀礼中における奏楽は、その後儀式書などに記載されることなく、結果的に排除されてしまったのか。筆者は、儀礼中の奏楽は君臣関係を表象する作用があり、その関係性に包括されない天皇と上皇との貴族社会における立ち位置にそぐわなかったから、と推論する。

例えば儀礼の要素として奏楽を行う場合、どの機関が奏するのかが問題となる。まず雅楽寮は奏楽を担当できない。大宝令に既に規定ありとされる雅楽寮は節会に代表されるように律令的秩序に基づいた場で奏楽を行っていたが（平間二〇二三）、上皇に関する規定は律令に存在しないからである。では上皇と同じく律令的官職ではない左右近衛府はどうか。左右近衛府が奏楽を行う場合、臣従する者からの奉献という要素と不可分であるが（平間二〇二三）、天皇は上皇に対し臣号を使用し、さらに朝覲では基本的に下の立場のものとして振舞ってはいるものの、それはあくまで天皇が社会の頂点に立つ存在であるという前提のもと、儒教的秩序をことさら示すため敢えてとられた措置に過ぎない。つまり、左右近衛府が表象するところである奉献あるいは奉献的色彩の強い奏楽、言い換えれば大化前代に由来する臣従の体現に他ならない演奏行動は、不可能と言わざるを得ないのである。この論理を敷衍し、朝覲という場の論理が儀礼の要素としての奏楽を不可能にした可能性が高いと判断できるのではないだろうか。朝覲行幸とは、天皇が親、あるいは親に擬せられた関係にある上皇・皇太后・太皇太后を自ら訪問し、殊更下の立場であるかの如く振うことによって天皇家における儒教的な秩序を示す機能を持つことは既に述べた。そこで強調されるいわば父母子秩序は、律令に基づく君臣関係でも、その導入以前の主従関係とも異なるものであり、またそれが貴族社会の規範として重んじられるべきものであるからこそ、君臣関係の表象たる雅楽寮や左右近衛府の奏楽が儀礼の要素として定着しなかった、と推論する。

むすびに代えて

本稿の内容を纏めると以下のようになる。まず算賀において、天皇が対象者となる場合は、その儀礼の目的が個人的なものであるにも関わらず、節会に準ずる形で雅楽寮が奉仕したこと、逆に対象者が上皇や皇太后であっても雅楽寮は派遣されない原則であったことを確認した[*10]。しかしながら儀式書の規定は最初から存在したのではなく、いくつかの段階を経て基本とされる形が調えられてゆくのは他の儀礼と同様である。算賀儀礼の成立から九世紀後半まで、具体的には嵯峨上皇の他、明子、高子といった藤原氏出身の皇太后の算賀では、後の儀式書の規定に反して雅楽寮が奏楽を行っていたことも補足しておく。

天皇以外の人物が算賀の対象者になる場合は、本番さながらのリハーサルとも言うべき試楽が行われるが、当日の会場で行われる場合はむしろ稀である。功労者、奉仕の楽人たちに禄が与えられる他、出席した貴族には酒肴が供され、格式ばった本番よりもむしろ砕けた雰囲気を楽しむ様相さえうかがわれるのは興味深い。舞楽が披露されるのは他の儀礼同様だが、童舞は算賀独特の特徴とも言え、二十人もの舞童が登場する場合もあった。舞童は主催者や対象者の親族が習練して務める例が散見するが、長保三年に左大臣藤原道長が同母姉である東三条院詮子の四十賀を主催した際の記録からは、舞人にも主催者の近親者が当たっていたことが見て取れる。

一方の朝覲行幸については、『江家次第』が欠巻である点はともかく、少なくとも『西宮記』には奏楽の規定は一切見当たらない。しかしながら正月朝勤行幸の初見記事には、雅楽寮と左右近衛府が奏楽を行った、と明記されており、さらにこれらの奏楽は後に恒例と化した儀礼後の宴席における音楽ではなく、儀礼中の演奏であったと判断できる。すなわち、朝覲が儀式として整備される段階で、雅楽寮または左右近衛府による奏楽が排除されてしまった可能性が高い。この背景として考えられるのは、雅楽寮の楽が律令的秩序の、左右近衛府の楽が大化前代に遡る主従関係の表象としてそれぞれ機能していたことである。律令に規定されず、かつ天皇とは君臣関係にない上皇の社会的な地位、そして朝覲行幸で表象される儒教的な秩序に鑑み、敢えて儀礼の構成要素に組み込まれなかったと考えられる。算賀において舞童が多用されたのも、成人の舞人によって君臣関係が表象されることを避けた可能性もあるのではないだろうか。

視点を変え、逆に「なぜ成立当初の朝覲行幸で敢えて雅楽寮や左右近衛府による奏楽が行われたのか」を考えた場合、可能性として算賀からの敷衍を挙げたい。算賀では、その性質上対象者は主催者の上の立場にある場合が圧倒的に多く、儀式書の記載項目の立て方からも天皇が上皇に対して行うことが一般的との前提すらうかがわれる。つまり、「誰が」「誰に対して」「どのような立場で」行うのか、という意味では朝覲行幸に通ずるところが大きい。注目すべきは本稿最初に挙げた史料、天長二年（八二五）に先代天皇である淳和天皇が嵯峨太上天皇に行った算賀に見える雅楽寮演奏の史実であり、仁明天皇が前例のほぼなかった年頭の朝覲を行う際、参考にした可能性も否定できない。仁明天皇は殊更楽に関心が高かったことでも知られ、史上初の正月儀礼としての朝覲行幸において、父である嵯峨太上天皇への敬意を表するため、先代・淳和天皇が嵯峨太上天皇の算賀を主催した天長二年の例に倣って楽を用いた、と考えるのが妥当ではないだろうか。

天皇自らが政治を主導する時代はやがて摂関政治にとって代わり、十一世紀には天皇の父たる太上天皇が院として権勢を振るうようになる。摂関政治とは天皇の母方の親族が政治の実権を握る構造であるように、いわばその後の朝廷は父母子秩序に大きく影響される方向に向かっていくと言え、その秩序を表象する役割を担った算賀と朝覲行幸の重要性も増していく。院政期を中心としたそれらの儀礼における音楽の様相、とりわけ御遊と呼ばれ半ば儀礼化していく穏座の音楽に関する分析を今後の課題として挙げ、筆を擱く。

◎付記
本研究はＪＳＰＳ科研費基盤研究Ｃ（JP22K00146）の助成を受けたものです。

◎参考文献

有吉恭子　一九七一年　「楽所の成立と展開」、『史窓』二九、四七～六九頁
筧敏生　一九九四年　「太上天皇尊号宣下制の成立」、『史学雑誌』一〇三―一二、一～三〇頁
倉本一宏（編）　二〇一六年　『現代語訳小右記』３、吉川弘文館
佐古愛己　二〇一二年　『平安貴族社会の秩序と昇進』、思文閣出版
――　二〇二〇年　「朝覲行幸にみる天皇と儀礼」、『京都女子大学宗教・文化研究所研究紀要』三三、一七～三九頁

中込律子　一九九八年「摂関家と馬」、『王朝の権力と表象―学芸の文化史』、森話社、一六〇～二〇七頁
長谷部寿彦　二〇〇八年「九世紀の天皇と正月朝覲行幸の成立」、『国史学研究』三一、五一～八五頁
春名宏昭　一九九〇年「太上天皇制の成立」、『史学雑誌』九九―二、一～三八頁
――――　一九九一年「平安期太上天皇の公と私」、『史学雑誌』一〇〇―三、三六～六一頁
平間充子　二〇二三年『古代日本の儀礼と音楽・芸能：場の論理から奏楽の脈絡を読む』、勉誠社
服藤早苗　二〇〇四年「王権の父母子秩序の成立―朝覲・朝拝を中心に」、『平安王朝の子どもたち：王権と家・童』、吉川弘文館、初発表は一九九九年
村上美紀　一九九五年「平安時代の算賀」、『寧楽史苑』四〇、三八～七一頁
目崎徳衛　一九九五年『貴族社会と古典文化』、吉川弘文館

注

1　『群書類従』巻第八十には「延長六年」とあるが、この年に御賀が行われたとの記録は他になく、延長二年の誤りか。

2　『うつほ物語』菊の宴には、当時の舞の名手であった仲頼と行正が、実母である嵯峨大后の六十の御賀に一族の子どもの童舞を披露させたいとの大宮の願いにより、人里離れた山奥に子供をひきとって舞を伝授した様が描写されている。

3　『小右記』永延二年（九八八）十一月七日条は、権大納言藤原道隆が父である摂政兼家の算賀を催した際に「船楽舞御遊事」があったことを記す。同日上にはさらに「其儀不㆑似㆓例賀㆒」ともあり、船楽のような趣向を凝らした奏楽も批判の対象になっている可能性も否定できない。

4　『母后代々御賀記』には舞童は十九人、とある。また『皇太后藤原穏子御賀記』二十七日条から、他に代明親王の孫・重光王、左大弁・平時望の男子量材（ママ）も舞童を務めたことがわかる。なお、両書および表中の『藤原隆季奏状案』は東京大学史料編纂所データベースHi-CAT Plusにてネット閲覧（二〇二五年二月一日）。

5　『権記』同年八月十五日条。

6　『権記』同年十月七日条には《万歳楽》の舞人として他に権左中弁源道方、蔵人散位源斉政が記されるが、舞人の挿頭に関し具体的な描写もある『小右記』の記述が正しいか。

7　勅許は右大臣の申し入れによるものであり、上臈かつ舞童の父でもある左大臣藤原道長の意向を得ていなかった。この後道長は算賀の席

を退出し、詔命を何度も受けてようやく戻ったものの機嫌が悪かった。人々は嫡妻の子・頼通と所謂外腹の子・頼宗とでは愛情にも差があり、後者のみが称賛されたことに対する忿怒だと囁いている。試楽の日、《陵王》を舞った頼通が御衣を賜った後、道長が躍踊し軽々しく「天長地久」と言ったことと併せ、妻の立場による子の扱いの違いが窺われる。(『小右記』同年十月七日条、九日条)

8 例えば、平城上皇が「臣」と自称する書簡を淳和天皇へ送ったが、淳和は「臣と自称する書簡は受け取れない」と使に返却させている。さらに淳和天皇は嵯峨上皇に「臣」を自称している。朝覲行幸が開始された時期には、このように子が父より上位に立つ矛盾を避けるための措置がとられた(目崎一九九五年、服藤一九九九年)。

9 『続日本後紀』天長十年八月十日条。

10 一方、算賀に先立ち天皇の徳を知らしめる政治的行為である賑給が行われること、また仏教行事としての性格が当初より強かったことが史料よりうかがわれ、現代の感覚で長寿を祝うのが第一の目的と考えてよいかどうかについてはなお議論の余地が残されていると思われる。国家儀礼としての分析を課題としたい。

戦時下北京における日本人音楽家の軌跡
——北京における西洋音楽受容の一側面

鄭 暁麗
Zheng Xiaoli

はじめに

本稿は、戦時下北京における日本人音楽家の音楽活動の実態を解明することで、「占領空間」に置かれた北京の音楽文化に日本人音楽家が与えた影響、および彼らの音楽活動が戦時下の北京における西洋音楽の受容に果たした役割を明らかにするものである。

近年、日中戦時下および占領地における文化研究は、国内外で注目を集め、多くの研究成果が蓄積されつつある。特に、「旧満州」、上海やシンガポール等といった日本占領地における音楽文化や日本人音楽家の活動に関する研究は着実に進展している。しかし、中国国内の日本占領地に関して、北京をはじめとする華北地域の音楽史に関しては、変わらず注目度が低く、研究成果が少ない現状にある。

戦時下の北京は、日本軍の占領地であると同時に「北支建設の中心地」として位置付けられ、多くの日本人や台湾人が移住する地域となった。[*1] 音楽は戦時下のプロパガンダの手段として、現地の文化政策において「慰安」と「教化」の役割を果たした。そのため、音楽による宣撫や大衆教化を目的に北京をはじめとする華北地域に移住し、音楽活動を展開した日本人音楽家は、政治的理由によって研究範囲から長く外されてきた。孟維平（二〇一二）、王垠丹（二〇一三）の先行研究は、彼らの名前と簡単な履歴を記録するにとどまっており、その詳細な活動や歴史的背景については不明な点が多い。[*2] 占領下の北京における音楽文化を解明するには、彼らの音楽活動および「占領空間」である北京の音楽文化に与えた影響の考察が必要であろう。

以上をふまえて、本稿は、日中両国の資料を活用し、戦時下北京における日本人音楽家の活動実態を解明することを目的とする。また、彼らの音楽活動が戦時下の北京における音楽文化の発展にどのような影響を与えたのかを考察する。本稿では、主に『新民報』(中国語)、『音楽教育研究』『音楽世界』『音楽倶楽部』『音楽之友』などの新聞雑誌の記録、そして日中両国の公文書を参照する。具体的には、日本人音楽家が北京に移住する歴史的背景を探った上で、北京に移住した音楽家である袴田克巳[*3]および東京音楽学校卒業生の事例を取り上げる。

第一節　日本人音楽家が北京に移住する歴史的背景

一　東亜文化協議会と文化工作の提起

戦時下における日本人音楽家の北京進出は、昭和十二(一九三七)年の日中戦争勃発以降、日本が推進した「対支文化工作」とりわけ「音楽工作」と深く結びついていると考えられる。「対支文化工作」は、占領地において現地民衆の思想を統制し、文化政策を通じて支配の正当性を確立することを目的としていた。[*4]この中で音楽は、感情に直接訴えかける効果があるため、特に重視された。

重要な誘因となったのは、昭和十二(一九三七)年十二月に東京で開催された「東亜文化振興協議会」である。この協議会には戦時下の日中両国の文化工作者が互いに時局の状況や、文化工作の方針をめぐって意見を交換し、「音楽工作」にも言及があった。[*5]そのなかで、北京師範大学教授であり、北京楽壇における中心人物でもあった柯政和(一八九〇―一九七九)[*6]は、音楽博物館の設立や東亜芸術協会の創設を提案した。一方で日本側代表である東京音楽学校校長の乗杉嘉寿(一八七八―一九四七)は、音楽を通じた日中文化交流の意義を強調し、音楽によって両国間の親善関係を深めるべき、と指摘した。これらの提案は、北京を日本の文化政策の中枢とする構想の一環であり、音楽を通じて占領地での支配基盤を強化しようとする意図が窺える。この協議会は翌昭和十三（一九三八）年に「東亜文化協議会」と改称され、本部を北京に設置し、文化政策を占領統治の一環として活用することを目的として、日中文化提携や文教振興を掲げた活動を展開した。

「東亜文化振興協議会」に関しては、当時の日本新聞や雑誌、さらにラジオなどを通じて広く報じられた。これにより、国内世論においても「日中文化提携」という名目のもとで占領政策の正当性が主張される契機となった。

二　日本の音楽界における「音楽工作」に関する言説と動き

「東亜文化振興協議会」の開催により高まっていた世論は、日本の音楽界にも波紋を広げた。協議会が開催される直前、塩入亀輔（一九〇〇―一九三八）によって「北支文化工作と音楽」という文章が『朝日新聞』に掲載されていた。[*7] 塩入は、音楽を通じた文化工作の重要性を強調し、特に音楽が占領政策の中で果たすべき役割について訴えている。この記事は、現時点では日本人音楽家によって「北支音楽工作」の必要性が示された最初の文献と見受けられる。

さらに昭和十三（一九三八）年三月には、衆議院の調査資料『対支文化工作に関する論調』が発行された。中でも中村彌三次（一八九二―一九七三）が執筆した「大陸文化政策に就いて」には、「芸術的文化事業」の重要性が述べられている。中村は、音楽が言語に比べて直接的かつ効果的に感情や思想を伝える手段であると指摘し、その文化政策における重要性を改めて強調している。[*8] このような議論を背景に、昭和十三（一九三八）年以降、日本の音楽界では「対支音楽工作」を具体化する動きが加速したのであった。

その象徴的な事例の一つが、山田耕筰（一八八六―一九六五）率いる中京交響楽団の活動である。昭和十三（一九三八）年三月十四日付『朝日新聞』の記事「楽人も是非一役を　北支大衆教化に交響楽団進出」では、山田耕筰と中京交響楽団が約一か月間にわたり「北支」で慰問演奏を行うことが報じられている。[*9] その演奏曲目には《愛国行進曲》や邦人作曲家が中国旋律を取り入れた楽曲が含まれている。これらの活動は単なる演奏会に留まるものではなく、占領政策の一環であることに留意すべきであろう。

戦時下の北京に移住した最初の日本人音楽家として記録されているのが、袴田克巳夫妻である。昭和十三（一九三八）年三月二十四日付の『読売新聞』では、袴田夫妻が「音楽で北支を宣撫する」という目的で北京へ渡航したことが報じられている。[*10] 同記事によれば、袴田克巳は「東洋音楽学校」の学友との縁を頼りに、音楽による宣撫活動を展開する意志を示していた。この取り組みは、日本の音楽界が推進した「音楽工作」の一環と位置づけられ、戦時下北京における日本人音楽家の活動の先駆けとして注目される。

第二節　袴田克巳の北京移住と音楽活動

一　北京移住までの音楽活動歴

袴田克巳（はかまだ・かつみ）は、明治三十八（一九〇五）年五月八日、千葉県に生まれた。東洋音楽学校本科の器楽部（ピアノ）に学び、ピアノを伊達愛に師事した。卒業後、千葉県立成東中学校および東京唱歌教員専修学校の講師を勤める傍ら、「袴田ピアノ・スタディー」を主宰し、後進の育成にも力を注いだ。昭和七（一九三二）年五月二十八日、朝日講堂で開催されたピアノ演奏会に出演したことを契機に、袴田の音楽活動は注目を集めるようになった。以降、昭和八（一九三三）年の「ピアノ・スタディー門下生演奏会」や一九三四年の日比谷公会堂での「オペラ祭りの夕」など、数々の演奏会に出演し、日本楽壇で確固たる地位を築いた。昭和十三（一九三八）年三月、袴田は妻・育子（一九〇八―?）、長女・美智子（一九三六―?）[*11]と共に北京へ移住した。これは「音楽報国」の精神を掲げたものであり、彼は戦時下の「北支」において音楽を通じて宣撫活動を行った最初期の日本人音楽家の一人であったと考えられる。

北京における袴田克巳の最初の活動として記録が確認できるのは、昭和十三（一九三八）年六月一日に新民会が主催した小中学校唱歌コンクールである。[*12]このコンクールは『新民之歌』の普及を目的としており、袴田は東京音楽学校出身の柯政和と共に審査員を務めた。また同年六月十六日に開催された「中日音楽界演奏大会」においては、袴田夫妻が共にピアノ演奏を行った。[*13]この演奏会は、日本の占領地となった北京における初めての日中合同演奏会であり、北京における袴田の音楽活動の幕開けを象徴するものでもあった。これらの活動から、袴田が北京に到着してまもなく新民会との関係を築き、北京の音楽界に積極的に関与し始めたことが知られる。

一方、『北京近代科学図書館館刊』(昭和十三年発行)や『音楽年鑑』(昭和十四年度)によれば、袴田は北京中央放送局の文藝係員として勤務し、島村義雄(生没年不詳)の後任として着任したことが確認され、昭和十三(一九三八)年九月からは北京近代科学図書館で音楽講座の講師を務めたことも分かっている。また『新民報』や『音楽年鑑』を遡ると、袴田は中央放送局文藝係員としての公務に加え、中央放送局にて夏期音楽講習会を開催し、合唱団の指導や北京警察局吹奏楽団の指揮を行ったほか、「中日音楽研究社」を主宰した。さらに音楽教育者およびピアニストとして新民会関連のイベントに出演し、江文也独奏会でのピアノ伴奏を担当するのみならず、多くの音楽記事を執筆し、北京現地の音楽事情を日本楽壇へ発信し続けていた。これらの活動は、戦時下の音楽文化形成や日中音楽交流の一端を担った重要な事例と位置づけられるだろう。したがって以下では、袴田による戦時下の北京中央放送局における音楽活動と執筆活動を掘り下げ、彼の活動が戦時下の日中音楽交流に与えた影響について考察する。

二　北京中央放送局における音楽活動と選曲方針

戦前の北平放送局は、占領後軍部に接収され、昭和十三(一九三八)年一月一日から「北京中央放送局」として放送を再開した。[*14]ラジオ放送は、戦時下の北京における情報宣伝やイデオロギー強化の手段として、軍部から非常に重視されていた。石井文雄（一九〇七―？）[*15]は、北京中央放送局が「新支那における音楽工作の中心」として機能したと述べており、ラジオを通じた音楽工作が時局の動向に大きく影響を与えたことが窺える。[*16]

北京中央放送局において、袴田克巳は「文藝係員」として音楽活動を行い、特に選曲や番組企画に深く関与していたことが複数の史料から確認できる。『新民報』に連載されていた「無線文藝」欄（一九三八年八月一日から一九三九年五月三十一日まで）は、文藝係が放送局の音楽活動に大きく関与していたことを示しており、編集者名として「北京中央放送局文藝係主編」が記されていることから、袴田がこれらの活動を主導していたと考えられる。また、彼が執筆した「北京放送局の現状」[*17]には、レコードの編成を担当していたことが明記されており、彼が選曲や音楽活動の企画において指導的役割を果たしていたことが裏付けられる。

袴田克巳による選曲の方針については、当時の音楽政策および彼自身の記述から考察することができる。石井文雄は、北京中央放送局の音楽工作が「洋楽制度」によって推進されていたと指摘しており、袴田もこの方針を支持していた。彼が執筆した文章「抗日音楽や音楽工作」[*18]や「北支の音楽」[*19]によれば、抗日歌が禁止される状況下において西洋音楽は、とりわけ学生や知識人層に向けた国際的な言語として活用され、「日中親善」の深化が目指されていたことが示されている。これらの文章からは、西洋音楽の普及を通じて政治的・文化的意図を実現しようとする袴田の姿勢が見てとれる。

実際に北京中央放送局の放送構成を見てみると、第一放送、第二放送、第三放送の三本柱によって成り立っていたことがわかる。第一放送は中国語で放送され、出演者の多くが中国人であった。第二放送は日本人向けで、日本からの中継放送が大部分を占め、ラジオ体操や中国語講座、子供向けの番組が含まれていた。第三放送は特殊放送として、下層階級向けの中国劇や外国人向けの洋楽レコード放送を中心に構成されていた。この第三放送では、洋楽レコードの選曲と放送を袴田が担当しており、毎日三十七枚程度のレコードが使用され、昼と夜ともに一日あたり四時間の放送が行われていた。番組内容は、前半が管弦楽、独唱、合唱、室内楽、歌劇、器楽独奏・独奏であり、後半は全てダンスレコードで編成されていた。[*20]

また、ラジオ番組表（昭和十三年八月以降）を分析すると、西洋音楽の放送が顕著に増加していることがわかる。放送はレコード放送、東京からの中継、生演奏という三形式に分類され、これらが「洋楽制度」の実践を具体化していた。東京中継では、大岡運英、藤原義江、レオニード・クロイツァー、小園登至子、鈴木四重奏団、松竹管弦楽団、大阪交響楽団、大日本連合合唱団といった当時の日本音楽界を代表する演奏家や団体による生演奏が含まれており、それらが電波を通じて北京のリスナーにも届いていたことが確認できた。

さらに、生演奏形式では「世界名歌曲定期放送」というプログラムが特筆される。この番組では、作曲家・声楽家である江文也（一九一〇―一九八三）に依頼し、世界的な名曲を彼の独唱によって生放送する形式が取られた。昭和十三（一九三八）年九月七日の『新民報』によると、「世界名歌曲定期放送第七回」が放送されたことが確認できる。当日、江文也がゴダールの名曲《ジョスランの子守歌（Berceuse de Jocelyn）》やイタリア民謡二曲（曲名不明）を演唱し、袴田克巳がピアノ伴奏を務めた。[*21] この番組は、戦時下の音楽工作における「洋楽制度」の一環として、西洋音楽の普及と「日中親善」の深化を目的としていた。「世界名歌曲定期放送」は、一九三九年十二月までの間に合計三十回放送された。

以上のように、西洋音楽の放送が増加した背景には、「洋楽制度」の積極的な実施があった。袴田は、この制度を実行する役割を担い、「日中親善」を深めるために、選曲や放送内容の企画においてその意図を反映させていたと考えられる。

三　音楽団体の設立、指導と育成

袴田克巳は、北京中央放送局におけるラジオ放送の企画や選曲にとどまらず、多岐に渡る音楽活動を行った。特に彼は音楽演奏団体の指導と育成に注力し、数々の団体を創立した。彼は北京中央放送局内の中日音楽研究会を創立し、北京警察局楽隊の指揮者としての活動も行ない、さらには中国人向けの北京中央合唱団、日本人職業婦人向けの双葉合唱団、そして東京音楽学校出身者を中心に構成された音楽研究会合唱団の創立者および指導者でもあった。

特に北京警察局楽隊の活動については、石井文雄が「北京中央放送局では、一般の洋楽方針として警察バンドを養成してこれを確立させよう」[*22]と述べており、北京中央放送局が進める洋楽方針の一部として位置づけられていたことがわかる。北京警察局楽隊の演奏は、月々の定期放送で紹介され、楽団の数が限られていた占領初期の北京における演奏活動に重要な役割を果たした。また中国人音楽教育者による北京中央合唱団は、北京中央放送局が音楽教員の育成を目的として開催した夏期音楽講習会の修了生を中心に結成された。合唱団は、日本の近代歌曲を歌うことで、日本文化の普及を図った。袴田は、《春が来た》や《荒城の月》などの日本歌曲を指導し、中央放送局のラジオ番組でその演奏が放送された。

いずれの音楽団体も、北京中央放送局における音楽活動において重要な役割を果たし、その演奏は定期的に放送された。これらの活動を通じて、音楽が戦時下の文化政策における一環として位置づけられ、占領下における日本の文化的な影響を強めたことが窺える。袴田克巳は、これらの音楽団体の創立および指導を通じて、音楽の力を用いて、当時の放送局の方針に基づく音楽活動の推進を図った。その活動は、特に占領地における文化的な統制やイデオロギーの浸透に尽力したと同時に、音楽教育や合唱団体の育成を通じて、さまざまな層の人々に音楽文化を広めることにもつながったのである。

四　袴田克巳の執筆活動

袴田克巳の執筆活動は、北京中央放送局での音楽活動と並び、戦時下の北京における音楽工作において重要な役割を果たした。北京移住後、袴田は日本の音楽界に向けて現地音楽工作の進捗や音楽活動の情報を発信し続けた。これらの活動は、単に音楽の普及を目的としたものではなく、音楽工作を通じて占領地における日本の影響力を強化するものでもあった。

現時点で確認されている袴田の記事は十五本に上り、『音楽世界』『音楽倶楽部』『音楽之友』『音楽文化新聞』など、戦時下における日本の主要な音楽雑誌に掲載されている。特に『音楽倶楽部』では、一九三九年から一九四一年にかけて毎月のように記事が掲載されており、袴田による情報発信が非常に活発であったことが窺える。具体的には、「抗日音楽と音楽工作」(『音楽世界』一九三九)、「北京音楽通信」(『音楽倶楽部』一九三九)、「北京放送局の現状」「淋しい北京音楽壇」「北京の音楽系」「北京音楽会だより」「支那劇とその楽器」「北京の合唱界」「糸竹合奏に就いて」(以上『音楽倶楽部』一九四〇)、「巷説支那談義(北支音樂の巻)」(『揚子江』一九四〇)、「北京音楽だより」「北京交響楽団の誕生」(以上『音楽倶楽部』一九四一)、「北京音楽文化協会の誕生」(『音楽文化新聞』一九四二)、「北京から」(『音楽の友』一九四二)、「北京音楽通信」(『音楽の友』一九四二)などが挙げられる。

これらの記事には、「対支音楽工作の進展」、「中国の音楽文化に対する認識」、「現地演奏活動情報の発信」という三つの共通のテーマが垣間見え、いずれも占領下の北京における音楽文化の状況を反映し、同時に日本の音楽家たちに向けた指針が示されている。特に「抗日音楽と音楽工作」では、音楽が単なる娯楽にとどまらず、その指導性や宣伝力、感化力を強調し、日本の音楽が中国に浸透するためには、まずは国際言語である洋楽を通じて進出するべきだと主張している。[*23] この見解からは、日本側の音楽工作が単なる文化的交流ではなく、占領地における政治的・文化的影響力を強化する手段として音楽を利用しようとする意図が窺える。

袴田の記事は、戦時下北京の音楽文化を詳細に記録している。彼は日本人音楽家だけでなく、中国人や欧米人の音楽家、音楽団体、演奏記録についても多く報告している。これらは戦時下における音楽文化や音楽政策の動向を検証する上で極めて重要な研究材料を提供している。

また、彼が述べるところの「音楽工作」は、単なる個人の努力では成し遂げられないものであり、音楽家たちの協力が不可欠であった。彼の「音楽報国」の呼びかけは、音楽家たちに占領地での音楽活動を積極的に行うよう促した。このことは、昭和十五（一九四〇）年以降多くの若手音楽家が北京に移住し、現地での音楽工作に参加するきっかけとなった。こうした動きは、日本の音楽界における戦時下の文化政策を支援するものであり、音楽を通じて日本が占領地での文化的支配を強化しようとする試みであったと言えるだろう。

第三節　北京に渡航した東京音楽学校の卒業生

一　東京音楽学校の卒業生の北京移住

昭和十五（一九四〇）年以降北京に移住した日本人音楽家の多くは東京音楽学校の卒業生であったことが、寳井真一の「北京音楽印象記」[*24]などの記録から窺える。例えば、昭和十五（一九四〇）年に北京に渡航した井上直二（昭和十五年本科器楽部卒業）、中村千代子（昭和十五年甲種師範科卒業）と、昭和十六（一九四一）年に渡航した寳井真一（昭和九年本科声楽テノール卒業）、田中利夫（昭和十年本科器楽ピアノ卒業）、荒井三郎（昭和十一年甲種師範科卒業）、昭和十七（一九四二）年以降渡航した綱代栄三（昭和十一年本科作曲科卒業）、鈴木富美子（昭和九年本科声楽ソプラノ卒業）といった人物が確認できた。彼らの専攻は主にピアノ科、声楽科または甲種師範科であり、主な勤務先は、北京師範大学および北京師範大学女子学院や北京の日本人中学校・女学校であった。

このような移住の背景には、さまざまな要因が複合的に作用していたと考えられる。たとえば前述の袴田克巳による活動や執筆活動を通じた呼びかけのほか、戦時下における「音楽工作」の推進などが挙げられる。この政策は、音楽を通じて占領地における文化的影響力を拡大することを目指しており、日本人音楽家の現地における活動を奨励するものであった。この文脈において、東京音楽学校卒業生の北京移住は政策的な意図と一致していたと考えられる。また、東京音楽学校校長であり東亜文化協議会の役員でもあった乗杉嘉寿の存在が間接的な影響も看過できない。彼が関与する東亜文化協議会は、日本の文化政策と深く結びついており、卒業生の移住促進に一定の影響を及ぼしていた可能性があるだろう。

さらに挙げるべきは、北京楽壇における中心人物であった柯政和の存在である。柯政和は東京音楽学校の甲種師範科卒業生であり、北京師範大学音楽系の主任として北京で活躍していた。賓井真一の記録によれば、柯政和は賓井の先輩であり、賓井を含む日本人音楽家の紹介や支援を行い、現地での活動を円滑にする役割を担っていたことがわかる。彼が東京音楽学校卒業生と北京の音楽界を結ぶ仲介者として機能していた可能性は非常に高く、その人的ネットワークが卒業生の北京移住を後押しする要因となったと推測される。

以下では井上直二と荒井三郎の事例を取り上げ、占領下の北京における東京音楽学校卒業生の音楽活動の一側面を捉えてみたい。

二　井上直二と北京交響楽団

井上直二（生没年不詳）は、戦時下北京において西洋音楽の普及に重要な役割を果たした日本人音楽家であり、北京交響楽団を創立した人物である。彼は昭和十五（一九四〇）年、東京音楽学校本科（トランペット専攻）を卒業後、直ちに北京へ渡航した。日本人中学校や商業学校の音楽教師を務め、その後北京師範大学の講師として音楽教育に従事したとともに、北京交響楽団の指揮者として楽団の運営と指導にも尽力した。[*25] 袴田克巳の「北京交響管絃団の誕生」によれば、昭和十五（一九四〇）年の秋以降、楽団の設立が計画され、当年十二月に結成されたことが窺える。[*26] この楽団は創立から間もなく、戦時下の北京における西洋音楽の演奏と普及における中心的存在となった。

北京交響楽団の活動については、「旧満州」で活躍してきた作曲家の綱代栄三が「北京あれこれ」（昭和十八年）

において詳細に記している。[*27] 綱代によれば、北京交響楽団のメンバーは、白系露人（ロシア人亡命者）を中心に邦人（日本人）や中国人が少数加わる多国籍なものであった。楽器編成には戦時下の資材不足や人材制約を反映した特異な工夫が見られる。綱代によれば、ファゴットがサクソフォンで代用され、ホルンは二本、オーボエは一本、代わりにクラリネットが三本使用されていた。このような編成は、限られた条件下で楽団が演奏活動を継続するための工夫であり、戦時下における音楽活動の実態を示している。演奏技術について、綱代は、「技術はハルビンといい勝負と云へば少し褒めすぎかもしれない」と述べているが、指揮者である井上直二の献身的な努力については、「経営と技術的指導に日夜骨身を削っている」と記し、その熱意を大いに評価しており、楽団の存続や発展において彼が果たした役割の大きさを強調している。

一方、『新民報』と袴田克巳による記事には、北京交響楽団の演奏会の情報が散見されている。現時点での調査の限りでは、昭和十六（一九四一）年一月二十五日に第一回北京交響楽団演奏会を開催してから、昭和十八（一九四三）年六月十二日まで十回の演奏会を開いたことが知られる。演奏曲目については、西洋クラシック音楽の名作を中心に構成され、昭和十六（一九四一）年一月二十五日の第一回演奏会では、モーツァルトの《アイネ・クライネ・ナハトムジーク》、ベートーヴェンの《ピアノ協奏曲第三番》（独奏：老志誠）、ビゼーの「カルメン」より間奏曲と組曲が演奏された。[*28] また、昭和十七（一九四二）年六月十八日の第五回演奏会では、白系露人団員リンデル作曲の《ロシア風の幻想曲》やメンデルスゾーン《フィンガルの洞窟》、ベートーヴェン《ピアノ協奏曲第一番》（独奏：富永律子）が取り上げられた。[*29] この選曲からは、西洋音楽の代表的な作品を通じて、聴衆に親しみやすく高水準な音楽を提供しようとする意図がうかがえる。

北京交響楽団の活動は、演奏会のみならず、合唱団との共演やラジオ放送局での伴奏など、多岐にわたっていた。特にラジオ放送を通じた活動は、楽団の演奏を広範囲に届ける手段として機能し、西洋音楽が占領下の北京に浸透する上で重要な役割を果たしたものと考えられる。これらの活動を通じて、楽団は単なる音楽演奏団体としてではなく、戦時下の文化政策を実践する場として機能していたとも言えるだろう。

なお井上直二の戦後の状況については殆ど知られていなかったが、北京交響楽団は戦後の昭和二十三（一九四八）年に「北平交響楽団」と改称し、戦時下の日本に留学した作曲家・指揮者の雷振邦が楽団の指揮者となって、中華人民共和国が成立するまで演奏活動を続けていた。

三　荒井三郎と北京合唱協会

荒井三郎（生没年不詳）は、戦時下の北京において日本人移住者向けの合唱団を指導し、占領地における合唱活動を推進した人物である。荒井三郎は石川県出身、昭和八（一九三三）年に東京音楽学校甲種師範科に入学し、昭和十一（一九三六）年に卒業した。北京への正確な渡航時期は不明だが、寶井真一の渡航後、昭和十六（一九四一）年二月から同年の秋頃までの間に北京へ渡航した可能性が高いと推測される。東京音楽学校『同声会名簿』（昭和十八年十二月）によれば、荒井の北京での勤務先は日本第一高等女学校であったことが確認できる。

昭和十六（一九四一）年冬、荒井三郎は日本人向けの音楽団体「北京合唱音楽協会」を設立した（具体的な設立日は不明）。これは、日本占領下の北京において、日本人移住者の増加に伴い設立された音楽団体の一つであり、戦時下における日本人の娯楽充実や団結促進を目的としていた。同協会は設立から半年後の昭和十七（一九四二）年五月二日、北京飯店において第一回合唱演奏会を開催している。この演奏会について、『新民報』（一九四二年五月三日付）は、「音楽報国の目的を達成するために、荒井三郎の指導のもとで非常に良い音楽が演奏された」[*30]と報じており、同協会が音楽活動を通じて「報国」という理念を掲げていたことがわかる。

当日のプログラム[*31]はクラシック音楽の合唱曲だけでなく、日本人作曲家の作品や国民歌、《興亜の合唱》などが含まれており、戦時下の時局に反映した内容であった。特に、《興亜の合唱》の全歌詞がパンフレットに掲載されていることから、演奏会が日本人移住者の団結を促す政治的意図を伴うものであったことが示唆される。なおピアノ伴奏を担当した白田豊子（生没年不詳）と中村千代子（生没年不詳）はいずれも東京音楽学校の卒業生であり、荒井と同様に日本第一高等女学校の教員として活動していた。[*32]

さらに、荒井が指導する北京合唱音楽協会は、毎週金曜日午後に定期練習を行い、昭和十八（一九四三）年の春までに少なくとも二十三回の発表会を行ったことが記録されている。[*33]これらの活動は、占領下の北京における日本人移住者の文化的生活を支える一方で、日本の占領政策の一環として音楽を利用する試みでもあったと考えられる。荒井の活動は、音楽の教育的および娯楽的な側面を超え、戦時下の政策的意図を背景に展開されていた。特に、日本第一高等女学校や興亜青年同盟会、北京音楽文化協会との連携が示すように、彼の指導する音楽活動は日本政府の文化政策と密接に関連していたとみられる。さらに、プログラム構成や演奏会の頻度からは、音楽が単なる娯楽ではなく、占領地の社会的・文化的結束を強化する手段として機能していたことが浮き彫りになると言えよう。

おわりに

本稿では、戦時下の北京における日本人音楽家の活動を通じて、占領地で音楽が果たした役割や現地の音楽文化への影響を明らかにすることを目的とした。とくに袴田克巳や東京音楽学校卒業生の活動に焦点を当て、日本の文化政策「音楽工作」が占領地でどのように機能したのかを考察した。

日本人音楽家の活動は、占領地社会の文化的結束を強化し、日本の文化的影響力を浸透させる一方、戦時下という特殊な環境の中で現地の音楽文化に新たな活力をもたらした面もあった。中央放送局による洋楽放送や北京交響楽団の活動により、西洋音楽の演奏機会が増加し、結果として「占領空間」における西洋音楽が新たな発展を遂げたことが確認された。こうした音楽活動は、政策的意図、文化的意義、個人の使命感が複雑に絡み合い、多層的な役割を果たしていたと言えるだろう。

しかしながら、「占領空間」における音楽活動が現地の中国人音楽家や社会との間でどのような接触や摩擦を生じさせたのか、またそれが音楽文化にどのような影響を与えたのかについては、まだ十分に解明されていない。今後は、中国人音楽家の視点を取り入れた検討を進めることで、占領地における音楽文化の全体像をより包括的に解明していきたい。

また、昭和十七（一九四二）年の北京音楽文化協会の設立を契機として、多くの日本人音楽家が演奏旅行で北京を訪れたという事実もある。藤原義江、辻久子、山田耕筰などの西洋音楽家や邦楽演奏家が北京で行なった音楽活動や、『音楽の友』編集者である三浦潤による北京滞在の記録が残されているが、これらの活動の詳細については別稿に譲ることとする。

◎参考文献

井田敏『まぼろしの五線譜―江文也という「日本人」』白水社、一九九九年。

王垠丹「抗日時期〝新民会〟管控下的北平音楽生活研究」中央音楽学院修士論文、二〇一三年。

小野美里「日中戦争期華北占領地における文教政策の展開―「事変」下占領地の「内面指導」」首都大学東京博士論文、二〇一五年。

葛西周「音楽プロパガンダにおける「差異」と「擬態」―戦時下日本の「満支」をめぐる欲望」『アジア遊学』第二四七期、二〇二〇年、一一三―一三二頁。

関智英『対日協力者の政治構想―日中戦争とその前後』名古屋大学出版会、二〇一九年。

貴志俊彦、川島真、孫安石編『戦争ラジオ記憶』勉誠出版、二〇一五年。

竹山昭子『戦争と放送―史料が語る戦時下情報操作とプロパガンダ』社会思想社、一九九四年。

戸塚麻子「創刊期『東亜新報』（一九三九）の文芸・文化記事について―日本占領下北京の日本語新聞」『常葉大学教育学部紀要』第三十八巻、二〇一七年、一一一九頁。

戸ノ下達也著『音楽を動員せよ―統制と娯楽の十五年戦争』青弓社、二〇〇八年。

戸ノ下達也、長木誠司編『総力戦と音楽文化―音と声の戦争』青弓社、二〇〇八年。

戸ノ下達也『戦時下音楽界の再編統合 清瀬保二メモにみる楽壇新体制促進同盟から日本音楽文化協会へ』音楽の世界社、二〇〇一年。

戸ノ下達也『「音楽文化新聞」全三巻・別巻』金沢文圃閣、二〇一〇―二〇一一年。

戸ノ下達也「規律・慰安・メディアとしての「音楽」」、『メディア史研究』第二十六号、二〇〇九年、四五―六二頁。

西村正男、星野幸代編『移動するメディアとプロパガンダ―日中戦争期から戦後にかけての大衆芸術』勉誠出版、二〇二〇年。

晏妮『戦時日中映画交渉史』岩波書店、二〇一〇年。

馬場毅編『多角的視点から見た日中戦争―政治・経済・軍事・文化・民族の相克』集広舎、二〇一五年。

袁耀龍「近代北京六份老報紙中的新音楽史料研究」北京首都師範大学修士論文、二〇一四年。

鄭暁麗「日中戦争下の音楽交渉―日本占領下の北京における音楽活動に着目して」東京芸術大学博士論文、二〇二一年。

◎参考資料
『新民報』（一九三八年一月一日から一九四二年一二月三十日まで）
『音楽年鑑』（明治四十一年から昭和五十九年まで）
『東京音楽学校一覧』（明治三十六年から昭和十六年まで）
網代榮三「北京あれこれ」『音楽の友』第三巻第四号、一九四一年、五六―六一頁。
袴田克巳「北京から」『音楽の友』第二巻第五号、一九四二年、一〇七頁。
袴田克巳「北京音楽文化協会の誕生」『音楽文化新聞』、一九四二年三月十日、七頁。
袴田克巳「北京音楽通信」『音楽の友』第二巻第八号、一九四二年、一一八―一一九頁。
寶井真一「北京音楽印象記」『音楽教育研究』第三巻第五号、一九四一年、八七―九一頁。
寶井真一「北京の一年」『音楽教育』第四巻第三号、一九四二年、六九―七四頁。

注

1　安藤更生編『北京案内記』新民印書、一九四一年、二頁。「北支蒙疆主要都市邦人人口事変前現在比較表」『北支』一九三九年、九月号、三二頁。

2 戦時下の北京に関する主な先行研究は、孟維平『北京近代新音楽発展史研究』（首都師範大学出版社、二〇一二年）、王垠丹「抗日時期〝新民会〟管控下的北平音楽生活研究」（中央音楽学院修士論文、二〇一三年）がある。

3 袴田克巳の氏名については、「袴田克巳」と「袴田克己」の表記が散見されるが、本文では『音楽年鑑』に記載された「袴田克巳」に統一する。

4 島鈆三、平井政夫『宣伝戦』ダイヤモンド社、一九四三年、五頁。

5 『東亜文化振興協議会速記録―日本文化提携』大東文化協会東亜文教国策委員会事務局、一九三七年、三頁。

6 柯政和（本名は柯丁丑）は、植民地時代の台湾に生まれた。明治四十四（一九一一）年に日本に留学し、大正四（一九一五）年に東京音楽学校甲種師範科を卒業した。その後、大正十一（一九二二）年に北京に移住した。北京では、北京師範大学の音楽教授を務めるほか、音楽商店および出版機能を持つ中華楽社の設立、北京愛美楽社の創立と『新楽潮』の発行、また演奏会のプロデュースなど、多岐にわたる活動を展開した。戦前および戦中の北京音楽界における重要人物である。

7 塩入亀輔「北支文化工作と音楽」『東京朝日新聞』昭和十二（一九三七）年十二月二日朝刊、七頁。

8 中村彌三次「大陸文化政策に就いて」、『対支文化工作に関する論調』（調査資料第十四輯）衆議院、一九三八年三月、三三三頁。

9 「楽人も是非一役を」北支大衆教化に交響楽団進出」『東京朝日新聞』昭和十三（一九三八）年三月十四日朝刊、一一頁。

10 「音楽で北支宣撫　袴田氏夫妻 鹿島立ち」『読売新聞』昭和十三（一九三八）年三月二十四日朝刊、二頁。

11 袴田育子（はかまだ・いくこ）は、明治四十一（一九〇八）年茨城県出身。昭和五（一九三〇）年に東京唱歌教員専修学校を卒業し、柴田秀子に師事した。元浅草女子商業学校の音楽教師を務めた後、北京に移住し、北京師範大学女子学院および北京の日本人中学校に勤務した。戦後は袴田音楽教室を主宰した。袴田美智子（はかまだ・みちこ、一九三六―?）は袴田の長女であり、ダンサーおよび振付家として活動。舞踊を高田せい子、山田五郎に師事し、袴田美智子バレエ団を主宰した。

12 「〝普及新民之歌，涵养新民精神〟歌咏比賽」『新民報』一九三八年六月十八日、七頁。

13 「中日音楽界空前演奏大会」『新民報』一九三八年六月四日、三頁。

14 「京市近代文化界先鋒中央廣播電台 前晩懷仁堂行開幕禮」『新民報』一九三八年一月三日、二頁。

15 石井文雄は、戦時下の北京に派遣された第一回の留学生である。

16 石井文雄「更生支那の音楽を語る」『音楽世界』第十一巻第一号、一九三九年、九一頁。

17 袴田克巳「北京放送局の現状」『音楽倶楽部』第七巻第一号、一九四〇年、一一頁。

18 袴田克巳「抗日音楽と音楽工作」『音楽世界』第十一巻第一号、一九三九年、八六頁。

19　袴田克巳「北支の音楽」『揚子江』第三巻第十号、一九四〇年、七三―七五頁。
20　注17と同じ、一一〇頁。
21　「世界名曲定期放送第七回　江文也先生介紹」『新民報』一九三八年九月六日、八頁。
22　注16と同じ。
23　注18と同じ。
24　寶井真一「北京音楽印象記」『音楽教育研究』第三巻第五号、一九四一年、八七―九一頁。
25　注24と同じ。
26　袴田克巳「北京交響楽団の誕生」『音楽倶楽部』第八巻第三号、一九四〇年、七一頁。
27　網代榮三「北京あれこれ」『音楽の友』第三巻第四号、一九四三年、五八頁。
28　袁耀龍「近代北京六份老報紙中的新音楽史料研究」北京首都師範大学修士論文、二〇一四年、九二―九三頁。
29　袴田克巳「北京音楽通信」『音楽の友』第二巻第八号、一九四二年、一一九頁。
30　「北京合唱音楽協会　昨開首次演奏会」『新民報』一九四二年五月三日、四頁。
31　北京合唱音楽協会「第一回合唱演奏会」パンフレット、筆者所蔵。
32　注24と同じ。
33　注27と同じ。

日韓近代音楽史からみる植民地朝鮮の音楽文化と日本人の音楽活動

金 志善
Kim Jiesun

はじめに　植民地朝鮮の音楽文化

日朝修好条規（一八七六年）の締結以降、日本人の朝鮮移住は増加傾向にあったが、一九一〇年に朝鮮が日本に植民地化されると、その数は急増した。これに伴い、朝鮮には日本人が楽しめるような様々な文化・娯楽施設が建設され、文化的な催しも増えていった。朝鮮は、日本の植民地体制のもとでの近代化を経験したため、その近代化をめぐって様々な議論がなされてきた。朝鮮後期の自発的な近代化の動きが、日本によって断絶させられ、朝鮮の近代化は歪んだという主張もあれば、日本はただ収奪のみを行った訳ではなく、朝鮮の近代化を主導し、解放後の韓国が急速な近代化を押し進める礎を築いたという主張もある。実態としてはどうだったのか。朝鮮の近代化の過程をより正確に理解し、実相に迫るためには、植民地支配が及ぼした影響を多様な視点から検討する必要がある。

朝鮮における近代都市の様相は、在朝鮮日本人コミュニティーを中心に整えられ、消費文化が形成された。そこでは劇場、新派劇、喫茶店、蓄音機、ラジオなどのモダニズムの文化も広まり、朝鮮総督府の主導下、資本主義制度が整えられ、産業全体の量的な成長も実現した。こうした中、音楽をめぐる状況も「植民権力」「統治権力」という枠組みでは説明できない多くの様相が含まれるのであるが、朝鮮の音楽社会に関する研究動向を俯瞰すると、「植民権力」「統治権力」に主に焦点が当てられ、被植民者＝被害者という立場からの研究が主流である。これらの状況を踏まえ、本稿では、朝鮮が日本の植民地として近代化を経験したという歴史的事実を丹念に見ながら、朝鮮の近代的な音楽経験がどのような特徴をもつものであったのかを検証する。具体的には、日韓近代音楽関係史の視点から日本人の音楽活動を中心に探ることで、植民地朝鮮における音楽社会の形成過程の実相を、下記の三つの点から点描してみたい。まず、在朝鮮日本人による日本音楽の享受について、第二に音楽教育とクラシック音楽の演奏会をめぐる実態、最後にラジオ放送を通した音楽の享受の三点である。

第一節　在朝鮮日本人と日本音楽

一八七六年二月の日朝修好条規の締結以降、釜山・元山・仁川が開港され、朝鮮における日本政府の軍事的、経済的、文化的支配権確立のための移民奨励政策により、朝鮮には多数の日本人が移住した。[*1] 一九〇六年二月には統監府も開設され、漢城、仁川、平壌、釜山などに理事庁を設置、その下に居留民団が組織され、自国民の保護及び管理を行った。

この時期から日本人経営の劇場も次々と新設され、漢城（一九一〇年韓国併合後「京城」に名称変更、現ソウル）だけでも歌舞伎座、寿座、龍山座、本町座、浪花館などが存在していた。韓国併合後には日本人が急増しており、日本人が文化あるいは娯楽として楽しめるような様々な娯楽施設やその催しが増えていく。日本の伝統芸能としては、歌舞伎以外にも小芝居や義太夫節、浪花節、落語などの公演や能楽（謡曲）、尺八音楽が行われており、日本人により消費されていた。特に、日本人の人口密度が高い京城には日本人のための多様な公演文化施設や催しが集中しており、これらの公演ができる施設としては浪花座、京城劇場（前身は、寿座）、朝日座、京城公会堂、京城府民館、朝鮮ホテルホール、百貨店ホール（京城三越百貨店・和信百貨店）などがあった。このように、寄席・小芝居小屋として建てられた浪花座のようなところから、大規模な日本伝統芸能関連公演ができるよう設計当時から配慮されていた京城府民館のようなところまで、様々な場が設けられており、文化を享受できる環境が整えられていた。

朝鮮では、日本人移住者の増加に伴い、日本伝統芸能への需要が高まっており、新たなチャンスを掴もうと数多くの義太夫演奏家たちが朝鮮に移住し、活動を展開していた。[*2] 京城を拠点に組織された義太夫節の演奏団体をみると、梅鶯会、いろは会、道楽会、鶴松会、紅葉会、睦会、天狗会、あやめ会、吉清会など多数が存在しており、京城のみならず朝鮮各地にも広がっていた。新聞にはこれらの公演関連情報のみならず、太夫や三味線方の私生活についての記事も掲載されており、在朝鮮日本人社会における義太夫界に対する高い関心が窺える。[*3] 植民大都市京城には多くの太夫・三味線方が進出しており、それに伴い新たな稽古場も増えていた。義太夫界は、一九二〇年時点には、激しい競争社会を形成していたとみられる。義太夫節の人気は、様々な素人義太夫会を作り上げ、定期的に公演を行うことでさらに高まった。

また、一九一六年から一九三〇年まで十五年間にわたり、京城を拠点に尺八音楽の新様式である都山流尺八の普及に務めた佐藤令山の活動も注目する必要がある。[*4] 令山は、一九二〇年代に内地日本で人気の高かった「新日本音楽」を朝鮮に伝えた人で、五線譜表記による新音譜の創作や新聞への寄稿、放送局での尺八講座など、その活動は多岐に及んだ。一九二七年時点で令山が主宰する竹令会の会員は約一千人に上っており、朝鮮の竹令会を大きくした功績は大きい。令山は、一九二五年二月、五線譜表記による新音譜の創作成果を朝鮮ホテルで披露しており、その際に演奏されたのが、八橋検校作の《六段調》・中尾都山作の本曲《寒月》・峰崎勾当作の《残月》・松浦検校作の《若菜》・令山自身の作による（五線譜式音譜）《春雨》《羽衣》であった。令山の《春雨》《羽衣》にはピアノ伴奏が加えられており、朝鮮人ピアニストの金永煥が担当した。[*5] 当時、朝鮮人ピアニストは数少なく、東洋音楽学校・東京音楽学校出身であった金永煥が令山の創作発表会でピアノ伴奏を行ったことは、令山が朝鮮で幅広く朝鮮人音楽家と交流していたことを示している。

在朝鮮日本人の日本音楽への高い関心と需要は、内地日本から文楽の四代目吉田文五郎や歌舞伎の四代目片岡我童（後の十二代目仁左衛門）、初代中村扇雀（後の二代目鴈治郎）、二代目実川延若、七代目澤村宗十郎、二代目市川右団次などの大物による朝鮮興行が実現していたことからも窺われる。歌舞伎の興行の場合、現在は姿を消した女役者による歌舞伎の興行が行われたことも含め、その形態や内容は当時の日本と変わらなかった。[*6]歌舞伎公演は、在朝鮮日本人にとって馴染みのある、慰安として最適な娯楽の一つとして定着しており、歌舞伎の演技様式や女形の存在、スターシステム、化粧、衣装、音楽、花道などは朝鮮人の新たな文化の誕生に刺激を与えた部分もあった。

しかし、戦時期になるとこれらの興行は皇軍慰問と出征軍人遺家族の慰安を目的に行われることになる。慰問公演は朝鮮総督府、朝鮮軍関係者に大きな歓待を受けていたが、その代表が初代中村吉右衛門と二代目市川猿之助（後の初代猿翁）の巡業であった。[*7]吉右衛門の巡業は南次郎総督の要請により計画されたもので一九三八年が初めての訪問となったが、猿之助は在朝鮮日本人の大きな人気を得ていたことから一九三七年や一九三九年など度々訪問していた。これらの歌舞伎巡業を主催したのは、在朝鮮日本人と朝鮮人の総力戦に向けた皇国臣民としての精神的団結と国民的練成の強化、および日本の軍事的大陸進出を支援するために組織された朝鮮軍事後援連盟であった。彼らの公演収益は国防献金として納められ、朝鮮軍事後援連盟の運営にも役立てられていた。吉右衛門と猿之助の朝鮮における慰問巡業は、在朝鮮日本人朝鮮軍関係者の「慰安」のみならず、「在朝鮮日本人の結束」の一端を担っていた。その背景には、朝鮮の総力戦には在朝鮮日本人の協力が不可欠だとして、大物歌舞伎俳優たちによる巡業公演を通じて「日本精神」をアピールすることで一致団結し、戦時局面を乗り越えようとした朝鮮総督府、朝鮮軍の狙いがあったと思われる。

以上、植民地朝鮮における在朝鮮日本人の日本音楽享受実態の一部を確認した。音楽文化は移住者・植民者であった在朝鮮日本人に積極的に消費され、中でも日本音楽は本国を離れた彼らにとって最も慰安となる娯楽として受容・享受され、発展してきた。また、歌舞伎のような日本文化は、時には朝鮮人の新たな文化の誕生に刺激を与えた側面もあり、近代韓国文化史において資するところがあった。

第二節　在朝鮮日本人による音楽教育と内地日本人によるクラシック音楽会

植民地朝鮮の教育制度は、二回にわたる学部令（一九〇六・一九〇八年）と、四回にわたる朝鮮教育令（一九一一・一九二二・一九三八・一九四一年に一部改正）の制定、改正を経ており、唱歌・音楽教育の目標と教育内容も時期ごとに変化した。学部令の時期は、普通学校では「唱歌」を、師範学校や高等学校などの中等教育機関では「音楽」が教授されることになっていたが、教員と教材の不足や楽器の不備により実際の唱歌・音楽教育は難しい状況に置かれていた。韓国併合後、第一次朝鮮教育令（一九一一〜）が施行されていた時期の「唱歌」教育の目標は平易な歌曲を歌うことで心情を純情にし、徳性を涵養することにあり、師範学校や女子高等普通学校で行われた「音楽」教育では単音唱歌以外にも複音唱歌や楽器使用法の教授が行われた。この時期は、朝鮮人を「日本の臣民」にするため、日本語の普及が目標とされており、唱歌教育においても当初は朝鮮語で、後には日本語の歌詞で歌うようになった。

第二次朝鮮教育令（一九二二〜）の時期には、日本と朝鮮とで教育制度が同一化されたが、「唱歌」教育においては従前の「唱歌」教育の目標に大きな変化はなく、発声法や呼吸法、鑑賞などを行い、歌うことだけではなく演奏や創作まで教育を発展させ、音楽の美を理解させることにより「人格の陶冶」を図った。第三次朝鮮教育令（一九三八〜）の時期には、一九三七年に始まった日中戦争の影響が教育政策にまでおよんだ。当時の教育目標は、皇国臣民の養成であり、朝鮮人が通う既存の学校の名称を日本と同じく小学校、中学校、高等女学校に改めた。「音楽」教育は、歌詞を通して皇国臣民たる人格のある国民を育成し、音楽の旋律やリズム教育を通じて美感や創造性のある国民を育成することを目標にした。国民学校制度が施行された一九四一年以降になると、既存の「唱歌」「音楽」教育は、「芸能科音楽」となり、歌唱、発音、聴覚訓練、楽器指導、音楽鑑賞、音楽理論、音楽史など教科内容が増え、他科目との連携を重視した。また、教科内容は、当初は歌を中心とした唱歌のみだったのが、後になると歌のみならず、器楽指導、音楽鑑賞や楽典、音楽史など音楽教育に必要とされる実技、音楽理論まで含まれるようになり、体系的な音楽教育が行われるようになった。

初等教育における朝鮮人の就学率は、一九一二年には約二%に過ぎなかったものが徐々に増加し、一九四二年には約五〇%まで上昇するとともに、体系的な音楽教育を通じた日本式の西洋音楽の普及はその影響力を増した。こうした就学率上昇の過程において、師範学校における音楽教育は、朝鮮の西洋音楽の受容、普及面において最も重要な役割を果たしたと考えられる。師範学校の役割は初等教員の育成であることから、師範学校で音楽教育を受けた生徒は、後に初等教員となり初等音楽教育を担当する立場となる。そして、初等教員は、朝鮮総督府の音楽教育政策の下で、朝鮮総督府や文部省が編纂あるいは認可した音楽関連教科書を利用し、音楽教育を通じて日本式西洋音楽の受容、普及に重要な役割を果たした。即ち、師範学校は、初等音楽教育の担い手となる教員を育成することで、朝鮮の音楽教育に大きな影響を及ぼす重要な拠点となっていたのである。

朝鮮の初等音楽教育に大きな影響を及ぼした師範学校の日本人音楽教員の中には、一九〇七年という早い時期から朝鮮に渡った者もおり、多くは第四臨時教員養成所を含む東京音楽学校の師範科や本科を卒業した者であったが、師範学校卒業後に音楽教員免許を取得した者や、アメリカ留学の経歴を持つ者などもあった。日本人音楽教員は、数少ない朝鮮人が主に通う中等教育機関においても中等音楽教員として音楽教育を担当し、音楽教育を通じて日本式の西洋音楽の導入・普及の担い手となった。その代表的な人物が、京城師範学校で音楽を担当していた吉沢実[*8]である。

吉沢は、京城師範学校音楽教育研究会をリードしており、同研究会が編纂した『初等唱歌』に大きく関与していた。『初等唱歌』は、京城師範学校音楽研究会が一九三五年に編纂したもので、同書の趣旨は唱歌教育の改善・向上のために良質の教材を提供することであった。ここで注目すべきは、作詞・作曲において朝鮮の情緒を取り入れようとした点である。『初等唱歌』に掲載された唱歌は、《南大門の鐘》《高麗焼白磁壺》《金剛山の秋》《李栗谷》《石窟庵》《李退渓》《新羅の法師義湘》《旧都扶余》など朝鮮の叙情を考慮した曲で、韓晶東、池昌洵・金素雲・金永煥・尹克榮などの朝鮮人による作詞・作曲の曲も含まれている。吉沢が中心となった京城師範学校音楽教育研究会が編纂した『初等唱歌』により唱歌・音楽教育における改善の模索が一部実現されたと考えられる。なお、吉沢は朝鮮で出版した『新制音楽要義』の音楽理論書を、同じく長年朝鮮で師範学校教員として活動していた五十嵐悌三郎と安藤芳亮とともに手掛けた。本書は、初等教育の重要性を認識して、その初等教育の教員を育成する師範学校の音楽教育を重視し、朝鮮にあう音楽理論書として出版したものであった。このように、音楽教育を担当していた師範学校音楽教員は、唱歌・音楽教育の改善を模索しており、その活動は日本式の西洋音楽の受容の担い手となった。

一方で、日本や欧米に拠点を持ち活動を行った日本人音楽家が、植民地朝鮮においても音楽会を行い、朝鮮のクラシック音楽の受容と定着に一定の役割を果たしていた。一九一〇年代に朝鮮人により行われた音楽会は、主に教会や高等女学校・ミッション系学校の学生などによるもので、独唱や合唱などの声楽を中心としており、朝鮮人音楽家による本格的な音楽会は、一九一九年に日本留学を経験した金永煥、洪蘭坡らによるものから始まった。一九二〇年代に入ると日本人音楽家を含む世界的な音楽家が来朝公演を行い、ヴァイオリン、チェロ、ピアノなどの演奏をはじめ、交響楽団の音楽会も行われた。一九二五年には梨花女子専門学校音楽科が設立され、一九三〇年代からは日本や欧米に留学する朝鮮人音楽家も増え、演奏面でも創作面でも朝鮮のクラシック音楽界に大きな成長が見られた。朝鮮には歌劇（オペラ）団や交響楽団が存在しなかったため、この時期の朝鮮人による音楽会は、独唱、独奏（特に、ヴァイオリン）、四重奏が中心であった。

日本人音楽家による来朝音楽会について『毎日申報』の記事や広告からみると、音楽家は柳兼子、関屋敏子、山田耕筰、藤原義江、三浦環などであり、当時日本で活躍する最高の音楽家による音楽会が多くを占めていた。[*9]

声楽家が多く来朝したため、独唱会を開くケースが多く、また、その多くが東京音楽学校出身者でドイツやイタリアなどへの留学経験があった。こうした音楽会は、ほとんどが毎日申（新）報社や京城日報社の主催で行われた。この中で最も多く『毎日申報』に登場したのが関屋敏子である。関屋の祖父は、アメリカの軍人・外交官のチャールズ・ルジャンドル（Charles William Joseph Émile Le Gendre）で、彼は一八七二年から一八七五年まで明治政府の外交顧問を務め、その後一八九〇年から九九年まで朝鮮国王高宗（一八九七年から大韓帝国）の顧問を務めた。ルジャンドルの墓地は当時京城にあり、彼と朝鮮との深い関係からも、関屋の朝鮮での公演は彼女にとっても特別であっただろう。一九二七年三月十七日の独唱会ではミラノ座（スカラ座）出演時と同じ椿姫の扮装で行われ、朝鮮ではまだ珍しいオペラの扮装をみせており、[*10] 一五〇〇名の聴衆で大盛況であった。[*11] 関屋について「東都楽壇の名星」「半島楽壇の新星光」「世界的一流歌手」「最高芸術賞を受賞した世界楽界の名星」などと評しており、[*12] 朝鮮音楽界の関屋に対する高い関心が読み取れる。

また朝鮮で行われたクラシック音楽会の中には、夫である柳宗悦の朝鮮民族美術館設立と関連して行われた柳兼子の音楽会もあった。柳兼子は、来朝した他の日本人音楽家と異なり、朝鮮民族文化の後援を掲げ、朝鮮人聴衆に最も愛された日本人音楽家でもある。これらの日本人音楽家によるクラシック音楽会は、植民地朝鮮で中高等教育を受けた学生を中心とした知識層で、経済的に余裕のある人々により享受されていた。当時、朝鮮の中高等教育機関は、音楽部や合唱部、管弦楽団を持っており、これらの部活動を通じて定期的に音楽会も行っていた。京城帝国大学をはじめ、私立高等教育機関の崇実専門学校や延禧専門学校、梨花女子専門学校、セブランス医学専門学校に合唱団や管弦楽団があり、定期演奏会や巡回演奏会も行っていた。大学や専門学校学生は身近に音楽を楽しんでおり、音楽活動を趣味としながら音楽を積極的に享受する立場でもあった。当時の知識層は、朝鮮総督府による教育政策の下で学校教育の唱歌・音楽教育を通じて西洋的音楽様式を学び、クラシック音楽を理解できる素地を作ることができ、後にクラシック音楽を享受できる段階にまで至ることができた。当時のクラシック音楽会は、一部の朝鮮人に影響を与え、朝鮮にクラシック音楽文化が浸透するうえでも一定の貢献を果たしたと言えるだろう。

第三節　京城放送局音楽放送からみる音楽のトランスカルチュレーション[*13]

一九二四年十二月から始まった京城放送局の試験放送以降、一九三三年四月二十六日に二重放送が始まる前までの単一放送期には、日本人・朝鮮人向けの番組が交互に編成されていた。単一放送期は「放送」というコンテンツ形成の草創期であり、植民地朝鮮のメディア放送としての可能性を切り拓いた時期である。ラジオ放送は、送信者・媒体・放送内容・聴取者の結合によってその内容と形式が構成されていった。植民地朝鮮の近代性構築に放送メディアがもたらしうる様々な効果に関する実験的試みが、この時期に行われていたのである。こうした中、朝鮮語放送は日本語放送と共に制作・編成されたことで、日本の絶対的影響下でメディアとしての発展を遂げた。新たな音楽、映画、ドラマ小説など多様な娯楽形態が、この時期のラジオ放送によって大衆文化としてその土台を形成していったのである。

開局一年目にあたる一九二七年度は「朝鮮に於ける文化向上発展への貢献」という基本方針の下、日本語・朝鮮語放送を五：五に均等にしたものの、その理想通りには至らなかった。[*14]一九二八年度はその編成方針が変更され、日本語・朝鮮語放送を六：四の比率に、一九二九年度は七：三の比率にしたため、朝鮮語放送の番組は減っていった。一九二九年からは放送技術の発展、並びに内地での全国中継放送網の完成に伴い、内地の放送である演芸中継が編成されることになった。

一九二九年七月十二日には当時流行っていた《国境節》《鴨緑江節》《都々逸》のような日本音楽を券番学校（妓生学校）出身の朝鮮人歌手の朴山紅、李蘭香、禹香心が歌った音楽番組が編成された。また一九三一年十二月三十一日には朝鮮の代表的な新民謡である《アリラン》を東洋音楽学校（現、東京音楽大学）出身の歌手であった小林千代子が歌う音楽番組が編成されていた。《アリラン》の場合、一九三一年六月にビクターが制作したもので（Victor51819B）、西条八十の作詞、ビクター文芸部の編曲で、小林千代子・マスクド・オーケストラにより吹き込まれた。歌詞は日本語になっているものの、本来の《アリラン》のメロディーとさほど変わらないものになっている。また、《二八青春歌》[15]や《忠清道アリラン》[16]のような朝鮮新民謡が編成され、朝鮮楽器の楊琴、短簫とともに西洋楽器のヴァイオリンの伴奏を付け加えるような伴奏形式をとっていた。さらに、日本でレコード化された《安南王行列》[17]や《沙窓》[18]のような明清時代の中国音楽も多く番組編成されていた。このように、ラジオ放送における音楽番組は朝鮮のような外地でまず文化的越境が進み、その境界が崩れ、それが内地にも波及していった。

一九二九年には日本からの中継放送が増加したことに伴い、京城放送局の日本人放送担当者（「DK子」という筆名）が「日鮮融和」の立場から朝鮮音楽を内地の日本人に知ってもらうためにも朝鮮音楽を全国中継放送してほしいと提案しており、朝鮮人の中には《都々逸》を歌える人が稀ではなく、長唄、清元、常磐津のような日本音楽を理解している人々もいたという[19]。実際に、朝鮮では《都々逸》の放送がよく見られた[20]。また、新民謡歌手、流行歌歌手を多く輩出してきた妓生養成の券番学校では、朝鮮舞踊・朝鮮音楽（器楽、声楽）は勿論、日本舞踊や日本音楽も教育内容に含まれていた[21]。例えば、平壌にある箕城妓生学校では音曲科、舞踊科、生花科、書画科の教育を行っていたが、音曲科においては三味線教育が新たに加わることになり、朝鮮で活動している「日本人巨匠」により指導されるとある[22]。

また、朝鮮音楽のラジオ放送は、朝鮮内に留まらず、内地日本やその占領地にも中継放送されるようになった。全国中継された朝鮮音楽は、雅楽を初め、風流楽、伽倻琴散調、朝鮮民謡（俗謡、俚謡、労作謡）や新民謡など、様々なジャンルの音楽が李王職雅楽部、朝鮮正楽伝習所、各ジャンルの名人・名唱たちによって放送された。朝鮮音楽は、試験放送当時から途絶えることなく編成されており、技術的にも全国中継放送が可能で、京城放送局の二重放送（第一放送：日本語、第二放送：朝鮮語）が始まった一九三四年からは、様々な朝鮮音楽が内地日本にも中継放送されるようになった。朝鮮音楽の全国中継放送のみならず、主に在朝鮮日本人が聴取する第一放送においても朝鮮音楽の番組が増えており、満鮮交換放送も兼ねていた。第一放送では、「朝鮮雅楽」（李王職雅楽演奏所より中継）[*23]、懸賞募集「新朝鮮民謡」[*24]、「南道歌謡」（姜太弘）[*25]などの朝鮮音楽が放送されている。

その一方、朝鮮人が専門的に日本音楽を演奏するケースも多かった。京城放送局単一放送期において放送された朝鮮人による日本音楽の演奏事例をいくつか挙げてみると、「竹笛独奏　数曲：金昌植」[*26]、「宝生流謡曲『嵐山』：太鼓：金深雪」[*27]がそれぞれ放送された。特に、筑前琵琶・旭菖会の金旭一の活動が著しく、彼の演奏はＤＫ開局一周年記念に放送され[*28]、「琵琶の夕べ」のような特別番組が組まれるほどであった[*29]。

このように、植民地朝鮮では日本音楽と朝鮮音楽が互いに刺激を受けあっていた。日本の植民地であるという当時の朝鮮の政治的状況は、朝鮮文化と日本文化の間でのトランスカルチュレーションの生成を否応なく促進するものであった。民族や言語の境界で区切られる事なく、人やモノ、情報、資本が移動し、形を変えた文化が再構成・再構築されていった。異文化交流は、統治権力によってその流動性が保証され、文化的範囲が拡大していたのである。その象徴的なものが、朝鮮語浪花節（浪曲）である。浪花節を朝鮮に土着化した人物は、一九四〇年頃から活発な活動を行なっていた崔八根である。浪花節は一九三七年に日本で行われた全国ラジオ調査で聴取者がもっとも好む番組の第一位（五十七パーセント）になるほど、当時の日本人に愛された[*30]。浪花節は三味線を伴奏に用いて物語るのだが、一つの物語が節（歌）と啖呵（セリフ）で構成されており、朝鮮音楽のパンソリと似ている。浪花節は「節で三年、啖呵で五年」と言われるほど難しいとされているが、日本浪曲学校出身の崔八根は、その浪花節を朝鮮語で語り、プロとして活動を行なっていた。しかも、崔八根は崔永祚という朝鮮人の指導を受けていた。それは、浪花節をプロとして指導できる能力のある朝鮮人指導者がいたことを意味する。もはや、浪花節は日本人だけのものではなくなっていたのである。[*31]

崔八根の放送記録からみると、朝鮮語浪花節は日本人向けの第一放送と朝鮮人向けの第二放送、両方において放送されていた。「内鮮一体」の理念を基にした《百済の剣》や、朝鮮人第一期志願兵で戦死した李仁錫をモチーフにした《李仁錫上等兵》のような一九四〇年代ならではの戦時期のプロパガンダの色を帯びた内容から、七福という人物が学業に励んだことで出世したという美談を描いた《七福の出世》、朝鮮末期の政治家であった金玉均の伝記を描いた《金玉均伝》のような内容まで様々であった。中でも、幕末・維新期の政治家・軍政家で国民皆兵主義に基づく徴兵制度創出をも含む構想のもと、多方面にわたる軍制改革に着手した大村益次郎をモデルにした《大村益次郎》は郷田悳による新作で、戦時体制の時局劇として作られ、日本戦時期における歌舞伎の演目としても好評を得ていた。[*32] 崔八根の朝鮮語浪花節は「内鮮一体」を意図的に含んでいるとの見方もあるが、[*33] このような音楽現象を統治権力・統治政策の観点からのみから捉えようとすると、早い時期から行われていた一連の朝鮮人の日本音楽関連活動を説明することができなくなる。

日本音楽である浪花節が朝鮮語で表現されたことは、朝鮮人の個々人が持っている民族的アイデンティティと、個々人が追求している芸術性との融合が、一部土着化しつつあったことを意味する。ここに挙げた朝鮮人音楽家たちの活動は、植民地統治期における音楽文化の融合現象を象徴するものである。植民地朝鮮における音楽文化の衝突・融合は、トランスカルチュレーションとして形成された。当時の音楽社会は、日本・朝鮮・中国・西洋音楽が混在しており、その複合性がラジオ音楽番組にもよく現れていた。

おわりに　植民地朝鮮の音楽文化形成と日本人の音楽活動

異文化の混合は、新たな文化を生み出す。国境を越える人々の増加によって異文化が直接触れ合う機会も増え、互いに刺激し合い、ラジオのようなマスメディアの発達を通じて異文化が接する機会は、加速度的に増える。植民地朝鮮は、朝鮮人と植民者・移住者である日本人が共存する社会となり、京城のような植民大都市を中心に異文化を体験することができた。特に蓄音機・レコード・ラジオ放送の登場によって、支配・被支配者間の文化共有が拡大したことは勿論、大衆文化も形成され、新たな時代の文化が生み出されたのである。

植民地朝鮮における音楽文化は、当時の日本の朝鮮統治イデオロギーと結びついて形成され、統治権力の下で個々人が持つ民族的アイデンティティと個々人が追求する芸術性との関係には、非常にセンシティブな部分が多いことは確かだが、第三節までで述べたように当時の音楽社会にはその実相として多様な姿があった。当時の音楽文化は、支配・被支配の複雑な関係性、両面性、矛盾を孕みながらも、朝鮮人の音楽文化生活に大きな変化と発展をもたらしたのである。日本人音楽家は、植民地朝鮮の音楽文化形成の担い手であり、朝鮮の音楽文化の発展に一定の役割を果たした。

このような事実は、日本近代音楽史の観点からみれば、外地へと広がる日本の音楽文化が、朝鮮の音楽文化と相互関係を構築していく実態の解明へとつながり、それは、これまで日本近代音楽史研究がほとんど言及してこなかった外地音楽文化が、日本の近代音楽史の一部でもあることの気づきとなる。一方で、韓国近代音楽史の観点からみれば、日本の植民地下でおきた新たな音楽的文化の創造が、多くの日本人音楽家たちの活動によってもたらされたものであることの重要性に気づかされるもので、「植民権力」「統治権力」にのみに焦点をあてた被植民者＝被害者の図式に対する新たな視点を提供するものとなる。

◎謝辞
本研究はＪＳＰＳ科研費、21K12865 の助成を受けたものです。

◎参考文献

『文教の朝鮮』『ラヂオの日本』『ラヂオ年鑑』『京城日報』『大阪毎日新聞朝鮮版』『毎日新報』

五十嵐悌三郎・吉沢実・安藤芳亮、『新制音楽要義』、朝鮮地方行政学会、一九三七年。

金志善、『植民地朝鮮の西洋音楽　在朝鮮日本人音楽家の活動をたどる』青弓社、二〇二四年。

金志善、三ツ井崇、『植民地朝鮮のラジオ放送―近代マスメディアとしての京城放送局（ＪＯＤＫ）』金沢文圃閣、二〇二三年。

京城居留民団役所編、『京城発達史』日韓印刷株式会社、一九一二年。

京城師範学校音楽教育研究会編、『初等唱歌第一学年』〜『初等唱歌第六学年』、日本唱歌出版社、一九三五。

京城師範学校音楽教育研究会編、『初等唱歌解説書第一学年用』、株式会社朝鮮地方行政学会、一九三七。

京城師範学校音楽教育研究会編、『初等唱歌解説書第三学年用』〜『初等唱歌解説書第六学年用』、朝鮮図書出版株式会社、一九三九。

朝鮮総督府編、『昭和五年朝鮮国勢調査報告』（全鮮編、第二巻）、近澤商店印刷部、一九三五年。

高崎宗司、『植民地朝鮮の日本人』岩波書店、二〇〇二年。

金志善、鹿倉由依、「植民地朝鮮における歌舞伎公演の実態―『京城日報』記事を手がかりに」、『東京藝術大学音楽学部紀要』四十三、二〇一八年。

金志善、「植民地朝鮮の総力戦と歌舞伎―中村吉右衛門と市川猿之助の慰問巡業を中心に」『翰林日本学』三十二、翰林大学校、二〇一八年。

金志善「植民地朝鮮における京城放送局ラジオ音楽放送とトランスカルチュレーション」『韓国朝鮮文化研究』二十二、東京大学、二〇二三年。

許娟姫、「韓国券番（1908〜1942）における妓生教育―妓生教育の内容と舞踊教育」『舞踊学』舞踊学会、二〇〇八年。

兵藤裕己、「オーラル・ナラティブの近代」『成城国文学』成城大学文芸学部、一九九七年。

김지선、『경성방송국음악「방송편성종목록집」』上・下、民俗苑、二〇二三年。

김지선、『식민지시기 재조선 일본인의 일본음악　보급・향유와 전개양상』民族苑、二〇二二年。

Fernando Ortiz, *Cuban Counterpoint Tobacco and Sugar*, Duke University Press Durham and London 1995（Translated by Harriet De Onis. Original Spanish edition published in 1940. Original translation by Onis published in 1947, New York:Knopf.）

박영산、「일제강점기 조선어 나니와부시（浪花節）에 대한 고찰」『東アジア文化研究』六十九、漢陽大学校東アジア文化研究所、二〇一七年。

KIM Jiesun, 〝The Formation of Music Culture and Japanese Traditional Music in Colonial Korea（1910-1945）〟, *Korean Culture* 21, The University of Tokyo, 2022.

注

1 高崎宗司『植民地朝鮮の日本人』岩波書店、二〇〇二年、五四頁。

2 詳しいことについては、KIM Jiesun, "The Formation of Music Culture and Japanese Traditional Music in Colonial Korea（1910-1945）"（*Korean Culture* 21, The University of Tokyo, 2022）第六章を参照。

3 植民地朝鮮における人形浄瑠璃については、キム・ジソン（김지선）、『植民地時期在朝鮮日本人の日本音楽普及・享受と展開様相（식민지시기 재조선 일본인의 일본음악 보급・향유와 전개양상）』（民族苑、二〇二二年）第三章を参照。

4 前掲書、『植民地時期在朝鮮日本人の日本音楽普及・享受と展開様相（식민지시기 재조선 일본인의 일본음악 보급・향유와 전개양상）』第四章を参照。

5 『京城日報』一九二五年二月二十一日。

6 植民地朝鮮における歌舞伎興行については、金志善、鹿倉由依、「植民地朝鮮における歌舞伎公演の実態―『京城日報』記事を手がかりに」（『東京藝術大学音楽学部紀要』第四三号、二〇一八年、四五～六三頁）を参照。

7 金志善、「植民地朝鮮の総力戦と歌舞伎―中村吉右衛門と市川猿之助の慰問巡業を中心に」『翰林日本学』三十二、翰林大学校、二〇一八年、二〇三～二三〇頁。

8 吉沢実（一九〇〇―一九八八）は新潟出身で、一九一六年に新潟師範学校本科第一部に入学、一九二〇年に卒業し、その後、一九二〇年に新潟県三島郡町具尋常高等小学校を経て、一九二二年には新潟県長岡市表町尋常小学校訓導を歴任した。同年八月からは東京女子音楽学校でピアノと声楽の講習を修業し、一九二三年には東京音楽学校師範科甲種に入学、一九二六年に卒業した。その後、朝鮮にわたり京城師範学校教諭として勤めた（金志善『植民地朝鮮の西洋音楽　在朝鮮日本人音楽家の活動をたどる』（青弓社、二〇二四年）一九六頁）。

9 金志善『植民地朝鮮の西洋音楽　在朝鮮日本人音楽家の活動をたどる』前掲書、第六章を参照。

10 『毎日申報』一九二七年三月十六日。

11 『毎日申報』一九二七年三月十八日。

12 『毎日申報』一九二七年五月二十六日。

13 トランスカルチュレーション（Transculturation、越境文化）は、人類学者・民族音楽学者であるフェルナンド・オルティス・フェルナンデス（Fernando Ortiz Fernández、一八八一―一九六九）によって作られた用語で、ある文化が別の文化へ移行する際に新たに獲得する文化、既存文化の消失、文化の混合、新たに生み出される文化を総合的に表すものである。（Fernando Ortiz, *Cuban Counterpoint Tobacco and Sugar*, Duke University Press Durham and London 1995（Translated by Harriet De Onis. Original Spanish edition published in 1940.

Original translation by Onis published in 1947, New York:Knopf.), pp.97 ～ 103)

14 日本放送協会編『ラヂオ年鑑』一九三一年、一七七～一八〇頁。

15 一九三一年十一月二十八日に放送。放送については、キム・ジソン（김지선）『京城放送局音楽放送編成総目録集（경성방송국음악방송편성종목록집）』（上・下、民俗苑、二〇二三年）を参照。以下同様。

16 一九三二年二月七日に放送。

17 一九三一年十一月二十八日、一九三二年二月七日に放送。

18 一九三二年二月七日に放送。

19 日本ラヂオ協会、『ラヂオの日本』一九二九年六月、六七頁。

20 これについては、金志善「植民地朝鮮における京城放送局ラジオ音楽放送とトランスカルチュレーション」（『韓国朝鮮文化研究』第二二号、東京大学、二〇二三年）が詳しい。

21 妓生教育については、許娟姫「韓国券番（1908 ～ 1942）における妓生教育―妓生教育の内容と舞踊教育」（『舞踊学』舞踊学会、二〇〇八年、四八～五九頁）を参照。

22 「妓生学校のモダン新校舎近く落成式」『大阪毎日新聞朝鮮版』一九三三年十二月三日。

23 一九三四年六月二十一日に放送。

24 一九三四年十二月二十二日に放送。

25 一九三五年二月十八日に放送。

26 一九二七年五月十八日に放送。

27 一九二九年三月十二日に放送。

28 一九二八年二月十八日に放送。

29 一九二九年八月二十二日に放送。

30 兵藤裕己「オーラル・ナラティブの近代」『成城国文学』成城大学文芸学部、一九九七年、一頁。

31 「朝鮮語で浪曲上演（朝鮮語로浪曲上演）」『毎日新報』一九四〇年二月八日。

32 キム・ジソン（김지선）、前掲書、二〇二二年、二〇六～二〇七頁。

33 パク・ヨンサン（박영산）「日帝強占期朝鮮語浪花節に関する考察（일제강점기 조선어 나니와부시（浪花節）에 대한 고찰）」『東アジア文化研究』六九、漢陽大学校東アジア文化研究所、二〇一七年。

植民地期朝鮮に日本から贈られた「雛人形」が担ったもの
——昭和六(一九三一)年の事例からの考察

山本 華子
Yamamoto Hanako

はじめに

国際文化交流には二つの意味がある。広義においては、「ヒト・モノ・カネ・情報の国際移動に伴う文化関係一般」すなわち「現象としての国際文化交流」を指し、狭義においては、「何らかの目的のために国境を越えて人間や文化要素を接触させ、異文化関係を運営する行為」すなわち「事業としての国際文化交流」を指す(是澤 二〇一〇:X)。是澤博昭は、一九二〇年代に日米間で展開された「ドールプロジェクト」による国際文化交流は、まさに後者の意味に当たるという(是澤 二〇一〇:X)。

「ドールプロジェクト」とは、アメリカ人牧師、シドニー・ギューリック(一八六〇—一九四五)と日本の実業家、渋沢栄一(一八四〇—一九三一)が共同で行った事業である。これは、大正十三(一九二四)年にアメリカで成立した移民法により日本人の移民が禁止されたことに端を発する。この法律により、アメリカから人種差別や屈辱を受けたと感じる日本人も少なくなく、日本人の反米感情が増した。この状況を打破するために、渋沢は親日家のギューリックと手を組み、日米関係の改善に乗り出した。渋沢からの働きかけもあり、ギューリックは移民法改正に取り組んだが、政治的な運動には活路を見い出せなかった。アメリカ人の日本人を排斥しようとする問題は文化的な偏見に起因すると考えたギューリックは、方向転換を試みた。「次の世代の子供たちに、お互いの文化的理解と好意の確固とした基盤を打ち立てることで、未来の世界平和を達成すること」（是澤　二〇一〇：六八）を目的として、彼は日本に「友情人形」を送るという着想を得た。具体的には、日本の「雛祭り」という風習に目を向け、その主役である子どもに「友情人形」を贈ることにより、「異文化交流の可能性を見い出した」（是澤　二〇一〇：七二）。これは日本に宣教師として暮らした経験があり、日本文化に深く通じていたギューリックならではの発想であろう。本事業は、受け取り手（日本の子どもたち）の文化を理解した上での発案であり、送り手（アメリカの子どもたち）に日本文化を理解することを求めた教育的な側面もあった。ギューリックはアメリカの子どもたちに、自ら資金を集めて人形を購入し、女子は服を作り、男子は人形を贈る事務方を務めるよう、具体的な方法を提示している。子どもが直接関わる主体的な活動と言える。日本側の窓口になったのが民間人である渋沢栄一である。子どもと人形を媒介として、日米関係を和らげる目的のために両者は尽力し、昭和二（一九二七）年にアメリカから日本へ約一万二千体の「青い目の人形」が贈られ、日本からはその返礼として同年、五十八体の「答礼人形」がアメリカに贈られた。アメリカからの友情人形は日本で熱狂的に歓迎され、答礼人形を贈る際の経費も子どもたちを中心とした募金で賄える程であったという（是澤　二〇一〇：一一二）。

アメリカから送られてきた人形は第二次世界大戦が勃発すると敵国の人形ということから、軍部の圧力によりその多くが処分され[*1]、現在三〇〇体余り現存している。しかし、これら残された人形を守った人々の努力や、現在、平和教育のためにこの人形交流を振り返る試みがなされていることを考えると、渋沢とギューリックの遺志は確実に引き継がれていると言える。

日米のドールプロジェクトが波及し、日本は外国や外地との親善のために、人形を使者として贈ることを積極的に行った。相手国はハンガリー、ブラジル、アメリカ、フランス、ドイツ、フィンランド等であり、外地は台湾・樺太・朝鮮・関東州が対象となった。この中で、内地と外地との人形交流は、日本と他国とのものとは意味合いが違うと思われる。

是澤は、日米のドールプロジェクトを外地との人形交流も含めて概観することにより、近代日本の国民意識を解明している。「脱亜入欧」を目指していた日本が移民法によりアメリカから排斥されるという屈辱を受けてアメリカに対する反発意識が生まれたが、雛祭りにアメリカから「友情人形」が贈られたことにより日本人の自尊心がくすぐられたことに言及している（是澤　二〇一〇：二二三）。そして、昭和二（一九二七）年に朝鮮で一九三体のアメリカからの友情人形の歓迎会を行った際には、日本人形を並べて「米国から日本へ贈られた人形」を歓迎する形をとり、日本文化の優位性を朝鮮に誇示する意図が込められていたと見ている（是澤二〇一〇：一六九）。さらに、昭和六（一九三一）年に東京の女学生から植民地期朝鮮の女学生へ雛人形が贈られた出来事を、同化政策の一環として捉えている（是澤　二〇一〇：一九四）。

この雛人形贈呈は、朝鮮の女学生と日本の雛人形を接触させて、異文化関係を作り出している日本側の事業である。本稿では、本事業の主体と目的、内容を第一次資料から明らかにし、それが意味するものについて、日米の人形交流に照らし合わせて考察する。参照する第一次資料は、当時の新聞記事、中央朝鮮協会の冊子『東京より朝鮮へ　愛の使者雛人形』、朝鮮総督府編纂『文教の朝鮮』などである。

第一節　雛人形の贈呈と受贈

一　経緯

雛人形が東京から朝鮮に贈られた経緯は、中央朝鮮協会（以下、協会とする）によると、「東京都下二十六校の女学生一同より友愛の使者として雛人形十三組を朝鮮各道の女学生一同へ贈ることとなり、東京市と倶に当協会は両者の間に立ちて斡旋の任に当つた」（協会　一九三一：はしがき）と言及されている。「内鮮女学生間に美はしき友愛の真情を相通ぜしめ其の親善融和を促進せんとする」という趣旨のもと、東京都下女学生有志から、朝鮮の女学生へ雛人形を寄贈するに当たり、東京市を通じて協会へ斡旋方を求めたという。そのため、協会は東京市と協力斡旋することにした。

東京の雛人形贈呈主催者学校は以下の二十六校である。

日本女子大学附属高等女学校、日本女子高等商業学校、日本女子商業学校、堀越高等女学校、東京女子医学専門学校、大妻高等女学校、大妻技芸学校、和洋女子専門学校、川村女学院、関東高等女学校、向島高等女学校、山脇高等女学校、仏英和高等女学校、双葉高等女学校、富士見高等女学校、小石川高等女学校、麹町高等女学校、跡見高等女学校、錦秋高等女学校、三輪田高等女学校、三田高等女学校、昭和高等女学校、女子学院、日の出高等女学校、成女高等女学校、世田ヶ谷高等女学校

雛人形は東京雛人形商組合が制作に当たり、「一組四百円以上」の経費がかけられた（『京城日報』一九三一年一月十五日付）。そして、東京都下女学校、東京市、協会が協議をし、二月一日の贈呈式の詳細を決めた。贈呈式後には、十三組の雛人形は直ちに京城に送られ、朝鮮総督府と協会京城支部により全十三道に届けられる手筈となった。しかも、調度品一切を揃えた雛人形は、「二尺位の日本服と朝鮮服との少女人形一対を揃えて」（『京城日報』一九三一年一月十一日付）、各道に送られるように調整された。『東京より朝鮮へ　愛の使者雛人形』の冒頭に贈呈用の五段の雛人形の両脇に日本と朝鮮の人形が配置された写真と、伝統衣装を着た朝鮮の子どもが日本の人形を抱いている写真が掲載されている（写真1）。

二　東京での雛人形贈呈式と式次第

雛人形贈呈式は、二月一日の午後一時より、日比谷公会堂で行われ、雛人形贈呈者、東京市、協会関係者、

朝鮮関係者など、二千数百名が参席した。

式次第は下記の通りである。

・奏楽　スーザ《ワシントンポスト》　豊島園音楽隊
・供へ物（奏楽）　少女代表
・開会の辞　主催者校長代表
・斉唱《君が代》　会衆一同
・贈呈の辞　都下女学生総代
・目録接受　両女学生総代
・謝辞　朝鮮女学生総代
・挨拶　中央朝鮮協会長
・来賓祝辞
・奏楽　ショパン《ポロネーズ》　豊島園音楽隊
・閉会の辞　主催者代表
・奏楽　タイケ《親しき友》　豊島園音楽隊

奏楽とともに、舞台の幕が開き、日の丸の国旗の下には大きな雛壇が、その両脇には二組ずつ雛壇が設置されていた（写真2）。雛壇の左右に、寄贈者と受贈者代表が控えていて、白い上衣を着た朝鮮女学生の姿が目を引いたという。

写真1:『東京より朝鮮へ　愛の使者雛人形』の挿入写真
「美はしき友愛の使者」「お人形を抱いた朝鮮のおとめ」

主催者校長代表として嘉悦孝子が「贈呈の辞」を述べたが、「実は私共もう早くから朝鮮で御育ちになつた方々の何か融和、御親しみを深める方法はないか知らん」（協会　一九三一：四）という考えによって本機会を設けたという説明をした。また、内地の女学生が朝鮮に赴いた際に雛人形を贈ったことを懐かしく想い出し、朝鮮でも雛人形を頂いたことがあると思って内地の人々を迎えるようになることを願っているとも述べている。

《君が代》の斉唱の後、贈呈者、受贈者の女学生が相対して起立した。小石川高等女学校生徒の箕輪テイ子が「贈呈の辞」を述べ、「豫て私共は朝鮮の皆様とお互いに温かい友情を通はせ厚い誼みを重ねたい」（協会　一九三一：八）と考えていた旨を伝えた。目録の授受の後、朝鮮女学生を代表して劉鳳姫が謝辞を朗読した。盛大な贈呈式開催に当たり、二名の代表学生が京城から招かれ、式に参加する光栄を得たと述べ、「この御心のこもつた人形を御縁に一層御親しく御導き下さることをお願ひいたします」（協会　一九三一：九）という言葉を返した。

続いて、阪谷協会会長が斡旋者としての挨拶を述べた。「私が中央朝鮮協会の会長として此の御代に生れて此の出来事に遭遇して其の取扱を致すと云ふことは、自分に取りましても終身忘れることの出来ない愉快な名誉ある任務」（協会　一九三一：一一）であること、「今日の此の出来事

雛人形贈呈式の光景
昭和六年二月一日　於日比谷公會堂

写真2:『東京より朝鮮へ　愛の使者雛人形』の挿入写真「雛人形贈呈式の光景」

は独り内鮮の新聞に載るに止まらず世界中に伝播せられことは言ふを俟ちませぬ」（協会 一九三二・一二）という言葉で表した。永田秀次郎東京市長は祝辞の中で、「野菊が内地と朝鮮と隔てのないやうに咲き乱れて居るやうに、雛祭が両方の土地に変りなく行はれることになつたならば是れ以上喜ばしいことはない」（協会 一九三二・一五）と内地と朝鮮が同一化することを望んでいた。

一方、侯爵母堂鍋島榮子は、かつて曲水の宴として内地に伝えられた雛祭りが再び懐かしい地を訪れることを祝うと語った。

式が終わった後、「独唱」「舞踊」「映画」の三部門に分かれた余興が続いた。独唱の部では、バリトン歌手、金文輔が《蚤の唄》、《我が心》、《舟人》を、ソプラノ歌手、立石喬子が《曼殊沙華》、雛歌《きんにやもんにや》、歌劇《ラ・ボエーム》中の歌を披露した。舞踊の部では趙澤元が《ある働きの魅惑》、石井みどりが《アニトラの踊り》、石井榮子が《エジプトを見る》、石井漠が《食欲をそそる》を踊った。映画は朝鮮総督府提供の「朝鮮年中行事」、「羽衣天女」、「第二回大日本氷上競技選手権大会」、文部省推薦の市川猿之助主演「女性の輝き」が上映された。

特に朝鮮総督府による映画は、「其の珍らしい郷土色が満場の興味を引いたのみでなく捣てゝ朝鮮事情の紹介にも非常な効果があつたと思はれた」（協会 一九三二・一七）と記述されている。また、贈呈式当日はプログラムとともに朝鮮総督府寄贈の「朝鮮の話」というパンフレットも配布されたという。二千名以上の参加者に朝鮮総督府が制作に関わった映画が公開され、パンフレットも配布されることにより、朝鮮の事情が効果的に広く紹介されたことが分かる。

翌二月二日の午後二時から五時頃まで、清澄公園で朝鮮女学生代表一行を主賓とした、阪谷協会長主催の茶話会が催され、百名余りが参席した。この会の様子は、総督府の活動写真班によって撮影された。

三　朝鮮での雛人形受贈と歓迎会

東京から京城に送られた雛人形は、さらに十三道に配布された。それに対して、下記の各道の女学生から協会と東京都下女学生へ、お礼の言葉が寄せられた。括弧内に、主導的な役割を果たした学校名を記載する（到着順）。

・慶尚南道（釜山公立女子高等普通学校）
・慶尚北道
・忠清北道（清州高等女学校）
・江原道
・平安北道（新義州公立高等女学校・新義州公立普通女学校）
・京畿道
・平安南道（平壌公立女子高等普通学校）
・咸鏡北道（羅南高等女学校）
・忠清南道
・咸鏡南道（永生女子高等普通学校）
・黄海道（海州公立高等女学校）
・全羅北道（全州公立女子高等普通学校）
・全羅南道

各道の女学生一同あるいは代表学生から東京都下女学生あてのメッセージに含まれている言葉には「感謝」

のほかに、「やさしい」「嬉しい」「喜び」「あたたかい」「あこがれ」という用語が多く使われていた。電報の言葉が、実際に子どもたちが自ら考えたものであったか証明することはできないが、雛人形を受け取った喜びが表されていると言える。

朝鮮各道に雛人形が到着した後、三月三日には盛大に歓迎会を催した。各道の女学生から協会あるいは東京都下女学生にあてた謝電に実施状況が記載されている。歓迎会は咸鏡北道のみ三月六日に実施し、それ以外は三月三日に開催された。朝鮮の学校は、朝鮮総督府学務局管轄であったため、朝鮮総督府武部学務局長から協会長あての謝電も含まれていた。

各道における歓迎会の様子は以下の通りである。

・**京畿道**（**京城**）

三月三日の午前十一時より午後一時まで、京城長谷川町公会堂で挙行され、一千五百名が参席した。

式次第は下記の通りである。

・寄贈趣旨披露
・開会の辞
・君が代合唱
・歓迎の辞
・贈呈式状況報告
・来賓祝辞
・閉会の辞
・余興

府内各女学校、小学校、幼稚園の女生徒の唱歌、舞踊等

活動写真（東京における雛人形贈呈式の状況）

・**慶尚南道（釜山）**

三月三日、午後一時半まで、釜山公会堂で挙行された。

式次第は下記の通りである。

・寄贈趣旨披露

・君が代合唱

・歓迎の辞

・祝辞

・余興（各学校生徒）

・**慶尚北道**

三月三日、午後二時から四時まで、大邱女子高等普通学校の講堂で挙行された。

式次第は下記の通りである。

・寄贈趣旨披露

・祝辞

・歓迎の辞

・雛人形歓迎音楽会（各種唱歌やピアノ弾奏等）

・閉会

・来賓のための清宴

・**忠清北道**（**清州**）

三月三日、午前十一時から、公会堂で挙行された。

式次第は下記の通りである。

・寄贈趣旨披露

・来賓の挨拶

・各学校生徒による唱歌、遊戯、ダンス等披露

・歓迎音楽会（午後六時半より）

・**全羅北道**（**全州**）

三月三日、午後一時から、小学校大講堂で挙行された。

式次第は下記の通りである。

・寄贈趣旨披露

・開会の辞

・祝辞

・謝電の披露

・雛祭りの合唱

・閉会の辞

・学芸会

・**咸鏡南道（咸興）**

三月三日、午前十時半から、咸南武徳殿で挙行された。

式次第は下記の通りである。

・挨拶
・君が代合唱
・歓迎の辞
・来賓祝辞
・謝電の決議
・《ひな祭の歌に》
・閉会
・大音楽舞踊の会

・**黄海道（海州）**

三月三日、午前十時から、第一普通学校講堂で挙行された。閉会後、音楽会も開かれた。

・**平安南道（平壌）**

三月三日、午後一時から四時過ぎまで、平壌公会堂で挙行された。

式次第は下記の通りである。

・披露の辞
・開会の辞

・君が代合唱
・歓迎の辞
・来賓祝辞
・合唱《雛祭りの歌》
・閉会の辞
・内裏雛歓迎学芸会（斉唱、合唱、独唱、唱歌劇、遊戯、ピアノ独奏、ピアノ連弾、舞踊等）

・平安北道（新義州）

三月三日、午前十一時から十一時四十分まで、公会堂で挙行された。
式次第は下記の通りである。
・寄贈趣旨披露
・開会の辞
・君が代合唱
・歓迎の辞
・祝辞
・合唱《雛祭りの歌》
・閉会
・唱歌会

・全羅南道（光州）

三月三日、午後二時から五時まで、光州公立尋常高等小学校講堂で挙行された。

式次第は下記の通りである。

・寄贈趣旨披露
・開会の辞
・君が代斉唱
・歓迎の辞
・祝辞
・歓迎の歌
・閉会の時
・余興

その他、忠清南道（公州、三月三日実施）、江原道（春川、三月三日実施）、咸鏡北道（羅南、三月六日実施）の歓迎会に関しては、記事作成までに情報が寄せられず、掲載されなかったという（協会 一九三一：四四）。

以上、十三道の歓迎会の形式を概観すると、地域によって多少の違いはあるものの、雛人形を披露するために、開会の辞、寄贈趣旨披露、国歌歌唱、歓迎の辞、祝辞、閉会の辞からなる歓迎会を開催したことが分かる。さらに、閉会後は、余興や学芸会の形で女生徒たちが音楽や踊り等を披露している。このように、日本の雛人形は、朝鮮の女生徒が楽しめる形で紹介されたのである。

四　事業に関わった人物、組織

（一）　事業の仲介者

本事業は東京都下二十六校の女学生一同が朝鮮十三道の女学生に雛人形を贈呈するものであるが、その仲介を行ったのは東京市と中央朝鮮協会である。

東京市は昭和七（一九三二）年に三十五区に改編されるまでは、麹町区、神田区、日本橋区、京橋区、芝区、麻布区、赤坂区、四谷区、牛込区、小石川区、本郷区、下谷区、浅草区 本所区、深川区の十五区から成っていた。これは、現在の千代田区、中央区、港区、新宿区（一部）、文京区、台東区、墨田区（一部）、江東区（一部）の範囲に当たる。[*2] 第一節一に挙げた、雛贈呈主催者学校の二十六校は、正にこの地域に設置された学校ということになる。

協会は会則によると、「本会ハ朝鮮ニ関スル諸般ノ事項ヲ調査シ其ノ方策ヲ攻究シ以テ朝鮮ノ健全ナル発達ヲ助成スルコトヲ以テ目的トス」（協会 一九三〇：五二）と謳っていて、会員には企業家、総督府の元官僚、教授、朝鮮以外の地で勤務した官僚、政治家等、様々な背景の人物が含まれていた。雛人形が贈呈された時期は、阪谷芳郎が会長、清浦奎吾、渋沢栄一、水野錬太郎が顧問を務めていた。阪谷芳郎は、官僚、政治家であり、東京市長を務めた経験がある。本事業は東京市と組んで行われているが、元市長であった阪谷が率いる協会とは連携しやすかったと思われる。顧問の清浦奎吾は官僚、政治家で、内閣総理大臣まで担った人物で、実業家の渋沢栄一は、阪谷の義父であり、日米のドールプロジェクトの立役者である。水野錬太郎は官僚、政治家で、朝鮮総督府政務総監を務めた、朝鮮事情に精通した人物である。本事業が立ち上がった背景には、協会関係者の経歴、人間関係が絡んでいたと見ることができる。

（二） 人形製作者

雛人形の製作には「雛人形卸商組合」が関わっていると考えられる。協会が雛人形贈呈式の翌日に阪谷会長主催の招待茶話会を催したが、来賓に雛人形卸商組合長横山正三と同組合員有志等百余名が含まれていたという（協会 一九三二：一九）。実際の人形製作については、当時から営業している東京の専門業者に問い合わせた。株式会社吉徳からは、「組合の名のもとに用意されたセットのようなので、職人名や販売店名のようなものの特定はできない」との返答（二〇二四年六月六日メール回答）があった。続いて、久月に同様の質問をしたところ、やはり特定はできないとのことであったが、第一節の写真1と写真2と同一のものが掲載された資料について情報を寄せてくれた。それは、久月の第五代社長である横山正三が昭和十（一九三五）年に発行した『三五乃志留邊』（久月総本店）である。このような資料が残されている点から、久月が雛人形の製作に関わった可能性が高まる。

第二節　雛人形が担ったもの

一　内鮮一体

本事業関連の記録が残されている第一次資料は、協会の冊子『東京より朝鮮へ 愛の使者雛人形』の他に、朝鮮総督府編纂の『文教の朝鮮』、朝鮮で発行された『京城日報』と日本で発行された『讀賣新聞』、『東京朝日新聞』等である。いずれも、朝鮮総督府が主体となって発行されたものか、日本人の読者を対象とした発行物である。つまり、これらの媒体に掲載される内容は自ずと日本人の目につくことから、日本人に知らせることをねらいとしていることが窺われる。日本の為政者が広報しようとした内容は記事のタイトルに凝縮されていると考えられるため、タイトルをいくつか参照することにする。「内鮮融和使節 雛人形の歓迎方法協議一組四百円以上の見事なもの 三月の節句には間に合はせる」（『京城日報』一九三二年一月十五日付）、「内鮮愛の可愛いヽ使者 雛人形の贈呈式 児玉総監夫妻も参列しけふ日比谷公会堂に於て 直ちに各道へ」（『京城日報』一九三二年二月一日付）、「お雛様が結ぶ麗しい内鮮融和 朝鮮各道に贈る内裏雛けふ華かに贈呈式」（『讀賣新聞』一九三二年二月二日付）には共通して、「内鮮融和」、「内鮮愛」といった言葉が付されている。これにより、雛人形には、日本と朝鮮の「内鮮一体」という使命がこめられていると見ることができる。

二　皇民化

「天皇を戴く臣民」として朝鮮人を日本人と同化させることを皇民化政策というが、日本の年中行事である「雛祭り」を朝鮮に根づかせようとした意思が日本側にあったことが窺われる。永田東京市長が雛人形贈呈式の祝辞で述べている「雛祭が両方の土地に変りなく行はれることになつたならば是れ以上喜ばしいことはない」（協会　一九三一：一五）という言葉に象徴的に表されている。

昭和三（一九二八）年の昭和天皇の即位式以降、雛祭りが天皇制に結びつけられて論じられるようになる（博昭　二〇一〇：一八六）。日本画家の西沢笛畝が、天皇皇后の並び方に従って、雛人形の左右の位置を決定するよう提唱した。そのため、国語の教科書の挿絵も向かって左に男雛が描かれている。そのような形に並べられた日本の雛人形（写真１）が朝鮮に贈られたということは、人形とともにそれに投影された天皇制ももたらされたと言える。

三　朝鮮と雛祭り

日韓併合により、朝鮮の人々は朝鮮総督府が提示した暦で生活するようになった。特に年中行事や冠婚葬祭に関しては、現代においても陰暦を用いることがあるように、本来とは違う暦で設定された。それは大きな変化であったと考えられる。

朝鮮では陰暦三月三日は「三辰日」といい、もち米粉を練って捏ねたものの上につつじの花を押し花風にあしらい、焼いた花煎という食べ物を食す（姜　一九九八：二一九）。また、蝶が舞い始める時季であるため、三辰日の蝶を見て、その年の運勢を占ったという。黄色い蝶やアゲハ蝶を見ると吉兆、白い蝶を見ると凶兆をもたらすと考えられていた。また、女子にとってはその日に髪を洗うと、流水のように長く伸びて風雅になるという風俗もあった（任　一九六九：一九九―二〇〇）。

ところが、この日に日本のように雛人形を飾り、雛祭りを祝う女子の風習はない。人形自体、シャーマンが巫俗祭祀で用いるものがあるが、悪霊の乗り移ったひとがたのイメージが強く、祟りなどにつながるマイナス面のイメージがあるという（金　一九九九：一五三）

このように文化的背景が異なる地に、日本の雛人形が贈られ、一時的なイベントとして受け容れられたとしても、永く続く年中行事として定着することは難しかったと考えられる。

四　ドールプロジェクトとの比較から

日本とアメリカを中心に展開されたドールプロジェクトと比較して、その違いから本活動を考察することにする。

ドールプロジェクトでは、実際に手にとって遊べる青い目の人形がアメリカから贈られ、日本側からも答礼人形として日本の伝統的な人形を贈った。一方、雛人形の場合は、目で見るための飾り人形であったこと、そして朝鮮からの答礼人形がなかったことが大きく異なる。

さらに、アメリカは子どもの主体的な取り組みとして日本に人形を贈った。それを実現させたのは、ギューリックと渋沢栄一の民間交流であった。アメリカでは男子にも役割りを作り、女子教育に限られたものではなかった。一方、日本と朝鮮の間では、個人ではなく、朝鮮総督府と関連の深い中央朝鮮協会と東京市が仲介して、東京都下女学生から朝鮮の十三道の女学生へ贈るという学校単位の組織的な事業であり、女子の交流に限ったものであった。

つまり、ドールプロジェクトは日本とアメリカという異国同士が、両国の関係を緩和させるために実行されたものであり、現在でも引き継がれている活動である。一方、日本と朝鮮の間では、植民地化により支配する側とされる側といった関係性のもとで行われた雛人形の贈呈であった。そのため、日本側の「内鮮一体」、「皇民化」といった政策の一端を担う活動となり、朝鮮が日本から解放された後の行く末については明らかにされていない。

結びとして

以上の考察を通して、雛人形を贈呈された朝鮮の女学生たちは、実際、その文化をどのように受け入れたのだろうかという疑問が残る。一道に一つずつ贈られたという雛壇が、学校等に飾られたら、単体の人形よりは印象が強かったと考えられ、多くの子どもたちの目についた筈である。日本からの友好の使者と謳われた雛人形は、解放後の韓国に、果たして残されているのだろうか。これについての先行研究は管見の限り、見当たらない。また、その時の記憶を持つ当時の女学生を探し出して、話を聞くことも容易ではない。

少なくとも、朝鮮の人々が雛祭りという、日本の年中行事を肯定的に受け入れたのであれば、現在でもその文化について言及されることがあっても不思議ではない。そのように考えると、日本の雛祭りにまつわる文化が少なくとも朝鮮に定着しなかったことは確かである。

本研究で参照した資料は全て日本側に向けられたものか、あるいは日本側が発信した情報と言える。植民地期朝鮮において実際に雛人形の贈呈がどのように受け止められたか、植民地期朝鮮の女子教育や朝鮮の人形文化からの観点から、さらに調査する必要がある。また、同じく植民地期朝鮮に定着しなかった日本の伝統文化や風習等の事例に照らして考察を巡らすことから、雛人形の贈呈が担った意味が明確に見えてくるかもしれない。

◎謝辞
本研究の調査にあたり、学習院大学東洋文化研究所、拓殖大学八王子図書館、大妻女子大学博物館大妻コタカ・大妻良馬研究所、久月人形学院事務局、吉徳資料室のご協力を賜りました。この場をお借りして、感謝を述べさせていただきます。

◎主な引用・参考文献

・書籍
金両基　一九九九『日本の文化　韓国の習俗―比較文化論』東京：明石書店
是澤博昭　二〇一〇『青い目の人形と近代日本―渋沢栄一とL・ギューリックの夢の行方』神奈川：世織書房
任東権　一九六九『朝鮮の民俗』東京：岩崎美術社
中央朝鮮協会　一九三〇『昭和五年十一月三十日現在　会員名簿』東京：中央朝鮮協会
中央朝鮮協会　一九三一『東京より朝鮮へ　愛の使者雛人形』東京：中央朝鮮協会

・雑誌記事
加藤灌覚　一九三一「お雛さまの今昔」『文教の朝鮮』六七
口絵　一九三五「三月人形雛壇」『文教の朝鮮』一一五
姜連淑　一九九八「韓国歳時記三月」『月刊韓国文化』東京：栄光教育文化研究所　二一九

・新聞記事
「朝鮮の少女達へ見事な人形の贈物　東都の女学生から十三道へ二月一日人形送別式」『京城日報』一九三一年一月十一日付
「内鮮融和使節　雛人形の歓迎方法協議　一組四百円以上の見事なもの　三月の節句には間に合はせる」『京城日報』一九三一年一月十五日付
「純情人形へ寄せて半島の友へ贈る　東京の女学生一同から二月一日贈呈式」『京城日報』一九三一年一月十七日付
「美しい雛人形の使者　贈呈式挙行　総監も臨場」『京城日報』一九三一年一月二十九日付
「お人形贈呈式　けふ日比谷で挙行」『京城日報』一九三一年二月一日付
「内鮮愛の可愛いゝ使者　雛人形の贈呈式　児玉総監夫妻も参列しけふ日比谷公会堂に於て　直ちに各道へ」『京城日報』一九三一年二月一日付
「雛人形の答礼として活動映画を贈る　来る三月三日の桃の節句に　各道で歓迎会を―」『京城日報』一九三一年二月十八日付

「桃の節句に公会堂で　盛んな雛人形歓迎会　京畿道管下一千数百名の児童が参列して」『京城日報』一九三一年二月二十八日付
「雛人形歓迎　三日光州小学校で」『京城日報』一九三一年三月一日付
「雛人形を贈る言葉　二月一日日比谷公会堂での贈呈式に於て」『京城日報』一九三一年三月三日付
「緋の毛氈に飾られた　贈り物のお雛様　けふ京城公会堂で盛大な　お人形の歓迎会」『京城日報』一九三一年三月三日付
「遠来の美しき　お客様を迎へて　東都女学生からの贈りもの　お雛さまの歓迎会」『京城日報』一九三一年三月五日付
「京城女高普の雛会」『京城日報』一九三一年三月七日付
「けふ日比谷で内裏雛贈呈式」『讀賣新聞』一九三一年二月一日付
「お雛様が結ぶ麗しい内鮮融和　朝鮮各道に贈る内裏雛けふ華かに贈呈式」『讀賣新聞』一九三一年二月二日付
「朝鮮の女学生へ雛を贈る　東京の女学生が」『東京朝日新聞』一九三一年二月二日付

・インターネット資料
https://www.shigaymca.org/event/21ningyoukouryu/（日米友情人形交流二〇二一、二〇二四年十二月十三日アクセス）
https://www.soumu.metro.tokyo.lg.jp/01soumu/archives/0714tokyo_ku.htm（東京都公文書館、二〇二四年十二月十三日アクセス）

注

1 https://www.shigaymca.org/event/21ningyoukouryu/（日米友情人形交流二〇二一、二〇二四年十二月十三日アクセス）

2 https://www.soumu.metro.tokyo.lg.jp/01soumu/archives/0714tokyo_ku.htm（東京都公文書館、二〇二四年十二月十三日アクセス）

一九八〇年代に日本に伝えられた中国の合奏曲

孫 瀟夢
Sun Xiaomeng

はじめに

現在の日本に数多くの中国音楽の団体・個人奏者が存在することや、日本人が中国楽器に注目している状況は、突如生じたわけではない。現在の日本での中国器楽の起点を遡ると、一九八〇年代の改革開放政策実施後に来日した中国楽器奏者の音楽活動に突き当たる。

本論文は、先行研究であまり検討されなかった新中国成立後、日本で定着した中国器楽の実態に目を向け、二〇世紀以降の中国の合奏音楽（広東音楽、[*1] 江南絲竹）[*2] が一九八〇年代の日本で多く上演された原因を掘り下げて、上演実態及びその背景と影響を検討するものである。

第一節　第二次世界大戦終了から一九七〇年代までの日本の中国音楽

第二次世界大戦終了から一九七〇年代末までの日本の中国音楽活動とは、主に日本人の中国音楽愛好者たちの活動と、一時的に来日した中国音楽家による単発型の交流イベントの二つを指す。

日本人の中国音楽活動の代表例は、一九七〇年代からの明清楽の復元を中心とした坂田進一（一九四七―二〇二二）[*3] の中国器楽活動である。後に「坂田古典音楽研究所」が設立され、現在まで湯島聖堂で中国楽器のレッスンが続いている。[*4] それ以外には、一九四九年新中国建国直後に結成された中国歌曲を中心とする「中国音楽研究会」[*5]、一九七〇年代半ばから始まった鈴木秀明、加藤徹を代表とする東京大学での中国音楽愛好者の活動、一九八〇年代からの当時の早稲田大学在学生によって結成された中国音楽愛好会等もある。[*6]

こうした一九七〇年代までの日本の中国音楽活動は中国歌曲（中国音楽研究会）や、江戸時代に長崎を通じて根付いた明清楽の復元（坂田進一）が中心であった。東京大学・早稲田大学の有志学生によって結成された中国音楽を趣味とするグループも、坂田進一の指導を受けたことがあり、明清楽の楽器の演奏と技法の学習を中心としていたと推測できる。

一方で、日本で行われた中国音楽の単発型の交流イベントでは、二〇世紀以降の中国器楽の独奏曲と合奏曲が数多く演奏された。単発型の交流イベントの演奏曲目の特徴によって、その時期は、文化大革命（一九六六年―一九七六年、以下、文革）を境に、新中国成立後―一九六六年、一九六七年―一九七八年（文革終息翌年）の二つに分けられる。

一九五〇―一九六〇年代、日中両国の単発型の音楽交流イベントは、日本と中国の文化人が開拓し、両国の対話交流の懸け橋となった。文化の宣伝だけではなく、文化交流以上の政治的対話、さらに一九七二年の日中国交正常化に対しても、その後押しの一助となった。この時期の単発型イベントは二代目市川猿之助による歌舞伎の中国公演（一九五五年十月）と梅蘭芳の訪日公演（一九五六年十月）をきっかけにして、伝統演劇を中心とし、伝統楽器演奏を補助とするような演奏会が多かった。

一九七〇年代の文革期には、日本で行われた中国伝統音楽の交流が革命演劇・音楽を中心にしていたという特徴があった。一九六六年から一九七七年にかけて、文革を行った中国の特別な社会環境の下で、文革指導グループ「四人組」の一人である江青の指示によって作られた革命色の強い音楽・現代革命伝統演劇が、当時の団体交流を通して日本へ届けられたのである。

第二次世界大戦終了時から一九七〇年代まで、日本で演奏された中国音楽とは主に上述の二種類、すなわち日本人の中国音楽活動と単発型の中国音楽のイベントである。日本人の中国音楽愛好者らは、単発型演奏会と、香港、台湾経由で日本に流入したレコードやテープから二〇世紀以降の中国器楽を聞き、中国音楽に対して興味を持つ者が多くなったが、長期的な活動と言えるのは坂田進一の活動に限られている。この時期、両国の国交正常化の遅れ、中国国内での文革の進行等によって、単発型のイベントを頻繁に開催することも困難であった。その状況が変わる機会が訪れるのは一九八〇年代以降となる。一九八〇年代中国側の改革開放政策・私費留学の開放と、日本側の留学生支援政策は、プロの中国楽器奏者たちの日本への移住・留学を後押しした。彼らは新中国成立後、初めて日本に移民する中国楽器奏者となった。彼らの日本での音楽活動は、現在の日本の中国器楽の基盤となっている。

第二節　一九八〇年代来日中国楽器奏者らの活動により日本に伝えられた二〇世紀の中国の合奏曲

一九七二年の日中国交正常化の実現と、一九七七年の中国国内での文革の終息とともに、一九八〇年代からは日中両国の国家レベルの正式な交流が本格に始められた。大陸から渡った中国人楽器奏者たちは、まず留学生や残留邦人として日本に滞在し、その後に日本に移住したというケースも少なくなかった。彼らの音楽活動によって、二〇世紀以降の中国器楽（独奏曲と合奏曲）が日本に定着した。

両国の留学政策の変化及び来日人数によって分けると、文革終息後の一九七〇年代末―一九八三年までの第一期と、一九八四年―一九八九年までの第二期、の二つの時期に分けられる。第一期奏者は殆どが残留邦人の親族（一二人）や特別招待研究員（一人）として来日した。来日時、四〇代の者が殆どであった。彼らの音楽家としての学習・形成期である一〇代―四〇代は、中国の一九五〇年代―一九七〇年代にあたり、彼らはその時代の中国器楽の音楽的特徴を身に付け、来日直後の演奏にもそれが明瞭に反映していた。それに比べて、一九八三年以降の第二期の来日奏者は、二〇代の留学生が多かった。中国の音楽大学で伝統楽器を勉強した彼らは、卒業後、中国での音楽活動の実績があまりないまま、日本に留学した。つまり、彼らの音楽の育成環境は日本であったと言えるだろう。中国楽器奏者の来日ピーク期は、改革開放政策が実行された七、八年後の一九八〇年代末であった。一九八七年、一九八八年は、留学生として来日した中国楽器奏者が一番多い時期だったが、実際のところ、この時期の来日奏者の本格な音楽活動は、彼らが留学先を卒業した後の一九九〇年代以降となった。一九八〇年代に、二〇世紀の中国の合奏曲を日本へ伝えた重要な役割を果たした奏者とは、主に第一期奏者と一九八六年までの第二期奏者を指す。

一　中国の合奏曲の上演に力に注いだ笛子奏者の張暁輝

上述の奏者の中で、意欲的に音楽活動をしていた人物には、張暁輝（笛子・二胡）、劉錦程（揚琴・作曲）、姜建華（二胡）、王明君（笛子）等がいる。残留邦人の親族・留学生として来日した奏者と比べ、伊福部昭研究室（東京音楽大学）の中国音楽研究員として来日し、元東方歌舞団（当時国家所属団体）笛子奏者であった張暁輝は、来日直後、全国勤労者音楽協議会（略称：労音）に加入し、多くの中国奏者を集めて中国音楽グループを結成した。また、張は一九八〇年代前半の殆どの大編成の中国音楽演奏会を取りまとめており、注目に値する。彼は中国合奏曲の日本での演奏に力に注いだ。一九八〇年代半ばごろまでの東京での中国音楽演奏会の構成は、張の音楽活動の意識を反映していると言える。

まず、一九八〇年代に張が関わった三つの中国器楽合奏グループを紹介する。

①　東京中国歌舞団

一九八二年に張の加入を歓迎する意味を込めた「中国音楽の夕べ」演奏会が行われた。以降、平均すると年に一―三回の頻度で、中国音楽の演奏会が労音の例会として開催された。演奏会のために、張は日本に在住している中国楽器奏者たちを集め、揚琴奏者で中国残留孤児でもある劉錦程[*7]と東京中国歌舞団（以下、歌舞団）を設立した。

私たちは、一九八二年に、中国からの帰国者たちと留学生諸子が集まり、「東京中国歌舞団」を結成しました。多数の団員が、中国で民族楽団や歌舞団に所属した経験を持ち、地方、音楽大学をはじめ他の学校で教鞭をとるなどして、中国音楽界でいずれも高い評価を得ている人達です…（略）…私たちは中国の民族音楽を日本の皆様に紹介し、皆様と共に新しい音楽を創造していることを希っております。音楽を通して世界の人達と互いに理解し合い、深い友情で結ばれることを望んでおります。[*8]

演奏形式は、楽器の合奏と民族楽器オーケストラ伴奏による楽器の独奏が基本的な形である。歌舞団の演奏は張の企画を中心にして、伝統曲以外に、張が創作した笛子協奏曲の演奏もある。

設立の際、はっきりとは団長を決めなかったようであった。一九八〇年代半ばまで、歌舞団は張と、劉錦程のもとで演奏活動を行った。一九八八年より、張は歌舞団を離れ、労音例会でも張と歌舞団の二つのグループで別々の演奏会を行うこととなった。また、同年の歌舞団の演奏プログラムに「劉錦程（団長・揚琴）」の名称が初めて記載された。その後、張がカナダに移住したことにより、一九九〇年代の労音例会での中国音楽演奏会の殆どを歌舞団が担当した。しかし、演奏回数は減少した。歌舞団は団長劉の管理で現在まで活動を行っている。歌舞団は、張の繋がりで設立当初から労音と関係が深く、張が離れた後も、労音の協力による活動が続いている。その中には、一九九〇年代から二〇年ほど、中国東北三省で行った「日本人残留孤児の中国養父母訪問公演」等の例が挙げられる。

潮州音樂：《寒鴉戯水》
伝統戯曲：《夜深沉（ママ）》[*16]《大開門》
張暁輝作曲・編曲：《雁南飛》《山旦旦花（ママ）》[*17]《金孔雀》《杜鵑山》[*18]
民謡：《瀏陽河》《草原情歌》《瑤族舞曲》

演目は二〇世紀以来、伝統楽器改良・改革とともに出現した伝統楽器の独奏曲と、当時伝統音楽界で流行った広東音楽、江南絲竹等の合奏音楽が中心で、独奏曲においては、笛子、二胡の独奏曲が殆どである。合奏曲においては、広東音楽、江南絲竹と古曲改編曲を中心にして、民謡、北方の戯曲からの改編曲も演奏された。演目は中国音楽という広い地域と様々な時代に誕生した多彩な音楽内容を含んでいる。

上述の内容から、張は来日奏者の中でも特に中国楽器合奏グループの結成に尽力した人物であったことがわかる。同時代の他の来日奏者の音楽活動と比べて、外国で実現が難しい大編成合奏曲の演奏は、彼の音楽活動の功績だと考えられている。合奏曲上演の実現の前提としては、弦楽器、弾撥楽器、管楽器と打楽器が揃っていることがあげられる。それを実現するため、張は日本人の中国楽器奏者の育成、元所属団体からの奏者の助演などの方法を試した。しかし、中国国内のように奏者が正式団員として一つの団体に所属し、毎月安定した給料を受けとることは難しかった。奏者らが個人の音楽キャリア実現のため、独立した活動に専念する場合も少なくない。また、合奏曲のリハーサル日時の調整の困難と、出演者の流動により、合奏曲の演奏レベルが低下し、海外での長期にわたる大編成の中国合奏曲の演奏を維持することも難しい。例えば、一九九〇年に張がカナダに移住した後、彼がまとめた中国人奏者グループの活動は、継続していかなかった。彼の生徒を中心とした中国器楽グループは、コロナ発生前の二〇一九年まで定期的に合奏練習活動を行っていたが、参加者の高齢化と人数の減少によって、現在活動を休止している。[*19]

二　他の来日中国楽器奏者の選曲傾向

第一期奏者として活躍した張は、他の中国器楽奏者との提携も行った。例えば、合奏曲演奏のため、中国から奏者を日本へ招待したこと、来日奏者を演奏会に呼んだことなどがあげられる。張の選曲傾向も一九八〇年代の来日中国楽器奏者らに影響を与えた。

一九八〇年代の来日中国楽器奏者の選曲傾向には、来日するまで学習してきた中国伝統音楽と、来日後に日本音楽界から影響を受けた中国伝統音楽以外の「新しい」曲目の二種類がある。中国伝統音楽の選曲においては、広東音楽、江南絲竹の合奏曲が張以外の奏者の演奏会での選曲にされることも多かった。

日本中国友好協会主催で、一九八五年から開催された「日本と中国・音楽の夕べ」シリーズでは、第二回「藍天響音」に中国伝統楽器グループをまとめた王明君が江南絲竹の《三六》を取り込み、第六回「アジアの調べ」の中国音楽を担当した姜建華が江南絲竹式曲の《花好月圓》《紫竹調》[20]を取り上げた例がある。

日本音楽界の影響を受けて、中国楽器を使用して中国伝統音楽以外の「新しい」音楽にチャレンジした曲目とは、中国・日本で学んだ作曲技法で奏者らが創作した曲と、中国以外の国家（地区）の既存曲の改編曲を指す。

自作曲の演奏では、一九八三年、一九八四年に東京都交響楽団と自作品の中国笛協奏曲《雁南飛》《望平川》を演奏した張暁輝、日本人の心を打つ二胡の曲を数多く創作した賈鵬芳等がいる。クラシック音楽を中国楽器演奏に積極的に取り込んだ者としては姜建華等がいる。指揮者の小澤征爾と提携し、日本で大活躍した二胡奏者の姜建華は、現在までクラシック音楽を積極的に二胡の演奏に取り込み、《誰も寝てはならぬ》等の声楽作品のほか、加古隆の二胡とピアノによる《大河の一滴》、渡辺俊幸の二胡と弦楽四重奏による《大地の子》のような日本人作曲家の中国器楽作品の演奏にも尽力した。

三　新中国成立後の地方合奏音楽の北京、上海音楽界への影響

一九八〇年代の日本で活躍した来日中国楽器奏者の中心人物は、北京の演奏団体や国立音楽学院の者が殆どであった。来日後、彼らの音楽活動では、江南・広東両地方の合奏音楽が多く演奏された。そこには、彼らの育った環境である新中国成立後の中国伝統音楽界の動きとの深い関係性が見られる。

新中国成立後の一九五三年から一九五七年にかけて、戦後経済修復及び国家工業化に向かって転換するため、「第一次五カ年計画」（以下、「一五計画」）[*21]が実施された。経済好調の背景のなか、新しい国家にふさわしい積極的・向上的な文芸界の動きを求めて、一九五六年には、中国文化部と中国音楽家協会が新中国成立後初の全国レベルの「第一回全国音楽週」[*22]を開催した。その影響により、中国の東南地区、東部地区、東北地区の中心都市である広州[*23]、上海[*24]、ハルビン[*25]においては、大型の芸術イベントが次々と開催された。その中で全国の音楽家が集まって開催された「羊城花会音楽会」（広州）と「上海市音楽舞踊展演月」では、政治経済の中心地である北京、上海の音楽界に対して、地方合奏音楽の江南絲竹と広東音楽の定着を強くアピールした。ここでは、全国への影響力が高い羊城花会音楽会の例をあげたい。

【一九八〇年代までの三回の羊城音楽花会の開催】

羊城音楽花会は、一九六〇年代から一九九〇年代にかけて、広東省文化局、広州市文化局と中国音楽家協会広州分会の三つの組織によって不定期に合計六回開催され、広東音楽を全国の音楽界へ知らしめた影響力の強いイベントであった。ここで取り上げたい内容は「二五計画」実施後の一九六二年の第一回、文革終息後の一九八〇年の第二回、改革開放が始まった後の一九八二年の第三回、すなわち来日第一期（—一九八三年）中国楽器奏者に影響を与えた計三回の開催である。

表1の通り、第一回は文芸界の「士気を上げる」目的を含めて開催された。演奏会が五一回開催された他に、

全国の音楽家によって、当時の音楽界の現状をめぐって音楽創作、演奏、理論、教育等に関する専門家会議も行われた。第二回は「広東音楽、潮州音楽」を主題として、音楽の社会的機能、民族民間伝統音楽の伝承、若者世代音楽家との交流等の内容の会議開催の他に、広東音楽のメイン楽器である高胡とヴァイオリンのコンクールも開催された。第三回には、大陸の参加者だけでなく、広東音楽が盛んな香港からの参加者もいた。

「羊城音楽花会」には全国の音楽家が集まり、広東音楽を中心にした新曲の創作、演奏、全国音楽家との交流を目指した。また、広東音楽の全国への普及、とりわけ北京、上海の音楽界への普及に重要な役割を果たした。一九八七年に来日した元広東民族楽団揚琴奏者の郭敏は「八〇年代には、北京に広東音楽を教えに行った。あの時代は、北京の合奏音楽と言えば広東音楽、舞踊と言えば新疆舞踊の時代でした」[*27]と話した。

同じく全国の音楽家が参加したイベントは、前述したように上海とハルビンの二都市でも行われ、そこでは江南絲竹を中国器楽（笛子、二胡、琵琶、揚琴、中阮等）の最も重要な音楽ジャンルの一つとしている。上海で開催され、全国の音楽家が参加した「上海市音楽舞踊展演月」を通して、江南絲竹の重要性が伝統音楽界に伝わった。

表1:「羊城音楽花会」第一回—第三回の開催[*26]

回数	開催年	出席者	注目内容
第1回	1962年3月3日–3月18日	2700人以上	演奏会：51回開催 会議：音楽創作、演奏、理論、教育をめぐる音楽専門家会議
第2回	1980年12月1日–12月5日	2000人以上	演奏会：65回開催（広東音楽、潮州音楽を中心に） 会議：音楽の社会機能、民族民間伝統音楽の伝承、若者世代音楽家との交流会 他：高胡、ヴァイオリンコンクール開催
第3回	1982年12月1日–12月12日	1500人以上	演奏会：30回開催 会議：音楽創作、合唱芸術、ピアノ芸術、中小学校音楽教育、広東歌詞研究会年会

第三節　一九八〇年代における日本人の中国器楽活動の変化―江南絲竹と広東音楽の導入―

一九八〇年代の中国楽器奏者の来日は、日本人の中国音楽活動を行う者に大きな変化をもたらした分水嶺である。第一節で言及した一九七〇年代までの日本人の中国音楽活動者の中で、来日中国楽器奏者と積極的に接触し、活動の影響力をより広め、現在まで活動を続けているのは、坂田進一と、彼が設立した坂田古典音楽研究所である。研究所は絲竹班（江南絲竹）、邦楽班、洋楽班、湯島聖堂古典音楽班（中国器楽）、明清音楽研究会の五つのグループに分かれて活動を行った。ここでは江南絲竹、明清楽のレッスンでの使用譜面の分析から、一九八〇年代に来日した中国楽器奏者からの影響を明らかにしたい。

一九九〇年前後に坂田古典音楽研究所に入所した安西創は、「中国楽器の授業において、明清楽と江南絲竹レッスンは主に合奏の形でレッスンを進めた。新入門者のレッスンでは《江陵樂》《壽陽樂》《蝶戀花》等の明清楽の曲が中心として使用された。合奏曲以外に一九七二年の日中国交正常化につれて、日本で流行した《草原情歌》等の中国歌曲もあった。その後、江南絲竹の古典曲をレッスンに取り込み、中級レッスンとなる。」*28と回想している。

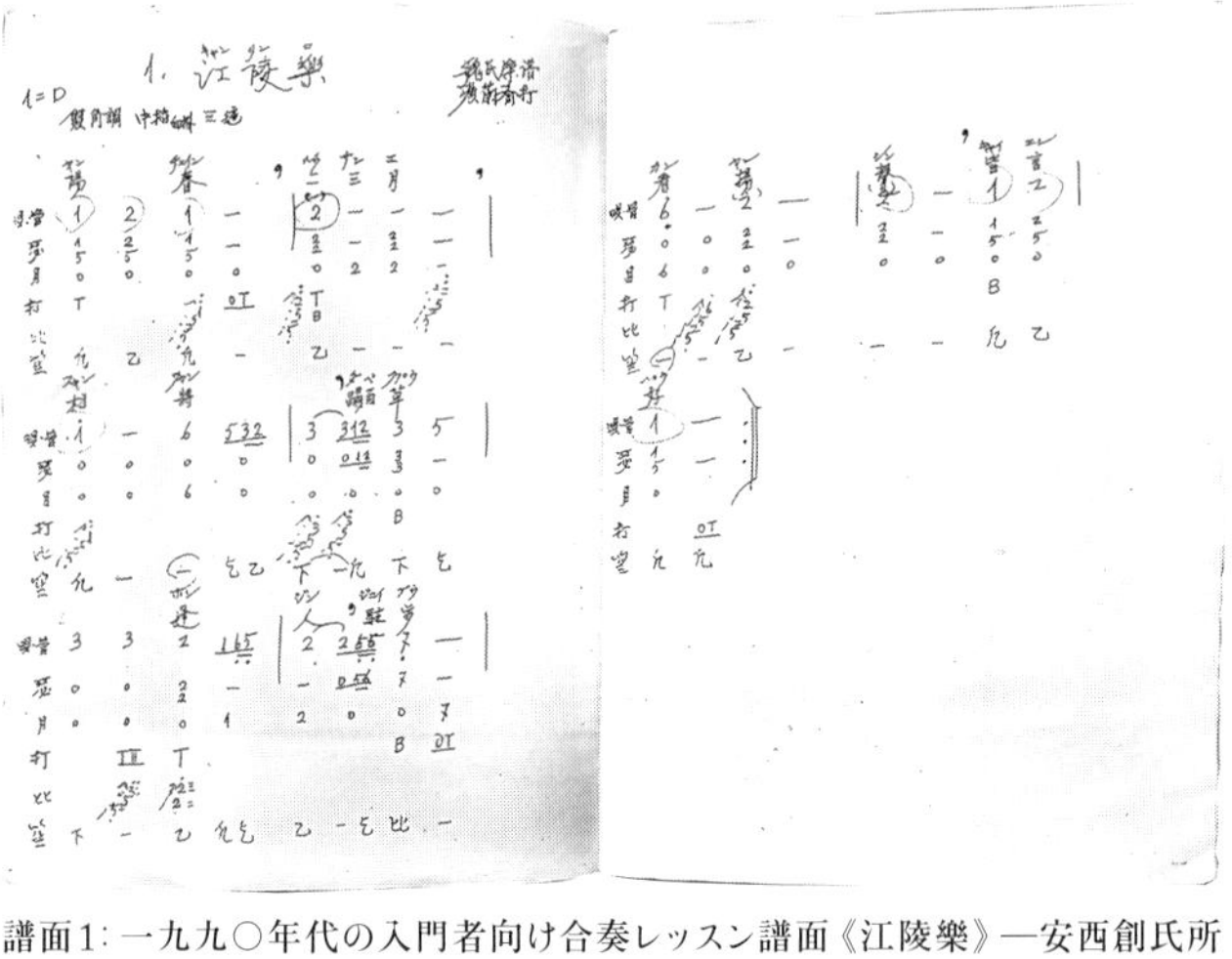

譜面1：一九九〇年代の入門者向け合奏レッスン譜面《江陵樂》―安西創氏所蔵写真。

譜面においては、研究所が使用した明清楽曲譜は中国語繁体字で記載され、曲目、宮商の五音漢字での調子表記、魏氏楽譜の譜字、数字音符、漢字歌詞、音読み等により構成されていた。一方で、江南絲竹の授業曲目は主に《老六板》《老花六板》《中花六板》《倒八板》《歓楽歌》《三六》《云慶》《行街四合》（上海民族楽団記譜）等の江南絲竹の代表曲である。譜面は中国語簡体字で記載され、楽器名、簡譜により構成された。その中で、中国簡体字で記載された《欢乐歌》《云庆》《行街四合》（上海民族乐团记谱）に注目したい。一九九〇年代の坂田古典音楽研究所でのレッスンには、中国で出版された簡体字による譜面を導入していたことがわかる。

合奏レッスンでは、《翠湖春暁》（一九八四年編曲）《彩雲追月》（一九八四年編曲）等の坂田が編曲したものを使用した。《彩雲追月》[29]は広東音楽の名曲として中国ではよく知られている。この曲は、江戸時代の日本に伝来した明清楽の曲ではない。来日奏者の合奏時[30]にも良く演奏された曲である。また、坂田進一は、労音が一九八二年九月十四日に東京文化会館小ホールで開催した「中国音楽の夕べ」にも参加した。さらに、笛子奏者の王明君は「八〇年代、坂田先生の研究所の活動に時々参加して、日本人の音楽仲間と交流したり、演奏したり」[31]と記憶している。坂田進一が、中国楽器奏者たちの演奏を通して、一九八〇年代に中国で演奏されていた合奏曲等を研究所のレッスンに導入したであろうことも想定できる。

坂田古典音楽研究所には、長期に渡って、中国古典音楽に関心を持つ日本人が集まっていた。一九八〇年代の中国楽器奏者との繋がりで、坂

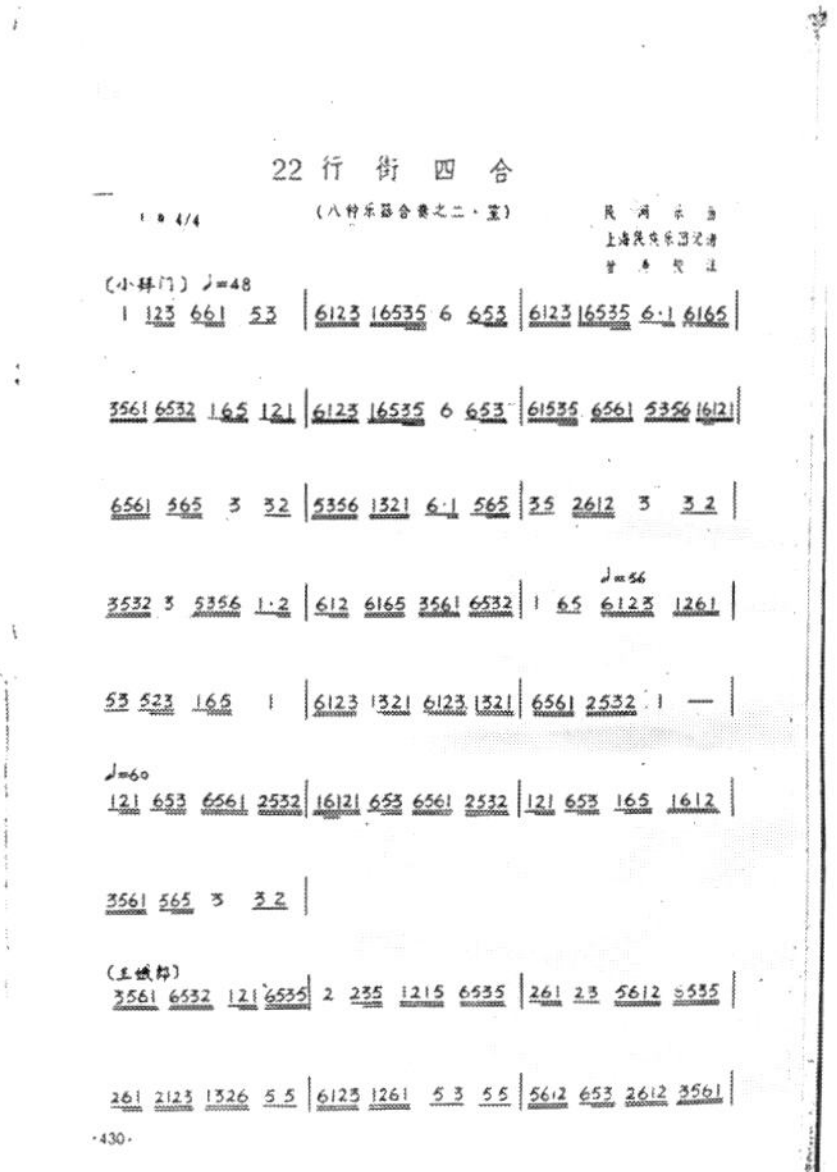

譜面2: 江南絲竹合奏レッスンの使用譜面《行街四合》（上海民族楽団記譜）

田進一は、中国伝統楽器界で流行した広東音楽、江南絲竹を研究所のレッスン内容に導入し、二〇世紀以降の中国合奏曲も研究所を通して日本人の中国音楽奏者らに伝えた。

むすびに

一九八〇年代における来日中国楽器奏者の音楽活動を通して、日本で定着した中国器楽には主に楽器の独奏曲と合奏曲の二種類があったことがわかった。中国伝統楽器は二〇世紀から始まった楽器の改良活動（音域拡大、新奏法の開発等）によって、独奏楽器として重視され、伝統演劇の伴奏や合奏音楽から独立した。二〇世紀以降に創作・改編された独奏曲を通して、楽器としての魅力が日本で定着した。このような改良された楽器は、和楽器、西洋楽器とも合わせやすいという特徴もあり、合奏曲よりも独奏楽器として日本で広がりやすい傾向があった。

一方で、一九六〇年代から中国国内では地方音楽を重視し始め、「羊城音楽花会」等の全国の音楽関係者が数千人以上参加したイベントを通して、広東音楽・江南絲竹の地方合奏音楽が、北京、上海の音楽界にて流行した。一九八〇年代に来日した中国楽器奏者は、東北地方の残留邦人奏者以外には、北京、上海出身の奏者が殆どであった。そのため、彼らを通して、当時中国で流行した広東音楽、江南絲竹も日本に伝来し、定着した。

合奏曲の定着は、同時代に活動していた日本人中国楽器奏者たちの活動にも影響した。一九八〇年代以降中国で出版された広東音楽、江南絲竹の合奏譜面が日本に輸入され、一九七〇年代までは明清楽や中国歌曲を中心に活動していた日本人の中国楽器奏者の音楽活動に影響した。

しかし、合奏曲は各種類の楽器奏者が必要であるため、二胡のように普及しているとは言えない。一九九〇年代に入ると、八〇年代の来日奏者の日本以外の国への移住、次世代の中国楽器奏者の来日が続き、八〇年代の日本の中国音楽演奏会に多く取り込まれていた中国の合奏曲の上演回数の減少傾向が現われる。受け継がれた中国合奏曲（広東音楽・江南絲竹）を主にして現在まで活動しているグループは、日本にわずかしか残っていない。[*32]

◎付記

本稿は二〇二三年三月に提出した筆者（孫瀟夢）の博士論文《一九八〇年代における日中伝統音楽交流の研究―改革開放後の来日中国楽器奏者の活動を中心に》を基に、同論文では本格的に取り上げなかった一九八〇年代の日本に伝えられた中国合奏曲を分析し、一部の資料の再調査によって構成したものである。

注

1　広東音楽は、中国器楽合奏ジャンルの一つである。「民族軽音楽」と呼ばれて、明るく、活発な曲目がほとんどだが、叙情的な、ユーモアのあるものもある。その歴史を遡ると、唐宋元明各王朝末期の騒乱で、さらに南方へ逃れる難民が発生し、難民は広東省沿岸に達するに至ったという背景がある。南に移住した人々の音楽は十六国時代の中原を起源とする泉州「南音」を原点とし、それがやがて潮州に至り、潮州音楽が後に珠江三角州において広東音楽を生み、清代光緒年間に広東音楽はほぼ現在の形式になったとされている。

2　江南絲竹は江南地区の絲楽器（二胡、琵琶、三絃、揚琴等）と竹楽器（笛、簫、笙）などの楽器合奏のことである。一般的な楽隊編制は七―八人で、少人数の場合は三―五人となる。明の時代、江蘇蘇州から始まり、清咸豊庚申年（一八六〇年）頃盛んになり、清末の江蘇、浙江、上海地区に普及した。二〇世紀初めから新中国成立後にかけて進められた楽器改良は、楽器の性能、音律を改めたほかに、演奏形式も伴奏楽器から独奏楽器として舞台に上がるようになった。演奏曲目では、本来伴奏楽器として参加する民間の楽器合奏音楽・戯曲から、旋律を取り外し、各楽器の独奏曲に改編した例が多かった。その中で、江南絲竹より改編された独奏曲《中花六板》《熏風曲》等は笛子、二胡の古典曲となっている。一九八〇年代来日の奏者は、江南絲竹を習得して演奏できる者が殆どだった。

3　坂田進一（一九四七―二〇二二）は、学生時代に田辺尚雄のアジア音楽研究から影響をうけ、古琴（七弦琴）の研究を始めた。それをきっかけとし、明楽・清楽の楽器研究にも手を伸ばし、一九七〇年に自宅を事務所として坂田古典音楽研究所を設立した（坂田進一へのインタビューによる。二〇二一年三月七日、東京）。

4 二〇二二年から、坂田進一の生徒である安西創が中国楽器レッスンを担当している。

5 この会のまとまった刊行物は『新中国の音楽』（一九五六）である。都立大学前教授の村松一弥や、中国文学界でのちに重鎮となる竹内実もメンバーであった。

6 東京大学当時在学生活動メンバー代表：鈴木秀明、加藤徹。早稲田大学当時在学生活動メンバー代表：石川氏、古川氏（八木秀夫へのインタビューによる。二〇二四年四月二十日、東京）。

7 中国残留孤児の揚琴奏者である。一九八〇年、日本に定住してから幅広く中国音楽の普及活動を行っている。

8 一九九三年十二月九日労音例会演奏会「中国音楽の夕べ」チラシ、東京文化会館資料室所蔵資料。

9 一九八五年一月三十日「春天来了」演奏会チラシより。吉崎純子所蔵資料。

10 東方アンサンブル演奏会プログラムより。「古箏」の誤記である。吉崎純子所蔵資料。

11 第七回「日本と中国・音楽の夕べ」一九九一年十一月二十二日チラシ「東方アンサンブルについて」より。吉崎純子所蔵資料。

12 張の記憶によると、東方歌舞団から呼んだ奏者は琵琶の楊宝元、笙の紀京漢がいたが、楊宝元、紀京漢の来日経緯は確認できてない。

13 張暁輝へのインタビューによる。二〇一八年五月二十八日、中国北京。

14 第七回「日本と中国・音楽の夕べ」一九九一年十一月二十二日チラシ。吉崎純子所蔵資料。

15 東方アンサンブル紹介資料の曲目紹介頁。吉崎純子所蔵資料。

16 誤記。正しい曲名は《夜深沉》である。

17 誤記。正しい曲名は《山丹丹花》である。

18 現代京劇《杜鵑山》より。

19 八木秀夫へのインタビューによる。二〇二四年四月二十日、東京。

20 第二回「藍天響音」（一九八六年十月三日）チラシ、第六回「アジアの調べ」（一九九〇年十一月三十日）チラシによる、吉崎純子所蔵資料。

21 中国の第一次五カ年計画は、ソ連の五年計画（第一次）を模範として計画的な国家の統制のもとで工業・農業における生産力の向上を目指し、ソ連の技術と資金の全面的な援助で実施された。五カ年計画によって、農業・手工業を社会主義的な集団所有制に移行させ、また資本主義工商業を逐次社会主義的な全人民所有制（国有・国営）に改造し、「独立した工業体系」と国防力を備えた富強の社会主義国の建設に向かい、その社会主義の理念は、翌年に制定された中華人民共和国憲法に盛り込まれた。第一次五カ年計画は、一九五七年までにほぼ目標を達成した。

22 「第一届全国音楽週」は民族文芸の繁栄のため、一九五六年に中国文化部と中国音楽家協会によって開催され、全国に影響を与えた大型音楽出演シリーズイベントであった。一二三省から四五〇〇名以上の芸術家代表が参加し、その後の音楽界の動きに大きく影響した。

23　羊城音楽花会は一九六二年―一九九九年まで計六回開催された。その以降の開催は行われていない。開催日時：第一回（一九六二年三月三日―三月十八日）、第二回（一九八〇年十二月一日―十二月五日）、第三回（一九八二年十二月一日―十二月十二日）、第四回（一九八七年三月一日―三月七日）、第五回（一九九三年十一月十四日―十一月二十一日）、第六回（一九九九年七月十八日―七月二十九日）。

24　「上海之春国際音楽節」の一回目の開催は、一九五九年の「上海市音楽舞踊展演月」であった。今虞琴社、潮州國樂團、江南絲竹研究、手風琴研究會、廣東音樂研究會等の伝統合奏音楽の団体が参加した（『上海古琴百年紀事 一八五五―一九九九』上海音楽学院出版社、二〇二〇年。一二〇頁）。二〇二四年まで計三九回開催された。

25　「ハルビン之夏音楽会」Harbin Summer Music Concert of China）、一九六一年七月五日の第一回目開催以来、二〇二三年まで計三六回開催された（「哈尔滨首届〝哈夏〟音乐会指挥」『黑龙江档案』二〇二〇年一月号、一〇八頁）。

26　战勇、宗江「百花斗妍―万紫千红―记〝羊城音乐花会〟」、『人民音乐』一九六二―〇五―〇一号、二五～二六頁。吕骥「漫谈〝羊城音乐花会〟―吕骥」、『人民音乐』一九六二―〇五―〇一号、二二～二三頁。谭林「南国乐坛的盛大检阅―第二届〝羊城音乐花会〟述评」、『人民音乐』一九八一―〇一―三一号、六～一二頁。谭林「谈第三届羊城音乐花会」、『人民音乐』一九八三―〇二―二八号、二七～二八頁。

27　郭敏へのインタビューによる。二〇二二年三月二十八日、東京。

28　安西創へのインタビューによる。二〇二二年四月七日、東京。

29　一九三五年に任光（作曲）と聶耳（作曲）の二人の音楽家により中国民族管弦楽曲に改編された。新中国成立後の一九六〇年に彭修文（作曲、指揮）が中央ラジオ民族管弦楽団のため、再改編した。

30　一九八五年一月三十日「春天来了」春暁合奏団結成記念演奏会、一九八五年十一月二十九日「漢宮秋月」、一九八六年四月十一日「チャイナドリーム―中国民族歌舞の夕べ」、一九八八年六月七日「中国音楽の夕べ」の演奏会チラシに、《彩雲追月》の上演が記録されている。

31　王明君へのインタビューによる。二〇一九年八月二十八日、東京。

32　一九八〇年代から活動が始まった張暁輝の生徒を中心にしたグループ（東京）、坂田進一と関わっている湯島聖堂の中国音楽グループ（東京）、神戸の小江南曲舍（神戸）などが残されている。しかし、参加者がわずか数人しかいないことと、メンバー高齢化の進行によって音楽活動の存続危機が叫ばれている（八木秀夫へのインタビューによる。二〇二四年四月二十日、東京）。

あとがき

本書は東京藝術大学大学院音楽研究科において塚原康子先生の下に学び、藝大やその他の大学院で博士号を取得した卒業生を中心に執筆した研究論文集である。さて、塚原先生が指導されていた日本音楽史研究室（以下、塚原ゼミ）は、音楽学の中で「日本音楽史」を専門とする学生が所属するが、日本の音楽の歴史というのは実に多様なものである。しばしば「並列的」という言葉で説明されるように、（すべてではないが）古いものが新しいものと併存する形で展開してきた。塚原先生の下で学ぶ学生の研究テーマも、古代から近現代までをカバーし、ジャンル的にも非常に多様である。また、日本の音楽史を扱うゼミでありながら（だからこそ、というべきか）、留学生が多く在籍するという点も、塚原ゼミの特徴のひとつだった。東アジア、西欧、東欧、北米、南米、オセアニアなど、実に多くの国や地域からの留学生が在籍し、ともに研究する時間を得た。自国の文化を広い視野で見る機会を与えられたことは、日本人学生にとっても幸運だったことは言うまでもない。

塚原ゼミにおける日本音楽史の探究は、時間的にも空間的にも拡がりを持つものだった。そんなことを今さらながらに振り返るのだが、本書ではそれを「つながる」という言葉で表現した。日本の音楽文化は時間的、空間的な拡がりを持っているが、それは同時につながってもいる。時にゆるく、時にかたい連関で互いにつながる日本の音楽文化は、世界ともつながり、日本の様々な地域ともつながり、今を生きる社会や文化ともつながっている。本書に収められた論文から、こうした拡がりとつながりを感じ取っていただけたなら望外の喜びである。

塚原先生には、日本の音楽に関わる様々な知識はもちろん、プレゼンテーションや論文執筆の方法といったテクニック的なこと、研究に必要な視点や資料の扱いについてなど、多くのことを教わった。でも、私たちが先生から教わった最大のことは「研究って楽しい!」ということだったと思っている。先生はいつも研究を楽しんでいらっしゃって、私たち学生はそれを肌身で感じていた。研究=楽しいというその感覚が今の自分の研究につながっていると感じると同時に、自分も教鞭をとるようになった今、先生のようにありたいと思っている。

塚原ゼミには、年に一度の遠足があった。上野の寛永寺や神宮外苑にある聖徳絵画館、ちょっと遠出して神奈川県の大山《おおやま》や江の島まで足を延ばしたりもした。そんなときに先生のお人柄に身近に触れ、学年の上下を超えて先輩・後輩とつながりを得られたことも生涯の宝物である。なお、今回の論文集の刊行を企画するにあたって、博士課程修了者を中心にできる限り幅広くお声がけしたつもりだが、こちらの配慮が行き届かず失礼してしまった方がいるかもしれない。また、諸事情からやむを得ず成稿をご辞退された方々もいる。そうしたことをここに書き留めて、お詫びに代えたい。

本書を刊行するにあたっては、音楽之友社の上田友梨さんにひとかたならぬお世話になった。編集委員の三人の執筆が遅れ、多大なご迷惑をおかけしてしまったことをこの場を借りてお詫び申し上げるとともに、上田さんの親切なご対応とご尽力に心から御礼を申し上げたい。また、装丁と本文デザインを担当してくださった井川祥子さんにも大変お世話になった。塚原先生や東京藝術大学に合うデザインになるよう、心を込めて下さったことに、感謝申し上げたい。最後になるが、本書の刊行に際して東京藝術大学、東京藝術大学音楽教育振興会、公益財団法人文化財保護・芸術研究助成財団から助成を受けた。ここに記して感謝申し上げる。

令和七(二〇二五)年一月

塚原康子先生東京藝術大学退任記念論文集編集委員会

土田牧子、前島美保、森田都紀

執筆者紹介

◎**塚原康子**（つかはら・やすこ）
東京藝術大学楽理科教授。一九九〇年東京藝術大学大学院博士後期課程修了（学術博士）。専門は江戸後期から近代を中心とする日本音楽史。主著に『十九世紀の日本における西洋音楽の受容』（一九九三）、『明治国家と雅楽―伝統の近代化／国楽の創成―』（二〇〇九）、共著に『ブラスバンドの社会史』（二〇〇一）、『日本の伝統芸能講座―音楽―』（二〇〇八）、近年の論文に「明治維新後の東京での舞楽上演をめぐって」「明治期の陸軍軍楽隊再考」（二〇二二）、「西洋の音楽理論に向きあう―江戸後期からの１００年―」（二〇二五）など。東洋音楽学会理事・会長、日本音楽学会委員、楽劇学会理事、文化審議会委員、芸術選奨選考委員などを歴任。

◎**仲辻真帆**（なかつじ・まほ）
東京藝術大学未来創造継承センター大学史史料室非常勤講師・学術研究員。静岡大学、立教大学、和洋女子大学非常勤講師。東京藝術大学大学院音楽研究科博士後期課程修了。博士（音楽学）。共編著『近代日本と西洋音楽理論―グローバルな理論史に向けて―』（音楽之友社、二〇二五）、論文「明治―大正期における音楽史教育の歴史的変遷」（二〇二五）などを執筆。

◎**曽村みずき**（そむら・みずき）
九州大学大学院芸術工学研究院助教。東京藝術大学大学院音楽研究科博士後期課程修了。博士（音楽学）。主な研究テーマは薩摩琵琶を中心とした近代琵琶楽の音楽理論や音楽分析。論文に「第二次世界大戦前後における薩摩琵琶の変動―演奏会・ラジオ・レコード調査と音楽分析を通して―」（東京藝術大学博士論文、二〇二一年度）など。

◎**三枝まり**（さえぐさ・まり）
小田原短期大学特任准教授。東京藝術大学大学院音楽研究科博士後期課程修了。博士（音楽学）。専門は近現代日本の音楽と社会。著書に『音楽家 近衛秀麿の遺産』（共著、音楽之友社）、『近衞秀麿の手形帖』（分担執筆、アルテスパブリッシング）、解説に『國歌 君が代 管絃樂譜 近衞秀麿編曲』（ヤマハミュージックエンタテインメントホールディングス）など。

◎**熊沢彩子**（くまざわ・さやこ）
筑波大学附属視覚特別支援学校音楽科教諭。東京藝術大学大学院音楽研究科博士後期課程修了。博士（音楽学）。日本近代音楽、音楽教育、特別支援教育などを専門とする。共著に『総力戦と音楽文化』（青弓社）、『〈戦後〉の音楽文化』（青弓社）など。

◎**中川優子**（なかがわ・ゆうこ）
東京藝術大学大学院音楽研究科博士後期課程在籍中。東京文化財研究所無形文化遺産部研究補佐員。東京藝術大学大学院音楽研究科修士課程ならびに東京学芸大学大学院教育学研究科修士課程修了。修士（音楽学、教育学）。日本音楽思想史。主な論文に「新井白石における礼楽の「楽」―古楽と雅楽をめぐって―」（『東洋音楽研究』八九号、二〇二四）など。

◎**前島美保**（まえしま・みほ）
国立音楽大学准教授。東京藝術大学大学院音楽研究科博士後期課程修了。博士（音楽学）。主な関心領域は上方歌舞伎音楽史、歌舞伎音楽演出史、ブルクミュラー・ハノン受容史。主著に『江戸中期上方歌舞伎囃子方と音楽』（文学通信）、共著に『知っておきたい歌舞伎日本舞踊名曲一〇〇選』（淡交社）、『ブルクミュラー25の不思議―なぜこんなにも愛されるのか―』（音楽之友社）など。

◎**鳥谷部輝彦**（とりやべ・てるひこ）
京都芸術大学等で非常勤講師を務める。東京藝術大学大学院音楽研究科博士後期課程単位取得後退学。二〇〇九年に博士（音楽学）を取得。雅楽と七絃琴を研究分野とする。大学では雅楽と七絃琴に関する講義や実技実習を行い、国内外で体験講座や資料調査等を続けており、日本と中国で論文を発表している。

◎**高瀬澄子**（たかせ・すみこ）
沖縄県立芸術大学教授。東京藝術大学大学院音楽研究科博士後期課程修了。博士（音楽学）。日本音楽史、楽律研究。「『楽書要録』の新たな伝本―京都大学文学研究科図書館所蔵『弁音声』について―」（『東洋音楽研究』第八一号、二〇一六）、「現存する日本の律管の寸法」（『ムーサ　沖縄県立芸術大学音楽学研究誌』第二一号、二〇二〇）等。

◎**近藤静乃**（こんどう・しずの）
東京藝術大学、慶應義塾大学、青山学院大学ほか非常勤講師。東京藝術大学大学院音楽研究科博士後期課程単位取得退学。博士（音楽学）。『新義真言声明集成 楽譜篇』（共著、一九九八）にて東洋音楽学会田邉尚雄賞受賞。東京文化財研究所芸能部調査員等を経て、中尊寺「如意輪講式」復元事業や国立劇場雅楽・声明公演などに携わる。二〇二一年より東洋音楽学会理事。

◎**森田都紀**（もりた・とき）
京都芸術大学芸術学部准教授。東京藝術大学大学院音楽研究科博士後期課程修了。博士（音楽学）。最近の関心は能の囃子の演出と伝承、芸能の継承をめぐる今日的課題、社会人教育と芸術活動。主著に『能管の演奏技法と伝承』（二〇一八）、共著に『能楽資料叢書9 近世初期囃子伝書集』（二〇二五）、論文に「一噌流笛方能楽師・島田巳久馬の経歴について」（二〇二三）ほか。

◎**鎌田紗弓**（かまた・さゆみ）
独立行政法人国立文化財機構東京文化財研究所研究員。二〇一八年に東京藝術大学大学院音楽研究科博士後期課程を修了。博士（音楽学）。日本学術振興会特別研究員（PD）、東京藝術大学音楽学部大学史史料室教育研究助手等を経て、二〇二一年より現職。歌舞伎鳴物をはじめ、日本の伝統芸能における音楽合奏を主な研究対象とする。

◎シュムコー、コリーン・クリスティナ（**Schmuckal, Colleen Christina**）
米国シカゴ出身。二〇一七年、東京藝術大学大学院音楽研究科博士課程を修了。現在、東京藝術大学及び東京音楽大学などにて、講師・研究専門員として勤務。二〇一六年にCDをリリース、二〇二四年にヘンリー・ジョンソン編著『現代日本音楽ハンドブック』の一章を執筆。NHK World「Japanophiles」に出演した他、その他メディアでも注目を集めている。

◎**葛西周**（かさい・あまね）
京都芸術大学芸術学部専任講師。東京藝術大学大学院音楽研究科博士後期課程修了。博士（音楽学）。日本近現代音楽史をジャンル横断的に研究している。主な共著に『クリティカル・ワード ポピュラー音楽―〈聴く〉を広げる・更新する―』（フィルムアート社、二〇二三）、『音と耳から考える―歴史・身体・テクノロジー―』（アルテスパブリッシング、二〇二一）ほか。

◎**青木慧**（あおき・けい）
東京藝術大学音楽学部楽理科教育研究助手。東京藝術大学大学院音楽研究科博士後期課程修了。博士（音楽学）。江戸期吉原遊廓の音楽文化について研究。日本学術振興会特別研究員を経て現職。主要論文に「洒落本と随筆にみる吉原遊廓の音楽文化―江戸文学を用いた音楽学的研究をめざして―」（二〇二二）。脚本や作詞などの作家活動も行う。

◎**丸山彩**（まるやま・あや）
日本学術振興会特別研究員ＲＰＤ。東京藝術大学大学院音楽研究科博士後期課程修了。博士（学術）。これまでに東京藝術大学音楽学部教育研究助手、立命館大学文学部非常勤講師等を務める。著書に『夢を追いかけて―音楽を学んだ明治女性・岩原愛の生涯―』（文芸社、二〇二三）。

◎**土田牧子**（つちだ・まきこ）
共立女子大学文芸学部教授。東京藝術大学大学院音楽研究科博士後期課程修了、博士（音楽学）。専門は、近代の歌舞伎とその周辺演劇における音楽演出。主著に『歌舞伎音楽事始―音を聴く深く観る―』（ＮＨＫ出版、二〇二四）、『黒御簾音楽にみる歌舞伎の近代―囃子付帳を読み解く―』（雄山閣、二〇一四）ほか。

◎**柴田真希**（しばた・まき）
福岡市経済観光文化局文化財活用課調査普及専門員。東京藝術大学大学院音楽研究科博士後期課程修了。博士（音楽学）。専門は民俗芸能研究。主要論文に「黒川能の伝承に関する民族誌的研究」（東京藝術大学提出博士論文、二〇一三）、「黒川能上座における芸の伝承組織と習得過程」『東洋音楽研究』（東洋音楽学会、二〇一〇）がある。

◎**平間充子**（ひらま・みちこ）
桐朋学園大学他非常勤講師、京都市立芸術大学日本伝統音楽研究センター客員研究員。お茶の水女子大学大学院人文科学研究科修士課程（史学専攻）修了、東京藝術大学大学院音楽研究科博士後期課程単位取得退学。博士（音楽学）。単著『古代日本の儀礼と音楽・芸能―場の論理から奏楽の脈絡を読む―』（二〇二三）にて第36回ミュージック・ペンクラブ音楽賞・第41回田邉尚雄賞受賞。

◎**鄭暁麗**（てい・ぎょうれい）
中国浙江音楽学院専任講師。東京藝術大学大学院音楽研究科博士後期課程修了、博士（音楽学）。専門は、中国近現代音楽史、近代日中音楽交流史。近代中国における西洋音楽の受容、音楽出版、また留学生を通じた日中音楽交流に関する研究。論文に「日中戦争下の音楽交渉―日本占領下の北京における音楽活動に着目して」（東京藝術大学博士論文、二〇二一年度）など。

◎**金志善**（きむ・じそん）
東京大学特任准教授。東京大学大学院人文社会系研究科博士後期課程修了。文学博士。日韓近代音楽史。著書は、『植民地朝鮮の西洋音楽　在朝鮮日本人音楽家の活動をたどる』（青弓社）、『京城放送局（ＪＯＤＫ）ラジオプログラム集成』（金沢文圃閣）、『京城放送局音楽放送編成総目録集 上下』（民俗苑）、『植民地時期在朝鮮日本人の日本音楽普及・享受と展開様相』（民俗苑）など。

◎**山本華子**（やまもと・はなこ）
小田原短期大学保育学科准教授。東京藝術大学大学院音楽研究科博士後期課程修了。博士（音楽学）。大韓民国政府奨学生としてソウル大学校大学院国楽科に留学。研究対象は近現代の韓国音楽、保育者養成課程の音楽表現。音楽を通した国際文化交流にも携わる。主な著書『李王職雅楽部の研究―植民地時代朝鮮の宮廷音楽伝承―』（二〇一一、書肆フローラ）。

◎**孫瀟夢**（すん・しゃおもん）
東京藝術大学音楽学部楽理科教育研究助手。中国青島出身。二〇一四年中国音楽学院修士修了（笛子）。二〇二三年「一九八〇年代における日中伝統音楽交流の研究―改革開放後の来日中国楽器奏者の活動を中心に―」題目で東京藝術大学大学院音楽研究科博士後期課程修了。博士（音楽学）。二〇二一年から笛子を中心にした演奏会「邂逅」開催。

音楽《おんがく》でつながる
日本《にほん》とアジア・都市《とし》と周縁《しゅうえん》・近世《きんせい》と近現代《きんげんだい》

2025年4月10日　第1刷発行

編者　塚原康子《つかはらやすこ》先生《せんせい》東京藝術大学《とうきょうげいじゅつだいがく》退任《たいにん》記念《きねん》論文集《ろんぶんしゅう》編集《へんしゅう》委員会《いいんかい》
発行者　時枝 正
発行所　株式会社音楽之友社
〒162-8716　東京都新宿区神楽坂 6-30
電話 03-3235-2111（代）　振替 00170-4-196250
https://www.ongakunotomo.co.jp/
ブックデザイン　井川祥子
組版・印刷　藤原印刷
製本　ブロケード

ISBN 978-4-276-11023-6　C1073

落丁本・乱丁本はお取り替えいたします。

Printed in Japan